判例から学ぶ 政務活動費の 実務

制度の基本から適正運用まで

元全国都道府県議会議長会事務局次長
内田 一夫 編著

ぎょうせい

はじめに

「国会が10ドル使うことによってその他の行政的な経費を100ドル節約できたら、一体どちらが得なのだ。」

これは戦後の国会法立案過程において「国会で議員会館を作るのはぜいたくだ」という指摘がなされたことに対して、GHQのジャスティン・ウイリアムズ氏（立法課長、国会・政治課長等を歴任）が発した言葉である。

発言の経緯は衆議院法制局長であった西沢哲四郎氏の口述記録（「国会法立案過程におけるGHQとの関係」占領体制研究会（昭和29年11月10日））に記されているが、西沢氏は「国会で経費を使うということは、その他の行政費を節約するということになるものだから、国会ではどんどん仕事をやれ、こういうことを言って、われわれの方を非常にバックしてくれたのです。非常にありがたかったのです。」と述べている。

議員の経費、つまり議員報酬や政務活動費に対する住民の批判は厳しい。自分たちが納めた税金がどのように使われるかの問題であり、厳しいのは当然である。

議員にかかる経費について住民の理解を得ることは難しい。なんのために使われているかわからなければ尚更である。理解を得るためには結果を出さなければならない。結果とは「100ドル節約」したことを可視化することである。つまり、議員活動の成果を住民に見える形で示し利益を還元することが必要である。これは議会の監視機能の発揮によってなされるが、監視も受け身ではなく、積極的に行うことが重要である。そのためには、政務活動費を活用し、個々の議員が積極的に住民の声に耳を傾け、地域の情報を収集し、解決策を模索する必要がある。さらに監視から得た課題を政策立案につなげていくためには、専門家の意見を聴くなど調査研究を行うことが不可欠となる。

また、今後はやむを得ず公共料金の値上げや住民サービスの縮減など住民に負担を強いる選択をしなければならない場合もあろう。その際いかに負担を最小限にとどめるか、また代替案を講じるかを議会において侃々諤々議論を行い、住民に対して課題・問題点を明らかにし、住民へのフィードバックを繰り返しながら方向を決定する。その決定が住民負担の増大に結び付く場合でも、あの議会・議員がそのような結論を下したのだから我々はそれに従おう、という「住民に信頼される議会」となることも重要である。

信頼される議会となるためには、政治倫理や議員倫理を遵守することが大前提であり、政務活動費の使途に住民から疑いの目が向けられるようなことがあってはならない。さらに、信頼を増すためには議員がどのような活動を行っているか

を明らかにすることも重要である。政務活動費の収支報告書は、議員活動の透明化を図り、住民のためにこれだけ活動しているということを明らかにするための貴重なツールなのである。「顔が見える議会（議員）」への転換である。

　しかしながら、政務活動費の不正使用がたびたび新聞をにぎわし、全国で訴訟が提起されるという悲しむべき事実がある。多数の訴訟が提起されている原因の一つは、政務活動費に対する考え方が人によって大きく異なっていることにあると考えられる。

　本書の目的は、政務活動費誕生の経緯や判例分析を通して、政務活動費の意義を改めて明らかにすることにある。政務活動費の本筋から外れないためには、誕生の経緯から制度の目的を理解していただくとともに、判例分析から政務活動費の形（限界）を確認することが必要である。政務活動費に関する地方自治法の規定は概括的であるために、その内容・外枠を明らかにするために判例分析の果たす役割は大きい。政務活動費に関しては判例法（判例が法を形成する）の世界が築かれているということができるからである。

　今回、判例分析は福岡県議会事務局の法務監である安武弘光さんにお願いした。安武さんは法制執務の専門家としてご活躍なさっており、全国都道府県議会議長会が政務活動費の条例（例）を作成したときにも貴重なアドバイスをいただいた。本書のような多角的な判例分析は、ほかに例を見ないものであり、関係者にとって貴重な資料になることを確信している。

　本書を通して政務活動費の意義を理解していただいた上で、住民のため政務活動費を使っていただきたい。そして住民福祉の向上につなげていただきたい。これが本書の願いである。

　なお、本書では筆者の立場上、都道府県議会を中心とした記述となっているが、基本的な考え方は市町村においても変わりはない。また、各議会の条例及び規程並びにいわゆる運営マニュアルを引用しているが、原稿作成時点においてホームページで公開されているものを引用させていただいていることについてご了承いただきたい。

　最後に、本書の出版にあたって、本書の編集担当者をはじめ株式会社ぎょうせいの方々に、多大なる支援をいただいたことに対し心より感謝申し上げる。

　平成31年4月

元全国都道府県議会議長会事務局次長

内田　一夫

CONTENTS

はじめに

第1部 理論編

第1章 序論　　2

第2章 県政調査交付金から政務調査費　　4

第1節 県政調査交付金誕生に至る経緯 ———— 4

1 戦前から地方自治法制定までの動き　4

2 報酬制の導入　7

3 活動経費定額化の継続　10

第2節 地方自治法制定から「議会冬の時代」までの動き ———— 14

1 昭和22年制定地方自治法における新たな地方議会関係規定　14

2 昭和22年12月地方自治法改正　18

3 昭和27年地方自治法改正　19

4 昭和31年地方自治法改正　23

5 特別職報酬等審議会の誕生　34

第3節 都道府県政調査交付金制度の創設 ———— 38

1 都道府県政調査交付金制度とその経緯　38

2 県政調査交付金に対する世論の反応と判決　42

3 議員活動に対する支援に関する提言　47

第4節 政務調査費制度の創設 ———— 50

1 政務調査費条例制定の経緯　50

2 政務調査費条例制定までの動き　55

3 県政調査交付金と政務調査費の違い　56

第5節 条例（例）の概要 ———— 59

1 交付対象（第1条、第2条）　59

2 政務調査費の交付金額及びその算定基準（第3条、第4条）　60

3 交付を受けようとする会派等の届け出及び通知並びに交付決定に関する手続（第5条〜第7条）　62

4 政務調査費の請求及び交付（第8条） 63

5 使途（第9条） 65

6 収支報告書（第10条） 68

7 収支報告書に係る議長の調査（第11条） 69

8 政務調査費の返還（第12条） 70

9 収支報告書の保存及び閲覧（第13条） 71

10 条例の制定状況 72

第3章 政務調査費から政務活動費へ 74

第1節 都道府県議会制度研究会における検討及び提言 —— 74

1 検討及び提言 74

2 全国議長会の活動経過 79

第2節 平成20年地方自治法改正 —— 81

1 平成20年地方自治法改正の概要 81

2 議会機能の充実強化を求める緊急要請 86

第3節 政務活動費の実現に向けた国会における審議概要 —— 87

1 政務活動費の使途（「その他の活動」） 88

2 政務活動費の対象とならない活動 89

3 使途の透明性の確保 90

4 政務活動費の課税関係 91

第4節 政務活動費条例（例）及び規程（例）の考え方 —— 93

1 基本的考え方 93

2 政務調査費と政務活動費の違い 94

3 政務活動費を充当するにあたっての留意事項 95

第5節 条例（例）の概要 —— 97

1 趣旨（第1条） 97

2 政務活動費を充てることのできる経費の範囲（第2条） 98

3 交付対象（第3条） 104

4 会派に係る政務活動費（第4条） 106

5 議員に係る政務活動費（第5条） 109

6 会派に係る政務活動費①（第6条） 110

7 会派に係る政務活動費②（第7条、第8条）　111

8 請求及び交付（第9条）　113

9 収支報告書（第10条）　114

10 返還（第11条）　116

11 収支報告書の保存及び閲覧（第12条）　117

12 透明性の確保（第13条）　119

13 委任（第14条）　120

第 6 節　規程（例）の概要 ———————————————————— 126

1 趣旨（第1条）　126

2 条例（例）に規定する様式（第2条〜第4条）　126

3 収支報告書の写し（第5条）　127

4 証拠書類の保管（第6条）　127

5 収支報告書の閲覧（第7条）　128

第4章　政務活動費の使途　129

第 1 節　使途についての考え方 ———————————————————— 129

1 会派に交付する政務活動に要する費用　129

2 議員に交付する政務活動に要する経費　134

第 2 節　充当すべきでない経費、按分についての考え方 —————————— 139

1 政務活動費に充当すべきではない経費の例　139

2 按分の考え方　147

第 3 節　公務災害補償との関係 ———————————————————— 152

第2部　判例分析編

第1章　政務活動費判例分析の基礎　156

第 1 節　判例分析編のはじめに ———————————————————— 156

| 第 2 節 | **判例による政務活動費制度の位置付け** | 158 |

1 政務調査費制度の趣旨　158
2 政務活動費の判断枠組み　159
〈研究〉政務活動費等と他の制度の関係　167

| 第 3 節 | **政務活動費の支出** | 169 |

1 会派と所属議員の関係　169
2 年度区分と議員の任期　171

| 第 4 節 | **政務活動費の返還** | 180 |

1 議長への報告と調査等　180
2 住民監査請求　181
〈研究〉政務調査費の外部監査に関する判例　183
3 住民訴訟　187
4 主張立証責任　190
5 証拠書類保存期間後の主張立証責任　194
6 不当利得の返還　195

第2章　政務活動に要する各経費の考え方と留意点　200

| 第 1 節 | **総論** | 200 |

1 議員活動の諸相　200
2 政務活動と区分すべきその他の政治活動　202
3 政務活動費の支出（充当）と活動実態〜活動実態がないと認定された事例〜　204
4 政務活動費の按分〜その基本的考え方〜　205
〈研究〉会派運営費交付金が対象とする活動は政務活動か？　220
5 活動の実態や経費の性質等に応じた按分率　221

| 第 2 節 | **各経費に共通する費目等** | 225 |

1 交通費　225
〈研究〉単価について　230
2 宿泊費、日当等　233
3 委託費　238
4 文書通信費　242

| 第 3 節 | **調査研究費** | 245 |

1 調査研究総論　245

2 視察（現地）調査総論　245

3 国内視察調査　254

4 海外視察調査　256

5 団体会費　260

6 議員連盟会費　267

7 イベント・式典等の参加費　268

8 調査研究の委託　269

第 **4** 節　**研修費** ──────────────────────── 271

1 研修会等の開催　271

2 研修会等への参加　272

3 大学院等の学費　272

4 他団体との共同研修　273

第 **5** 節　**広聴広報費** ──────────────────── 275

1 広聴広報活動総論　275

2 広報紙（誌）・県（市・町）政報告書等　288

3 はがきによる政務活動報告　290

4 ホームページ　292

5 政務活動報告会　294

第 **6** 節　**要請陳情等活動費** ───────────────── 296

第 **7** 節　**会議費** ──────────────────────── 298

1 会派主催の会議　298

2 飲食を伴う会議（会合）と所要経費　300

第 **8** 節　**資料作成費** ──────────────────── 306

第 **9** 節　**資料購入費** ──────────────────── 308

1 新聞、政党紙等　308

2 週刊誌、月刊誌等　311

3 住宅地図　315

4 年鑑、辞書等の汎用性のある資料　316

5 名簿、職員録　317

6 法令集、追録等　317

7 各種書籍　318

8 その他　319

第 **10** 節　**事務所費** ——————————————————— 320

　　1　専用事務所と共用（兼用）事務所　320

　　2　事務所関係経費の按分率　323

　　3　自己又は親族所有建物の事務所　327

　　4　関連会社所有建物の事務所　328

　　5　第三者や後援会が借主の事務所　330

　　6　事務所に関するその他の論点　331

第 **11** 節　**事務費** ———————————————————— 333

　　1　事務用品購入費　333

　　2　備品購入費　336

　　3　事務機器等のリース料　340

　　4　自動車リース料　341

　　5　携帯電話、固定電話、インターネット回線等使用料　346

　　6　NHK 受信料・ケーブルテレビ利用料　347

　　7　ポイントの取扱い　348

第 **12** 節　**人件費** ———————————————————— 350

　　1　会派雇用職員と議員雇用職員　351

　　2　議員事務所雇用職員の人件費と按分率　352

　　3　常勤職員と非常勤（臨時）職員　354

　　4　雇用契約等の記載に関する認定例　355

　　5　業務内容及び勤務実績に関する認定例　356

　　6　親族の雇用　357

　　7　関連会社の社員の雇用等　360

　　8　第三者会社への人権費の支出　360

　　9　社会保険料等　362

　　10　選挙前・期間中の人件費　363

　　さいごに

| 資　料 | 1　関係通知　370 ／2　平成 24 年地方自治法改正関連国会質疑　374 ／3　判例索引　385 ／4　事項索引　393 |

| コラム | 政治活動の自由と政務活動費　121 ／判例の読み方　176 ／民事訴訟のしくみ　198 ／判例に見る会派の定義　224 |

第 1 部

理論編

第1章　序論

　現在、地方議会議員に対しては議員報酬、期末手当、費用弁償に加えて条例により政務活動費が交付できることとなっている（地方自治法第100条第14項～第16項）。政務活動費は議員の活動経費であり、住民代表機能、監視機能、政策立案機能という議会の機能を十分に発揮するために、その前提として行われる普段の議員活動に充てられる経費である。

　政務活動費及びその前の政務調査費の使用をめぐって住民の批判が高まり、訴訟にまで発展した事例が多数発生している。その要因は、当事者の思い込みや勘違いなどさまざまであると思われるが、制度に対する理解不足も大きいのではないだろうか。

　制度を理解するためには、法文の裏にある歴史を知ることも必要である。それが、本書の前半部分の目的である。

　さらに、政務活動費の意義を明らかにするためには、議会に求められる役割とともに議員の職責職務を明らかにすることも必要である。

　地方議会議員とはなんぞや、と問われれば、特別職の地方公務員であると答えるしかない（地方公務員法第3条第3項第1号）。これは、選挙で選ばれる知事や市町村長と同じ身分である。

　平成20年に地方自治法が改正され、議員に対しては「議員報酬」が支払われることとなったが、改正前は非常勤職員と同じ「報酬」が支給されることとされていた。そこから、議員は「非常勤」であると言われることが一般的であった。議員を非常勤と呼ぶのは、この報酬規定のみが根拠ではなく、戦前において議員は「名誉職」と明定されていたこと、さらに議会は定例会や臨時会でしか活動できないことから、議員もその期間しか活動していないと一般的に捉えられていることに起因していると考えられる。

　しかしながら、議員という「職業」は、24時間365日住民のために活動することを使命としており、またそうあるべきである。それは、別に職業を持っていても同じである。普段において住民の声を聴き、地域の課題を掘り起こし、調査研究を行う。そのような普段における「議員活動」が、会期中

の「議会活動」を支えるのである。そして、そのような「議員活動」を支える経費が政務活動費である。

残念なことに、議員活動への認知度が低いことが、議員定数が多すぎる、議員報酬が高すぎるという批判が住民から提起される一つの要因となっている。さらには、政務活動費の必要性をも疑問視されることとなる。

このような批判を乗り越えるためには、議員活動を可視化し、その成果を示すしかない。そのためにも、政務活動費の使い道を透明化し、住民に活動実態を示すことが必要である。政務活動費は議員の活動を住民に知ってもらう重要なツールである。

政務活動費の適正運用による議員活動の活性化、そして透明性の向上が、議会制度を将来にわたって維持するために不可欠なのである。

それでは、どのようにして政務活動費は誕生したのであろうか。その歴史を振り返りたい。

第2章 ｜ 県政調査交付金から政務調査費

第2章 県政調査交付金から政務調査費

第1節 県政調査交付金誕生に至る経緯

1 戦前から地方自治法制定までの動き

　話は遡るが、戦前においては、議員は名誉職とされ俸給はなく、費用弁償（旅費及び滞在手当）のみが支給された。これは、名誉職は有給職と区別され、リーダー的な地位に就く者は「名誉的に公に奉ずる」ことが地方制度の根本的な考え方であったことによる、とされている。名誉職の特色は、他に本業を有し得ること、給料退隠料を受けないこと、公民に限ることであり、その勤務に相当する報酬を受ける権利がなく、職務のため要する費用の弁償のみを受けることができた。そして、議員には旅費と滞在手当のみが支給されることとされたのである。

◎府県制（明治23年制定）

第五条　府県会議員ハ名誉職トス其任期ハ四年トシ毎二年其半数ヲ改選ス若其員数二分シ難キトキハ初会ニ於テ多数ノ一半ヲ解任セシム初会ニ於テ解任スヘキ者ハ府県会議長府県会ニ於テ自ラ抽籤シテ之ヲ定ム

解任ノ議員ハ再選セラルルコトヲ得

第五十五条　名誉職参事会員及委員ニハ旅費滞在手当及出務日当ヲ給スルコトヲ得府県会議員ニハ旅費及滞在手当ニ限リ之ヲ給スルコトヲ得但滞在手当出務日当ヲ併セ一日一円五十銭ヲ超ユルコトヲ得ス

　当時は今のように交通手段が発達していないこともあり、議会が開催されると滞在費や交通費をはじめ多額の経費がかかったようであり、それを賄う費用弁償は議員にとって貴重な活動資金であった。以下の記述からは、現金収入の少ない当時、名望家や資産家が多かった議員にあっても費用弁償がいかに貴重であったかがうかがわれる。そのため、費用弁償を求めて審議が長

4

期化する傾向があり、そのことが社会問題になったようであり、支出を抑えるために、費用弁償を定額化する府県も現れたとして、兵庫県の例を紹介している。

> 議員は、公務としての議員活動のために時間を割かれる。また府県会が召集された場合には、多くの議員が遠隔地から会期中、県庁所在地に滞在する必要を生ずる。このような地方議会の議員の費用をどのように地方税で負担すべきかについて、戦前の法制は、地方議員名誉職制をとり、報酬は支給しない。しかし必要な費用は旅費、滞在手当という費用弁償として支払うとする制度であった。また、常置委員、参事会員については、公務に関わる時間が長いことから、別に手当が支給された。
>
> （略）
>
> 明治初期の地方議員には名望家資産家が多かったと思われるが、支給される手当てには敏感に反応した。現金収入の少ない当時、議会開催日数に応じて支給される日当は、かなりの金額になるため、これを目当てにした審議日数の長期化が顕著になった。福沢諭吉が明治十五年発行した時事大勢論の中には早くも、議員四十人の県で、三百円の歳出予算を決めるのに十五日かかった。議員一人当たり日当は一円で、一日四十円、十五日で六百円もかける無駄をしているという路傍の談義が紹介されている。
>
> （略）
>
> 一方、これまでの議会審議の実際から、会議日数に応じた日額の手当を支給すると、必要以上に開会日数が増える。このような無駄を無くすため、手当を年額で決めてしまった事例もある。兵庫県は明治三十二年十月の臨時県会で議員の費用弁償額を年額百五十円と議決した。
>
> （土田栄作（平成28年）「地方議会の成立とその発展過程（完）」『議会政治研究』No.33、
87～88ページ）

ここで紹介されている兵庫県の事例については、兵庫県議会百年を記念して製作された『振鈴に刻む』に次のように述べられている。

> 　明治十二年〈一八七九〉の開会以来、日当や旅費の名目で実費弁償的に支払われていた議員への手当てが、俸給という明確な形になったのは明治三十二年になってからだ。
>
> 　同年十月の臨時県会で議決された「議員費用弁償額」をみると、一般の議員が年額百五十円、市部会と郡部会から十二人が選ばれる名誉参事会員が月額四十円となっている。旅費は、汽車賃と船賃が一マイル（一.六キロ）に付き五銭、車馬賃が一里（三.九キロ）に付き二十銭。宿泊料は一晩一円五十銭、日当が一円。明治十四年の旅費が一里に付き二十銭、日当が二円となっているから、旅費は二十年間据え置き、日当は俸給の額が決まったことで半分に減らされている。
>
> 　議会書記の月給が四十一八十円、土木の上級技師が五十一百円、管理部門の平職員でさえ二十一三十円が支給されているのだから、議員の待遇はあくまで名誉職の範囲を出なかったわけだ。
>
> 　　　　　　　（『振鈴に刻む－兵庫県議会百年－』（神戸新聞社、昭和53年）42ページ）

　ここでは明治32年に「俸給」が制度化されたと書かれているが、先の土田論文と併せて読むと、定額の「手当」を年額で支払うこととし、実費弁償たる旅費は別途支払い、実費弁償に伴う日当は減額したということであろう。議員活動に要する経費は、我が国の地方自治制度発足当初から必要とされてきたのであり、定額化は安定的に支給するための工夫である。その後、応招旅費を定額で支給するなど定額化の考え方の基となる方法である。

　戦後、議員に対しては、「報酬」が支払われることとなったが、昭和31年の地方自治法改正により、議員に対する経費の支給に法律上の根拠が必要となるまで、報酬のほかに、通信費、調査研究費（又は調査研究旅費、政務調査費）、退職金、弔慰金等が、都道府県独自に支給されるようになった。これらの経費が生まれた経緯について明確に記した資料を見つけることはできなかったが、通信費、調査研究費など定額的な経費が支給されるようになったのは、兵庫県の事例のように戦前において報酬とは別に、費用弁償の拡大解釈などにより定額的な経費が支給されることが慣例化していたことに起因す

第1節　県政調査交付金誕生に至る経緯

るのではないか、と考える。寺田友子氏も、応招旅費の定額支給が行われてきたのは、「報酬が支払われずに費用弁償が支給されていた戦前の名誉職時代の名残である。」としている[注]。議員が活動するためには、それなりの経費がかかるのであり、それを捻出するための工夫が行われてきたのである。しかし、現代においては、定額支給の遺産は、地方議会では清算すべき遺産であり、実費弁償に徹することに留意すべきである。

[注]　寺田友子（平成22年）「政務調査費制度に係る住民訴訟」『桃山法学』第15号、305ページ

2　報酬制の導入

　戦後、昭和21年の府県制改正により名誉職は廃止され、議員に対しても「報酬」が支給されることとなり、この規定が地方自治法に引き継がれることとなる。ただし、府県制では「報酬ヲ給スルコトヲ得」としているのに対して、地方自治法では「報酬を支給しなければならない」としていることが大きく異なる点である。報酬の支給は地方公共団体の義務となったことは、有給職として明確に位置付けられたことを意味している。

◎府県制

第93条　府県会議員、府県会議員選挙管理委員、府県参事会員、府県会議員ノ中ヨリ選任セラレタル監査委員、委員、投票管理者、投票立会人、開票管理者、開票立会人、選挙長及選挙立会人ニハ報酬ヲ給スルコトヲ得

前項ノ者ハ職務ノ為要スル費用ノ弁償ヲ受クルコトヲ得

報酬額及費用弁償額並ニ其ノ支給方法ハ府県条例ヲ以テ之ヲ規定スベシ

◎地方自治法（昭和22年制定時）

第203条　普通地方公共団体は、その議会の議員、選挙管理委員、議会の議員の中から選任された監査委員、専門委員、投票管理者、開票管理者、選挙長、投票立会人、開票立会人及び選挙立会人に対し、報酬を支給しなければな

第2章 | 県政調査交付金から政務調査費

> らない。
> 2 前項の者は、職務を行うため要する費用の弁償を受けることができる。
> 3 報酬及び費用弁償の額並びにその支給方法は、条例でこれを定めなければならない。

　議員に対して「報酬」を支給することとした理由は、東京都制の改正に関してであるが、次の貴族院の審議経過から知ることができる。要約すると、まず名誉職の廃止については、公務に従事する以上その職務に専念すべきであり、名誉職という用語から発生する他に職務を有していることが前提であるような考え方は棄てるべきであるとしている。その上で、公務に従事する者は、生活を保障するのに足りる「給料」を支給する者と、仕事に対する「報酬」と費用弁償を支給することとする者に分けることができ、議員は後者であるとしている。

　ここでは、常勤・非常勤という言葉は使われていないが、「仕事に対する報酬」という非常勤的な捉え方を議員に対して行っており、生活給と区別している。しかしながら、非常勤的な捉え方をされていたとはいえ、議員の職を明確化しようとしたことは画期的である。

> ◎第90回帝国議会貴族院　東京都制の一部を改正する法律案特別委員会（昭和21年9月17日）
> ○政府委員（郡祐一君）　九十三條乃至九十六條の改正は給料及び給與に關しまする規定でございます、名譽職、有給職の觀念を此の度の改正に於ては撤廢致して居ります、其の考へ方と申しますものは、名譽職思想に於きまして名譽的に公に奉ずると云ふ考へ方と云ふのが、地方制度の一つの根本的な考であると云ふことは、何處迄も尊重して參らうと思ふのでありますが、公務に從事致しまする以上、其の者が專念に或職務を擔當致し、名譽職と云ふ言葉に伴ひまする事實上……事實は擔當致さなくても、何か形の上で或地位に就いて居ると云ふやうな考へ方の方は寧ろ此の際棄て去るべきものであらうと云ふ考へ方から、名譽と云ふと却て觀念の混同を來たすと思ひまして、名譽職と云ふものを止めに致して

8

第1節　県政調査交付金誕生に至る経緯

居ります、併しながら是が給料並に給與の問題になりますると、其の職務關係が一身を其の職務に捧げる、從つて之に對しては其の生活を保障するに足るだけの給料を支給致しまする種類のものと、仕事に對しまする報酬なり費用辨償なりを給せられまして、それで十分でありまする仕事と、給料給與の面からは矢張り岐れて參ることと思ふのであります、それで九十三條乃至九十四條は何れも全文を改正致しまして、今迄のそれぞれの該當の條文とは中味が違つて居るのでありますが、九十三條には從ひまして報酬を給しまする種類の職員を書いて居るのであります、即ち府縣會議員、選擧管理委員、參事會員、議員の中から選任せられたる監査委員、委員、投票管理者、或は投票立會人等、是等の者には報酬を給する、是等の者には職務の爲に費用辨償を與へる、それから九十四條の方は、九十三條に規定致しまする吏員以外の吏員、之には給料を支給する、九十三條に規定致しまする吏員以外の吏員と、それから選擧管理委員會や府縣會の書記、之には給料を支給する、此の點でも一般の有給吏員と、議長が任命致しまする府縣會の書記等とを區別して居ります、是等は併し有給吏員の外にそれぞれ任命の系統等に依り、立て方を區別して居りますると云ふことは、必ずしも知事の強力性と云ふものを阻碍するものではないのでございまして、公選に依りまする知事が非常に廣汎なる權限を持ちますると云ふことは、其の中味に於きまして寧ろそれぞれの地位はそれぞれに保障を致して、さうして全體を統轄する知事の權限を強化致したい、是が一つの根本の思想になつて居るのでありますが、報酬、給料の立て方に於きましても、左様な意味合で有給吏員と各種の委員會、府縣會等の書記には給料と旅費を支給する、斯う云ふ規定が九十四條に相成つて居ります。

　議員に対して「報酬」が支給されるようになった経緯について堀内匠氏は次のように紹介している。

　戦後の第一次地方制度改革によって1946年に市制町村制及び府県制の一部が改正され、議員を名誉職とする規定が削除されると、議員についても「報

9

酬ヲ給スルコトヲ得」との規定（府県制93条、市制104条、町村制84条）が設けられ、報酬支給が任意で認められることとされた。政府案で、府県会議員に報酬および費用弁償を支給することとした理由は次の通りであった。

① 地方団体の事務は近年著しく複雑多岐を加え、このため執行機関のみならず議員や参事会員の職務も亦相当多忙となり、有権者の増加に伴って出費も増加する実情にあるから、報酬を支給しうる途を拓くのが当然である。

② 議員は選挙に多額の費用を要する外、議員としての交際等のためにも多額の費用を必要とするため、従来費用弁償の外に、種々事実上の行過が行われて来た傾向があるが、これが却って問題の種子となっている場合があるので、むしろ明確に報酬を支給する建前とする方が適当である。

（略）

旧憲法下にあったとはいえ、当初の報酬（筆者注：原文ママ）は選挙費用も含む性質のものとされていた。当時、議会によって格差はあるものの、費用弁償等については日当も含めて年額（定額）で支給されており、実費弁償よりは過分ともいえる額が支給されることも多かったため、費用弁償のほかに明確に報酬を支給する方が現実に適合するとされたのである。

（堀内匠（2016）「自治体議員報酬の史的展開」『自治総研』通巻456号、84ページ）

3 活動経費定額化の継続

活動経費を定額化して支給する試みは新憲法下においても続けられた。

新憲法下において、地方分権の推進とともに地方議会の活性化が図られたが、それに伴い、議員に対して報酬、費用弁償とは別に、前述したとおり活動経費がそれぞれの議会独自で支給されるようになった。

具体的な支給状況をみると、議員活動を支援するという目的で、多くの県において名称の違いはあっても定額の調査費や調査旅費、政務調査費、通信費、委員長手当、常任委員手当、審査手当などが支給されていた。すでに「政務調査費」という名称で支給が行われていたことは注目に値する。

実際にどのような手当が支給されていたかを岐阜県と佐賀県の議会史でみ

てみよう。

（1）岐阜県の例

　岐阜県では、昭和26年に県議会議員報酬及び費用弁償条例を全面改正し、報酬及び費用弁償額の引き上げとともに、新たに常任委員報酬を設定し、月額5,000円を議員に支給していた。常任委員報酬とは手当の性格を有すると推測されるが、法律に合わせて「報酬」という名称にしたのではないだろうか。この常任委員報酬は昭和31年の改正地方自治法の成立（昭和31年6月3日成立）に先んじて昭和31年3月23日の条例改正によって廃止されている。
　昭和28年改正の報酬条例は下記のとおりである。

◎岐阜県議会議員報酬及び費用弁償条例（昭和28年8月6日条例第27号）
　（目的）
第1条　この条例は、議会の議員に対する報酬及び費用弁償の額並びにその
　　支給方法を定めることを目的とする。
　（報酬の額）
第2条　議会の議員に対する報酬の額は、次の区分による。但し、月の中途
　　において職に就いた場合はその日から、任期満了、辞職、失職、除名又は
　　死亡の場合はその日まで、それぞれ日割計算によって計算した額とする。
　　一　議員報酬
　　　　議　長　月額　　12,000円
　　　　副議長　月額　　　9,000円
　　　　議　員　月額　　　7,500円
　　二　常任委員報酬　　月額　　　5,000円
　（報酬の支給方法）
第3条　前条の議員報酬又は常任委員報酬は、職務による場合を除き、引き
　　続き2回、議会の招集又は常任委員会の招集に応じなかった場合は支給し
　　ない。
2　前条の報酬は2ヶ月分合算して支給するを例とする。
3　常任委員報酬は、2以上の常任委員を兼ねる場合にあっても、前条第2号

第2章 ｜ 県政調査交付金から政務調査費

に定める定額により支給する。

（以下略）

『岐阜県議会史』第4巻（175ページ）より）

（2）佐賀県の例

　佐賀県においては、昭和26年に県議会議員報酬及び費用弁償条例を改正し、研究手当（年額3万円）を創設し、毎年度3回に分けて支給していた。研究手当は昭和28年の改正で報酬（月額2万6,000円）と同じく月額制（5,000円）とされたが、昭和30年3月19日の改正で廃止されている。

　ちなみに、報酬条例では、議員に対して報酬と期末手当から成る「給与」を支給するとしており（第2条）、昭和31年の地方自治法の改正により期末手当が法制化される前から期末手当が支給されていたことがわかる。なお、応招旅費についても、議会までの旅費に加えて、一会期について7,000円が定額で支給されていたが、同改正でこの定額分は廃止されている。

　昭和28年に改正された報酬条例は下記のとおりである。

◎県会議員報酬及び費用弁償支給条例（昭和28年2月3日議決）

　（目的）

第1条　この条例は、県議会議員（以下「議員」という。）の受ける給与及び
　　費用弁償の額並びにその支給方法について定めることを目的とする。

　（給与）

第2条　議員の受ける給与は、報酬及び期末手当とする。

第3条　前条に規定する報酬の額は、左の区分による。

　　報酬月額　　議　長　　40,000円

　　　　　　　　副議長　　33,000円

　　　　　　　　議　員　　26,000円

2　前条に規定する期末手当の額は、佐賀県職員給与条例（昭和26年2月佐
　　賀県条例第1号）の適用を受ける職員（以下「一般職の職員」という。）の
　　例による。

　（費用弁償）

第4条　議員の受ける費用弁償は、研究手当及び旅費とする。

第5条　前条に規定する研究手当の額は、月額5,000円とする。

第6条　議員の受ける旅費の額は、左の区分による。

　　　　議　　長　一般職の15級職の職員の受ける旅費に相当する額

　　　　副議長　一般職の14級職の職員の受ける旅費に相当する額

　　　　議　　員　一般職の14級職の職員の受ける旅費に相当する額

2　議員が議会招集に応じた場合の旅費の額は、前項の規定による往路及び帰路に要する額に、一会期につき7,000円を加えた額とする。

3　前項に規定する旅費の額は、会期が10日を超えるときはその超える分について1日につき1,000円の割合で増額することができる。

（支給方法）

第7条　旅費は、その居住地から通常の経路により計算する。

第8条　報酬及び費用弁償の支給方法については、この条例に定めるものの外、一般職の職員の例による。

附則

1　この条例は公布の日から施行し、第3条第1項及び第5条の規定は、昭和27年11月1日から適用する。

（『佐賀県議会史』下巻（771ページ以下）より）

　このような法律に根拠を有さない、又は費用弁償の拡大解釈による独自の経費支出は、地方自治の精神の一つの現れであった。しかしながら、後述するように昭和31年の地方自治法改正で不可能となった。それに至る経緯を概観する。

第2章 | 県政調査交付金から政務調査費

第 2 節 地方自治法制定から「議会冬の時代」までの動き

　戦後誕生した新たな地方自治制度の特色は、従前中央政府から任命された知事に議会よりも優越した地位を認めてきた執行権中心主義を改め、執行機関である知事も議会と同じく住民の直接公選により選ばれる、いわゆる二元代表制（当初は首長が公選によって選ばれることを強調するため「首長主義」と呼ばれていた。）を採用したことにある（憲法第93条）。議会は議事機関として必置とされた。

　憲法と同じ昭和22年5月3日に施行された地方自治法は、第2編第6章に議会に関する諸規定を置いた。地方自治法は、戦前において府県制、市制、町村制と別々に規定されていた地方制度を単一法としたものであり、地方公共団体の自主性・自律性の強化を目指したものであった。

　議会についても権限強化が図られ、知事の権限に属する国の行政事務等につき意見を述べることができるものとし、議会の招集請求及び議案の発案の要件を緩和、定例会は毎年6回以上開催されることとし、かつ副意思決定機関であった参事会を廃止、新たに常任委員会及び特別委員会の制度を設けた。さらに、執行機関を通じてのみ住民と接触し得るという従前の制度を改め、百条調査権をはじめ議会が直接住民と接触する権能を認め、請願も制度化された。議員に対して報酬と費用弁償が支払われることとされたのは前述のとおりであるが、その後、数次の改正がなされ、議決事件の拡大や、議会図書室が必置とされるなど、議会機能の充実が図られた。議会機能の充実は地方自治発展に不可欠とされたのである。

1　昭和22年制定地方自治法における新たな地方議会関係規定

（1）調査、出頭、証言及び記録の提出請求等（第100条関係）

　議会が普通地方公共団体の事務に関する調査を行い、関係人の出頭、証言及び記録の提出を請求する権限を認めた。

○立案の理由

・議会は執行機関に対立する団体の最高意思機関であり、その権限に属する事務を処理するためには、自由に選挙人その他管内の団体等と接触を認められねばならない。

・執行機関の手を通じてのみ部外の者と接触し得るという建前はむしろ知事公選制の採用に伴って、当然に改められるべきである。

・以上の理由により今回、区域内の団体等に対する照会、記録の送付を求め又は、選挙人その他の関係人の出頭を求める権利を認めた。

　※戦前の地方議会は当該団体の内部意思決定機関の要素が強く、一切外部との接触が認められなかった（国会に国政調査権が認められたことを反映して改正されたと理解されている。）。

　（参考）旧議院法第73条「各議院ハ審査ノ為ニ人民ヲ召喚シ及議員ヲ派出スルコトヲ得ス」

（2）常任委員会制度の採用（第109条～第111条関係）

　都道府県及び市に設けられていた副意思決定機関としての参事会制度を廃止し、常任委員会制度及び特別委員会制度を設けた。

　常任委員会は、地方公共団体の事務に関する部門ごとに設けることとされ、閉会中も付託事件については審査できることとされたが、特別委員会は、会期中にのみ審査を行えることとされた。

○立案の理由

・常任委員会制は、国会法の例に倣って新たに設けたものである。

・府県等においては、閉会中に部門ごとに協議会、委員会等の名義で必要な調査を行っている例もある。

・平素より、各行政部門の調査を行わしめ、議会の機能を完全ならしめるのが適当である。

・特別委員会の制度は、議事規則で事実上行っているものを整備したまでである。

（3）議員の議案提出権（第112条関係）

　道府県制では、議会の議決すべき事件について議員が議会に議案を発案するには、議員３人以上より文書をもってすることとされていたが、議員は一人でも文書をもって発案することができるものとした。

○立案の理由

・国会法において議員は一人でも議案を発案することができる旨の規定が設けられたので、地方議会についてこれに準ずることとされた（制定時の国会法第56条第１項「すべて議員は、議案を発議することができる」）。

　※昭和30年改正で人数要件が課された。

　　その理由は、「いわゆるお土産法的なもの又は必要な施策ではあっても、諸般の事情から実施できないものの抜け駆け的な立法の行われることを阻止しようとする」、いわば自粛の現れとされている（第19回国会における警察法改正法案の成立をめぐる与野党の大乱闘事件に後を受け、いわゆる自粛３法（国会法、選挙法、政治資金規正法の改正）の一つとして成立。）。

（4）執行機関の職員の出席（第121条、第122条関係）

　従来、府県知事、市町村長及びその委任または嘱託を受けた者は、会議に列席して議事に参与することができるものとされてきたが、長その他執行機関の職員は、議会の請求がなければ議会に出席しないこととし、説明書により、その意思を伝える方法をとることとした。

○立案の理由

・総司令部は、地方議会の開催回数が増加される時代に、従来のごとく理事者が議会の会議に出席するのであれば、執行機関の事務が妨げられることとなると考え、執行機関の職員は、議会の請求がなければ出席しないこととし、教書により、その意思を伝える方法をとるよう申し入れた。
・衆議院において、議会の請求がなければ執行機関の職員は出席しないこととし（原案では、執行機関の職員は、「何時でも付議された事件について発言す

るため議場に出席できる」とされていた。）、説明書により、その意思を伝える方法をとることとする修正がなされた。この結果、議会から出席要求があった時のみ出席することとされ、書面をもって予算に関する説明書、その他の特別の教書（説明書）を議会に執行機関から提出することができることとされた（大統領制度の方式の導入）。

　　※戦前の地方制度においては、府県知事、市町村長等は、議会に列席して議事に参与する権限を有していた。

（5）請願（第124条、第125条）

　普通地方公共団体の議会に対する請願の方法及び議会おける請願の処理に関する規定を設けた。

○立案の理由

・議会の権能を強化し議会の長に相対応する地位を認める以上、議会の権限の行使に必要な限度において議会が部外と接触を保つ行為をなすことを認めるべきは当然である。従って議会が積極的に、調査等のために選挙人、団体等の出頭、記録の提出を求め得るのに対応して、議会に対する選挙人等の請願を認めるべきも当然である。

（6）報酬（第203条）

　議員に対して報酬を支給しなければならないとし、費用弁償を議員の権利としている。また、報酬・費用弁償の額並びに支給方法は条例で定めることとした。

　報酬を受ける権利が確立したことは、議員の位置付けの明確化の観点からもその意味は大きい。

第203条　普通地方公共団体は、その議会の議員、選挙管理委員、議会の議員の中から選任された監査委員、専門委員、投票管理者、開票管理者、選挙長、投票立会人、開票立会人及び選挙立会人に対し、報酬を支給しなければならない。

第2章 ｜ 県政調査交付金から政務調査費

　　2　前項の者は、職務を行うため要する費用の弁償を受けることができる。

　　3　報酬及び費用弁償の額並びにその支給方法は、条例でこれを定めなけれ
　　　ばならない。

○府県制との違い（条文の構成と規定の仕方は、昭和21年の府県制を引き継い
　でいる。）
・報酬の支給規定が義務規定に改められた。
　※府県制第93条「報酬ヲ給スルコトヲ得」
・議員以外の給付対象者が異なっている（参事会員等の削除）。

2　昭和22年12月地方自治法改正

　早くも昭和22年12月になされた改正では、議会の政策立案機能を補佐す
るため議会図書室の必置制が導入された。
　改正法の提案理由説明において、図書室設置の必要性として、「今後地方
議会の議員は、条例の制定等について、積極的活動を行うことがいよいよ多
くなってくるであろうと予想されますので、そのための調査研究を行い議員
としての識見を養うことは、議員として当然の責務」であることを挙げてお
り、調査研究活動の重要性を強調していることに注目すべきである。[注]

(注) 昭和22年改正に対する提案理由説明（第1回国会・衆議院治安及び地方制度委員会
　　（昭和22年10月16日））
　　○　木村小左衛門内務大臣
　　　　地方公共団体の意思機関であるにかかわらず、従来とかく閑却されがちであっ
　　　た地方議会の積極的活動と円滑な運営を期することは、新しい地方自治の健全な
　　　発展を期する上において特に必要でありますので、この点に関し、地方自治法の
　　　規定をさらに補足する必要があると存ぜられるのであります。今後地方議会の議
　　　員は、条例の制定等について、積極的活動を行うことがいよいよ多くなってくる
　　　であろうと予想されますので、そのための調査研究を行い議員としての識見を養
　　　うことは、議員として当然の責務であります。また議会と執行機関との関係にお
　　　きまして、殊に多くの問題を捲き起すものは、予算の議決に関する事項でありま
　　　す。よって政府は、地方議会に対し、官報及び政府の刊行物を地方公共団体の議

会に送付し、図書室を必ず設置しなければならないこととしました。また知事、市町村長等の発案権を侵害しない限り、地方議会は予算の増額修正をすることを妨げない旨の規定を設けたのであります。

3　昭和27年地方自治法改正

　以上のような議会の機能強化を目指すという状況は、サンフランシスコ講和条約（昭和26年９月８日署名、昭和27年４月28日発効）によりわが国が独立を果たすと一変する。

　地方財政の悪化とあいまって、独立後の行政機構の整理・簡素化と行政運営の合理化に舵がきられることとなった。政府の基本的考え方は、中央と地方の行政事務を中央集権的に再配分し、地方公共団体の規模の合理化と議員定数の削減をはじめとする地方議会の合理化を図ろうとするものであった。

　地方自治法改正の方向性を協議していた地方行政調査委員会議（行政事務の再配分に関する調査研究のため総理府に設置された機関）の第２次勧告（昭和26年９月22日）は、行政の簡素合理化と経費節減を図るための改革案を示すものであったが、その中で地方議会については、

① 　議員は名誉職とする

② 　議員定数は府県30〜60人、大都市30〜50人、市20〜30人、町村８〜20人とする

③ 　委員会制度の運用について検討を加える

としており、時代に逆行するものであった。

　この勧告に対して全国都道府県議会議長会（以下「全国議長会」という。）は、

① 　議員を名誉職とすることは、その活動を消極化し、議会をして従来の執行部に対する協賛機関的存在たらしめる

② 　議員の定数を減少することは、折角民主化されようとしている議会制度をボス化したり、少数なれ合い政治の弊を招く危険性があり適当でない

③ 　委員会制度の運用の改善が、常任委員会の廃止または旧参事会制度の復活等を意味するのであれば、民主議会運営上の立場から反対せざるを得な

い

との意見を提出した（昭和26年11月30日）。

　政府は、地方行政調査委員会議の勧告を受けて、昭和27年３月４日の閣議において地方自治法改正案要綱を決定したが、地方議会については、

①　議員定数は現行の４分の３に縮小し、地方公共団体が条例で増減できること

②　議会は通常会を年１回とし、臨時会は必要に応じて開くこと

としていた。

　これに対し、全国議長会は、昭和27年３月11日、

①　議員定数の縮減反対

②　定例議会回数の減少反対

などを内容とする要望書を決定し関係要路に提出した。また、全国知事会も、「地方自治法に逆行するような改革案には断固として反対する」旨の声明書を発表している（昭和27年５月22日）。

　同改正案に対する当時の地方議会の反応を福井県議会史は、次のように記している。

　　地方自治法改正問題の一重点事項として、前述したように地方議会の改革や知事公選制の廃止案が中央で論議されると、府県において反対の声が巻き起った。特に、地方議会の改革については、直接関連のある地方議会の議員は、議員定数の削減や議員名誉職制など、自分達に降りかかる問題であるだけに無関心では過ごされないし、改正案の内容は昔の制度に逆戻りする印象を強く受けた。議員定数の削減についての理由として、「経費の節約、運営の能率化、議員の資質の向上」などが挙げられているが、要は地方財政の窮迫緩和の窮余の策とも考えられ、議員の少数化はかえって、議会運営に際して、民意の反映を薄くし、議会内ボスの発生を容易ならしめる可能性があると考えられる。更に、地方財政の窮迫解決の一方法と考えることも、議会の任務の重要性から見ると、地方財政難の打開を議会費の節約に求めても、大した効果を期待し得ないと言わねばならない。特に、議員定数の削減案（本県では31人以上35人以内）と議会回数の年一回通常会制案に対して、議会側の反対

第2節　地方自治法制定から「議会冬の時代」までの動き

の声が強く、今日まで育ててきた地方自治制度を抹殺するだけでなく、これらの改正案が実現すると、中央の行政が地方の行政に関与介入することが当然予想され、地方公共団体の首長や議員の政治活動に制約を受け、公約事業も遂行し得ないだろうとし、更には、逆コースの道を歩む危険性があると考えられたのである。

（『福井県議会史』第4巻、25ページ）

　以上のように議会側から強力な反対意見が提出された結果、昭和27年の地方自治法改正案は修正緩和され、昭和27年7月9日成立した。議会関係の改正概要は次のとおりであるが、議員定数について条例で減少できることとなり、減数条例への途が開かれてしまった。この改正以来、地方議会の合理化及び議員の活動基盤の弱体化の動きが加速することとなる。

（1）改正概要（議会関係）
・都道府県議会議員の定数は、条例でとくに減少することができるものとした（第90条）。
・議会の検査権、機関委任事務に対する説明要求・意見の陳述の執行機関の対象に人事委員会等の行政委員会等を追加した（第98条、第99条）。
・議会の定例会開催回数（毎年6回以上）を毎年4回に改めた（第102条）。

（2）報酬関係（第203条）
　この昭和27年改正では、報酬の規定も次のように改正され、非常勤の職員という用語が初めて用いられた。

第203条　普通地方公共団体は、その議会の議員、……その他普通地方公共団体の非常勤の職員に対して、報酬を支給しなければならない。
2・3　（略）

　これにより、本条は、非常勤の職員に対する概括列挙規定と言われるようになるのであり、「その他非常勤の職員」という文言をどう解釈するかは別

として、議員も非常勤であるという考え方が定着することになるのである。

さらに、章名が「第8章　給与」から「第8章　給与その他の給付」に変更されているが、これは新たに制定された地方公務員法における給与の観念との均衡を図り、報酬及び給料を「給与」とし、費用弁償、旅費、退職年金、退職一時金、実費弁償を「その他の給付」としたことによるものである。

つまり、従前、地方自治法上では「給与」とは、報酬、費用弁償、給料、旅費、退職年金、退職一時金及び実費弁償を含むものと解されていた。一方、地方公務員法上では「給与」とは、概ね給料、時間外勤務手当、夜間勤務手当、休日勤務手当、特別地域勤務手当、特殊勤務手当及び扶養手当をいい、旅費、退職年金及び退職一時金は含まないものと解されている点に鑑み、同じく地方自治制度の基本法である地方公務員法との概念構成の均衡を図るため、職員の勤労に対して支払われるもの、すなわち、報酬、給料を「給与」と観念し、それ以外のもの、すなわち、費用弁償、旅費、退職年金、退職一時金及び実費弁償を「その他の給付」と観念することとしたためと説明されている。^(注1)

続いて、昭和30年6月、第22回特別国会に提出された地方自治法改正案^(注2)では、定例会・臨時会制度を通常会・臨時会の制度に改めるなど、議会の機能を縮小し、活動を制限するものであったため、全国議長会はじめ議会団体は猛烈な反対運動を展開し、その結果、改正案は審議未了、廃案となった。

(注1) 長野士郎『改正地方自治法逐条解説』（港出版合作社、昭和27年、147ページ）
〈『逐条研究地方自治法Ⅲ』敬文堂、1096ページによる〉

(注2) ①　定例会及び臨時会の制度を通常会及び臨時会の制度に改め、通常会は毎年2月又は3月に招集するものとし、その会期は都道府県及び5大市にあっては30日、市町村にあっては5日乃至15日を例とするものとすること（従前は年4回）。
②　議会の常任委員会は、都道府県及び人口5万以上の市に条例で置くことができるものとし、現行の行政部門ごとに置く縦割り方式を改め、法規、歳入、歳出、決算、一般議案及び請願の5委員会とする横割り方式とし、更に必要があると認める場合においては、条例で議会運営委員会を置くことができるものとすること。
③　議員は、原則として、1箇の常任委員となるものとすること（従前は制限なし）。

④　常任委員会の議会閉会中の審査は、議会から特別に付議された議案に限るものとすること。

⑤　国会法改正の趣旨を参酌して議案の提出及び修正の動議並びに懲罰の動議については、議員定数の6分の1以上の者の賛成を要するものとすること（従前は一人でも可）。

4　昭和31年地方自治法改正

　政府は、審議未了廃案となった先の地方自治法改正案の内容を修正し、昭和31年の第24回通常国会に提出した。

　昭和31年改正は、地方財政の危機的状況を踏まえ（「地方財政再建促進特別措置法」が昭和30年12月29日公布施行される）、地方公共団体の組織及び運営の全般にわたって適正合理化と簡素効率化を図るため所要の措置を講じ、もって行政経費の節減と行政効果の向上を図り、地方自治の健全適正な運営に資することを目的としたとされている。同改正法は、昭和31年6月3日に成立し、同月12日に法律第147号として公布された。

（1）改正概要

・議会の定例会の開催回数を毎年4回を「毎年4回以内において条例で定める回数」とした（第102条）。

・常任委員会について次のように改めた（第109条）。

①　都道府県における常任委員会の数を人口に応じ4～12とする（それまでは制限なし。国会審議において地方議会の活動を制限するものであるとの反対意見あり。）。

②　議員は1個の常任委員になるものとし、条例に特別の定めがある外、任期中在任する（それまでは数に制限なく、任期は議員の任期となっていた。）。

③　常任委員会は、地方団体の事務の部門ごとに設けることができる規定（旧第3項常任委員会は、普通地方公共団体の事務に関する部門ごとにこれを設けることができる。）を削除した（常任委員会の所管について縦割り方式を廃止し、横割り方式も可能とした。）。

第2章 ｜ 県政調査交付金から政務調査費

・議員は、一人でも議案を提出できたが、団体意思決定の議案を提出するにあたっては、議員定数の8分の1以上の賛成者がなければならないこととした（第112条）。
・修正の動議及び懲罰動議を議題とするにあたっても同様とした（第115条の2新設、第135条）。
・再議における議決または選挙が、なお権限をこえ、法令、会議規則に違反するとき、知事は総理大臣に審査請求ができ、その場合、知事又は総理大臣は議決又は選挙を取り消すことができる等とした（第176条）。
・地方公共団体は議員に報酬を支給しなければならないが、議員以外の者に対する報酬はその勤務日数に応じて支給することとした。また地方団体は条例で議員に対し期末手当を支給することができるものとした（第203条）。このほか地方団体は、いかなる給与等も法律又はこれに基づく条例に基かずには支給できないこととした（第204条の2新設）。

> ◎地方自治法 ※昭和31年改正時
> 第203条 （略）
> 2 前項の職員の中議会の議員以外の者に対する報酬は、その勤務日数に応じてこれを支給する。但し、条例で特別の定をした場合は、この限りでない。
> 3 第1項の者は、職務を行うため要する費用の弁償を受けることができる。
> 4 普通地方公共団体は、条例で、その議会の議員に対し、期末手当を支給することができる。
> 5 報酬、費用弁償及び期末手当の額並びにその支給方法は、条例でこれを定めなければならない。
> 第204条の2 普通地方公共団体は、いかなる給与その他の給付も法律又はこれに基く条例に基かずには、これを第203条第1項の職員及び前条第1項の職員に支給することができない。

（2）第203条改正の意義

　昭和31年改正の持つ意味について、千葉県の議会史は、地方議会内部の組織や運営のあり方を法律でここまで規制することは、地方議会の自主性、

自律性という観点からみて行き過ぎである、との批判が強かったことを紹介している。^(注1)

　昭和31年改正は、それまでの議会の自主自律性を高める流れを、簡素合理化の名の下に議会に対する各種制約を強めるターニングポイントとなるものであるが、同時に議会機能だけではなく、議員の活動基盤に対しても大きな影響を与える改正が行われたのである。

　まず、第203条の改正であるが、議員以外の者に対する報酬はその勤務日数に応じて支給することとしたものの議員については支給原則を示さないこととし、また地方公共団体は条例で議員に対し期末手当を支給することができるものとした。つまり議員に対しては日当制を原則とする考えは適用せずに、国会議員が歳費を支給されていることとの均衡上、及び議員に対する報酬の支給実態から、年額制、月額制、日当制を当該団体で自主的に決めることとされたのである。しかしこの非常勤職との区別は、議員に対する報酬を生活給と位置付けることを意味しているのではなく、非常勤の職員に対する給付原則の特例的扱いを意味するものとされている。^(注2)

　さらに期末手当の支給が認められたが、この背景を当時の政府の国会審議に備えた「想定問答資料」では次のように説明されている。

　　地方議会の議員に対する給与その他の給付は、地方公共団体の常勤の職員と異り、それをもつて本人及びその家族の生活を維持するという建前の上に立つものではないから、その限りにおいては、議員に対する期末手当の支給は必ずしも必要とは思わないのであるが、今回の改正法により、議員も含めて、地方公共団体の職員に対してはいかなる給付も法律又はこれに基づく条例に基ず（ママ）かずには支給できないこととなるので同じく議決機関の構成員たる国会議員に対し現在期末手当が支給されていることに鑑み、地方議員に対しても条例で特に規定するならば、支給できることとしたのである。

　　したがつて、今回の改正は議員に対する期末手当の支給の途をひらいたにすぎないのであつて、支給しなければならないものとしたわけではないから、敢て行き過ぎとは思わない。又地方議員が名誉職的なものとのお考えについては、名誉職の意味が必ずしも明らかでないが常勤の職員を専従職というこ

とに対するものとして、名誉職の語を用いるならば、その通りであると思う
が今回の改正が地方議員を、いわゆる名誉職的なものでないものにしたとは
考えていない。

（『改正地方制度資料』第12部、626頁）

　つまり、国会議員との均衡上期末手当が認められたのであって、地方議会
議員についてはあくまで名誉職的な立場と理解されているのであるが、前出
（7頁）の寺田友子氏[注3]は、期末手当の制度化は、地方議員に対するイメージ
を大きく変えるものであったとしている。そして、新たなイメージに相応す
るよう議員の日常的な政治活動に対しては、それに見合った給付が必要とし
ている。

（注1）「この改正により従来等しく普通地方公共団体としてその地位・権能が認められ、
　　　何ら区別がなかった都道府県と市町村は性格が区別され、都道府県は市町村を包括
　　　する広域の地方公共団体とされ、市町村は基礎的地方公共団体とされた。つまり都
　　　道府県は国と市町村との中間に位置する広域自治団体として、国家的性絡を有する
　　　事務もその任務とすることになり、国はその事務の遂行に必要な限りにおいて、指
　　　揮監督権の行使その他の関与ができるようにしたものであった。この結果、国、都
　　　道府県、市町村の上下関係を通じての指導、監督が強化された。
　　　　地方議会については定例会の回数、常任委員会制度の改革が主なものであった。
　　　　定例会の回数は都道府県、市町村を通じて一様に「毎年四回」となっていたのを
　　　「毎年四回以内において条例で定める回数」とし、団体の規模、事務の繁閑等によっ
　　　て、条例で自主的に回数を改められるようにした。常任委員会は、従来は行政部門
　　　ごとに条例でつくることになっていてその数に制限はなく、事実相当多くなってい
　　　たが（千葉県議会では十一の常任委員会があった。）、これを人口段階に応じて制限
　　　することとし、最も多い東京都で十二以内、最も少ない町村で四以内とし、かつ議
　　　員は兼任を認められず、それぞれ一箇の常任委員となることと改めた。
　　　　これらの改正は、すべて国会法の改正に倣ったものであったが、本来、地方議会
　　　内部の組織や運営のあり方について、法律でここまで規制することは、地方議会の
　　　自主性、自律性という観点からみて行き過ぎだとの批判が強かった。
　　　　このほかに、議案の提出、修正の動議、懲罰の動議については、従来議員一人で
　　　も行うことができたのを、議員定数の八分の一以上の者の賛成を要することとして
　　　議員の提案権に制限を加え、議員の請負禁止を法定し、地方公共団体の長は議会に
　　　予算に関する説明書その他当該地方公共団体の事務に関する説明書を「提出しなけ
　　　ればならない」と義務制とした。」（『千葉県議会史』第6巻、161〜162ページ）

（注2）地方自治総合研究所監修『逐条研究地方自治法Ⅲ』（敬文堂、平成12年）、1096ページ

（注3）「他の非常勤職員と異なり議員に、期末手当も支給されるようになったことは、戦前のように議会に出ない場合には別の職業に就き、議会に出る場合だけ議員活動を行っているとの議員像は成り立たなくなり、議員は政治家として日常政治活動を行っているのであるから、それに見合った議員への給付が考えられるべきである。」（寺田友子「政務調査費制度に係る住民訴訟」『桃山法学』第15号、305ページ）

（3）地方議員の位置付けに関する見解

　前述したように、改正法の審査過程において、地方議員の性格については、名誉職と常勤職との中間であるが、名誉職的な色彩が強い、という政府答弁がなされている[注]。

　地方議会議員の位置付けについては、法律で明確にしない限り共通の認識にはならず、個人の主観的判断に依ることになる。

　東京都議会は、昭和35年7月第一線の行政法学者等に議員の職分と議員の報酬のあり方について次のように意見を求めた。

質問

一、現行地方自治制度の下における、地方議会議員の職分と性格については、戦前の制度の下におけるような名誉職的なものとする見解と、現行地方制度の下においてはその職責と活動は実質的には、専門職的で常勤に近いものとする二つの見解がありますが、これについてどのようにお考えになりますか。

二、地方議会議員の受ける報酬の本質については、実費弁償的なものとする見解と、現行地方制度の下における議員の職分から考えてその実質的職務に相応しい適当な待遇をすべきであるとの二つの見解がありますがどのようにお考えになりますか。

意見をお聞きした方々

　東京大学教授　田中　二郎

　東京大学教授　杉村　章三郎

　早稲田大学教授　吉村　正

第 2 章 ｜ 県政調査交付金から政務調査費

> 一ツ橋大学教授　田上　讓治
> 東京大学教授　辻　清明

　堀内匠氏は、各自の意見を次のように要約し、最後に、議員は常勤職とは区別され、報酬は生活給でないことで一致しているとしている。

　　議員は職業なのか。戦後できあがった自治体議員の地位について曖昧なままであったために、報酬を巡る議論の際にこの認識問題がつきまとうことになった。そうして本稿で取り扱ったように都道府県・市・町村各レベルの議員報酬のあり方についての標準が設定されていく1960年代初頭には、「もはや戦前の名誉職的なものではなく、むしろ専門職的なものに近い」（田中二郎）、「名誉職的地位と常勤職員の中間にある」（杉村章三郎）、「専門職的常勤者でも専門的常勤者でもない。やはり非専門的非常勤者であることを本質とする」（吉村正）、「名誉職的なものとはいえないが、執行機関と異なり専門職的なものではなく、また必らずしも常勤に近いものではない。」（田上譲治）、「収入源を有しない名誉職の性格から離れ漸次常勤化あるいは有給職に近い姿をとっているが、行動倫理としては、依然名誉職的色彩を帯びている」（辻清明）といったように、論者により軸上の位置づけは様々ではあるが、専門職（有給職）と「名誉職」という対立軸の上の中間的な存在との認識が持たれることとなる。

　　これに伴って位置づけられる議員報酬は、かつてのように選挙費用まで含めて考えるべきではないとする点で意見が一致しつつ、それぞれ「実質的職務に対する対価と考えるべきでその職責を適切に果す上にふさわしいものであるべきである」（田中二郎）、「報酬の内容が完全な生活給とはいえないので、一般職のベ・アに常に歩調を合わせ上昇させる必要はない。」（杉村章三郎）、「国会議員の歳費は生活保障的給与の性質があるが、地方議会の会期は比較的短いことから、生活保障的給与を支給する必要がない。」（田上譲治）といったものがあった。

　　以上で引用した東京都特別職報酬等審議会での主要学者による議論はその後、自治体議員の報酬をめぐる考え方についてのしるべとして大いに影響を与え

ることとなった。5人はそれぞれに異なる見解を述べつつも、名誉職的な地位と常勤職的地位との中間と位置づけていること、給与を常勤職との対比で捉えることについては、おおむね共通している。

(堀内匠（2016）「自治体議員報酬の史的展開」『自治総研』通巻456号、85〜86ページ)

　このような曖昧な地方議会議員の位置付け、及び議員報酬への理解は現在も変わっていないと考えられる。

(注) 地方議員の性格について（衆議院地方行政委員会（昭和31年5月22日))
　　○　小林武治君　それにつきまして、地方議会の議員の性格の問題でありますが、国会議員についてもいろいろの問題があるが、私は今の地方議会の議員というものが非常な高い報酬を取っている。これは今回のも普通の委員等は実費弁償主義によってやる。これは私は当然の原則であるべきである、こういうふうに思うのでありますが、自治庁長官は、一体県会議員はこれによって生活もするのだ、こういうふうな考え方を持っているのか。名誉職か、あるいは専従職か、こういうことについてはどういうふうにお考えになりますか。
　　○　太田正孝自治庁長官　職員の生活方式が名誉職的であるか、あるいは専従職であるかという問題につきましては、よく言われることでございますが、名誉職という規定は、昔の地方議会等においてはございましたが、無報酬の名誉職としては、私は今日の経済情勢から見てもできないのではないか。さりとて専従職として常勤的な役人のような立場にいくべきものでもない。従って、いわばその中間的なところにあるのではないかと思います。普通の役人のごとくにやるべきものではなく、さりとて無報酬の名誉職という意味で、昔の町長や村長や、あるいは町会議員があったようなわけにもいかないと思います。そこらあたりは今日の制度も中間性のところにいっているのではないか。ただし先ほどもお言葉がございましたが、国会議員にならえであって、あるいは年末給与をやる。しかし国会議員の方に退職金制度がなければ、今度はこれをはずすというような、何となく右にならえ式が見えておりますけれども、地方議会は地方議会、地方生活というものがもとになっておりますので、私はその点から判断すべきものじゃないかと思う。性質論としては専従職と名誉職と対立的なものとすると、名誉職的の色彩が強い。しかし昔のいわゆる名誉職の、ただで働くという意味の名誉職ではないと私は思います。対立的に言えば、名誉職と専従職となる場合におきましては名誉職の例であるが、しかしいわゆる昔からいわれている名誉職におきましては、給与を得ておらぬ場合が多おうございますから、そういう意味ではない。まあ中をとったような性質じゃないかと、こう思うのでございます。

（4）第204条の２の影響

　昭和31年改正で、議員の活動基盤に大きな影響を与えたのは、第204条の２の新設である。

　それは、普通地方公共団体がその職員（議員を含む。）に対して支給する給与その他の給付は法律に直接根拠を有するか、又は法律の具体的根拠に基づく条例によって給付する場合に限るものとし、それ以外の一切の給与その他の給付の支給を禁じるものであった。

　その結果、議員に対して支給される給付は、報酬、費用弁償、そして新たに認められた期末手当に限定されることになった（影響については10頁参照）。

　なお、本改正による第204条の２は、「これを第203条第１項の職員及び前条第１項の職員に支給することができない」として、議員という用語を用いていない。

　この点については、改正にあたっての委員会審査で、「203条、204条に書いてあります職員というのは、これは一般職も特別職も含めましたすべての地方公務員ということでございまして、広い意味に使っておるわけでございます」と説明があり、ここでいう職員は広義の職員であり、議員も含まれるとしている。その後、本条は、平成20年の地方自治法改正で、非常勤職員の報酬と議員報酬が分けられたことに伴い「議会の議員」が明記されることとなった。

　第204条の２新設の背景としては、地方公共団体の職員に対する給付の種類を国家公務員に対する給付の種類と同じものとすることにより財政健全化に資することが掲げられている。

　昭和31年改正で第204条の２が新設される以前から、地方公務員法上は一般職の職員については、給与は条例で定める（給与条例主義）こととなっていた（地方公務員法第24条第６項）が、議員を含む特別職の職員については、このような原則は規定されていなかった。また、地方自治法においても、首長をはじめとする特別職であると一般職であるとを問わず常勤職員に対しては給料及び旅費（改正前の第204条）、議員及び行政委員・審査会委員等非常勤職員に対しては報酬及び費用弁償（改正前の第203条。昭和31年改正で議員に対しては期末手当が支給可となる）の支給を義務付け、額及び支給方法を条

例で定めることとされていた。

　しかしながら、法律で規定されている以外の給与その他の給付について法律上制約はなく、一般職の職員については、条例で規定さえすればさまざまな給付も支給でき、また、議員を含む特別職については給与条例主義さえも規定されていないため、さまざまな給付について、条例の規定も必要とせず、予算措置のみでも支給が可能であった。自治を重視したためである。

　それを、国家公務員と同じく法律で規定するもの以外は給付することができないこととしたのである。ここでも中央集権が進むこととなった。

　加えて、改正の背景として、当時議員に対する退職金など議員に対する経費支出が社会問題となったことが推察できる。

　この第204条の2の新設に対しても議会団体は反対を表明した。その一例として、全国議長会が表明した改正案に対する修正意見及び全国議長会代表が衆議院地方行政委員会に参考人招致された際の反対意見を紹介する。反対の理由は、「給与また給付の中には、それぞれその団体の実情により異なるものがあるので、これは必ずしも法律に基かなくとも、当該地方公共団体の議会の議決を経て、一般に公布する条例で定めることをもって足りる」としており、地方自治の精神を貫くことを求めた。

◎　「地方自治法の一部を改正する法律案」に対する修正意見について（抄）
　（全国都道府県議会議長会）

　　　今次政府の提出した「地方自治法の一部を改正する法律案」は、現段階における改正としては、概ね了承せられるところであるが、なお別記各項については、それぞれの理由のとおり、地方公共団体の実状に副わないものと認められる。

　　　よって、国会におかれては、本法案の審議に当って、本会の意のあるところを御理解を賜わり、修正意見が実現するよう特段の御高配を賜わりたい。

　（別　記）

　7．給与その他の給付の支給に対する改正について（第204条の2）

　　　第204条の2を次のとおり修正する。

本文中「法律又はこれに基づく条例」の字句中「これに基く」を削除する。

（理　由）

給与又は給付の支給は、その職により、また各団体の実情により異なるべく、法律に基づく以外の給与又は給付は、議会の議を経て一般に公布する当該団体の条例に基かなければ支給できない旨を明らかにすることによって足りる。

◎　衆議院地方行政委員会参考人意見（第24回国会・衆議院地方行政委員会（昭和31年４月27日））

○　四宮久吉　参考人（全国都道府県議会議長会会長）　きょうは、地方自治法の一部を改正する法律案に対して、私ども全国都道府県議会議長会の意見を述べる機会をお与え下さいまして、まことに感謝にたえない次第であります。つつしんで御礼を申し上げます。（略）

次に、改正案第204条の２の給与に関する規定についてであります。この規定によりまして、地方公共団体は職員に対し、いかなる給与その他の給付も法律またはこれに基く条例によらなければ、支給できないと規定しようとしているのであります。もとより本会といたしましても、この趣旨の規定については原則的にはあえて反対するものではないのでありますが、条文中「法律又はこれに基く条例」とあるところの「これに基く」の字句は削除すべきであると考えるのであります。すなわち地方公共団体におきます給与または給付の支給は、法律に基くものは当然であります。しかもその給与また給付の中には、それぞれその団体の実情により異なるものがありますので、これは必ずしも法律に基かなくとも、当該地方公共団体の議会の議決を経て、一般に公布する条例で定めることをもって足れりと信ずるのであります。改正案はこれを画一的に法定しようというのでありますが、あまりにも地方自治体の自主性を拘束するものであるという点から、ぜひとも以上のように「これに基く」という文字を消していただきたいというのでございます。

以上申し上げましたほかに、本会として改正案に対してなお修正を要

> 望しております事項につきましては、さきに皆さんのお手元に御送付を申し上げておきましたので、どうかその文書をごらんの上、それぞれその理由等をごらん願って、十分御審議をお願い申し上げたいと思います。

　以上の反対にもかかわらず改正法は成立した。第204条の2の立法趣旨については、あくまで「地方公共団体の給与体系の整備を図り、その公明適正化を期したものであること」とされているが、これによって、議員活動に対して必要な経費を捻出するためのそれぞれの議会の工夫はすべて否定され、議員個人に対する給付は、法律で定めるもの以外はすべて禁止されることとなった（昭和31年8月18日自乙行発第24号自治庁次長通知）。

　昭和31年改正法の成立後、議員に対する定額旅費や通信費の支給の是非について判断を求める照会が自治庁に対してなされたが、いずれも否定されている。このような照会がなされたのは、従前行われていた議員に対する経費をなんとか維持したいという思いが表れたものである。

　当時の状況を紹介したレポート(注2)によると、本改正により、従前支給されていた議員に対する活動経費が禁止されたことを、「議会は"兵糧攻め"の状況に追い込まれた」と表現している。まさに「冬の時代」である。

　当時の議員にとって活動経費が禁止されたことは大問題であったと推測できるが、資料を見る限り、活動経費の存在意義が強く語られていないのが残念である。活動経費は何のために必要なのか、何に使われているのか、住民に対して説得性のある議論が展開できなかったのがこの結果を生んだのではないかとも考えられる。

　これまで支給されていたから廃止するな、というのでは理屈にはならないのである。議会に対しては、その機能を弱めようとする力が常に働いていると考えなければならない。何かしら議会や議員が問題を起こすたびに、議会を弱めようとする力を勢いづける。そのことは常に心に留めておかなければならない。議会機能を充実強化するためには住民の理解を得ることが必要である。そのことが議会制民主主義を守ることにつながることを忘れてはならない。

（注１）［行政実例］議員に対する定額旅費等の支給（昭和31年７月18日自丙行発第13号、石川県議会事務局長宛、行政部長回答）

　問一　費用弁償条例第８条により議員に対し定額旅費を14,000円支給していたが、法改正に伴い、これが支給については従来通り条例に定めればさしつかえないか。

　　二　法第203条第４項にいう条例制定の範囲について。

　　三　県政相談室を設置し、全議員相互に一定数連日出勤し、住民一般よりの県政相談及び諸調査研究に資するため、通信費の定額支給及び旅費の支給は、その業務からみて条例に特別の定めをすれば支給出来ると思うがどうか。

　　四　定額旅費及び通信費は、あくまで費用弁償であり報酬の一部ではないと思うが国税庁（税務署）においては、報酬の一部とみて課税を強いられてくることがある。このことは法にいう、特別の定めある場合の条例規定と、むじゅんすると思うがどうか。

　　五　法第100条による調査権のため、定額旅費及び通信費は、条例に基いて支給出来るかどうか。この場合の予算は一括議決による政務調査費とした場合はどうか。

　　六　県職員中、生活改善普及員、森林枝術吏員、家畜衛生指導員、保健婦、県税徴収吏員等に対し、日額（３日以上にわたる場合）月額（１か月以上にわたる場合）旅費を支給する規定がある。
　　　　この場合を考慮すれば議会議員等に対しても支給出来ると思うがどうか。

　答一　議員に対する定額旅費の支給については、六により承知されたい。

　　二　質問の意味が明らかでないが、報酬、費用弁償及び期末手当以外の給付を条例により支給することはできない。

　　三　設問のような例は、正規の議会活動とは認められないのでそれに対し報酬又は費用弁償を支給できない。

　　四及び五　三及び六により承知されたい。

　　六　日額又は月額の定額旅費は例示のごとき職務の性質上常時出張を必要とする職員の出張について支給されるべきものであって、議員については、その職務の性質上支給すべきでない。

（注２）大和田建太郎（2017）「終わりのない旅．議会制民キキ義の道—戦後初期の地方議会報を振り返って—」『自治総研』通巻461号、60ページ

5　特別職報酬等審議会の誕生

　議員に対する活動経費に関して昭和31年改正は大きな転換期をもたらしたが、議員の報酬に関して、その後大きな波がおしよせた。それが昭和39年の特別職報酬等審議会の誕生である。

　特別職報酬等審議会は、当時議員の報酬の引き上げが全国的に行われ、それが社会問題となったことから、第三者機関を設置して報酬の適正化を図ろ

うという発想から生まれたものである。住民の批判を招く議会の独断的な行動が反動を引き起こし、制約が課される結果を招くという典型的な例である。

　当初は、地方自治法改正による制度化が図られたが、全国議長会をはじめ議会側の強い反対により、議会が自主的に適正化に向け努力することとされ、その指針として自治省は昭和39年5月28日付で、「特別職の報酬等について」という事務次官通達を都道府県知事宛に発出した。

　特別職報酬等審議会は首長の附属機関であるので、議員の報酬については首長が提出する場合に諮問することを原則とするが、議員が報酬条例を提出する場合には、審議会の設置条例の規定の仕方で異なるが、諮問は義務付けられていない。議員が報酬引き上げのための条例を提出しようとし、審議会に諮問することを希望する場合には、議員から議長に依頼し、首長と議長との話合いの結果として諮問することとなる。

　特別職報酬等審議会の設置をめぐる国会での議論は、議員の位置付け等について改めて政府の見解が示されているので、紹介する。ここでも議員は名誉職と一般職の中間的形態とされており、さらに注目すべきは、議員の報酬は、「一般職の公務員として最上級である県の部長級というところを、一応のめどとして考える」ことが示されていることである。政府側の議員を捉える視点として興味深い答弁である。

◎特別職等報酬審議会（昭和39年3月26日衆議院地方行政委員会）

［議員の位置付けに関する政府の考え方］

○佐久間彊政府委員（自治省行政局長）

　地方議会の議員の報酬につきましては、先ほど大臣の御答弁いたしましたように、法律のたてまえがその額は条例で定めるということを規定してあるだけでございまして、その条例で定めます場合の基準につきましては、何も規定がないわけでございます。したがいまして、法律の趣旨といたしましては、それぞれの議会が、地方公共団体が、自主的に常識をもって妥当と考える額を決定させるというのがたてまえだろうと思うのでございます。その点は、一般職の公務員の場合に、地方公務員法に基準が書いてございますのと違っておると思うのでございます。したがいまして、法律的に申しまして現在地

方議会が定めております報酬の額が、法の趣旨に合っているか合っていないかというようなことにつきましては、はっきりとした判断がいたしかねるわけでございます。しかしながら私どもといたしましては、先ほどお述べになりました地方議会の議員の職務の内容の実態からいたしまして、これは一般職の公務員の給料とはやはり違うものではないか。また戦前のような、名誉職として、報酬を支給する規定のございませんでした時代とは、もちろんこれまた議員としての職務の内容が違っておりますが、いわばその中間的な形態ではなかろうか。そのような点から考えてまいりますと、現在引き上げの動きのございますものの中には、常識的に見てやや考えなければならぬ点があるものもあるように私ども感じております。

［議員の報酬に関する政府の考え方］
○佐久間政府委員
　御指摘のように、この値上げの問題につきましては、値上げの額の問題と手続の問題と、両方ございます。

　額の点につきましては、先ほど申し上げましたようなことで、大体先生のただいま要約なさったような考え方をいたしておるわけでございますが、二年ほど前でございましたか、先ほど申しましたような考え方から、大体府県議会議員の場合については、一般職の公務員として最上級である県の部長級というところを、一応のめどとして考えるのがいいのじゃなかろうかということを、非公式に参考までに連絡をいたしたことがございます。これももちろんその団体の事情によりまして、一がいには申し上げることはできませんけれども、一応の一つの参考のめどとして申したことはございます。

　それから、値上げの手続でございますが、御説のように非公開で、しかもこそこそとやっていくというようなやり方は、私どももたいへん遺憾なことだと存じます。先生の御説のように、議会で十分一般の住民の動向というものをくみ取って、それを反映させながら審議を経た上でなすべきだ、かような考え方を私どもも持っておるわけでございます。一般的にそういうやり方をせいということを、あらためて通達等で指導いたしたことはございませんけれども、個々に感想を求められました場合には、手続の点につきましては、

> いま申し上げましたような考え方を私どもは申し上げておる次第でございます。

　特別職報酬等審議会の設置をめぐる経緯から、議会、議員は常に世論に耳を傾けなければならないことを改めて認識させられる。何か事を為すためには、住民に納得してもらえる理由、根拠を明らかにしていかなければならない。

　なお、鳥取県では平成18年に特別職報酬等審議会設置条例を廃止し、知事等の給与については有識者の会議を開催して意見を聴くこととし、議員報酬については別途、議会が新たな制度について定めることとされた。

　有識者会議は執行部と議会それぞれに設置されることとなっており、執行部については、「知事等の給与に関する有識者会議」が平成25年度と28年度に設置されている。これは、知事と議会がそれぞれ責任をもって給与・議員報酬を決定する新しい方法である。

> ◎鳥取県議会議員の議員報酬、期末手当及び費用弁償に関する条例
> 　（議会による検討）
> 第4条　議会又はその議員が行う議員報酬等の額その他の議員報酬等に関する制度の改正の必要性の検討について必要な事項は、議会が別に定める。

第2章｜県政調査交付金から政務調査費

第 3 節 **都道府県政調査交付金制度の創設**

1　都道府県政調査交付金制度とその経緯

　昭和31年改正によって、地方議会議員には地方自治法に規定されている報酬、費用弁償、期末手当のみを支給することとし、従来条例により支給していた通信費、調査研究費（又は調査研究旅費、政務調査費）等の支給が禁止された。さらに費用弁償はあくまで職務遂行に対する実費弁償であり定額の支給は認められないという考え方も示されたため、定額の調査研究旅費の類も支給できなくなった。議員個人に対する支給には法律上の根拠が必要となったが、議員活動に経費が必要であるという状況に変化はなかった。そこで生み出されたのが、会派という団体に対して補助金を支給するという、いわゆる（都道府）県政調査交付金の制度である。

　端緒は、議員個人の活動と会派の活動は別であるので、会派への支給は可能かという鹿児島県から自治省への照会である。回答は、実質的に議員個人に支給するものであれば認められないが、純粋に会派に支給するものであれば可能というものであった。^{（注）}

　これを受けて、議員個人に支給するのではなく、政策集団である会派に対し、会派が行う都道府県政の調査等諸活動に要する費用の一部を補助するため、地方自治法第232条の2（公益上の補助）に基づき、いわゆる県政調査交付金が交付されるようになった。

　県政調査交付金とは、議会の各会派が、県政の一層の発展に資することを目的として行う調査、研修、資料整備等の各種活動を補助する費用として議長に交付され、議長を通じて各会派に配分される補助金である。

　地方自治法が改正された昭和31年に、まず2都県が交付要綱等を設け、その後、徐々に各府県が交付規則等を制定し、昭和55年に最後の1県が要綱を設けたことにより全都道府県がこの制度を導入した。ただしその名称は、調査（研究）交付金、調査研究費（または事業費）補助金、政務調査（研究）費とさまざまであった。

　政務調査費が誕生する直前の平成12年4月1日現在における県政調査交

付金の支給状況は次のとおりである。

・県政調査交付金（団体により名称は異なる）は、すべての都道府県で交付されていた。
・名称は、調査（研究）交付金、研究費（事業費）補助金、その他（県政調査費、政務調査研究費、政務調査費）となっていた。
・支給規定の形態は、補助金等交付規則に基づいて要綱等を定める形態と、補助金等交付規則に基づくことなく定めた規則又は要綱による形態に分かれていた。
・会派に支給するにあたって基礎となる議員一人当たりの交付金額は、最高60万円～最低25万円／月額であったが、年額で決めている例もあった。

　県政調査交付金の支給手続き等については、千葉県の例を紹介する。これは、千葉県県政調査費の差止めを求める訴訟における千葉地裁の判決文（平成9年7月11日判決）のなかで説明されているものである。千葉県における交付根拠は、「千葉県補助金等交付規則」及び議長が定める「県政調査費に関する要綱」であり、会派の活動は、「県政調査事業」として位置付けられている。

◎千葉県議会における県政調査費の交付手続及び検査制度（千葉地裁平成9年7月11日判決）
① 　千葉県議会による予算の議決があった後、県政調査費を受けようとする会派は、県政調査費申請書に県政調査事業計画書等を添付してこれを議長に提出する（要綱3条1項）。
② 　議長は、右申請に係る書類等の審査を行い、その申請が県政調査事業に適合している場合は、知事に対し、所定の事項を記載した申請書を提出して交付の申請をする（交付規則3条、要綱3条2項）。
③ 　知事は、交付の申請があったときは、当該申請に係る書類等の審査及び必要に応じて行う現地調査等により、すみやかに県政調査費を交付するかどうかを決定する（交付規則6条）。
④ 　知事は、県政調査費の交付の決定をしたときは、すみやかに決定の内容

及びこれに条件を附した場合にはその条件を議長に通知する（交付規則6条）。

⑤ 議長は、その交付額に基づき各会派別の県政調査費交付決定金額を配分し、各会派に対し県政調査費配分通知書により通知する（要綱5条）。

⑥ 議長は、県政調査費の概算払の交付を受けるため、知事に対し、各四半期ごとに交付請求書を提出し、知事は、特に必要があると認めるときは、これを交付する（交付規則16条、要綱7条1項）。

⑦ 議長は、知事の定めるところにより、県政調査事業の遂行の状況に関し、知事に報告しなければならない（交付規則10条）。

⑧ 知事は、議長が提出する報告等により、県政調査事業が県政調査費の交付の決定の内容又はこれに附した条件に従って遂行されていないと認めるときは、議長に対し、これらに従って事業を遂行すべきことを指示することがある（交付規則11条）。

⑨ 各会派の経理責任者は、県政調査費に関する使途を明らかにした証票類を整理保管し、歳入及び歳出を明らかにした現金出納簿及び県政調査費支出伝票を備えなければならない（要綱8条1項）。

⑩ 各会派は、当該年度の事業完了の日をもって実績を精算し、県政調査事業実績報告書を作成し、1か月以内に議長に提出する（要綱6条1項）。

⑪ 議長は、報告書の提出があったときは、当該報告に係る書類等の審査及び必要に応じて行う調査により、その報告に係る県政調査事業計画の内容及び県政調査費配分通知に附した条件に適合するものであるかどうかを調査し、適合すると認めたときは、知事に事業実績報告書を提出する（要綱6条2項）。

⑫ 議長は、各会派から県政調査事業実績報告書を受理し、その審査に必要と認めたとき、その他議長が特に必要と認めたときは、各会派が整理保管している証票類及び帳簿等を調査することができる（要綱9条）。

⑬ 議長は、会派が県政調査費を交付の目的に反して使用したと認められた場合は、その会派に対し、県政調査費の返還を命ずることができる（要綱10条）。

⑭ 議長は、事業実績報告書に被告の定める書類として会派別事業実績を添

付して報告する（交付規則12条）。

⑮　知事は、議長から報告を受けた場合において、県政調査事業の成果が県政調査費の交付の決定の内容及びこれに附した条件に適合しないと認めるときは適合させるための措置をとるべきことを議長に対して命ずることがある（交付規則13条）。

⑯　知事は、県政調査事業の成果の報告を受けた場合において、事業実績報告書等の書類の審査及び必要に応じて行う現地調査等により、県政調査事業の成果が県政調査費の交付の決定の内容及びこれに附した条件に適合するかどうかを調査し、適合すると認めたときは、交付すべき額を確定し、議長に通知する（交付規則14条）。

⑰　議長は、右確定通知があったときは、その確定額に基づき各会派別の県政調査費確定金額を確定し、各会派に対し県政調査費確定通知書により通知する（要綱6条の2）。

⑱　知事は、千葉県議会会派が県政調査費の他の用途への使用をし、その他県政調査事業に関し補助金等の交付の決定の内容又はこれに附した条件その他法令等又はこれに基づく知事の処分に違反したときは、県政調査費の交付の決定の全部又は一部を取り消すことがある（交付規則17条）。

　これによると、千葉県の県政調査費は四半期ごとに概算払いされており、各会派は、年度末に県政調査事業実績報告書を作成し議長に提出、議長及び知事は調査を行い、知事が調査の結果県政調査事業が適正であると認めた場合交付すべき額を確定し議長に通知、議長は確定額に基づき各会派別の県政調査費確定金額を確定し、各会派に対し県政調査費確定通知書により通知することとされていた。さらに、県政調査事業の成果が交付目的に適合していない場合には、知事は適合させるための措置をとるよう議長に命ずることができるとし、是正措置も講ぜられるようになっていた。

（注）［行政実例］会派に対する調査研究費の支給（昭和31年9月6日自丁行発第55号、鹿児島県総務部長宛、行政課長回答）
　　　問　従来本県においては、県議会議員の調査研究の経費に充てるため、1人1月1

万円の調査研究旅費を支給していたが、今回の地方自治法の改正に伴い、今後旅費としての支給はできないものと思料しますので、これにかわるものとして、県議会の各会派に対し、下記の如き条例をもって調査研究費を交付することは、地方自治法上差しつかえないか、もし妥当であれば、同趣旨の経費については、いかなる方法で支給すればよいか。

(略)

答　従来の調査研究旅費にかわるものとして、県議会各会派に対し調査研究費を支給することは、その内容が実質的に従来どおりであると認められる限り、出来ないものと解する。

法第232条の２　普通地方公共団体は、その公益上必要がある場合においては、寄付または補助をすることができる。

2　県政調査交付金に対する世論の反応と判決

　県政調査交付金に対する世論の反応は厳しく、情報公開の盛り上がりとあいまって、県政調査交付金の支出に関する文書等の公開請求が相次ぎ、平成９年から10年にかけて情報公開請求が都道府県41団体に対し71件なされた。

　また、県政調査交付金の交付は違法であるという訴訟も相次いだ。

　違法性の主張は次のように分類される。

①　交付金の支給に公益性があるとは認められない。(第232条の２関係)

②　実質的に議員個人への支給であり給与等の支給制限に違反する。(第204条の２関係)

③　一人会派への支給は、議員個人への支給と同じである。

④　実績報告書等に領収書が添付されていない。検査が行われていない。

　以上の論点に対する当時の裁判所の考え方を整理すると次のとおりとなる。なお、いずれも地方裁判所の判決である。

(1) 県政調査交付金の有用性

・近時社会情勢を反映して、神奈川県民の生活ニーズは多様かつ高度化し、県政も、これに対応し複雑かつ多岐にわたらざるを得ず、議会としても、行政施策等に対する迅速かつ活発適切な審議を求められる事態に立ち至っている。したがって、議員は、県民の信託に応えるために、地方行政等に関する諸制度、県政及び国政、更には外国の事情ないし動向等に対する広

範かつ専門的な知識を必要とし、これらに対する不断の調査研究活動が要請されている。（平成2年12月21日横浜地裁判決）

・地域住民の要求も多種多様にわたっているため、議会の構成員である議員がその議会活動を十分に行うためには、地方行政一般についての広範な知職が必要になってきており、いきおい、議員に対しては、地方行政に対する不断の調査研究活動が期待されている。（昭和59年3月7日神戸地裁判決）

・議員が市政に関する調査研究を行うことは、単に議員の議会活動が円滑かつ能率的に行われるのにとどまらず、議員が地域住民の直接選挙によって選出され、その代表として、住民の意思を条例の制定、予算の決定等を通じて市政に反映させるよう活動していることに照らすならば、その利益は、ひとり議員のみに帰するものではなく、こうした職員の議会活動を通して究極的には住民一般にも及ぶ。（昭和59年3月7日神戸地裁判決）

（2）交付金の支給に公益性があるとは認められない（第232条の2関係）

・市会の各会派に対して調査研究費を支出することは、市民一般の利益につながるものであり、その成果については種々の評価があり得るとしても、議員の市政に対する調査研究活動が活発に行われることは、市民の期待するところであるから、右支出は公益に資するものということができる。（昭和59年3月7日神戸地裁判決）

・政治的な思想・信条を同じくする議会が議会内で統一的な行動をとるために会派を結成し、会派を通じて各種の議会活動を行っている場合において、このような会派としての調査研究活動に対し必要な経費を補助することは、会派を通じての議会運営を円滑にし、議会の活動能力を高め、ひいては、地方行政全般の適切な運営にも資することとなる。（平成16年1月30日徳島地裁判決）

（3）実質的に議員個人への支給であり給与等の支給制限に違反する（第204条の2）

・すべての会派に対して一律に同額を支給するのではなく、これに属する議員数を基準として支給額を決定することには、一応の合理性が認められる

43

第2章｜県政調査交付金から政務調査費

から、これをもって実質上議員個人に対する支給であるということはできない。（昭和59年3月7日神戸地裁判決）

・交付金の交付を受けた会派は、経理責任者を定めて収支を明らかにする帳簿及び証拠書類を整理保管することが義務づけられ、会派として行う一定の活動の費用にのみ交付金を使用することが許されているのであるから、これを議員個人に対する給与その他の給付ということはできない。（平成16年1月30日徳島地裁判決）

（4）一人会派への支給は、議員個人への支給と同じである

・所属議員が一人の会派であっても、選挙によって二人以上になる可能性はあるのであるし、実際には議会外の政党その他の政治団体と提携して議会活動を行っているのが実態であるから、このような点に着目して、右のような会派に県政調査研究費を交付すると定めたとしても、それなりの合理性があり、これを議員に交付しないと定めていることと矛盾するものとはいえない。（平成5年5月28日徳島地裁判決）

（5）実績報告書等に領収書が添付されていない、検査が行われていない

・県議会各会派の行う調査、研修等の活動は政治活動の自由と密接に関連しており、もし、原告の主張するように、各会派において被告に対し右活動に関する領収書等の証票類や現金出納簿を一切提出しなければならないとすると、それは、各会派の議員の政治活動の自由に重大な影響を与えかねないことになるのである。（平成9年7月11日千葉地裁判決）

・知事が現在とっている県政調査費の使途についての検査体制は、まず、事業実績報告書と会派別事業実績の提出を求めて審査を行い、知事においてこれに疑問を抱けば更に必要な調整を行うというものであって、事業実績報告書と会派別事業実績のみによって検査を行い、それをもって検査を終了するというものではないのである。（平成9年7月11日千葉地裁判決）

・調査研究費について、実績報告書に証票類を添付する必要はないという取扱がなされているのは、その交付目的、政務調査研究活動の内容等からして、その成果を直接的、具体的、数量的に評価することが困難であり、ま

た、その活動が各会派の行う政治活動の自由とも密接に関連する問題であることに由来するためである。（平成2年12月21日横浜地裁判決）
・県議会及びその構成員である議員は、知事をはじめとする執行機関から独立して活動し、執行機関の干渉を受けることなく、県民の意思を条例の制定や予算の議決等を通じて県政に反映していく責務を負っているのであって、県議会の各会派が具体的にどのような調査、研修等を行ったかを領収書等の証票類を知事に提出することによって執行機関である被告のチェックを受けることは、議会及び議員が執行機関から独立して活動する上で支障を生ずるおそれがないとはいえない。（平成2年12月21日千葉地裁判決）

　以上で特徴的なのは、県政調査交付金に対する評価である。つまり、議員活動に対する認識として、住民の生活ニーズに多様かつ高度に対応しており、住民の信託に応えるために地方行政一般について広範な知識が必要になっている。そのため、不断の調査研究活動が要請されており、その結果が議会活動に反映されるならば、その利益は、議員のみでなく住民一般に及ぶとして県政調査交付金を高く評価している。特に、県政調査交付金は住民のためにあることを強調していることが注目される。
　さらに注目すべきは、証票類の添付については、実績報告書に領収書等の証票類が添付されていなくても、証票類を検査し得る検査体制がしっかりしていれば違法性はないとしており、証票類の添付を求めていないのは、県政調査交付金の成果を直接的、具体的、数量的に評価することが困難であることに由来している。逆に、領収書等の証票類や現金出納簿を一切提出しなければならないとすると、それは、各会派の議員の政治活動の自由に重大な影響を与えかねないし、県議会の各会派が具体的にどのような調査、研修等を行ったかを領収書等の証票類を知事に提出することによって執行機関である被告のチェックを受けることは、議会及び議員が執行機関から独立して活動する上で支障を生ずるおそれがないとはいえない、としていることである。
　ここで、会派（議員）の「政治活動の自由」が強調されている。政治活動の自由は表現の自由の一形態とされており、政治家としての地方議員の活動を全うすることが住民の利益につながるという前提に立てば、活動の自由を

守ることは重要である。

　しかしながら、県政調査交付金をめぐる訴訟について、政治活動の自由が強調され過ぎたために、裁判所のチェックがきかなくなってしまったという指摘がある。(注)

　公費を委ねられることからの透明性の確保と、政治活動の自由の均衡は、このように既に県政調査交付金の時代から提起された問題である。政務活動費の使途を明確にすることは必要であるが、議員の活動を全て明らかにすることは議員活動に自制を効かせ過ぎることとなることから、住民にとってもマイナスである。ここでも、政治活動の自由を尊重することがひいては住民のためであることが説得力をもって示されなければならない。つまり結果を出すことである。その上で問題は、どこまで使途を明らかにするかが検討されるべきである。最近の議論においては全て明らかにするということが強調され過ぎて、政治活動の自由が重視されていないのは残念である。

　視点は異なるが、日本図書館協会の綱領である「図書館の自由に関する宣言」の最終章にある「図書館の自由」を「政治活動の自由」に読み替えてその意義について再認識していただきたい。

---

1. 図書館の自由の状況は、一国の民主主義の進展をはかる重要な指標である。図書館の自由が侵されようとするとき、われわれ図書館にかかわるものは、その侵害を排除する行動を起こす。このためには、図書館の民主的な運営と図書館員の連帯の強化を欠かすことができない。

2. 図書館の自由を守る行動は、自由と人権を守る国民のたたかいの一環である。われわれは、図書館の自由を守ることで共通の立場に立つ団体・機関・人びとと提携して、図書館の自由を守りぬく責任をもつ。

3. 図書館の自由に対する国民の支持と協力は、国民が、図書館活動を通じて図書館の自由の尊さを体験している場合にのみ得られる。われわれは、図書館の自由を守る努力を不断に続けるものである。

4. 図書館の自由を守る行動において、これにかかわった図書館員が不利益をうけることがあってはならない。これを未然に防止し、万一そのような事態が生じた場合にその救済につとめることは、日本図書館協会の重要な責

務である。

(注)「裁判所は、議員又は議会の会派を助成することは公益上必要であるとして、原告住
　　民の主張を認めなかった。また、議員活動のための調査研究費でありながら、本来
　　の目的のための経費に使われずに、観光旅行等あるいは私的目的のために使われて
　　いるという第4点の問題点については、議員活動の自由又は政治活動の自由を根拠
　　に、使用に対するチェック体制がないために、裁判になったとしても違法判断をな
　　しえなかった。そして執行機関による補助助成であるため、執行機関の裁量を認め
　　ざるを得ず、裁判所のチェック機能も限界があった。」（寺田友子（2010）「政務調
　　査費制度に係る住民訴訟」（『桃山法学』桃山学院大学法学会編、307ページ））

3　議員活動に対する支援に関する提言

（1）全国都道府県議会議長会「議会制度研究会」の提言

　全国議長会は、地方議会における政党化が進み多党化現象が顕著になり、
議会の内部運営にさまざまの変化が生じていることから、社会情勢の変化に
対応する地方議会、特に都道府県議会のあり方について検討するため、昭和
46年11月に「議会制度研究会」（座長：西沢哲四郎氏（元衆議院法制局長））を
設置した。

　同研究会は検討を重ね、昭和48年11月に、「都道府県議会の改革について
の意見」をまとめ、

① 　地方議会と住民について

② 　議会と執行機関の関係について

③ 　制度および運営について

の3項目について提言を行った。

　同意見は、議員に対する経費について「制度および運営について」の提言
の中で、議員は議会と住民の間をつなぐ役割があり、民意を反映させるため
の議員活動に要する費用として調査活動費（仮称）を支給することを検討す
る必要があるとしている。[注]

(注)「いわゆる議員活動に必要な調査活動費（仮称）についてであるが、議員は、議会と
　　住民の間をつなぐパイプとして、民意を反映させる活動を今後さらに積極的に行な

第2章｜県政調査交付金から政務調査費

うことが要請されており、また議員が政策立案を行ない住民福祉の向上に役立たせる必要があること等から、これに要する費用として都道府県議会議員については、一定額の調査活動費（仮称）を支給することを検討する必要がある。」（議会制度研究会（昭和43年）「都道府県議会の改革についての意見」）

（2）全国都道府県議会議長会「都道府県議会制度研究会」の提言

　全国議長会は、「議会制度研究会」に引き続いて、「都道府県議会制度研究会」（座長：辻啓明氏（元参議院議事部長））を平成8年12月20日に設置した。

　同研究会は、地方分権推進委員会（内閣総理大臣の諮問機関、平成7年～平成13年設置）の審議が本格化し、今後、分権の受け皿となる地方公共団体の行政体制、特に、地方議会の活性化について議論が行われることが予想されることや、地方分権下の議会のあるべき姿とその実現のための制度の改善について検討を実施するよう全国議長会の構成ブロックから要請がなされたことを受け設置された。

　同研究会は、地方議会を取り巻く次の3つの問題について、今後の都道府県議会の在り方について研究することとした。

　第1は、戦後50年を経て、社会経済や住民意識が大きく変化したにもかかわらず、地方議会の活動が必ずしも実情に即応していないため、いろいろな批判が出ていること。第2は、地方分権が実行の段階に入り、これに伴い地方議会の役割がますます重要になっていること。第3は、議会を構成する議員の位置付けが不明確であるため、特に議員活動と処遇の関係について、住民と議員の両方から問題になっていること、であった。

　研究会は、平成10年1月に「地方分権と都道府県議会について」をまとめ、地方分権の推進に伴う都道府県議会の在り方についての基本的考え方を示した。続いて、平成10年12月に「都道府県議会の新たな運営を目指して」をまとめ、議会審議の活性化の観点から都道府県議会の運営の全般について考え方を示した。

　議員（会派）活動に対する支援については、「地方分権と都道府県議会について」の中で、

① 地方自治法第204条の2（給与等の支給制限）の規定を改正し、地方公共団体が状況に応じて自主的に条例で費用を支出できるようにする
② 議員に対し条例で一定額の議員活動費用を支給するか、報酬にこれを含ませ税法上必要経費として認めること等について検討すべきである
③ 会派に対し調査交付金を交付しているが、会派はこれを政策スタッフの採用、資料の収集等政策活動に使用し、その成果を都道府県政に反映させるべきである
④ 会派調査交付金は会派の調査だけに使用されているのではなく、住民への政策の広報・広聴活動にも幅広く使用されているので、その名称は「会派活動交付金」とすることが適当である

と述べている。

　つまり、国会と同様に会派と議員両方に活動費を交付し、会派に対しては調査だけではなく、広報・広聴活動等にも支給できるようにすべしとしている。この考え方は、政務調査費の基礎となるものであり、また調査のみに限定しないという考え方は、政務調査費から政務活動費への移行の際の考え方に結びつくものである。

　以上、2つの研究会の提言は、政務調査費制度創設に向けての運動の理論的支えとなるものであった。

第2章 | 県政調査交付金から政務調査費

第 4 節 政務調査費制度の創設

1 政務調査費条例制定の経緯

　県政調査交付金は、従来から議会内の各会派が実施する調査研究活動に対する補助金として地方自治法第232条の2（寄附又は補助）により交付されてきた。都道府県においては全団体において交付されていたが、その名称は、調査（研究）交付金、調査研究費（又は事業費）補助金、政務調査（研究）費とさまざまであった。

　このような県政調査交付金に対して、先に述べたように、住民から、会派に対する補助の公益性の有無などを問題として支出の違法性を争う監査請求及び訴訟が提起されたこと、及び県政調査交付金の使途について開示請求がほぼ全国において提起され、交付内容の一段の透明性が求められたこと、さらに、議員の専業化、常勤化が（特に県において）進展していること、地方分権の推進に伴い議員活動の一層の充実が求められていること等を背景として、県政調査交付金の支給根拠を一般的な団体補助金と同列に置くのではなく、法律上明確な根拠を置くことにより、その透明性を図るとともに、内容の充実を図るべきとの要望が、各県議会から全国議長会に上げられるようになった。

　さらに、会派に対する交付に加えて、議員の調査研究活動を支援するという目的から、議員個人をも交付対象に加えるべきとの要請も強いものであった（議員個人を交付対象に加える場合、地方自治法第204条の2により議員に対する給付が制限されているため、法的根拠の創設が必要となる。）。

　県議長会としては、平成11年10月の定例総会において、県政調査交付金の法的位置付けを明確化するとともに議員活動に対する助成も可能となるよう地方自治法を改正することを求める決議（「地方分権の推進と議員の活動基盤の強化に関する決議」）を決定し、全国市議会議長会とも連携して要望運動を展開した。

　さらに、平成11年11月11日には、政務調査費に特化した「議員の活動基盤の強化に関する要望」を決定し、会派に対する県政調査交付金の位置付け

50

第4節　政務調査費制度の創設

を明確にするとともに、議員に対して議員活動に必要な経費を支給できるよう求めることとした。この段階では、会派と議員に対してそれぞれ経費支給ができる仕組みを要請していたのである。なお、議員に対する経費の名称は特定していない。

　議員の身分等に関する地方自治法改正は議員提出でなされる例となっていることから、全国議長会は各党に対して要請活動を実施するとともに、自治省（当時）に対しても要請を行った。

　その後、各党において地方自治法改正案の検討が行われ、結果、平成12年5月8日、衆議院地方行政委員会において委員会としての改正案がまとめられた。改正案の内容は、

①　地方公共団体は、条例により、地方議会の議員の調査研究に資するため必要な経費の一部として、議会における会派又は議員に対し、政務調査費を交付できるものとするとともに、政務調査費の交付を受けた会派又は議員は、その収支状況を議長に報告するものとする

②地方議会の意見書を、関係行政庁のほか、国会にも提出することができることとする

③　地方議会における人口段階別の常任委員会数の制限を廃止することとする

以上3点であった。

　なお、改正案のとりまとめにあたり、一番問題となったのは議員個人に対して政務調査費を交付することが、資産形成につながるのではないか、という点であった。これは震災等における住宅再建支援を個人に対して行う場合にも問題となった事項である。しかしながら、政務調査活動の活動主体は議員個人であり、議員の活動基盤を充実することが議会の活性化につながるという強い思いが伝わり、現行の制度となったところである。

　衆議院地方行政委員会における政務調査費に関する委員長の起草案趣旨説明においては、「地方議会の活性化を図るためには、その審議能力を強化していくことが必要不可欠であり、地方議員の調査活動基盤の充実を図る観点から、議会における会派等に対する調査研究費等の助成を制度化し、併せて、情報公開を促進する観点から、その使途の透明性を確保することが重要とな

51

っている」とされており、透明性の確保が強調されている。

改正案は、同日委員会提出として衆議院本会議で全会一致で可決、参議院では5月23日地方行政・警察委員会において全会一致で可決、5月24日の本会議でこれも全会一致で可決され、改正地方自治法は成立した。

◎地方自治法　※平成12年改正時

第100条

⑫　普通地方公共団体は、条例の定めるところにより、その議会の議員の調査研究に資するため必要な経費の一部として、その議会における会派又は議員に対し、政務調査費を交付することができる。この場合において、当該政務調査費の交付の対象、額及び交付の方法は、条例で定めなければならない。

⑬　前項の政務調査費の交付を受けた会派又は議員は、条例の定めるところにより、当該政務調査費に係る収入及び支出の報告書を議長に提出するものとする。

意見書と委員会に関する改正については、公布即日施行（平成12年5月31日公布）とされたが、政務調査費については支給のための条例の制定が必要であることから、平成13年4月1日施行とされた。

平成12年5月31日付自治事務次官からの施行通知において、政務調査費については、次のように記載されているが、政務調査費の交付の対象（会派か、議員か、会派と議員か）、額及び交付の方法（毎月か、四半期か、半年毎か）は、条例で定めなければならないことを明確にしている。

◎「地方自治法の一部を改正する法律の施行について」（抄）（平成12年5月31日自治行第31号、各県知事宛　事務次官通知）

普通地方公共団体は、条例の定めるところにより、議会の議員の調査研究に資するため必要な経費の一部として、議会における会派又は議員に対し、政務調査費を交付することができるものとすること。この場合において、当該政務調査費の交付の対象、額及び交付の方法は、条例で定めなければ

第4節　政務調査費制度の創設

　　ならないものとすること。

　　　また、政務調査費の交付を受けた議会における会派又は議員は条例の定
　　めるところにより、当該政務調査費に係わる収入及び支出の報告書を議会
　　の議長に提出するものとすること。（第100条関係）

　また、平成12年5月31日付自治省行政課長通知では、政務調査費につい
て、次の点に留意すべしとしている。^{（注）}
①　各団体において政務調査費の交付の必要性について十分検討すること
②　議長に提出する収支報告書等を情報公開や閲覧の対象とするなど透明性
　の確保に十分注意を用いること
③　額の決定にあたっては特別職報酬等審議会等の第三者機関の意見をあら
　かじめ聞くなど、住民の批判を招くことがないよう配慮すること
④　従来の県政調査交付金は条例の根拠を要すること

◎「地方自治法の一部を改正する法律の施行について」（抄）（平成12年5月
　31日自治行第32号、各県総務部長、議会事務局長宛　行政課長通知）
　2　条例による政務調査費の交付に関する事項
　（1）今回の政務調査費の法制化では、政務調査費を交付するか否かは各団
　　　体の判断に委ねられたところであるが、その制度化にあたっては、各
　　　団体における議員の調査研究活動の実態や議会運営の方法等を勘案の
　　　上、政務調査費の交付の必要性やその交付対象について十分検討され
　　　たいこと。
　（2）政務調査費については、情報公開を促進し、その使途の透明性を確保
　　　することも重要であるとされていることから、条例の制定にあたって
　　　は、例えば、政務調査費に係る収入及び支出の報告書等の書類を情報
　　　公開や閲覧の対象とすることを検討するなど透明性の確保に十分意を
　　　用いること。
　（3）政務調査費の額を条例で定めるにあたっては、例えば、昭和39年5月
　　　28日付け自治給第208号自治事務次官通知（特別職の報酬等について）
　　　にいう特別職報酬等審議会等の第三者機関の意見をあらかじめ聞くな

53

ど、住民の批判を招くことがないよう配慮すること。

（4）従来、都道府県等において政務調査費と同様の趣旨で支給されていた「県政調査費」等のいわゆる会派交付金については、平成13年4月1日の施行日以降へ条例の根拠が必要となること。

（3）の特別職報酬等審議会への諮問については、政務調査費条例の提出が議員によってなされることを想定した場合、長の諮問機関である同審議会に意見を聞くことが制度として妥当かという問題がある。

ただし、これはあくまで審議会の性質からくる組織論であって、政務調査費の額の適正化を図るための努力（たとえば参考人制度の活用）は当然行うべきである。

実際、特別職報酬審議会の所掌事項に政務調査（政務活動費）を加えている次のような例がある。

◎香川県特別職報酬等審議会条例

第2条　知事は、議会の議員の議員報酬の額、知事、副知事及び教育長の給料の額並びに議会における政務活動費の額に関する条例の議案を議会に提出しようとするときは、あらかじめ当該議員報酬等の額について審議会の意見を聴くものとする。

なお、前掲の平成12年5月31日行政課長通知の最後に、「従来、都道府県等において政務調査費と同様の趣旨で支給されていた『県政調査費』等のいわゆる会派交付金については、平成13年4月1日の施行日以降へ条例の根拠が必要となること」とあるように、政務調査費と同じ目的で要綱等により会派に対し補助金等を支給することはできなくなった。

しかしながら、会派に対する補助金等が全て禁止されたのではなく、政務調査費と異なる目的であれば適法であることを、最高裁は、京都府が会派に対し会派運営費として補助金を交付したことの違法性が争われた事件に対する平成28年6月28日最高裁判決（不当利得返還等請求行為請求事件）の中で、次のとおり判示している。

第4節　政務調査費制度の創設

> 　地方自治法100条旧12項及び旧13項は、上記の「調査研究に資するため必要な経費」以外の経費に対する補助の可否については特に触れるところがなく、平成12年改正の際に、そのような補助を禁止する旨の規定が置かれることもなかったところ、同改正に係る立法過程においても、そのような補助を禁止すべきものとする旨の特段の検討がされていたとはうかがわれない。これらによれば、同改正が、上記の「調査研究に資するため必要な経費」以外の経費に対する補助を禁止する趣旨でされたものであるとは認められない。
> 　そうすると、普通地方公共団体は、平成12年改正により政務調査費の制度が設けられた後においても、地方議会の会派に対し、地方自治法100条旧12項に定める「調査研究に資するため必要な経費」以外の経費を対象として、同法232条の2に基づき、補助金を交付することができるというべきである。

（注）佐々木浩（平成12年）「地方自治法の一部改正について」『地方自治』632号、19～20ページ参照

2　政務調査費条例制定までの動き

　改正地方自治法の施行にあたり、前述したとおり行政課長通知において次のような留意事項が示された。

① 　条例化にあたっては、各団体における議員の調査研究活動の実態等を勘案の上、政務調査費の交付の必要性やその交付対象について十分検討すること

② 　条例の制定にあたっては、例えば収支報告書を情報公開や閲覧の対象とすることを検討するなど透明性の確保に十分意を用いること

③ 　政務調査費の額を条例で定めるにあたっては、住民の批判を招くことがないよう配慮すること

④ 　従来補助金として交付されてきたいわゆる会派交付金については平成13年4月1日条例の根拠が必要となること

55

第2章 │ 県政調査交付金から政務調査費

　全国議長会としては、平成12年5月25日に開催した臨時総会において、条例化に向けてどのような体制で臨むか協議を行った結果、各県が円滑に条例の策定作業を進められるよう、各県議会の意向を踏まえながら全国議長会として指針となる条例（例）を提示することが必要との認識で一致した。このため、各ブロック（全国議長会は全国を7ブロックに分けている。）を代表する理事県の事務局長で構成する「政務調査費の交付に関する標準条例等検討委員会」を設置し検討を行った。

　当初は「標準条例」の作成を目指したが、各県議会の自主性を尊重する観点から一つの例として「条例（例）」を作成することに目的を変更し検討を進めた結果、同年10月31日、「○○（都道府）県政務調査費の交付に関する条例（例）」及び同規程（例）として成案を得、11月10日の役員会に報告、決定された。

　政務調査費交付条例は、基本的には交付金支出のための手続条例であるが、国会における提案理由説明及び行政課長通知で求められている透明性の確保のため、条例（例）では収支報告書を積極的に閲覧に供することとし、議長が収支報告書に対し必要な調査を行うこととした。

　さらに、政務調査費に残余が生じた場合（目的外に使用し結果残余が生じた場合を含む。）における知事の返還命令の根拠規定を整備した。なお、帳簿、領収書等必要書類については、平成9年7月11日千葉地裁判決が「県議会各会派の行う調査、研修等の活動は政治活動の自由と密接に関連しており、……各会派において被告に対し右活動に関する領収書等の証票類や現金出納簿を一切提出しなければならないとすると、それは、各会派の議員の政治活動の自由に重大な影響を与えかねないことになる」として、「事業実績報告書等の提出をもって足りる」としたことを踏まえ、収支報告書に添付することはせず規程においては整理保管を義務付けることとした。

3　県政調査交付金と政務調査費の違い

　両者の違いについては、次のように整理される。

○　従来から各都道府県において県政調査交付金として支給されている政務

調査費は、地方自治法第232条の２の規定に基づき、知事の判断により交付された。

○　多くの団体では、知事の定める補助金等交付規則を適用し、団体等に対する補助金の一種として、その補助申請、実績報告等補助金交付と同様の手続が採られてきた。

　しかし、こうした仕組みは、各種団体に対する補助金と同様の恩恵的給付とも認識され易く、そこに問題があるとの指摘がなされてきたところである。

　県政調査交付金をめぐる訴訟においても、原告側は、「県政調査交付金^(注)を長から受けることは長が議会に対し支配的影響力を与える結果となる」旨の主張を行っているところである。

○　この法改正により、政務調査費の交付根拠が明定され、条例でその額、対象、交付方法についても定めることとされたことにより、当該政務調査費は、条例に規定する要件を満たすものに対し、政策的判断を要することなく、一律に、当然交付されることとなったものであり、いわゆる交付金的性格を有することとなったところである。

○　一般に、補助金と交付金との交付手続等についての差異は必ずしも明確ではなく、具体的には各団体の財務会計規則等に基づき処理されるものであるが、本条例（例）では、特に上記経緯等を踏まえて、「会派」及び「議員」から知事への交付申請は要しないこととした。つまり、議員については、議員資格の取得とともに政務調査費の交付対象となる。

　交付を希望しない場合には、資格取得時にその意思を明示すべきであり、交付された後に拒否すると公職選挙法の寄附禁止に該当することとなる。

　会派についても同様である。

（注）平成元年（行ウ）第七号徳島県議会県政調査研究費（昭和63年度）交付金返還等請求事件における原告側主張
　　　「議員ないし議員団体の政治研究費は、政党費と同様、自己負担又は自主的な市民有志の寄付ないし会費で賄うべきものである。しかるに、それをしないで議員団体が本来批判すべき対象である長の管理執行権の及ぶ寄付、補助金を受けるというこ

第 2 章 ｜ 県政調査交付金から政務調査費

とは、長が議会に対し支配的影響力を与える結果となるものであり、地方自治の本旨に反する。したがって、本件県政調査研究費を各会派に交付することは、憲法92条に違反する。」

第5節　条例（例）の概要

第5節　**条例（例）の概要**

　条例（例）は、地方自治法により定めることとされている交付の対象、交付額、交付の方法及び収支報告書の提出等に関しその手続等を定めた規定であり、趣旨規定のほか、

① 　交付対象

② 　政務調査費の交付金額及びその算定基準

③ 　交付を受けようとする会派等の届け出及び通知並びに交付決定に関する手続

④ 　政務調査費の請求及び交付

⑤ 　使途

⑥ 　収支報告書

⑦ 　収支報告書に係る議長の調査

⑧ 　政務調査費の返還

⑨ 　収支報告書の保存及び閲覧

等全14条から構成されている。

　政務調査費の支給に対する考え方は、政務活動費においても基本的には引き継がれているので、項目別に作成意図を説明する。なお、以下の解釈は、鵜沼信二（平成13年）「地方議会における政務調査費制度と交付条例（例）について」（『議会政治研究』No.57、59ページ以下）を参考とした。

1　交付対象（第1条、第2条）

　（趣旨）

第1条　この条例は、地方自治法（昭和22年法律第67号）第100条第12項及び第13項の規定に基づき、○○（都道府）県議会議員の調査研究に資するため必要な経費の一部として、議会における会派及び議員に対し、政務調査費を交付することに関し必要な事項を定めるものとする。

　（政務調査費の交付対象）

第2条　政務調査費は、○○（都道府）県議会の会派（所属議員が一人の場

第2章｜県政調査交付金から政務調査費

> 合を含む）及び議員の職にある者に対し交付する。

　政務調査費の交付対象については、「会派」「議員」「会派及び議員」の3通りの選択肢があるが、条例（例）では、最も広い「会派及び議員」とした。
　行政課長通知は、「各団体における議員の調査研究活動の実態や議会運営の方法等を勘案の上、政務調査費の交付の必要性やその交付対象について十分検討されたいこと」としていることから、会派又は議員のいずれか一方とするか、両者とするかについては調査研究活動の実態により各団体が判断すべきこととなる。
　なお、「会派」については、県政調査交付金に対する裁判所の判断として、一人会派も認められるとされているところであり、二人以上であることを必要条件とするものではない。また、会派については組織要件・実体要件は定めておらず、議長への届け出という手続要件のみを定めている。

2　政務調査費の交付金額及びその算定基準（第3条、第4条）

> （会派に係る政務調査費）
> 第3条　会派に係る政務調査費は、月額〇〇円に当該会派の所属議員の数を乗じて得た額を会派に対し交付する。
> 2　前項の所属議員の数は、月の初日における各会派の所属議員数による。
> 3　月の途中において、議員の任期満了、辞職、失職、死亡若しくは除名、議員の所属会派からの脱会若しくは除名又は議会の解散があった場合におけるこれらの事由が生じた日の属する月の政務調査費の交付については、これらの事由が生じなかったものとみなす。一の会派が他の会派と合併し、又は会派が解散した場合も同様とする。
> 4　各会派の所属議員数の計算については、同一議員について重複して行うことができない。
> （議員に係る政務調査費）
> 第4条　議員に係る政務調査費は、月額〇〇円を月の初日に在職する議員に対し交付する。

2　月の途中において議員の任期満了、辞職、失職、死亡若しくは除名又は
議会の解散があった場合におけるこれらの事由が生じた日の属する月の政
務調査費の交付については、これらの事由が生じなかったものとみなす。

　交付すべき金額は、交付対象ごと（会派、議員）に一律に条例で定めること
ととし、いずれも毎月の初日を基準日とし、会派については、基準日に所属
する議員数に議員一人当たりの交付額を乗じた額を、議員については基準日
に在職する者に対し一定額を交付することとした。

　なお、条例で交付額の上限のみを定める方法を採用すると、条例とは別の
次元で交付額を決めることとなるため、交付額を明確にすべしという地方自
治法の趣旨、及び交付額を条例案の審議を通じ、住民に公開の場で決定する
という政務調査費条例主義に反するおそれがあるので、注意を要する。

　月の初日における在職の実態を基準としていることから、月の途中におけ
る異動（議員の任期満了、辞職、失職、死亡、除名等交付対象資格の喪失）は、
その事がなかったものとみなすこととした。近年における住民意識の高まり
の中で、月の途中における異動があった場合は日割り計算で返還を求めるこ
ととすべきであるとの見解もある。しかしながら、政務調査費は報酬とは性
格を異にし、議員に交付される政務調査費であっても個人の所得となるわけ
ではなく異動までの総体としての調査研究活動に充当されるものであり、収
支報告の中で残余が生じていれば当然返還の対象となるものであるから、あ
えて一律に日割り返還の規定を設ける必要性がないものである。

　なお、基準日における交付対象の異動、例えば基準日において会派所属議
員数に異動があった場合の取扱い等について条例（例）は特に規定していな
いが、基準日の性格から考えると、基準日に異動があった場合は異動後の状
態を基準として（異動したものとして）支給すべきであろう。

　また、改選期における基準日についての特例を設けていないが、任期開始
後、速やかに交付するための特例を設けることも可能であろう。

第2章 ｜ 県政調査交付金から政務調査費

3 交付を受けようとする会派等の届け出及び通知並びに交付決定に関する手続（第5条～第7条）

（会派の届出）

第5条 議員が会派を結成し、会派に係る政務調査費の交付を受けようとするときは、代表者及び政務調査費経理責任者を定め、その代表者は別に定める様式により会派結成届を議長に提出しなければならない。会派結成届の内容に異動が生じたときは、別に定める様式により会派異動届を提出しなければならない。

2 会派を解散したときは、その代表者は別に定める様式により会派解散届を議長に提出しなければならない。

（会派等の通知）

第6条 議長は、前条の規定により会派結成届のあった会派及び政務調査費の交付を受ける議員について、毎年度4月○日までに、別に定める様式により知事に通知しなければならない。

2 議長は、年度途中において、会派結成届、会派異動届若しくは会派解散届が提出されたとき、又は議員の異動が生じたときは、別に定める様式により速やかに知事に通知しなければならない。

（政務調査費の交付決定）

第7条 知事は、前条の規定による通知に係る会派及び議員について、政務調査費の交付の決定を行い、会派の代表者及び議員に通知しなければならない。

　政務調査費について地方自治法に根拠規定が置かれたことにより、それまでの恩恵的な県政調査交付金から脱するため、政務調査費の交付については、地方自治法及びそれに基づく条例の規定により、交付申請を行うことなく議員の身分を取得したこと、又は会派を結成したという事実をもって自動的に交付されるべきものと構成した。つまり、交付手続としては、交付に際し、会派の確認と議員在籍の確認があれば足りることとなる。

　しかし、全ての議員及び会派が政務調査費の交付を希望するとは限らない

62

ので、交付を受けようとする会派は、議長に会派結成届を提出することとし（第5条第1項）、議員については原則的に議員の身分を取得したことによって交付される資格が生ずるが、受け取る意思がない場合には、手続規定は設けていないが、議長にその旨を伝えることにより債権（基本権）を発生させないことができる。なお、基本権確定後に受け取りを拒否すると、既に確定した債権を放棄することとなり、公職選挙法の寄附禁止（第199条の2）に該当するおそれがあるので注意を要する。

　以上により会派又は議員の受け取り意思を確認した上で、議長は、その結成届のあった会派及び交付を受ける議員について知事に通知することとし（第5条、第6条）、それによって、知事は交付手続を開始することとした。第7条は、「知事は、前条の規定による通知に係る会派及び議員について、政務調査費の交付の決定を行い、会派の代表者及び議員に通知しなければならない」と、長の交付義務を明確にしている。

　議長から知事への通知は、予算の年度主義との関係から、毎年度4月中のしかるべき日までに行うこととしている（第6条第1項）。また、会派又は議員に異動が生じたときは、速やかに議長は知事に通知することとしている（第6条第2項）。

　なお、会派については、第5条に基づく届け出会派と一般的な議会運営上の会派とは実態的に一致することが通常であるが、政務調査費の交付を受ける意思のない会派が存在する場合には異なることもあり得る。また、議会運営上の会派が活動するために政務調査費があるのであるから、政務調査費を受け取る便宜のためにに議会運営上の会派を分割することなどは認めるべきではない。

4　政務調査費の請求及び交付（第8条）

　四半期交付の場合

　　（政務調査費の請求及び交付）

　第8条　会派の代表者及び議員は、前条の規定による通知を受けた後、毎四
　　半期の最初の月の○日（その日が県の休日に当たるときはその翌日）までに、

第2章 ｜ 県政調査交付金から政務調査費

別に定める様式により当該四半期に属する月数分の政務調査費を請求する
ものとする。ただし、一四半期の途中において議員の任期が満了する場合
には、任期満了日が属する月までの月数分を請求するものとする。

2 知事は、前項の請求があったときは、速やかに政務調査費を交付するも
のとする。

3 一四半期の途中において、あらたに会派が結成されたとき、又は補欠選
挙により議員が当選したとき（繰上補充又は再選挙による場合を含む。）は、
会派結成届が提出された日又は任期開始の日の属する月の翌月（その日が
月の初日の場合は当月）分以降の政務調査費を当該会派又は当該当選議員
に対し、交付する。

4 一四半期の途中において、会派の所属議員数に異動が生じた場合、当該
会派に既に交付した政務調査費については、その異動が生じた日の属する
月の翌月（その日が月の初日の場合は当月）分から調整する。

5 一四半期の途中において、会派が消滅したときは、当該会派の代表者は、
当該消滅した日の属する月の翌月（その日が月の初日の場合は当月）分以
降の政務調査費を速やかに返還しなければならない。

6 議員は、一四半期の途中に辞職、失職、死亡若しくは除名又は議会の解
散により議員でなくなったときは、議員でなくなった日の属する月の翌月
（その日が月の初日の場合は当月）分以降の政務調査費を速やかに返還しな
ければならない。

毎月交付の場合

（政務調査費の請求及び交付）

第8条 会派の代表者及び議員は、前条の規定による通知を受けた後、毎月
○日（その日が県の休日に当たるときはその翌日）までに、別に定める様
式により、当該月分の政務調査費を請求するものとする。

2 知事は、前項の請求があったときは、速やかに政務調査費を交付するも
のとする。

交付すべき政務調査費の算定基礎は月額制とするが、実際の交付について

は、各議会が従来の政務調査費制度の実績により選択できるよう、毎月交付と四半期一括交付の２通りの方法を併記した。調査研究活動は、必ずしも毎月定例的に行われるものではなく、ある時期に集中したり、年間計画の中で実施されることもあるため、四半期を期間とすることに理由があるが、途中異動が生じた場合に調整の手続が必要となる。

　知事によるいわゆる基本権の決定は、議長からの通知によりなされるが（第７条）、一方、交付決定を受けた会派または議員は、各交付時期に受給の意思を確定する意味等から、請求の手続を行うこととしている（第８条）。

　なお、団体により財務処理上支障がなければ、個々の請求を要することなく支出する取扱いとすることも可能と考えられる。

　交付日については、四半期交付、毎月交付とも、請求があったときは速やかに交付するとし、特定の交付日を定めていないが、交付日も地方自治法にいう「交付の方法」に含まれると解することもでき、交付日を特定することも当然可能である。

　先に述べたように、四半期支給の場合に、途中で異動が生じた場合は調整することが必要となるが、異動が生じた日の属する月の翌月から調整することとしている（四半期分第８条第３項から第６項）。

5　使途（第９条）

> （政務調査費の使途）
> 第９条　会派及び議員は、政務調査費を別に定める使途基準に従い使用しなければならない。

　地方自治法は、「議員の調査研究に資するため必要な経費の一部として、……政務調査費を交付することができる」と規定しているが、政務調査費をもって充てることのできる支出について具体的には示していない。

　その判断は第一義的には会派又は議員が責任をもって行うべきものであるが、それでは実際の運用にあたり、会派あるいは議員により使途の範囲が異なることとなり、適正な支出を確保することができない恐れがある。特に、

「調査研究に資するため必要な経費」とされており、調査研究そのものでなくても、調査研究につながる経費も含まれることから、範囲の理解が異なることが考えられる。

そこで条例（例）は使途基準を定めることとし、それに適合した政務調査費の使用を義務付けることとした。具体的使途基準は別途、議長の定める規程に掲げることとしており、規程（例）では、

① 調査研究費

② 研修費

③ 会議費

④ 資料作成費

⑤ 資料購入費

⑥ 広報費

⑦ 事務費

⑧ 事務所費（議員分のみ）

⑨ 人件費

とし、それぞれ具体的な内容を定めている。会派分について事務所費を設けていないのは、会派は議会内において共用財産の提供を受ける活動団体で固定的な事務所を持たないためである。このことが法人住民税均等割の課税客体とならない根拠となっている。

したがって、会派の事務所費を認める場合には、事務所としての実態を明確にすること、例えば、議員個人の事務所で会派の行政相談等を行っている場合に、会派の事務所費として補助することも可能であると考える。

なお、この使途基準はあくまでも一つの例として掲げたものであり、これ以外は調査研究に資するための経費として認められないということではない。

●会派交付分規程（例）別表第1（第5条関係）

項　　目	内　　　　　容
調査研究費	会派が行う（都道府）県の事務及び地方行財政に関する調査研究並びに調査委託に要する経費 （調査委託費、交通費、宿泊費等）

第5節　条例（例）の概要

項　目	内　容
研　修　費	会派が行う研修会、講演会の実施に必要な経費並びに他団体が開催する研修会、講演会等への所属議員及び会派の雇用する職員の参加に要する経費 （会場費・機材借り上げ費、講師謝金、会費、交通費、宿泊費等）
会　議　費	会派における各種会議に要する経費 （会場費・機材借り上げ費、資料印刷費等）
資料作成費	会派が議会審議に必要な資料を作成するために要する経費 （印刷・製本代、原稿料等）
資料購入費	会派が行う調査研究のために必要な図書・資料等の購入に要する経費 （書籍購入代、新聞雑誌購読料等）
広　報　費	会派が行う議会活動及び（都道府）県政に関する政策等の広報活動に要する経費 （広報紙・報告書等印刷費、送料、交通費等）
事　務　費	会派が行う調査研究にかかる事務遂行に必要な経費 （事務用品・備品購入費、通信費等）
人　件　費	会派が行う調査研究を補助する職員を雇用する経費 （給料、手当、社会保険料、賃金等）

＊　（　）内は例示

●議員交付分規程（例）別表第2（第5条関係）

項　　目	内　　　　　容
調査研究費	議員が行う（都道府）県の事務及び地方行財政に関する調査研究並びに調査委託に要する経費 （調査委託費、交通費、宿泊費等）
研　修　費	団体等が開催する研修会、講演会等への議員及び議員の雇用する秘書等の参加に要する経費 （会費、交通費、宿泊費等）
会　議　費	議員が行う地域住民の（都道府）県政に関する要望、意見を吸収するための各種会議に要する経費 （会場費・機材借り上げ費、資料印刷費等）
資料作成費	議員が議会審議に必要な資料を作成するために要する経費 （印刷・製本代、原稿料等）
資料購入費	議員が行う調査研究のために必要な図書・資料等の購入に要する経費 （書籍購入代、新聞雑誌購読料等）

第2章 | 県政調査交付金から政務調査費

広　報　費	議員が行う議会活動及び（都道府）県政に関する政策等の広報活動に要する経費 （広報紙・報告書等印刷費、送料、交通費等）
事 務 所 費	議員が行う調査研究活動のために必要な事務所の設置、管理に要する経費 （事務所の賃借料、管理運営費等）
事　務　費	議員が行う調査研究にかかる事務遂行に要する経費 （事務用品・備品購入費、通信費等）
人　件　費	議員が行う調査研究を補助する職員を雇用する経費 （給料、手当、社会保険料、賃金等）

＊　（　）内は例示

6　収支報告書（第10条）

（収支報告書）

第10条　会派の代表者及び議員は、政務調査費に係る収入及び支出の報告書（以下「収支報告書」という。）を、別記様式により年度終了日の翌日から起算して○日以内に議長に提出しなければならない。

2　会派の代表者は、会派が消滅した場合には、前項の規定にかかわらず、当該会派が消滅した日の属する月までの収支報告書を、別記様式により消滅した日の翌日から起算して○日以内に議長に提出しなければならない。

3　議員は、任期満了、辞職、失職若しくは除名又は議会の解散により議員でなくなった場合には、第1項の規定にかかわらず、議員でなくなった日の属する月までの収支報告書を、別記様式により議員でなくなった日の翌日から起算して○日以内に議長に提出しなければならない。

　地方自治法は、議長に対する収支報告書の提出を義務付けているが、その時期、内容、その他の方法については何ら規定していない。

　条例（例）は、「年度終了日の翌日から起算して○日以内に提出しなければならない。」（第10条）とし、年度を単位とする収支報告書を、年度終了後一定期間内に提出することとした。

　提出期間を何日とするかは各団体が、会派及び議員の報告書類の整理及び

作成期間を考慮し、適宜判断することとなるが、残余が生じた場合は政務調査費の一部を返還する必要があり、その手続を考慮すると少なくとも出納閉鎖時期までには提出すべきこととする必要がある。

収支報告書の記載事項については、政務調査費の透明性確保と議員の政治活動の自由の確保という相反する要請の調和を図る必要がある。

条例（例）では、使途基準に従った区分について、それぞれの支出金額とその主な内容を記載する程度にとどめている。条例（例）の報告書の記載内容は、どちらかといえば最低限の基準として定められているので、各議会においては透明性確保の観点から、さらに詳細な内容を報告事項として定めることも考えられる。

また、条例（例）は議長に提出する収支報告書に、領収書など証拠書類の添付を必要としていない。

帳簿、領収書等必要書類については、平成９年７月11日千葉地裁判決が「県議会各会派の行う調査、研修等の活動は政治活動の自由と密接に関連しており、……各会派において被告に対し右活動に関する領収書等の証票類や現金出納簿を一切提出しなければならないとすると、それは、各会派の議員の政治活動の自由に重大な影響を与えかねないことになる」として事業実績報告書等の提出をもって足りる、としたことを踏まえ収支報告書に当然に添付することとはしていないが、規程において会計帳簿、証拠書類等の整理保管を義務付けている。

知事は必要があれば地方自治法第221条第２項の規定に基づく調査、報告を求める権限によりこれら証拠書類について調査等を行うことができる。

なお、地方自治法は議長に対して収支報告書を提出することを規定しているが、知事の調査権発動に資するため、規程（例）においては、議長は知事に対し収支報告書の写しを送付するものとしている。

7　収支報告書に係る議長の調査（第11条）

（議長の調査）

第11条　議長は、政務調査費の適正な運用を期すため、前条の規定により収

第2章 ｜ 県政調査交付金から政務調査費

> 支報告書が提出されたときは、必要に応じ調査を行うものとする。

地方自治法は、会派又は議員は議長に政務調査費に係る収支報告書を提出すべきこととしている。条例（例）では、議長は単に提出された収支報告書を受理するだけでなく、報告書について「必要により調査する」ことにより、政務調査費使用の適正化を目指すこととしている。

議長の調査の内容は、報告書が様式のとおり必要な事項が記入されているか否か、備考欄記載の事業内容が使途基準に合致したものか否か等の事務的なチェックが基本となる。議長自らが調査を行うことも考えられるが、事務局をして精査させるのが一般的な対応であろう。

さらに疑義があるときは、より具体的な調査を行うことも考えられるが、議長には予算執行権がないため、あくまでも会派又は議員の協力が前提とならざるを得ない。

8　政務調査費の返還（第12条）

（政務調査費の返還）

第12条　知事は、会派又は議員がその年度において交付を受けた政務調査費の総額から、当該会派又は議員がその年度において行った政務調査費による支出（第９条に規定する使途基準に従って行った支出をいう。）の総額を控除して残余がある場合、当該残余の額に相当する額の政務調査費の返還を命ずることができる。

条例（例）では、政務調査費に残余が生じた場合及びいわゆる目的外使用があった場合について、知事の返還命令の根拠規定を置いた。使途基準に従わず政務調査費を目的外に使用した場合は、それらの額はそもそも控除されないので、目的外に使用した政務調査費も残余として処理されるものである。

また、「返還を命ずることができる」としていることから、いわゆる残余があっても命じない場合は、返還しないことも許されるのではないかとの疑問もあろうが、「命ずることができる」としたのは、あくまでも返還を命じ

70

第5節　条例（例）の概要

る根拠を規定したものであり、当然、残余がある場合の自主返還を否定する
ものではない。

　政務調査費の返還について、公職選挙法の寄附禁止に該当するのではない
か、との疑問もあると思うが、政務調査費は経費の前渡しであり、精算する
ことが前提となっている。これは、概算払いの旅費と同じ考えである。した
がって、寄附禁止の問題は発生しないが、念のために自主返還規定ではなく、
長による返還命令規定とする方が適当と考えられる。

9　収支報告書の保存及び閲覧（第13条）

　（収支報告書の保存及び閲覧）

第13条　第10条の規定により提出された収支報告書は、これを受理した議長
　において、提出すべき期間の末日の翌日から起算して○年を経過する日ま
　で保存しなければならない。

2　次の各号に規定する者は、議長に対し前項の収支報告書の閲覧を請求す
　ることができる。

　（1）　（都道府）県内に住所を有する者

　（2）　（都道府）県内に事務所又は事業所を有する個人又は法人

　地方自治法は、「収支報告書を議長に提出すること」としており、閲覧に
供することを義務付けていない。しかしながらその趣旨は、議会自らが透明
性の確保に努め、そのための可能な措置を採ることを期待したものと考えら
れる。このことは、「収入及び支出の報告書等の書類を情報公開や閲覧の対
象とすることを検討するなど透明性の確保に十分意を用いること」としてい
る行政課長通知からも明らかである。そうした点を尊重し、資産公開制度の
例に倣って報告書の閲覧制度を導入するとともに提出された収支報告書は一
定期間議長において保存すべきことを定めた。

　閲覧請求者については条例（例）は、県内在住者としているが、それぞれ
の団体における情報公開条例や資産公開条例との整合性を図り、「何人」と
することも可能である。

71

第2章 | 県政調査交付金から政務調査費

閲覧制度のみが選択肢ということではないが、透明性の確保が図られるよう、情報公開制度との整合性に留意しながら、適切に対処する必要がある。

10 条例の制定状況

各議会においては、条例（例）及び規程（例）等を参考として、条例の制定作業が行われた。新設された地方自治法第100条第12項13項で条例で定めるべきとされている事項は、交付の対象、額及び交付の方法（第12項）並びに収支報告書の議長への提出（第13項）であるが、改正当初において全国議長会が調査したところによると各項目についての各県の規定は次のとおりであった。

（1）交付対象

交付対象は法律において「会派又は議員」とされている。この規定の意味は、交付対象を、

① 会派と議員
② 会派のみ
③ 議員のみ

という3者から選択できるというものであり、これは国会を意見書の提出先に加える改正により、「国会又は関係行政庁」とされたことと同じ書きぶりとなっている（地方自治法第99条）。

この選択は、各議会が行うこととなる。

各県の状況は、会派及び議員を交付対象としたのは18県、議員のみが5県、会派のみが24県である。改正の一つの目的である議員に対する交付は23県が導入したこととなる。

（2）交付額

交付額は、会派については従来議員一人あたり単価を基礎に会派構成人数で積算する方法が取られてきた。議員に対する交付の場合は一人あたりの金額を条例で明記することとなる。金額の決定にあたっては、行政課長通知に

より、透明性の確保が求められているところである。

交付額の決定方法については、1県が特別職報酬等審議会条例を改正し政務調査費を諮問事項に付け加えた。

（3）交付の方法

交付の方法は、従来、毎月交付、四半期交付、半年交付に分かれていたが、これまでの会派に対する補助金という性格が変更されたことから、どのような方法を取るか、これも自主的な判断に委ねられた。

結果、毎月交付が13県、四半期交付が33県、半年交付が1県となった。

（4）収支報告書関係

収支報告書は議長への提出が義務付けられているが、議長が収支報告書の内容の調査を行うか、受け取った後にどのような公開の方法を取るかは、判断の余地が残っている。

閲覧（公表）の規定を置いたのは46県であるが、閲覧請求者は「何人も」とする県と「県内在住者・県内に事務所又は事業所を有する個人又は法人」とする県に分かれた。これは、知事・議員の資産公開条例の請求者との統一性を図った結果と考えられる。

また、46県が収支報告書の内容に対して議長が調査する旨の規定を置いた。

領収書の収支報告書への添付については、2県が規程において限定的ではあるが添付することとしている。

（5）細則の制定

条例を施行するにあたって細則を定める必要があり、全国議長会の条例（例）では「議長が定める」としたところである。

「議長が定める」とした県が44県、「政務調査費の交付については知事が、その他施行に必要な事項は議長が定める」とした県が2県、委任先を特定していないが知事提案で条例が提出されたことから知事が規則を制定した県が1県である（ちなみに、知事が条例案を提出したのは4県で43県は議員提案であった。）。

第3章 | 政務調査費から政務活動費へ

第3章　政務調査費から政務活動費へ

第1節 都道府県議会制度研究会における検討及び提言

1　検討及び提言

　内閣総理大臣の諮問機関である第28次地方制度調査会（平成16年3月1日設置）が、地方議会のあり方をほぼ全面的に審議することとなったことに対応するため、全国議長会は7名の学識経験者から成る「都道府県議会制度研究会」（座長：大森彌東京大学名誉教授）を設置し、今後の都道府県議会のあり方について検討を行った。

　同研究会は以下のとおり報告書をまとめた。

・「今こそ地方議会の改革を」（平成17年3月18日）

・「改革・地方議会」（平成18年3月29日）

・「自治体議会議員の新たな位置付け」（平成19年4月19日）

　中間報告と位置付けている「今こそ地方議会の改革を」では、地方議会を活性化するための制度改正についての検討の視点を、「地方議会の諸機能を十分に発揮するため、自助努力を前提にして、地方議会をさらに活性化していくために制度改正をどのような視点で進めていくのか。根本は、憲法で規定されている『議事機関』としての地方議会の地位の確立と首長との新たな抑制均衡関係の実現である」「議事機関とは、審議し議決するために集まってきた代表者たちの合議体であり、当該自治体の意思決定の機関である。地方議会は、議事機関として住民の間に存する多種多様な利益関心や意見の分布を直接的に反映させ、審議過程において政策課題を提起し争点を鮮明にさせ、公開の審議を通じて広く住民にそれを知らせることができる。その機能を地方議会が十分果たすためには、制度的な保障が与えられていなければならない」とした上で、具体的に17項目にわたって制度改正を提言している。

　17項目の提言は次のとおりである。

○　議会の自主性・自立性確保と権限強化
　　　改革①　議長に議会招集権を付与せよ
　　　改革②　閉会中の委員会活動にかかる制約を撤廃せよ
　　　改革③　議会の内部機関設置を自由化せよ
　　　改革④　議決権を拡大せよ
　　　改革⑤　調査権・監視権を強化せよ
　　　改革⑥　議会に附属機関の設置を可能にせよ
　　　改革⑦　議会事務局の機能を明確化せよ
　　　改革⑧　議長に議会費予算執行権を付与せよ
　　　改革⑨　議長に議会棟管理権を付与せよ
　　　改革⑩　議会の議決による執行機関への資料請求権を保障せよ
　　　改革⑪　委員会にも議案提出権を付与せよ
　　　改革⑫　常任委員会への議員の所属制限を撤廃せよ
　　　改革⑬　議長による委員会委員の選任の特例を認めよ
　　○　議会と首長との関係
　　　改革⑭　専決処分の要件を見直すとともに不承認の場合の首長の対応
　　　　　　　措置を義務付けせよ
　　　改革⑮　予算修正権の制約を緩和するとともに予算の議決科目を拡大
　　　　　　　せよ
　　　改革⑯　決算不認定の場合、首長の対応措置を義務付けせよ
　　○　議員の位置付け
　　　改革⑰　地方自治法第203条から「議会の議員」を削除し、新たに「公
　　　　　　　選職」にかかる条項を設けるとともに、議会の議員に対する
　　　　　　　「報酬」を「歳費」に改めよ

　この中で、特に議員の位置付けに関する「改革⑰」の趣旨は、議員は会期
中や閉会中の委員会活動などの「議会活動」のほかに、議会活動のバックボー
ンとなる調査研究や住民意思把握のための「議員活動」（選挙活動、後援会
活動を除く。）を普段に行っていることを踏まえ、そのような活動実態と、議
員は雇用主がいないという活動の特殊性から、議員を新たに「公選職」とし

第 3 章 ｜ 政務調査費から政務活動費へ

て位置付け、常勤・非常勤という分類から切り離すべきである。その結果、
役務に対する対価としての「報酬」という名称は適当ではなく「歳費」とす
べきである、というものである。つまり、議員の位置付けを、常勤・非常勤
という分類から切り離し、「公選職」という類型を設けることにより、職務
の特殊性を明確化したのである。

　さらに、平成19年4月19日に取りまとめた最終報告書である「自治体議
会議員の新たな位置付け」においては、議員の位置付けについて、2つの提
案を行った。

　このうちの提案1の内容は次のとおりであるが、議会活動以外の議員活動
を明確化するための議員の法的位置付けの必要性を詳細に述べている。

提案 1

　自治体議会の議員の職責・職務を法令上に明確に位置付けるため、地方
自治法に自治体議会の議員の職責・職務に関する規定を新設せよ

（現状）

　いわゆる分権一括法後の地方分権の進展に伴い、住民自治の充実の観点
から、多様な民意を吸収し、その集約化を図っていく議会の役割はますま
す重要となっている。これに対応して議員に求められている活動の領域も、
従来の会期内、本会議及び委員会内という時間的・場所的に限られた領域
だけにとどまらず、例えば、政策形成に向けた住民意思の把握のために行
う普段からの住民との接触活動など、時間的にも場所的にも拡大している。

　しかしながら、現行制度では、法文上は非常勤職と同じ枠組みの中に位
置付けられており、上記のような議員としての職務に配慮した明確な位置
付けがなされていない。

　「議員の法的位置付け」とは、具体的には、法令上に、①議員の職責・職
務を示して、②その遂行のために必要な職務権限・公費支給を、それぞれ
規定することであると考えられる。現行法が「議員の法的位置付け」に関
して規定しているのは、地方自治法第203条（平成20年改正前）のみであり、
同条は、議員の職責・職務について全く触れてはいないし、必要な職務権
限・公費支給については、議員に対して「報酬、費用弁償及び期末手当」

を支給できるとしているのみであり、それが議員の職務との関係でどのような性格を持つのか極めて不明確といわざるを得ない。

　自治体議会議員の活動実態を類型別に分類すると、概ね５つに分けられ、それぞれの具体例としては次のようなものがあげられる。

① 議会における議員の権限行使

　　議長・副議長等の選挙、一般質問等における発言、委員会審査・調査への参加、討論、議案に対する賛否の表明、議案提出・発議、自治体の事務及びその処理にかかる調査・検査、調査派遣等

② 議会の代表または構成員としての活動

　　議会代表としての議長の行為、議会広報番組への出演、議会賓客への対応等

③ 自治体が主催・共催する記念式典等への参加

　　都道府県民の日等の記念行事、防災訓練等の視察・参加、公共施設の開所・開通式、議会の周年記念行事等

④ 会派構成員としての活動

　　議案等に対する会派の意見調整、議会運営等について会派を代表する役員等としての他会派との協議等

⑤ 議員としての政策形成活動、地域社会形成活動等

　　住民集会への参加、事業実施などに向けた説明会への参加、請願・陳情の相談及び紹介等

このように現に行っている議員の活動のすべてが、議員の職務として明確に位置付けられているわけではない。このことが、議員と住民との間で、議員の活動に対する評価や期待について大きなズレを生み出し、また、住民への接触活動等への正当な評価が得られないなどの問題の一因ともなっている。

（提案の趣旨）

　第一に、議員が住民の直接選挙によって公選されてその地位に就任したという意味で、任命職である職員とは異なり、明確に公選職と捉え直すべき身分であることを明らかにし、住民の代表者としての責務、住民全体の奉仕者としての責務及び合議体の構成員として議会の機能を遂行する責務

第3章 | 政務調査費から政務活動費へ

を議員の職責として掲げることにより、公選職としての議員の位置付けを法令上明確にすべきである。

第二に、議員の職責・職務を示した条項を地方自治法上に新設することにより、次のような実際的な効果を期待できるものと思われる。

① 議員に求められている職責・職務を明確にして、議員の活動に対する評価や期待における議員と住民との大きなズレをできるだけ縮小していくこと

② これまで不当に狭く解釈されてきた議員の活動領域を適正に定めることにより、議員としての活動がより積極的に展開できる環境を整えること

第三に、法令上に、議員が担っている幅広い職責・職務を明示することにより、一般に誤解を与えている非常勤職的な扱いを正すことである。

なお、新たな議員の法的位置付けについては、地方公務員法にしかるべき規定を設けるべきであるという意見もあるが、自治体の議会に関する基本規定を定めている地方自治法に新設することが望ましい。

そして、議員の位置付けの明確化の結果としての政務調査費の見直しについて、次のように述べ、選挙活動などと区別される「議員活動」に対して政務調査費が支給できるよう法改正を行うべきとした。

◎政務調査費について

議員の行う議案等の審査に資するための調査研究活動はもとより、住民との意見交換会など住民意思の把握・吸収のための活動も、それが自己の後援会活動の一環として行われるなど特定の住民を対象とするなどの、いわゆる選挙活動とされるものでない限り、公費助成の対象となる議員の職務と解すべきである。

したがって「自治体議会議員の新たな位置付け」後においては、これらの議員活動も議員の職務活動領域に属する活動であると認め、それに要する経費に政務調査費を充てることができることを法律上明確にするか、あるいは報酬（地方歳費（仮称））とは別途、何らかの公費で手当する必要がでてくる

第1節　都道府県議会制度研究会における検討及び提言

だろう。

　これらについては、地方歳費（仮称）に含めるという前述の考え方もあるが、当面は、政務調査費制度の範囲拡大あるいは同制度を廃止し別途の制度創設等、制度の再編を含めた検討の余地もあるだろう。

　なお、「自治体議会議員の新たな位置付け」を契機に、報酬、費用弁償及び政務調査費など公費支給の水準または額の決定に当たっては、広く住民に納得できるような審議と決定手続きを工夫することが考えられる。

　また、公費支給の前提としては、二元代表制の下、議会が執行機関への監視機能や政策立案機能を適切に果たしていることを、住民に説明・理解を得ることが大切である。

　それぞれの議会において、政務調査費や新たな公費支給制度を活用して、議員活動を住民から見えるものにし、説明責任を果たしていく努力がより一層求められる。

2　全国議長会の活動経過

　都道府県議会制度研究会の提言「今こそ地方議会の改革を（平成17年3月18日）」を受け、平成17年4月15日開催の第28次地方制度調査会第19回専門小委員会において、全国議長会の会長職務代理である島田明山口県議会議長が、地方議会の役割と改革について意見を述べ、議員の位置付けの明確化について要請を行った。

　さらに、平成17年5月25日開催の臨時総会において、「都道府県議会制度の充実強化に関する要望」を決定し、都道府県議会制度研究会の17項目の提言を全国議長会としての要望項目として決定した。その中の最後の項目で、「公選職」としての議員の法的位置付けの明確化と職務遂行の対価（報酬）についてもこれにふさわしい名称に改めるべきとと要請しているが、政務調査費の見直しについては触れていない。この時点での活動方針は、経費面よりもまず議員の位置付けの明確化を最優先課題としていたためである。

　さらに、全国議長会は、第130回定例総会において「地方議会議員の位置付けの明確化に関する重点要望」を、平成19年10月23日に決定しているが、

79

第3章 ｜ 政務調査費から政務活動費へ

これも位置付けの明確化と、「報酬」を「歳費」に改めよ、とするもので
あった。

第2節　平成20年地方自治法改正

第2節 平成20年地方自治法改正

　先の「都道府県議会制度の充実強化に関する要望」は、17項目の要請事項を掲げているが、地方自治法の改正により、実にそのうち13項目は実現又は一部実現している。これは、議会制度改革を理論的に提唱した都道府県議会制度研究会の多大なる成果である。

　実現した事項は、それぞれ重要なものであるが、議員の位置付けの関係でいえば、平成20年の第169回通常国会における議員立法による地方自治法の改正（平成20年6月11日成立、6月18日公布、9月1日施行）により、議員に対する報酬の規定を非常勤職員に関する規定から分離し、新たに「議員報酬」として独立の規定としたこと（第203条関係）は、特に大きな意味を持っている。

1　平成20年地方自治法改正の概要

　平成20年改正の内容は、次のとおりである。

①　地方議会は、会議規則の定めるところにより、議案の審査又は議会の運営に関し協議又は調整を行うための場を設けることができるものとする。（第100条第12項関係）

②　地方議員の報酬の支給方法等に関する規定を他の行政委員会の委員等の報酬の支給方法等に関する規定から分離するとともに、報酬の名称を「議員報酬」に改める。（第203条及び第203条の2関係）

◎地方自治法　※平成20年改正後

第203条　普通地方公共団体は、その議会の議員に対し、議員報酬を支給しなければならない。

②　普通地方公共団体の議会の議員は、職務を行うため要する費用の弁償を受けることができる。

③　普通地方公共団体は、条例で、その議会の議員に対し、期末手当を支給することができる。

81

④　議員報酬、費用弁償及び期末手当の額並びにその支給方法は、条例でこれを定めなければならない。

第203条の2　普通地方公共団体は、その委員会の委員、非常勤の監査委員その他の委員、自治紛争処理委員、審査会、審議会及び調査会等の委員その他の構成員、専門委員、投票管理者、開票管理者、選挙長、投票立会人、開票立会人及び選挙立会人その他普通地方公共団体の非常勤の職員（短時間勤務職員を除く。）に対し、報酬を支給しなければならない。

②　前項の職員に対する報酬は、その勤務日数に応じてこれを支給する。ただし、条例で特別の定めをした場合は、この限りでない。

③　第1項の職員は、職務を行うため要する費用の弁償を受けることができる。

④　報酬及び費用弁償の額並びにその支給方法は、条例でこれを定めなければならない。

　この改正は、前述した全国議長会からの議員の位置付けの明確化の要請も踏まえてなされたものであるが、まず、協議又は調整を行うための場の設置（第100条第12項）については、会派代表者会議や全員協議会などいわゆる法定外会議の位置付けが明確でなかったものを、会議規則に規定することにより公務として認定されることとしたものである。これにより議会活動の範囲が広がり、結果として議員の活動範囲も広がることとなる。

　報酬については要請のとおり他の行政委員会の委員等の報酬の支給方法等に関する規定から分離されたが、名称は「歳費」ではなく「議員報酬」とされた。改正の経緯は、改正案を審査した参議院総務委員会の会議録に記載されているが、結論的には、「歳費という名称は年俸といった性格、色彩を強く帯びるものであると考えられるところでありまして、地方議会の議員には町村議会と小規模な団体の議会の議員も含まれておるということから、このような議会の議員の報酬についても年俸といった性格、色彩を強く帯びるような名称を用いることは必ずしも実態にそぐわない」（黄川田徹衆議院議員平成20年6月10日参議院総務委員会）との判断からであった。

　本改正は、議員の位置付けを地方自治法に明記されたいとする全国議長会の要望がそのまま実現したものではないが、議員報酬について独立した規定

を設けるとともに、地方議会議員の活動には本会議・委員会への出席だけではなく、幅広い議員活動があり、そのような活動も評価していただきたいという要望趣旨を踏まえたもので、大きな前進として評価されるものである。

なぜなら、議員の位置付けに大きく関係するからである。議員の身分を問われると、それまでは「非常勤」の「特別職」という答えが返ってきた。特別職については、地方公務員法における「就任について公選によることを必要とする職」（第3条第3項第1号）に該当することから明確である。

◎地方公務員法

第3条　地方公務員（地方公共団体及び特定地方独立行政法人（地方独立行政法人法（平成15年法律第118号）第2条第2項に規定する特定地方独立行政法人をいう。以下同じ。）のすべての公務員をいう。以下同じ。）の職は、一般職と特別職とに分ける。

2　一般職は、特別職に属する職以外の一切の職とする。

3　特別職は、次に掲げる職とする。

一　就任について公選又は地方公共団体の議会の選挙、議決若しくは同意によることを必要とする職

（以下略）

繰り返し述べているが、「非常勤」については、明確な法的根拠があるわけではなく、強いて根拠とされるのが改正前の地方自治法第203条の「報酬」に関する規定であった。

改正前の第203条は、「普通地方公共団体は、その議会の議員、委員会の委員、非常勤の監査委員その他の委員、……その他普通地方公共団体の非常勤の職員（短時間勤務職員を除く。）に対し、報酬を支給しなければならない」と規定していた。同条の末尾は「その他普通地方公共団体の非常勤の職員」とあるように「その他」の次に「の」が入っていないため、常勤・非常勤の分類をした規定ではなく、単に、議会の議員に対して報酬を支給しなければならないことを定めたものに過ぎないと解されているが、規定上、議員を非常勤職と明確に位置付けてはいないとしても、非常勤職と同じ条項に規定し、

第3章 | 政務調査費から政務活動費へ

同じ「報酬」としていることから、議員を非常勤として分類する根拠となっていたものである。また、立法者が議員を非常勤として分類していたことは、先に見てきた名誉職的な位置付けからも明らかである。

　この改正により議員を非常勤とする法文上の根拠はなくなった。その結果、議員は議会活動以外に普段における議員活動を行う職務を担っていること、つまり「公選職」として議員の職務を構成する基礎ができたのである。

　しかしながら、議員の職責職務を地方自治法上規定するという議員の位置付けの明確化の要請については、たびたび地方制度調査会で取り上げられながらも、その必要性について理解されるに至っていない。特に、「公選職」とすることによる法的効果について疑問視していることが阻害要因となっている。

　都道府県議会制度研究会の報告にあるように、位置付けの明確化の意義は、法的効果というより、住民や議員そのものが持っている議員の役割、特に議会活動以外の議員活動への認識を新たにするという実際的効果にある。

　現に裁判員制度においても、地方議員が辞退の申し立てができるのは会期中のみであり（裁判員の参加する刑事裁判に関する法律第16条）、会期中以外の場合には、重要な公務があって、自らが処理しなければ著しい損害が生じるおそれがあるといった事情を証明しなければならないとされている（同法第16条第8号ハ）。

◎裁判員の参加する刑事裁判に関する法律

（辞退事由）

第16条　次の各号のいずれかに該当する者は、裁判員となることについて辞退の申立てをすることができる。

一　年齢70年以上の者

二　地方公共団体の議会の議員（会期中の者に限る。）

三　学校教育法第1条、第124条又は第134条の学校の学生又は生徒（常時通学を要する課程に在学する者に限る。）

四　過去5年以内に裁判員又は補充裁判員の職にあった者

五　過去3年以内に選任予定裁判員であった者

六　過去１年以内に裁判員候補者として第27条第１項に規定する裁判員等選任手続の期日に出頭したことがある者（第34条第７項（第38条第２項（第46条第２項において準用する場合を含む。）、第47条第２項及び第92条第２項において準用する場合を含む。第26条第３項において同じ。）の規定による不選任の決定があった者を除く。）

七　過去５年以内に検察審査会法（昭和23年法律第147号）の規定による検察審査員又は補充員の職にあった者

八　次に掲げる事由その他政令で定めるやむを得ない事由があり、裁判員の職務を行うこと又は裁判員候補者として第27条第１項に規定する裁判員等選任手続の期日に出頭することが困難な者

　イ　重い疾病又は傷害により裁判所に出頭することが困難であること。

　ロ　介護又は養育が行われなければ日常生活を営むのに支障がある同居の親族の介護又は養育を行う必要があること。

　ハ　その従事する事業における重要な用務であって自らがこれを処理しなければ当該事業に著しい損害が生じるおそれがあるものがあること。

　ニ　父母の葬式への出席その他の社会生活上の重要な用務であって他の期日に行うことができないものがあること。

　ホ　重大な災害により生活基盤に著しい被害を受け、その生活の再建のための用務を行う必要があること。

　つまり、地方議員は会期中のみしか活動していないというのが一般的な認識なのである。これは、裁判員に就任することを否定しているのではなく、地方議員に対する一般的な認識の一端として紹介するものである。

　このような議員に対する認識が変わらない限り、政務活動費の正当な評価はできないと考える。政務活動費は議員活動を支えるためにある。前提たる議員活動が否定されれば、政務活動費もその根拠を失ってしまうのである。

2 議会機能の充実強化を求める緊急要請

　その後、全国議長会は、改めて地方議会の機能強化のために残されている課題を整理した上で、平成22年1月21日開催の第135回定例総会において、金子万寿夫会長のもと「議会機能の充実強化を求める緊急要請」を決定し、地方政府における立法府にふさわしい地方議会の法的権限を確立するとともに、地方議会議員の責務の明確化及び活動基盤を強化することを求めた。後者について具体的には、「公選職」としての議員の特性を踏まえ、その責務を法律上明らかにすることを求めるとともに、議員の活動基盤を強化するため、議員報酬を「地方歳費」又は「議員年俸」とすること、さらに調査研究に特化されている政務調査費制度を見直し、政策立案、議員活動の説明等を加え、幅広い議員活動又は会派活動に充てることができるよう法律改正を行うことを要請した。

　この緊急要請を実現するため、要請書とともに、要請内容を反映させた地方自治法の改正試案を作成し、冊子として関係方面の理解を求めた。これは、今までにない要請手法であった。

　各党においては、全国議長会の要請を真摯に受け止めていただき、与野党が協議した結果、第180回通常国会（平成24年）に提出された政府提出の地方自治法改正案に対して、衆議院総務委員会において、民主、自民、国民の生活が第一及び公明の4会派共同で、政務調査費を政務活動費に改める修正案が提出されるに至った。

第3節　政務活動費の実現に向けた国会における審議概要

　政務調査費を政務活動費とする修正の対象となった改正法は、平成24年3月9日に衆議院に提出され同年7月23日総務委員会に付託、翌24日趣旨説明、31日に質疑が行われた。引き続き同年8月7日に開催された委員会の冒頭において、民主、自民、国民の生活が第一及び公明の4会派共同で修正案が提出され、本案とともに修正案に対する質疑が行われた後、採決に付され、賛成多数で修正議決された。

　修正内容は、

①　百条調査に係る関係人の出頭及び証言並びに記録の提出の請求の要件の明確化（第100条第1項関係）

②　政務調査費の名称の変更（政務活動費）等（第100条第14項から第16項関係）

③　普通地方公共団体の長及び委員長等の議場出席についての配慮規定の追加（第121条第2項関係）

である。

　また、附帯決議が修正案と同じく民主、自民、国民の生活が第一及び公明の4会派から共同提出され、「三　政務調査費制度の見直しについては、議員活動の活性化を図るためにこれを行うものであることを踏まえ、その運用につき国民の批判を招くことのないよう、改正趣旨の周知徹底と併せ、使途の透明性の向上が図られるよう、特段の配慮を行うこと」という附帯決議を付することが賛成多数により決せられた。

　衆議院本会議においては、平成24年8月10日、委員長報告のとおり修正議決され、参議院では総務委員会において8月28日質疑・採決、翌29日には本会議で賛成多数で可決され、成立した。参議院総務委員会においても、衆議院と同様の附帯決議が付されている。

　改正法は同年9月5日に公布されたが、政務活動費に関する事項は公布後6月以内において政令で定める日から施行するとされ、平成25年3月1日施行された。

第３章 ｜ 政務調査費から政務活動費へ

◎地方自治法　※平成24年改正後

第100条

⑭　普通地方公共団体は、条例の定めるところにより、その議会の議員の調査研究その他の活動に資するため必要な経費の一部として、その議会における会派又は議員に対し、政務活動費を交付することができる。この場合において、当該政務活動費の交付の対象、額及び交付の方法並びに当該政務活動費を充てることができる経費の範囲は、条例で定めなければならない。

⑮　前項の政務活動費の交付を受けた会派又は議員は、条例の定めるところにより、当該政務活動費に係る収入及び支出の報告書を議長に提出するものとする。

⑯　議長は、第14項の政務活動費については、その使途の透明性の確保に努めるものとする。

　政務活動費への改正の立法者意思を明確にするために、修正案の委員会審査における政務活動費の使途等に関する川端達夫総務大臣及び修正案提出議員の答弁の概要を紹介する。

1　政務活動費の使途（「その他の活動」）

　例えば、従来、調査研究活動と認められていなかった議員としての補助金の要請、陳情活動等のための旅費、交通費、あるいは議員として地域で行う市民相談、意見交換会や会派単位の会議に要する経費のうち、調査研究活動と認められていなかったものといったものについても条例で対象とすることができるようになると、こういう趣旨での改正ということでございます。

［橘　慶一郎　衆議院議員（参議院８月28日）、《同趣旨》稲津　久　衆議院議員（衆議院８月７日）］

　この答弁によって、政務活動費の対象となる経費が明確化された。つまり、

①　補助金の要請、陳情活動等のための旅費、交通費

②　議員として地域で行う市民相談、意見交換会

③ 会派単位の会議

が具体的に掲げられたことから、政務活動費の使途基準設定の方向が明らか
となった。

2 政務活動費の対象とならない活動

○ あくまで議会の議員の調査研究その他の活動に資するための経費の一部
を交付するものであるということから、議会の議員としての活動に含まな
い政党活動、選挙活動、後援会活動それから私人としての活動のための経
費などは条例によっても対象にすることができない、このようにしており
ます。

また、本会議や委員会への出席、全員協議会への出席、議員派遣等の議
会活動は、従来どおり、費用弁償の対象となるために政務活動の対象とは
ならない、このように考えているところでございます。

（稲津 久 衆議院議員（衆議院8月7日）、《同趣旨》橘 慶一郎 衆議院議員（参議院8月28日））

○ 委員御指摘のように、政務活動費の名称変更後も、あくまで議会の議員
の調査研究その他の活動に資するための経費の一部を交付するものである
ということでございます。そうしたことから、議員としての活動に当たる
ものに限られ、飲食代が使途として認められるかどうかは一概には言えな
いと承知をいたしております。

なお、飲食代につきましては、例えば、従来の裁判例において、会議室
を借りるなど賃借にかえて少人数の会議を喫茶店で行うなど、喫茶代金は
研修会等に要する費用に当たるとして、政務調査費の使途として認められ
ているところでございます。ところが、委員御指摘いただきましたように、
バーやクラブなどの飲食費は、社会通念上、会合を行うのに適切な場所と
は言えないために、政務調査費の使途として認められていないと承知をい
たしております。

（皆吉 稲生 衆議院議員（衆議院8月7日））

○ （政務活動費を）議員個人の政治団体等に移しかえる行為は、議会の議員
としての活動に含まれないものと承知をいたします。したがって、条例に

よってもそのことを対象とすることができないと承知をするところでござ
います。

（皆吉　稲生　衆議院議員（衆議院 8 月 7 日））

　政務活動費の対象とならない経費が明確に示された。具体的には、

① 　政党活動

② 　選挙活動

③ 　後援会活動

④ 　私人としての活動

⑤ 　本会議や委員会への出席、全員協議会への出席、議員派遣等の議会活動
が対象外とされている。また、政務活動費を議員個人の政治団体等に移しか
える行為も対象外とされた。

　飲食を伴う活動は、一概に対象外とは言えないが、社会通念上、会合を行
うのに適切ではない場所での活動は対象外とされた。

3　使途の透明性の確保

○　今回の実施は、議員活動が幅広くあるということで、調査費ではなくて、
　名称を変更して、幅広くいろいろ活動できるようにしようという趣旨だと
　いうふうに思います。

　　同時に、やはり公費でありますので、それが透明化されるということが
　非常に大事であるということで、議長への報告義務と同時に、何に使うか
　を議会で条例で決めるということを法定しましたということは、議会の中
　でけんけんがくがく有権者の前で御議論いただいて決めていただくという
　ことは、大変意味のあることだというふうに思っております。

（川端　達夫　総務大臣（衆議院 8 月 7 日））

○　政務活動費が調査研究以外の活動にも充てることができるようになるこ
　とに伴いまして、その透明性の確保が従来にも増して重要になると考えら
　れることから、現行の規定における議長に対する収入、支出の報告書の提出、
　これに加えて、政務活動費の使途の透明性の確保に努める義務を議長に課

第3節　政務活動費の実現に向けた国会における審議概要

す規定を追加し、透明性をより一層確保することとしております。

（逢坂　誠二　衆議院議員（衆議院8月7日））

　政務活動費の制度化にあたっては、議会における審議などにおいて、住民に対して十分な情報提供を行うことも透明性確保の一環とされた。条例をパブリックオピニオンに付すことも一案である。
　また、議長に透明性確保の努力義務が課せられたのは、法文上、調査研究以外の活動に拡大したことから、より透明性を高めるためとされた。

4　政務活動費の課税関係

　一般論として申し上げれば、地方公共団体の議会の議員が地方公共団体から現行の自治法に基づいて政務調査費を受領した場合には、所得税の課税上、雑所得の収入金額となります。雑所得の金額は、一年間の総収入金額から必要経費の総額を差し引いて計算をいたします。この総収入から政治活動のための支出を含む必要経費の総額を差し引いた残額があれば、それは課税の対象となり、残額がない場合には課税関係は生じないということになります。
　国税当局におきましては、納税者の適正公平な課税を実現するという観点から、提出されました申告書等を分析するとともに、法定調書のほか、税務職員が独自に課税上有効な各種資料情報の収集に努め、課税上問題があると認められる場合には税務調査を行うなどして、適正公平な課税の実現に努めているところでございます。
　今先生からお話のありました政務活動費でございますが、法改正後のことでありますので確たることは申し上げられないものの、税務上の雑所得の必要経費となります政治活動のための支出につきましては、支出の態様、目的など個々の実態に即して税法等に基づき適正に判断してまいりたいと思っております。

（西村　善嗣　国税庁課税部長（衆議院8月7日））

　政務活動費の所得税にかかる課税関係が、この答弁で初めて明らかとなっ

た。政務調査費についても課税関係が当初問題となり、政治資金のそれにならって、雑所得となるが目的に適った支出を行えば課税所得は発生しないという解釈がとられていた。このことを、国税庁が初めて明確にしたことは大きな意義がある。ただし政務活動費は非課税ではないことは改めて注意を要する。

　なお、会派については、会派は議会内において共用財産の提供を受ける団体であるので、法人住民税均等割の課税容体ではないとされている。

　さらに、改正地方自治法施行のための総務大臣通知では、経費の範囲を条例で定める必要があること、また使途の適正性を確保に努めることについて注意喚起がなされた。

◎「地方自治法の一部を改正する法律の公布及び施行について」通知（抄）（平成24年９月５日付総行行第118号・総行市第134号、各知事・議長宛　総務大臣通知）

5　政務活動費

（1）政務調査費の名称を「政務活動費」に、交付の目的を「議会の議員の調査研究その他の活動に資するため」に改め、政務活動費を充てることができる経費の範囲について、条例で定めなければならないものとされたこと。（法第100条第14項関係）

（2）議長は、政務活動費については、その使途の透明性の確保に努めるものとされたこと。（法第100条第16項関係）

　本改正の趣旨を踏まえ、政務活動費を充てることができる経費の範囲を条例で定める際には住民の理解が十分得られるよう配慮するとともに、政務活動費の使途の適正性を確保するためにその透明性を高めることなどにより、適切に運用されたいこと。

第4節 政務活動費条例（例）及び規程（例）の考え方

全国議長会は、各ブロックからの事務局代表からなる議会運営等問題協議会において、全県議会の意見を参考としながら、政務活動費条例（例）及び規程（例）の検討を行った。その結果としてまとまった政務活動費条例（例）及び規程（例）は平成24年11月2日開催の役員会で了承され、全国議長会として決定した。

その概要は次のとおりである。

1　基本的考え方

今回の改正法により、従前の政務調査費について、

① 名称を「政務活動費」に、交付の名目を「議会の議員の調査研究その他の活動に資するため」に改める（改正法第100条第14項）

② 政務活動費を充てることができる経費の範囲について、条例で定めなければならないものとする（改正法第100条第14項）

③ 議長は、政務活動費については、その使途の透明性の確保に努めるものとする（改正法第100条第16項）

とされた。

したがって、条例（例）では、「政務活動費」への名称変更を行った上で、交付の名目を「調査研究」から「調査研究その他の活動」に改めるとともに、新たに経費の範囲を条例で定めることとされたことから、これまで政務調査費の交付に関する規程（例）において別表方式で規定されていた使途基準を条例に引き上げ、規定ぶりも条例に相応しい様式に改める必要が生じた。

条例（例）及び規程（例）の検討にあたっては、委員県の議会事務局から当該ブロック内都道府県議会事務局に意見照会を行い、各議会事務局の意見を基に議論を行い、最大限の同意が得られる結論を目指すことを基本とした。

なお、条例（例）及び規程（例）は、あくまで各議会の参考に供するため作成したものであり、各議会がそれぞれの実情に応じた条例を制定することを妨げるものではない。

2　政務調査費と政務活動費の違い

　政務調査費から政務活動費へ改正することにより経費の性格はどのように変わったかという点についてであるが、政務調査費においては法文上調査研究が対象とされ、調査研究に資する活動がどこまで対象となるかが必ずしも明確ではなかった。つまり、政務調査費ではその対象が、「調査研究に資するため必要な経費」とされており、調査研究そのものでなくても、調査研究につながる経費も含まれることとされていたが、その範囲が不明確で、解釈する者により理解が異なっていた。例えば、広報活動や住民意思を把握する活動などは調査研究とするには微妙な事例もあり、いわゆるグレーゾーンが存在していた。

　実際、広報費の支出が違法として訴訟になったケースもあった。例えば、栃木県議会の会派が支出した広報費について訴訟となったが、平成16年4月14日東京高裁判決では、次のように判示された。この事例では広報費は調査研究に有益な費用とされたが、議員や会派にとっては裁判官によって結論が異なることも考えられ不安要素であった。

　政務調査費交付制度の制定の趣旨に鑑みると、議会の活性化を図るため職員の調査活動基盤を充実させその審議能力を強化させるという観点からみて、調査研究のために有益な費用も含まれるというべきである。そして、県議会において、県民の意思を適正に反映させることは必要不可欠であり、県民の意思を収集、把握することは議員の調査研究の一つとして重要であるところ、議会活動及び県政に関する政策等を県民に知らせることは、県政に対する県民の意思を的確に収集、把握するための前提として意義を有するものということができる。したがって、本件規程4条にいう広報費は、調査研究に直接用いられる費用ではないとしても、上記の意味において、調査研究のために有益な費用ということができる。

　平成24年改正は政務活動費とすることにより調査研究に限定せず「その他の活動」も対象となることを明確化したことに大きな意義がある。会派及

び議員に対する経費補助としての性格に基本的な変更はないが、全国議長会が要請している議員の法的位置付けの明確化との関連で、調査研究に限定しない「議員活動」を前提とした制度が実現したことは大きな転換である。

なお、「その他の活動」の具体例としては、政務調査費において調査研究に資する活動とされてきた研修費等に加えて、衆参両院の総務委員会における質疑において、「議員としての補助金の要請、陳情活動等のための旅費、交通費、あるいは議員として地域で行う市民相談、意見交換会や会派単位の会議に要する経費」が挙げられたことは前述したとおりである。

3　政務活動費を充当するにあたっての留意事項

これまで述べてきた制度創設の経緯に鑑み、政務活動費を充当するにあたっての留意事項は次のとおりである。

① 政務活動費の趣旨に沿った運用を行うこと

後述する条例（例）第2条に規定する政務活動の趣旨（「（都道府）県政の課題及び（都道府）県民の意思を把握し、（都道府）県政に反映させる活動その他の住民福祉の増進を図るために必要な活動」）に適う運用（政務活動との関連性及び有用性）に留意する必要がある。その結果、党勢拡大等を目的とした政党活動や、立候補及び当選等を目指した選挙活動、後援会活動、さらには慶弔など私人としての活動とは一線を画する必要がある。

なお、それらの活動に政務活動として認められる内容が含まれている場合は、按分することが適当である（その際、按分率を統一することが望ましい。）。

また、全ての経費（特に飲食を伴う会合）について、社会通念上の妥当性の観点から充当することの適否を判断することが求められる。

② 実費弁償を原則とすること

政務活動費に充当する額は、会計帳簿等の証拠書類により、その支出が確認できるもので、政務活動に実際に要した経費（実費）とすることを原則とする。ただし、その額は、社会通念上妥当な範囲のものとする。

③ 政務活動に直接必要な経費であることを原則とすること

政務活動費に充当できるのは、当該政務活動に直接必要な経費（対価）である必要がある。備品等について、政務活動の環境整備にまで充当することは適当ではない。

④ 資産形成に資することがないよう留意すること

政務活動上の必要性及び有用性の程度に照らして社会通念上高額と認められる物品等の取得経費は、資産形成のための支出とみなされるおそれがあるため除外する。なお、議員の残任期間や物品等の耐用年数も判断基準として配慮すべきと考える。

⑤ 政務活動費の充当は自己責任であること

政務活動費充当の目的及び内容が適正なものであることについて、住民に対し自ら説明責任を果たさなければならない。

特に、親族が絡む場合には慎重な対応が必要である。

⑥ 透明性の確保に努めること

政務活動費の使途については、活動報告書、会計帳簿、領収書などの客観的な証拠書類に基づき、住民に対して明確に説明できなければならない。

第5節　条例（例）の概要

第5節　**条例（例）の概要**

　条例（例）の各条文の考え方は、次のとおりである。条例（例）、規程（例）はあくまで参考資料であり、各議会の独自性を拘束するものではなく、実際に各議会は適正使用に向けて独自の取組を行っている。

　政務活動費の条例（例）、規程（例）は、平成12年11月10日に役員会で決定された「○○（都道府）県政務調査費の交付に関する条例（例）」及び同規程（例）を改正する形で検討を行ったことから、今回見直しを行った条文以外は、条番号のずれはあるが、基本的考え方に変更はない。

1　趣旨（第1条）

> （趣旨）
> 第1条　この条例は、地方自治法（昭和22年法律第67号）第100条第14項から第16項までの規定に基づき、○○（都道府）県議会議員の調査研究その他の活動に資するため必要な経費の一部として、議会における会派（以下「会派」という。）及び議員に対し、政務活動費を交付することに関し必要な事項を定めるものとする。

　政務調査費の交付に関する条例（例）の趣旨規定を、改正法に基づき修文したものである。根拠が地方自治法第100条第14項から第16項となり「政務調査費」から「政務活動費」になり、経費の性格が、「その議会の議員の調査研究その他の活動に資するため必要な経費」となったことに伴うものである。

　交付対象が「会派及び議員」となっているのは、両者に交付することを想定した条例（例）としたためであり、会派のみ又は議員のみを交付対象とするのであれば、当然「会派」または「議員」となる。

　この趣旨規定で、例えば、「政務活動費の交付対象となる会派活動及び議員活動は、政治資金規正法の対象となる政治活動及び後援会活動などの選挙活動と区別しなければならない。」というような政務活動費の性格の明確化

97

第3章 | 政務調査費から政務活動費へ

のための規定を置くことも考えられる。ただし、その場合、議員の活動は、政務活動、後援会活動、選挙活動などと明確に区別できるものでなく、一つの活動が複数の活動から成っていることが多いことから按分することが適当とされているが、活動を区別すると按分の対象から除かざるを得ないことになりかねないことに注意する必要がある。

2　政務活動費を充てることのできる経費の範囲（第2条）

> （政務活動費を充てることができる経費の範囲）
> 第2条　政務活動費は、会派及び議員が実施する調査研究、研修、広聴広報、要請陳情、住民相談、各種会議への参加等（都道府）県政の課題及び（都道府）県民の意思を把握し、（都道府）県政に反映させる活動その他の住民福祉の増進を図るために必要な活動（次項において「政務活動」という。）に要する経費に対して交付する。
> 2　政務活動費は、会派にあっては別表第1に、議員にあっては別表第2に定める政務活動に要する経費に充てることができるものとする。

（1）第1項について

　全2項から成っており、第1項は、「政務活動費は、会派及び議員が実施する調査研究、研修、広聴広報、要請陳情、住民相談、各種会議への参加等（都道府）県政の課題及び（都道府）県民の意思を把握し、（都道府）県政に反映させる活動その他の住民福祉の増進を図るために必要な活動（次項において「政務活動」という。）に要する経費に対して交付する」として、政務活動の目的・意義を示すことにより、政務活動費が充当できる経費の範囲を明らかにしている。

　ここに掲げた政務活動費の対象となる議員の具体的活動は、国会の委員会における答弁（第3章第3節1　政務活動費の使途（88頁））を反映したものであり、別表に掲げる各経費もこの答弁に基づき設けたものである。

　政務活動は、党勢拡大等を目的とした政党活動や、当選を目指した選挙活動、後援会活動、さらには慶弔など私人としての活動とは一線を画する必要

がある。

　この点について、衆参両院の総務委員会の質疑において、「議会の議員としての活動に含まない政党活動、選挙活動、後援会活動それから私人としての活動のための経費などは条例によっても対象にすることができない」、また、「本会議や委員会への出席、全員協議会への出席、議員派遣等の議会活動は、従来どおり、費用弁償の対象となるために政務活動の対象とはならない」との答弁が、前述のとおり改正法に対する修正案の提出議員からなされているところである。

　条例（例）では、このように政務活動の目的から範囲を示す方法を採ったが、政務活動そのものを定義するという方法も考えられる。

　例えば次のような規定が考えられるが、その場合、支給される対象が限定されるという懸念がある。

（例）

会派活動及び議員活動を定義する場合の例

　（政務活動費の対象となる活動）
第２条　この条例において政務活動費の交付の対象となる政務活動とは、次の会派活動及び議員活動をいう。
　一　会派が行う（議会内の議員団体としての、）調査研究、政策立案・提言、研修、各種会合の開催、住民意思の把握及び広聴広報活動並びに所属する議員がその責務を果たすために支援する活動など（都道府）県政の課題及び（都道府）県民の意思を的確に把握し、（都道府）県政に反映させるために必要な活動（別表第１においてこれらを「会派活動」という。）
　二　議員が行う調査研究、政策立案・提言、研修、意見交換会など各種会合への参加、議会活動の報告、陳情活動及び住民相談など（都道府）県政の課題及び（都道府）県民の意思を的確に把握し、（都道府）県政に反映させるために必要な活動（別表第２においてこれらを「議員活動」という。）

第３章 ｜ 政務調査費から政務活動費へ

政務活動を一括して定義する場合の例

（政務活動費の対象となる活動）

第２条　この条例において政務活動費の交付の対象となる政務活動とは、会派及び議員が実施する調査研究等政策形成・提言活動、住民相談会など各種会合の開催・参加活動、陳情活動及び広聴広報活動など、（都道府）県政の課題及び（都道府）県民の意思を的確に把握し、（都道府）県政に反映させるために必要な活動をいう（別表第１において会派に係る活動を「会派活動」及び別表２において議員に係る活動を「議員活動」という。）。

会派及び議員の責務を定義する場合の例

（政務活動の定義）

第２条　この条例において政務活動とは、会派及び議員がそれぞれの責務を果たすために実施する活動をいう（別表第１において会派に係る活動を「会派活動」及び別表２において議員に係る活動を「議員活動」という。）。

２　会派は、（議会内の議員団体としての、）調査研究、政策立案・提言、住民意思の把握、広聴広報活動等を主体的に実施するとともに、所属する議員がその職務を果たすための活動を支援する責務を有する。

３　議員は、議会の権能と責務を認識し、その議会の会議に出席し議案の審議等を行うほか、当該普通地方公共団体の事務に関する調査研究及び住民意思の把握等のための諸活動を行い、その職務の遂行に努める責務を有する。

議会基本条例において会派及び議員の責務等を規定している場合の例

（政務活動の定義）

第２条　この条例において政務活動とは、○○（都道府）県議会基本条例第○条……に規定する会派及び議員の責務を果たすために実施する活動をいう（別表第１において会派に係る活動を「会派活動」及び別表２において議員に係る活動を「議員活動」という。）。

（2）第２項について

　第２項は、「政務活動費は、会派にあっては別表第１に、議員にあっては

別表第２に定める政務活動に要する経費に充てることができるものとする」と規定し、別表方式により、会派及び議員に対して交付される政務活動費の具体的経費区分を示している。別表には、それぞれ「会派に交付する政務活動に要する経費」「議員に交付する政務活動に要する経費」という標題を付け、別表中の経費は全て政務活動に対するものであることを明示している。

　経費区分は、大きく調査研究活動、研修活動などの活動経費と、資料作成費、資料購入費等いわゆる経常的経費のほか、活動経費と経常的経費の中間的な性格を有する会議費に分かれている。

　具体的には会派については、活動経費である「調査研究費」「研修費」「広聴広報費」「要請陳情等活動費」、活動経費と経常的経費の中間である「会議費」、経常的経費である「資料作成費」「資料購入費」「事務費」「人件費」を設定した。

　議員については、活動経費である「調査研究費」「研修費」「広聴広報費」「要請陳情等活動費」、活動経費と経常的経費の中間である「会議費」、経常的経費である「資料作成費」「事務所費」「資料購入費」「事務費」「人件費」を設定している。

　「事務所費」は議員に対してのみ設定しているのは、会派は基本的には議会内における活動団体であることから、議会外に事務所を設置することを想定していないことによるものである。会派に対して「事務所費」を認める場合には、対象となる会派の活動実態を明らかにしておく必要がある。

　経費区分の検討に当たっては、衆参の総務委員会における質疑において、政務活動費の交付対象として示された「議員としての補助金の要請、陳情活動等のための旅費、交通費、あるいは議員として地域で行う市民相談、意見交換会や会派単位の会議に要する経費」を政務活動費の経費の範囲を示す具体例として取り入れることとした。

　議会によって、会派のみ、または議員のみに政務活動費を交付する場合には、別表を参考にして、一本化することとなる。

（3）別表について

　別表第１は会派に交付する政務活動に要する経費の範囲を、別表第２は議

員に交付する政務活動に要する経費の範囲を定めているが、調査研究費、研修費等はいわゆる活動経費であり、資料作成費、資料購入費等はいわゆる経常的経費として区分される。会議費については、活動経費と経常的経費の中間的な性格を有するものである。

　政務調査費のときは規程（例）で使途基準を示していたが、政務活動費に改正されるに伴い第100条第14項で新たに「当該政務活動費を充てることができる経費の範囲は、条例で定めなければならない」とされたことから、条例（例）で規定している。規程（例）では、括弧書きで経費の例を示していたが、条例に格上げされたため、例示を行うことは適当ではないという判断から経費の内容のみを規定している。

　そのため、内容をできるだけ具体的に記すことにより、透明性の確保に寄与するよう配慮しているが、より明確にすることも有効である。

　なお、会派に対する政務活動費については、会派とともに会派を構成する議員を活動主体として併記する（「会派（所属議員を含む。）」）ことにより、会派から議員に対する活動支援を積極的に行えることを明示した。

　この使途基準はあくまでも一つの例として掲げたものであり、これ以外は調査研究に資するための経費として認められないということではない。

　なお、新潟県議会、京都府議会においては、経費の範囲について、費目を並べて明示するという方法（「政務活動費を充てることができる経費の範囲は次のとおりとする。（1）調査研究費……」）をとっている（新潟県政務活動費の交付に関する条例第9条、京都府政務活動費の交付に関する条例第10条）。このような規定例の場合、経費の具体的内容を議会内で別途共有することが有効と思われる。

●条例（例）別表第1　会派に交付する政務活動に要する経費（第2条関係）

経　　　費	内　　　　　　　容
調査研究費	会派（所属議員を含む。以下同じ。）が行う（都道府）県の事務、地方行財政等に関する調査研究（視察を含む。）及び調査委託に要する経費

第5節　条例（例）の概要

研　修　費	1　会派が行う研修会、講演会等の実施（共同開催を含む。）に要する経費 2　団体等が開催する研修会（視察を含む。）、講演会等への所属議員及び会派の雇用する職員の参加に要する経費
広聴広報費	会派が行う（都道府）県政に関する政策等の広聴広報活動に要する経費
要請陳情等 活動費	会派が行う要請陳情活動、住民相談等の活動に要する経費
会　議　費	1　会派が行う各種会議、住民相談会等に要する経費 2　団体等が開催する意見交換会等各種会議への会派としての参加に要する経費
資料作成費	会派が行う活動に必要な資料を作成するために要する経費
資料購入費	会派が行う活動のために必要な図書、資料等の購入、利用等に要する経費
事　務　費	会派が行う活動に係る事務の遂行に要する経費
人　件　費	会派が行う活動を補助する職員を雇用する経費

●条例（例）別表第2　議員に交付する政務活動に要する経費（第2条関係）

経　　費	内　　　　　容
調査研究費	議員が行う（都道府）県の事務、地方行財政等に関する調査研究（視察を含む。）及び調査委託に要する経費
研　修　費	1　議員が行う研修会、講演会等の実施（共同開催を含む。）に要する経費 2　団体等が開催する研修会（視察を含む。）、講演会等への議員及び議員の雇用する職員の参加に要する経費
広聴広報費	議員が行う（都道府）県政に関する政策等の広聴広報活動に要する経費
要請陳情等 活動費	議員が行う要請陳情活動、住民相談等の活動に要する経費
会　議　費	1　議員が行う各種会議、住民相談会等に要する経費 2　団体等が開催する意見交換会等各種会議への議員の参加に要する経費
資料作成費	議員が行う活動に必要な資料を作成するために要する経費
資料購入費	議員が行う活動のために必要な図書、資料等の購入、利用等に要する経費
事 務 所 費	議員が行う活動のために必要な事務所の設置及び管理に要する経費

事　務　費	議員が行う活動に係る事務の遂行に要する経費
人　件　費	議員が行う活動を補助する職員を雇用する経費

3　交付対象（第3条）

> （政務活動費の交付対象）
>
> 第3条　政務活動費は、会派（所属議員が一人の場合を含む。）及び議員の職
>
> 　にある者に対し交付する。

　地方自治法第100条第14項では、政務活動費の交付対象を、「議会における会派又は議員」と規定している。これは、交付対象として、

① 　会派と議員

② 　会派のみ

③ 　議員のみ

という3パターンを認めているということである。条例（例）は、会派と議員両方に交付する場合について規定している。

　ここで注意すべきなのは、会派について「所属議員が一人の場合を含む」としている点である。いわゆる一人会派についても交付を認めるものであるが、会派の対象範囲をどのように定めるかは各議会の判断である。

　なお、かつて要綱を交付根拠としていた県政調査交付金の時代であるが、一人会派への交付は実質的に議員個人への交付であり、議員個人への支給を法律及びそれに基づく条例に定めがある場合に限定している地方自治法第204条の2に違反しているとの訴訟が提起されたことがある。それに対する裁判所の判断（平成2年12月21日横浜地裁判決、平成5年5月28日徳島地裁判決）は、あくまで会派に交付されているものであり、会派はたまたま一人であっても次の選挙で二人以上になることもあるし、外部の政治団体とも連携して議会活動を行っているので違法とはいえないとしている。

　議員も交付対象とする政務活動費が法制化されている現在、第204条の2違反との主張は想定されないが、会派交付と議員交付についてしっかりした使い分けを行うことは必要であり、会派としての活動と議員としての活動を

第5節　条例（例）の概要

混同しないよう注意を要する。会派活動として議員が政務活動費を使う場合でも、あくまで会派の活動を行っているという切り分けが必要である。

◎平成2年12月21日横浜地裁判決

　原告は、調査研究費の支出が法204条の2に反すると主張する。

　しかしながら、前記認定の事実及び弁論の全趣旨によれば、調査研究費は、議員個人にではなく、各会派に交付される仕組となっており、実際にも、各会派がこれを受領し、各会派のため使用されている。のみならず、所属議員が一名の会派であるからといって、これを調査研究費の支給対象から除外することが合理的でないことは、被告主張のとおりであり、また、各会派間の実質的平等を図るため、所属議員数を基礎として交付金額を決定することもひとつの方法であるから、所属議員数によって交付額が決定され、かつ、所属議員一名の会派にも支給されているとの事実のみをもって、実質上議員個人に支給されるのと同視しうるものということはできず、また、第二の議員報酬ということもできない。したがって、原告の右主張は失当である。

◎徳島地裁平成5年5月28日判決

　原告は、本件要綱は法的根拠に甚づくものとはいえないから違法であると主張するが、現行法上、法232条の2の補助金として支出される県政調査研究費の交付手続を法令で定めなければならないとする規定は存しないから、これを要綱で定めたとしても違法とはいえない。また、原告は、本件要綱が調査研究費を会派に交付し議員には交付しないと定めていながら、所属議員が一人の会派にも交付する旨定めているから矛盾していると主張するが、このような所属議員が一人の会派であっても、選挙によって二人以上になる可能性はあるのであるし、実際には議会外の政党その他の政治団体と提携して議会活動を行っているのが実態であるから、このような点に着目して、右のような会派に県政調査研究費を交付すると定めたとしても、それなりの合理性があり、これを議員に交付しないと定めていることと矛盾するものとはいえない。

4　会派に係る政務活動費（第4条）

> （会派に係る政務活動費）
>
> 第4条　会派に係る政務活動費は、月額○○円に当該会派の所属議員の数を乗じて得た額を会派に対し交付する。
>
> 2　前項の所属議員の数は、月の初日における各会派の所属議員数による。
>
> 3　月の途中において、議員の任期満了、辞職、失職、死亡若しくは除名、議員の所属会派からの脱会若しくは除名又は議会の解散があった場合におけるこれらの事由が生じた日の属する月の政務活動費の交付については、これらの事由が生じなかったものとみなす。一の会派が他の会派と合併し、又は会派が解散した場合も同様とする。
>
> 4　各会派の所属議員数の計算については、同一議員について重複して行うことができない。

　地方自治法は、「当該政務活動費の交付の対象、額及び交付の方法並びに当該政務活動費を充てることができる経費の範囲は、条例で定めなければならない」（第100条第14項）としていることから、交付の対象（会派又は議員）、交付額、交付の方法（支給回数、支給日等）及び経費の範囲は必ず条例で定めなければならない。

　このことから、本条では、会派交付の場合について、議員一人あたりの金額を積算根拠として議員数を乗じた額を月額の会派交付額としている。

　政務活動は、必ずしも毎月定例的に行われるものではなく、ある時期に集中したり、年間計画の中で実施されることもあるため、四半期交付や半年交付とすることにも理由があるが、途中で異動が生じた場合に調整の手続が必要となる。

　そのため、所属議員数の算定のために基準日を設けることとし、月の初日を基準日とした。このことから、月の途中における議員の異動（議員の任期満了、辞職、失職、死亡若しくは除名、議員の所属会派からの脱会若しくは除名又は議会の解散）により所属議員数が変更した場合、その事実が生じなかったとみなすこととしている。つまり月途中における交付額の変更が生じない

第5節　条例（例）の概要

仕組みとしているが、これは、議員数はあくまで積算根拠であり、あくまで活動主体は会派であるという考えであるが、残余が生ずれば当然返還することとなる。

なお基準日に異動があった場合には、異動後の数を基礎とすることが適当である。

会派そのものが解散したり他の会派と合併したりした場合も月額を変更しないこととしているが、当然会派の実体に変更があった日以降は充当することはできないし、残余を生ずれば返還を要する。この場合、会派の異動があらかじめ明らかな場合、駆け込み的に政務活動費として使用すると、使途基準に従った使用ではないと推測されやすいので注意を要する。

改選によって月途中に議員の任期が開始する場合、基準日までに会派を結成し政務活動費の交付団体として議長に届け出を行い、議長から知事に対して会派結成の通知を行った場合には交付を受ける資格を有することとなる。この点、任期開始月途中から交付するか、次月からとするかを条例等で明確にし統一的な運用を行うことも検討されてよいと考える。都道府県議会の条例の中には、「一般選挙後に行われる会派の結成に伴う政務活動費の算定は、議員の任期が開始する日の属する月の翌月分（その日が月の初日である場合は、当月分。次条第2項において同じ。）から行うものとする。」（神奈川県議会政務活動費の交付等に関する条例第9条第3項）として、次月分から交付することを明確にしている例がある。

また、議員報酬と政務活動費の関係であるが、長期間議会に出席しない議員に対して議員報酬を支出しないとする議会があるが、都道府県議会の政務活動費条例の中には、「前項の所属議員の数は、月の初日における各会派の所属議員数とする。ただし、同日において所属議員に福岡県議会議員の議員報酬及び費用弁償等に関する条例（昭和31年福岡県条例第35号）第3条第4項又は第5項の規定により前月の議員報酬が支給されなかった者があるときは、当該議員の数は、所属議員の数から除算する。」（福岡県政務活動費の交付に関する条例第4条第2項）として、議員報酬と政務活動費をリンクさせている例がある。

本条の規定振りは、国会における各会派に対する立法事務費の交付に関す

107

第3章 | 政務調査費から政務活動費へ

る法律に拠っているので、参考までに掲載する。同法では、各会派の認定は
議院運営委員会が行うこととされているが（第5条）、本条例（例）では、会
派は届出制としている。

◎国会における各会派に対する立法事務費の交付に関する法律

第1条　国会が国の唯一の立法機関たる性質にかんがみ、国会議員の立法に
　　関する調査研究の推進に資するため必要な経費の一部として、各議院にお
　　ける各会派（ここにいう会派には、政治資金規正法（昭和23年法律第194号）
　　第6条第1項の規定による届出のあつた政党で議院におけるその所属議員
　　が一人の場合を含む。以下同じ。）に対し、立法事務費を交付する。

2　前項の立法事務費は、議員に対しては交付しないものとする。

第2条　立法事務費は、毎月交付する。

第3条　立法事務費として各会派に対し交付する月額は、各議院における各
　　会派の所属議員数に応じ、議員一人につき65万円の割合をもつて算定した
　　金額とする。

第4条　前条の所属議員数は、毎月交付日における各会派の所属議員数による。

2　立法事務費の交付日において、議員の任期満限、辞職、退職、除名若し
　　くは死亡、議員の所属会派からの脱会若しくは除名又は衆議院の解散があ
　　つた場合には、当月分の立法事務費の交付については、これらの事由が生
　　じなかつたものとみなす。一の会派が他の会派と合併し、又は会派が解散
　　した場合も、また同様とする。

3　各会派の所属議員数の計算については、同一議員につき重複して行うこ
　　とができない。

第5条　各会派の認定は、各議院の議院運営委員会の議決によつて決定する。

第6条　各会派は、立法事務費の交付を受けるために、立法事務費経理責任
　　者を定めなければならない。

第7条　各議院の議長は、立法事務費の交付に関し疑義があると認めるときは、
　　議院運営委員会に諮つて決定する。

第8条　この法律に定めるものを除く外、立法事務費の交付に関する規程は、
　　両議院の議長が協議して定める。

第5節 条例（例）の概要

5 議員に係る政務活動費（第5条）

（議員に係る政務活動費）

第5条 議員に係る政務活動費は、月額○○円を月の初日に在職する議員に
　　　対し交付する。

2 　月の途中において議員の任期満了、辞職、失職、死亡若しくは除名又は
　　議会の解散があった場合におけるこれらの事由が生じた日の属する月の政
　　務活動費の交付については、これらの事由が生じなかったものとみなす。

　議員交付分についても月額を基礎とし、金額を明記することとしている。
なお、条例で交付額の上限のみを定める方法を採用すると、条例とは別の次
元で交付額を決めることとなるため、交付額を明確にすべしという地方自治
法の趣旨、及び交付額を条例案の審議を通じ、住民に公開の場で決定すると
いう政務調査費条例主義に反するおそれがあるので、注意を要する。

　また、交付の前提として基準日に在職していることを要件としており、月
の初日を基準日としている。基準日に議員の異動があった場合の考え方は会
派の場合と同じである。都道府県議会の条例の中には、月の初日を基準日と
した上で、「月の初日に任期が満了し、辞職し、失職し、死亡し、除名され、
又は議会の解散により任期が終了した議員には、政務活動費を交付しない」
（青森県政務活動費の交付に関する条例第2条第2項）として明確にしている例
がある。

　改選期における基準日については議員の場合も特例を設けていないが、当
選し議員となった時点において政務活動費の交付を受ける資格を有すること
となる。この点会派と同様に、月途中から交付するか、次月からとするかを
条例等で明確にし統一的な運用を行うことも検討されてよいと考える。

　月の途中において議員の任期満了、辞職、失職、死亡若しくは除名又は議
会の解散があった場合においても日割りで返還する制度とはしていない。こ
れは、政務活動費はあくまで実施した政務活動に対して充当するもので、経
費がかさむ活動に対してまとめて充当することも考えられることから、月の
途中で異動があったとしても月額に変更をもたらさないこととしたものである。

109

第3章 ｜ 政務調査費から政務活動費へ

この場合、議員職を離れた時点以降は当然充当することはできないが、例えば、発生主義を採用している場合には、議員在職中にクレジットカードで使途基準に従って物品を購入し、離職後に引き落とされることは認められることとなり、一方、現金主義を採用している場合は、引き落とされた時点が充当時となるので認められない。便宜的に現金主義と発生主義を使い分けることは適当ではない。現金主義を採用するか、発生主義を採用するかは例外を含めて各議会で統一的に決めておくことが望ましい（150頁の兵庫県議会の例参照）。

なお、次期選挙に立候補しないことを決定している場合、任期間際に物品等の購入を行うと、政務活動のために購入したものとは推測されないとして問題となることもあるので注意を要する。実際に訴訟になった例もあり、最高裁は、任期満了による選挙に立候補することなく、市議会議員としての任期を終えた議員が、任期満了1ないし4か月半前という時期にパソコンやビデオカメラなどを購入した事例に対して、「本件各支出は調査研究のための必要性に欠けるものであったことがうかがわれるというべきであり、その場合、特段の事情のない限り、本件各支出は本件使途基準に合致しない違法なものと判断されることとなる」（平成22年3月23日最高裁第三小法廷判決）として原審に差し戻している。

6　会派に係る政務活動費①（第6条）

（会派の届出）

第6条　議員が会派を結成し、会派に係る政務活動費の交付を受けようとするときは、代表者及び政務活動費経理責任者を定め、その代表者は別に定める様式により会派結成届を議長に提出しなければならない。会派結成届の内容に異動が生じたときは、別に定める様式により会派異動届を提出しなければならない。

2　会派を解散したときは、その代表者は別に定める様式により会派解散届を議長に提出しなければならない。

110

第5節　条例（例）の概要

　会派の定義については、地方自治法上も標準会議規則上も何ら規定がなく、会派結成届等の諸手続は各議会がそれぞれ定めている。本条例（例）では、会派に関する実体的要件は何ら規定しておらず、手続のみを規定しているが、政務活動費の活動主体としての会派は、議会運営上の活動主体である会派と同一であることが通常であろう。

　議会運営上の会派が活動するために政務活動費があるのであるから、政務活動費を受け取る便宜のためにに議会運営上の会派を分割することなどは認めるべきではない。

　無所属の議員が会派として政務活動費の交付を受ける場合には、会派を結成する必要があることは当然であるが、その場合でも、会派活動の実態を有することが必要である。なお、この点に関し、都道府県議会の条例の中には、会派に対し交付することを原則としながら、無会派議員に対しても交付できる仕組みとしている例がある（宮城県議会における政務活動費の交付に関する条例）。

7　会派に係る政務活動費②（第7条、第8条）

（会派等の通知）

第7条　議長は、前条の規定により会派結成届のあった会派及び政務活動費の交付を受ける議員について、毎年度4月〇日までに、別に定める様式により知事に通知しなければならない。

2　議長は、年度途中において、会派結成届、会派異動届若しくは会派解散届が提出されたとき、又は議員の異動が生じたときは、別に定める様式により速やかに知事に通知しなければならない。

（政務活動費の交付決定）

第8条　知事は、前条の規定による通知に係る会派及び議員について、政務活動費の交付の決定を行い、会派の代表者及び議員に通知しなければならない。

　政務活動費（政務調査費）が制度化され、地方自治法に根拠規定が置かれ

111

たことにより、それまでの恩恵的な県政調査交付金から脱するため、政務活動費の交付については、地方自治法及びそれに基づく条例の規定により、交付申請を行うことなく議員であること、または会派を結成したという事実をもって交付されるべきものと構成した。

　しかし、交付申請を行うことなく交付するとしても、知事は当然に会派の結成状況を把握しているわけではないので、交付を受けようとする会派は、議長に会派結成届を提出することとし（第6条第1項）、議長は、結成届のあった会派及び交付を受ける議員について知事に通知を行い（第7条）、知事はこの通知によって交付決定を行うこととした（第8条）。ここで決定されるのはいわゆる基本権、つまり交付を受ける資格である。これが補助金と大きく異なる点である。

【一般的な補助金交付の流れ】
　　　　申込→審査→交付申請→交付決定→事業の実施及び実績報告→
　　　　補助額確定→補助金請求→補助金交付

　議員については、明示的に受け取りを拒否する場合を除いて、議員名が議長から知事に通知され、交付決定が行われる。議員が基本権確定後に受け取りを拒否すると、既に確定した債権を放棄することとなり、公職選挙法の寄附禁止（第199条の2）に該当するおそれがあるので注意を要する。議員が政務活動費を受け取る意思がない場合には、基本権確定前に議長にその旨を伝える必要がある。

　議長から知事への通知は、予算の年度主義との関係から、改選期以外は毎年度4月中のしかるべき日までに行うこととしている（第7条第1項）。また、会派または議員に異動が生じたときは、速やかに議長は知事に通知することとしているが（第7条第2項）、改選期においても、この規定にならい、改選後速やかに通知すべきである。この場合、第4条・第5条で述べたように、基準日の特例を設けることにより、月途中であっても交付できることとする仕組みも考えられる。

第5節　条例（例）の概要

8　請求及び交付（第9条）

四半期交付の場合

（政務活動費の請求及び交付）

第9条　会派の代表者及び議員は、前条の規定による通知を受けた後、毎四半期の最初の月の○日（その日が県の休日に当たるときはその翌日）までに、別に定める様式により当該四半期に属する月数分の政務活動費を請求するものとする。ただし、一四半期の途中において議員の任期が満了する場合には、任期満了日が属する月までの月数分を請求するものとする。

2　知事は、前項の請求があったときは、速やかに政務活動費を交付するものとする。

3　一四半期の途中において、あらたに会派が結成されたとき、又は補欠選挙により議員が当選したとき（繰上補充又は再選挙による場合を含む。）は、会派結成届が提出された日又は任期開始の日の属する月の翌月（その日が月の初日の場合は当月）分以降の政務活動費を当該会派又は当該当選議員に対し、交付する。

4　一四半期の途中において、会派の所属議員数に異動が生じた場合、当該会派に既に交付した政務活動費については、その異動が生じた日の属する月の翌月（その日が月の初日の場合は当月）分から調整する。

5　一四半期の途中において、会派が消滅したときは、当該会派の代表者は、当該消滅した日の属する月の翌月（その日が月の初日の場合は当月）分以降の政務活動費を速やかに返還しなければならない。

6　議員は、一四半期の途中に辞職、失職、死亡若しくは除名又は議会の解散により議員でなくなったときは、議員でなくなった日の属する月の翌月（その日が月の初日の場合は当月）分以降の政務活動費を速やかに返還しなければならない。

毎月交付の場合

（政務活動費の請求及び交付）

第9条　会派の代表者及び議員は、前条の規定による通知を受けた後、毎月

113

第3章 ｜ 政務調査費から政務活動費へ

　　　○日（その日が県の休日に当たるときはその翌日）までに、別に定める様
　　　式により、当該月分の政務活動費を請求するものとする。
　　2　知事は、前項の請求があったときは、速やかに政務活動費を交付するも
　　　のとする。

　交付すべき政務活動費の算定は月額制を基礎とするが、実際の交付について
は、毎月交付と四半期交付の2通りを規定した。このほかにも、半年交付、
1年交付という方法もある。
　四半期交付については、政務活動は、必ずしも毎月定例的に行われるもの
ではなく、ある時期に集中したり、年間計画の中で実施されることもあるた
め、対象期間を長くするものであるが、逆に期間中に異動が生ずる可能性も
高くなるため、途中異動が生じた場合に調整の手続が必要となる。会派、議
員とも途中で異動が生じた場合は、異動が生じた日の属する月の翌月から調
整することとしており（第9条第3項から第6項）、減員・解散等の場合には、
翌月以降分全額の返還が必要になるので注意を要する。
　知事によるいわゆる基本権の決定は、議長からの通知によりなされるが
（第8条）、一方、交付決定を受けた会派又は議員は、各交付時期に受給の意
思を確定する意味等から、決められた日までに請求の手続を行うこととして
いる（第9条）。いわば支分権の請求である。
　交付日については、四半期交付、毎月交付とも、請求があったときは速やか
に交付するとし、特定の交付日を定めていないが、交付日も「交付の方法」
に含まれると解することもでき、交付日を特定することも当然可能である。
　なお、団体により財務処理上支障がなければ、支分権の請求を要すること
なく支出する取扱いとすることも可能と考えられる。

9　収支報告書（第10条）

　（収支報告書）
　第10条　会派の代表者及び議員は、政務活動費に係る収入及び支出の報告書
　　　（以下「収支報告書」という。）を、別記様式により年度終了日の翌日から

114

起算して○日以内に議長に提出しなければならない。

2　会派の代表者は、会派が消滅した場合には、前項の規定にかかわらず、当該会派が消滅した日の属する月までの収支報告書を、別記様式により消滅した日の翌日から起算して○日以内に議長に提出しなければならない。

3　議員は、任期満了、辞職、失職若しくは除名又は議会の解散により議員でなくなった場合には、第1項の規定にかかわらず、議員でなくなった日の属する月までの収支報告書を、別記様式により議員でなくなった日の翌日から起算して○日以内に議長に提出しなければならない。

4　前3項の収支報告書を提出するときは、（各議会の定めるところにより）政務活動費の支出に係る領収書その他の支出の事実を証する書類又はその写しを併せて提出しなければならない。

地方自治法は、議長に対する収支報告書の提出を義務付けているが、その時期、内容、その他の方法については何ら規定していない。

条例（例）は、「年度終了日の翌日から起算して○日以内に提出しなければならない。」（第10条）とし、年度を単位とする収支報告書を、年度終了後一定期間内に提出することとした。

提出期間を何日とするかは各団体が、会派及び議員の報告書類の整理及び作成期間を考慮し、適宜判断することとなるが、残余が生じた場合は政務活動費の一部を返還する必要があり、その手続を考慮すると少なくとも出納閉鎖時期までには提出すべきこととする必要があろう。

会派が消滅した場合、議員が職を離れた場合についての提出義務も規定しているが、議員が死亡した場合については、遺族に提出を義務付けられるかという問題もあり規定していない。この点も各議会の判断によるところである。

収支報告書の記載事項については、政務活動費の透明性確保と議員の政治活動の自由の確保という相反する要請の調和を図る必要がある。

また、条例（例）は議長に提出する収支報告書に、領収書その他の支出の事実を証する書類又はその写しを併せて提出しなければならない、としている（第4項）。この点、政務調査費における考え方は、先に述べたとおりで

第3章 | 政務調査費から政務活動費へ

ある（68頁）。

なお領収書等の添付については、各議会で必要と認める添付書類の範囲が異なることから「（各議会の定めるところにより）」という文言を挿入している。どのような書類を収支報告書に添付するか、又はホームページにどこまで公表するかは各議会の判断であるが、政治活動の自由との兼ね合いがここでも論点となる。添付書類の範囲について規程で定めている例もある。

なお、地方自治法は議長に対して収支報告書を提出することを規定しているが、知事の調査権発動（地方自治法第221条）に資するため、規程（例）においては、議長は知事に対し収支報告書の写しを送付するものとしている（規定（例）第5条）。

10 返還（第11条）

> （政務活動費の返還）
>
> 第11条 知事は、会派又は議員がその年度において交付を受けた政務活動費の総額から、当該会派又は議員がその年度において行った政務活動費による支出（第2条に規定する政務活動費を充てることができる経費の範囲に従って行った支出をいう。）の総額を控除して残余がある場合、当該残余の額に相当する額の政務活動費の返還を命ずることができる。

政務活動費に残余が生じた場合及びいわゆる目的外使用があった場合における知事の返還命令の根拠規定である。使途基準に従わず政務活動費を目的外に使用した場合は、それらの額はそもそも控除されないので、目的外に使用した政務活動費も残余として処理されるものである。

「命ずることができる」としたのは、あくまでも返還を命じる根拠を規定したものであり、残余がある場合の自主返還を否定するものではない。

政務活動費はあくまで概算で交付されているのであり、残余があれば精算することが必要であることを十分認識する必要がある。したがって、返還が公職選挙法の寄附禁止に抵触することはない。

都道府県議会の条例においては、返還を命ずることができるとする規定と、

第5節　条例（例）の概要

返還を義務付ける規定に分かれる。

　北海道議会は、返還を義務付けている（北海道議会の会派及び議員の政務活動費に関する条例第11条）。

　宮城県議会は、返還を義務付けた上で、返還されない場合には知事が命ずる仕組みとしている。この例では、会派分の返還については、会派所属議員が連帯して責任を負うものとされており（宮城県議会における政務活動費の交付に関する条例第16条第4項）、また議員分について議員が死亡した場合は相続人が返還することとしている。

　また、兵庫県では、返還義務と返還命令を併記している（兵庫県政務活動費の交付に関する条例第10条）。

　さらに、神奈川県議会では、期間内に返還しなかった場合のペナルティー（延滞金）を規定している（神奈川県議会政務活動費の交付等に関する条例第14条）。

11　収支報告書の保存及び閲覧（第12条）

（収支報告書の保存及び閲覧）

第12条　第10条の規定により提出された収支報告書は、これを受理した議長において、提出すべき期間の末日の翌日から起算して〇年を経過する日まで保存しなければならない。

2　次の各号に規定する者は、議長に対し前項の収支報告書の閲覧を請求することができる。

　一　（都道府）県内に住所を有する者

　二　（都道府）県内に事務所又は事業所を有する個人又は法人

【参考】情報公開条例において「何人」にも公開請求を認めている場合において、本条例においても規定の整合性を図る場合の例

（収支報告書の保存及び閲覧）

第12条　第10条の規定により提出された収支報告書は、これを受理した議長

117

において、提出すべき期間の末日の翌日から起算して〇年を経過する日まで保存しなければならない。

2　何人も、議長に対し前項の収支報告書の閲覧を請求することができる。

　政務活動費への制度改正にあたって、収支報告書を議長に提出するとともに（地方自治第100条第15項）、新たに「議長は、第14項の政務活動費については、その使途の透明性の確保に努めるものとする。」（同条第16項）とされた。具体的な方法は明示されていないが、透明性の確保のため、報告書の閲覧制度を導入するとともに提出された収支報告書は一定期間議長において保存すべきことを定めている。

　閲覧制度のみが選択肢ということではないが、透明性の確保が図られるよう、情報公開制度との整合性に留意しながら、適切に対処する必要がある。

　収支報告書を受理した議長において決められた期間保存することとしているが、併せて提出された領収書その他の支出の事実を証する書類又はその写しも同じ期間保存されることが適当である。

　この期間について都道府県議会の条例をみると、5年とするものがほとんどであるが、これは資産公開制度における報告書の保存年限に倣ったものと推測できる。5年という期間は議員任期4年間を基礎としていると考えられる。

　閲覧を請求し得る者の範囲は、各団体の情報公開条例と整合性を図ることが適当ある。

　都道府県議会の政務活動費条例をみると、各団体の情報公開条例における非開示事項を閲覧の対象外として明示している例が多い。さらに、大分県議会では、会派活動の自由などを配慮して閲覧対象外の事項を明記している（大分県政務活動費の交付に関する条例第11条）。栃木県議会では、写しの交付まで認め、費用負担を規定している（栃木県政務活動費の交付に関する条例第12条、第12条の2）。

　議員や議会の活動について、その実態が住民に伝わっていない、つまり「顔が見えない」という声がある。議員活動、会派活動を住民に知ってもらうために収支報告書は一つの有効な手段である。政治活動の自由との関係を

第5節　条例（例）の概要

配慮しながらも、住民に伝わりやすい内容の工夫も検討すべきであろう。

　収支報告書をホームページに掲載する例も増えているが、鳥取県議会は、条例で明記（「インターネットの利用により公表するものとする。」）している（鳥取県政務活動費交付条例第8条第2項）。

12　透明性の確保（第13条）

> （透明性の確保）
> 第13条　議長は、収支報告書について必要に応じて調査を行う等、政務活動費の適正な運用を期すとともに、使途の透明性の確保に努めるものとする。

　今回の改正法により新たな項が追加され、議長は、政務活動費については、「その使途の透明性の確保に努めるものとする」（地方自治法第100条第16項）、とされた。

　透明性の確保は条例事項とはされていないが、条例（例）では領収書等を収支報告書に併せて提出することを明記する（条例（例）第10条関係）とともに、「議長は、収支報告書について必要に応じて調査を行う等、政務活動費の適正な運用を期すとともに、使途の透明性の確保に努めるものとする。」（条例（例）第13条）という規定を設け、法律の要請を条例上も重ねて明確にしている。

　透明性確保のための具体的措置としては、既に全都道府県議会で実施している領収書等の公開に加えて閲覧に関する情報のホームページにおける掲載、政務活動費による活動状況の公表などが考えられる。

　透明性確保の前提として、議長は単に提出された収支報告書を受理するだけでなく、報告書について「必要により調査する」ことにより、政務活動費使用の適正化を目指す必要がある。

　議長の調査の内容は、報告書が様式のとおり必要な事項が記入されているか否か、備考欄記載の事業内容が使途基準に合致したものか否か等の事務的なチェックが基本となる。議長自らが調査を行うことも考えられるが、事務局をして精査させるのが一般的な対応であろう。

119

第3章 | 政務調査費から政務活動費へ

　さらに疑義があるときは、より具体的な調査を行うことも考えられるが、議長には予算執行権がないため、あくまでも会派又は議員の協力が前提とならざるを得ないと考える。

　議会によっては、議長の権限をより強化し、是正勧告や命令を発することとしているが、是正命令を発することができるとする場合、その法的根拠は、地方自治法第100条第15項「議長は、第14項の政務活動費については、その使途の透明性の確保に努めるものとする」に求めるか、議長の権限を定める第104条に掲げられている事務統理権に求めることになるだろう。

　会派等の責務については、政務活動費は自己責任が原則であるので、会派や議員はそれぞれにおいて使途の適正化に努めるべきであるが、会派については、代表者と経理責任者を定めることとしているので、議員に対する指導監督などその責務を定めることによってさらなる透明性を確保しようとする例もある。

　また、年度途中（四半期ごと、年2回など）においても収支状況をチェックすることにより透明性の向上、適正使用に努めている例もある。

　さらに、議長の調査を補完するために、いわゆる第三者機関を設置して調査を依頼している例がある。第三者機関は議長の諮問機関として設置しており、構成員は3名というのが一般的であり、公認会計士、弁護士、大学教授等に委嘱している例が多い。

　なお、条例設置ではなく、別途要綱で第三者機関を設置している例もある。

13　委任（第14条）

　（委任）
　第14条　この条例に定めるもののほか、政務活動費の交付に関し必要な事項は、議長の定めるところによる。

　政務活動費の交付に関する細則の定めを議長に委任しており、議長はこれに基づき必要な規程を定めることとなる。

　なお、東京都では、議長が規程を定めるとともに、別途知事に対する申請

第5節　条例（例）の概要

書や知事の交付決定通知など知事にかかる通知の様式を規則で定めている。

政治活動の自由と政務活動費

収支報告書の記載内容や領収書等の添付及びホームページにおける公開について、透明性の確保は大原則としても、政治活動の自由との兼ね合いに配慮することが必要である。

政治活動の自由とは、最高裁の述べるところでは、「国民は、憲法上、表現の自由（21条1項）としての政治活動の自由を保障されており、この精神的自由は立憲民主政の政治過程にとって不可欠の基本的人権であって、民主主義社会を基礎付ける重要な権利である」（平成24年12月7日最高裁判決）とされている。

政務調査費についてではあるが、政治活動の自由を守るという観点から、活動内容をどこまで公開するかについての最高裁の考え方を紹介する。最高裁は、会派交付分についてであるが、個々の支出の金額や支出先、当該支出にかかる調査研究活動を行った議員の氏名、当該活動の目的や内容等を収支報告書に具体的に記載すると、その会派及び所属議員の活動に対する執行機関や他の会派等からの干渉を受けるおそれを生ずるなど、調査研究活動の自由が妨げられ、議員の調査研究活動の基盤の充実という制度の趣旨、目的を損なうおそれがあるとしている。この考え方は、議員交付分にもあてはまると考えられ、活動内容を全て詳らかに報告することは、政治活動の自由に抵触するが、問題は、具体的記載の程度である。これについては、政治活動の自由を前提にして、例えばマスキングの範囲など各議会で判断することが必要である。

なお、最高裁は、岡山県の政務調査費をめぐる文書提出命令に対する抗告審の取消決定に対する許可抗告事件の決定（平成26年10月29日）において、平成21年条例改正により、政務調査費の交付を受けた議員は収支報告書に1万円を超える支出にかかる領収書の写し等を添付して議長に提出しなければならないとする改正を行ったことを踏まえ、「政務調査費によって費用を支弁して行う調査研究活動の自由をある程度犠牲にしても、政務調査費の使途の

121

透明性の確保を優先させるという政策判断がされた結果と見るべきものである」
として、政治活動の自由を前提としながら、議会自ら公開を優先させた事実
に注目している。最高裁が政治活動の自由と各議会の公開への判断を比較衡
量する方向に舵をきったとも見ることができ、注意を要する。

　参考までに、以下の判決（決定）を紹介する。

○　「国家公務員法違反被告事件」（平成24年12月７日最高裁判決）

　　国民は、憲法上、表現の自由（21条１項）としての政治活動の自由を保
障されており、この精神的自由は立憲民主政の政治過程にとって不可欠の
基本的人権であって、民主主義社会を基礎付ける重要な権利であることに
鑑みると、上記の目的に基づく法令による公務員に対する政治的行為の禁
止は、国民としての政治活動の自由に対する必要やむを得ない限度にその
範囲が画されるべきものである。

○　「公文書非開示処分取消等請求事件（品川区議会）」（最高裁平成21年12
月17日判決）

　　前記事実関係等によれば、政務調査費条例及びこれを受けて定められた
政務調査費規程は、会派の代表者は毎四半期が終了する都度、議長に対し
明細書を添付して収支報告書を提出しなければならない旨定めているものの、
これらの書類の様式は、概括的な記載がされることを予定しており、個々
の支出に係る政務調査活動の目的や内容等が具体的に記載されるべきもの
とはしていない。また、上記条例等に、会派が上記の目的や内容等を監査
委員を含め執行機関に具体的に報告しなければならないことを定めた条項
は見当たらない。この趣旨は、政務調査費は議会の執行機関に対する監視
の機能を果たすための政務調査活動に充てられることも多いと考えられる
ところ、執行機関と議会ないしこれを構成する議員又は会派（以下、併せ
て「議員等」という。）との抑制と均衡の理念にかんがみ、議会において独
立性を有する団体として自主的に活動すべき会派の性質及び役割を前提と
して、政務調査費の適正な使用についての各会派の自律を促すとともに、
政務調査活動に対する執行機関や他の会派からの干渉を防止しようとする

ところにあるものと解される。

○ 「名古屋市会文書提出命令に対する抗告棄却決定に対する許可抗告事件」
（平成22年４月12日最高裁決定）

ア　地方自治法100条13項は、「普通地方公共団体は、条例の定めるところにより、その議会の議員の調査研究に資するため必要な経費の一部として、その議会における会派又は議員に対し、政務調査費を交付することができる。」と規定し、同条14項は、「政務調査費の交付を受けた会派又は議員は、条例の定めるところにより、当該政務調査費に係る収入及び支出の報告書を議長に提出するものとする。」と規定している。

これらの規定による政務調査費の制度は、議会の審議能力を強化し、議員の調査研究活動の基盤の充実を図るため、議会における会派又は議員に対する調査研究の費用等の助成を制度化し、併せて政務調査費の使途の透明性を確保しようとしたものである。もっとも、これらの規定は、政務調査費の使途の透明性を確保するための手段として、条例の定めるところにより政務調査費に係る収入及び支出の報告書を議長に提出することのみを定めており、地方自治法は、その具体的な報告の程度、内容等については、各地方公共団体がその実情に応じて制定する条例の定めにゆだねることとしている。

イ　本件条例（名古屋市会政務調査費の交付に関する条例）によれば、政務調査費の交付を受けた会派の代表者は所定の様式による収支報告書を議長に提出しなければならず、提出された収支報告書は５年間保存されて何人もその閲覧を請求することができるとされているが、その収支報告書の様式は、概括的な記載が予定されており、個々の支出の金額や支出先、当該支出に係る調査研究活動を行った議員の氏名、当該活動の目的や内容等を具体的に記載すべきものとはされていない。また、本件条例によれば、議長は、政務調査費の適正な運用を期すため、収支報告書が提出されたときは、必要に応じ調査を行うことができるとされているが、その具体的に採ることのできる調査の方法は、本件条例及び本件規則において定められていない。これらの趣旨は、政務調査費は議会による市

第３章 ｜ 政務調査費から政務活動費へ

の執行機関に対する監視等の機能を果たすための調査研究活動に充てられることも多いと考えられるところ、会派による個々の政務調査費の支出について、その具体的な金額、支出先等を逐一公にしなければならないとなると、当該支出に係る調査研究活動の目的、内容等を推知され、その会派及び所属議員の活動に対する執行機関や他の会派等からの干渉を受けるおそれを生ずるなど、調査研究活動の自由が妨げられ、議員の調査研究活動の基盤の充実という制度の趣旨、目的を損なうことにもなりかねないことから、政務調査費の収支に関する議長への報告の内容等を上記の程度にとどめることにより、会派及び議員の調査研究活動に対する執行機関や他の会派等からの干渉を防止しようとするところにあるものと解される。

このような本件条例及び本件規則の規定並びにそれらの趣旨に照らすと、本件規則が会派の経理責任者に会計帳簿の調製、領収書等の証拠書類の整理及びこれらの書類の保管を義務付けているのは、政務調査費の適正な使用についての各会派の自律を促すとともに、各会派の代表者らが議長等による事情聴取に対し確実な証拠に基づいてその説明責任を果たすことができるようにその基礎資料を整えておくことを求めたものであり、議長等の会派外部の者による調査等の際にこれらの書類を提出させることを予定したものではないと解するのが相当である。そうすると、これらの規定上、上記の会計帳簿や領収書等の証拠書類は、専ら各会派の内部にとどめて利用すべき文書であることが予定されているものというべきである。

○ 「文書提出命令に対する抗告審の取消決定に対する許可抗告事件（岡山県）」
（平成26年10月29日最高裁決定）

本件条例においては、平成21年条例改正により、政務調査費の交付を受けた議員は収支報告書に１万円を超える支出に係る領収書の写し等を添付して議長に提出しなければならず、何人も議長に対して当該領収書の写し等の閲覧を請求することができることとされたものである。

議員による個々の政務調査費の支出について、その具体的な金額や支出

先等を逐一公にしなければならないとなると、当該支出に係る調査研究活動の目的、内容等を推知され、当該議員の活動に対して執行機関や他の議員等からの干渉を受けるおそれが生ずるなど、調査研究活動の自由が妨げられ、議員の調査研究活動の基盤の充実という制度の趣旨、目的を損なうことにもなりかねず、そのような観点から収支報告書の様式も概括的な記載が予定されているものと解されるが、上記のような改正後の本件条例の定めに鑑みると、平成21年条例改正は、従前の取扱いを改め、政務調査費によって費用を支弁して行う調査研究活動の自由をある程度犠牲にしても、政務調査費の使途の透明性の確保を優先させるという政策判断がされた結果と見るべきものである。

第3章 | 政務調査費から政務活動費へ

第6節 規程（例）の概要

規程（例）の考え方は次のとおりである。

なお、規程（例）本文については、政務調査費に係る規程（例）第5条に規定されていた使途基準を条例に引き上げた以外は、条例（例）の見直しに伴う条番号の変更等を除いて、変更はない。

1 趣旨（第1条）

> （趣旨）
> 第1条　この規程は、○○（都道府）県政務活動費の交付に関する条例（平成○○年○○（都道府）県条例第○○号。以下「条例」という。）に基づく政務活動費の交付に関し必要な細則を定めるものとする。

条例（例）第14条において、政務活動費の交付に関し必要な事項は議長が定めることとされている。

2 条例（例）に規定する様式（第2条～第4条）

> （会派結成届等）
> 第2条　条例第6条に定める会派結成届等の様式は、別記様式第1号、第2号及び第3号によるものとする。
> （会派及び議員の通知）
> 第3条　条例第7条に定める様式は、別記様式第4号によるものとする。
> （政務活動費の請求）
> 第4条　条例第9条第1項に定める様式は、別記様式第5号及び第6号によるものとする。

条例（例）に規定している様式を定めるものである。

3 収支報告書の写し（第5条）

> （収支報告書の写しの送付）
>
> 第5条　議長は、条例第10条の規定により提出された収支報告書の写しを、別記様式第7号により知事に送付するものとする。

　地方自治法は議長への収支報告書の提出を規定しているが（第100条第15項）、知事に対しては提出することとしていない。しかし、知事の有する予算の執行に関して状況を調査し、または報告を徴する権限（第221条第2項）を行使するためには、知事も収支内容について承知しておくことが必要である。

　条例（例）は地方自治法の規定を具体化するものであるという解釈のもと、知事への収支報告書の送付については条例（例）ではなく、規程（例）で収支報告書の写しの送付を規定することとした。

4 証拠書類の保管（第6条）

> （証拠書類等の整理保管）
>
> 第6条　会派の政務活動費経理責任者及び議員は、政務活動費の支出について、会計帳簿を調製しその内訳を明確にするとともに、証拠書類等を整理保管し、これらの書類を当該政務活動費の収支報告書の提出期間の末日の翌日から起算して〇年を経過する日まで保存しなければならない。

　会派の政務活動費経理責任者及び議員に対し、政務活動費の支出に関する証拠書類の保存を一定期間義務付けるものである。この規定は、政務調査費の条例（例）においては、領収書等の証拠書類を議長に提出することを義務付けていなかったが、議長や知事の調査に際して証拠書類の提示が必要となることから、規程（例）において経理責任者及び議員の保存義務を規定したものである。

　政務活動費の条例（例）では、議長に証拠書類を提出することを義務付け

第3章 │ 政務調査費から政務活動費へ

ているので、本規定を条例で定め、責任を明確化する方法もあると考える。

5　収支報告書の閲覧（第7条）

> （収支報告書の閲覧）
> 第7条　条例第12条第2項の規定による収支報告書の閲覧は、当該収支報告書を提出すべき期間の末日の翌日から起算して○日を経過した日の翌日からすることができる。
> 2　条例第12条第2項の規定による収支報告書の閲覧は、議会事務局長が指定する場所で、職員の勤務時間中にしなければならない。

　収支報告書の閲覧に関する定めである。この規定振りは、資産等の公開に関する規程に準じている。

　収支報告書の閲覧開始前に、公文書として情報公開請求がなされた場合どのように対処すべきかということが問題となるが、東京都議会では情報公開条例に次のような調整規定を設けており、情報公開の対象外としている。

> ◎東京都議会情報公開条例
> （他の制度等との調整）
> 第20条　議長は、法令又は他の条例の規定による閲覧若しくは縦覧又は謄本、抄本その他の写しの交付の対象となる公文書については、公文書の開示をしないものとする。
> 2　議長は、東京都議会図書館において管理されている公文書であって、一般に閲覧させることができるとされているものについては、公文書の開示をしないものとする。

第1節　使途についての考え方

第4章　政務活動費の使途

第1節　使途についての考え方

　条例（例）第2条第2項で、「政務活動費は、会派にあっては別表第1に、議員にあっては別表第2に定める政務活動に要する経費に充てることができるものとする」と規定し、別表方式により、会派及び議員に対して交付される政務活動費の具体的な経費区分を示している。

　前に記したように、経費区分は、大きく調査研究活動、研修活動などの活動経費と、資料作成費、資料購入費等いわゆる経常的経費のほか、活動経費と経常的経費の中間的な性格を有する会議費に分かれている。

　本章では、基本的な考え方を紹介するが、判例分析に基づいたさらに詳細な考察は、第2部（155頁～）で行う。

　具体的な各経費に該当するかの判断は、政務活動費の根本趣旨、つまり、あくまで住民福祉の向上に寄与するものでなければならないという大原則を十分踏まえるべきである。

1　会派に交付する政務活動に要する経費

（1）調査研究費

① 　内容

　　会派（所属議員を含む。以下同じ。）が行う（都道府）県の事務、地方行財政等に関する調査研究（視察を含む。）及び調査委託に要する経費

② 　主な例

　　資料印刷費、委託費、文書通信費、交通費、宿泊費等

③ 　留意点

　・「所属議員を含む」とすることにより、会派の所属議員が、主体的に会派活動を行う場合に会派が支援することも可能と考える（他の経費についても同様）。

129

第 4 章 ｜ 政務活動費の使途

・調査委託には、外部の研究機関等に対する委託と、会派所属議員に対する委託の両方含まれる。
・会派が雇用する職員が行う調査研究活動も会派が行う政務活動の補助者の活動として経費の対象に含まれる。
・ガソリン代を含む交通費は、実費を基礎とすることが望ましい。

（2）研修費

①　内容

　　1　会派が行う研修会、講演会等の実施（共同開催を含む。）に要する経費

　　2　団体等が開催する研修会（視察を含む。）、講演会等への所属議員及び会派の雇用する職員の参加に要する経費

②　主な例

　　1　会場費・機材借上費、講師謝金、会費、文書通信費、交通費、宿泊費等

　　2　研修参加費、文書通信費、交通費、宿泊費等

③　留意点

・1は会派が主体となる研修、2は他団体が開催する研修に会派が参加する場合である。
・「共同開催」とは、会派と会派、会派と他団体、会派と個人などの組み合わせが考えられる。
・会派が主催する研修に視察を含んでいないのは、視察は調査研究費で対応することを想定したことによる。
・会派が雇用する職員の研修参加については、職員の資質向上が会派の政務活動の向上に寄与するという前提で対象となるとしているが、あくまでも職員が政務活動を補佐していることが前提である。
・例えば党が開催する研修への参加は、純粋に研修目的で参加することを合理的に説明できることが必要である。

（3）広聴広報費

①　内容

会派が行う（都道府）県政に関する政策等の広聴広報活動に要する経費

② 主な例

広報紙・報告書等印刷費、委託費、文書通信費、交通費等

③ 留意点

・「広聴」は、幅広く地域住民等から意見を聴取することを想定している。

・「県政に関する政策等」には、会派の唱える政策や国政の課題なども含まれる。

・ホームページの作成経費について、政務活動以外の活動が含まれている場合は、按分することが必要である。

（4）要請陳情等活動費

① 内容

会派が行う要請陳情活動、住民相談等の活動に要する経費

② 主な例

資料印刷費、文書通信費、交通費、宿泊費等

③ 留意点

・「要請陳情活動」は地域のための予算獲得や、県政の問題解決のための中央省庁、国会議員等に対する活動が想定される。

・住民相談は住民から個別に相談を受けることを想定しており、会議として開催される「住民相談会」は会議費が充てられることが適当と考える。

・要請陳情活動、住民相談等の「等」には、要請陳情活動の前提となる住民との意見交換など住民意思を把握するための活動が含まれる。

（5）会議費

① 内容

1　会派が行う各種会議、住民相談会等に要する経費

2　団体等が開催する意見交換会等各種会議への会派としての参加に要する経費

② 主な例

1　会場費・機材借上費、講師謝金、資料印刷費、文書通信費、交通費等

2　会議参加費、文書通信費、交通費、宿泊費等

③　留意点

・1は会派が開催主体となる会議、2は他団体か開催する会議に会派が参加する場合である。

・2には個人が開催する会議も含まれると考える。

・「会派が行う諸会議」には、会派としての庶務的事項を協議決定するための会議も含まれると考える。

・参加する会議が政務活動だけではなく、他の活動の内容も含まれている場合は、按分することが必要と考える。

（6）資料作成費

①　内容

会派が行う活動に必要な資料を作成するために要する経費

②　主な例

印刷・製本代、委託費、原稿料等

③　留意点

・調査研究費の対象となる資料作成との切り分けが必要である。

・資料作成は外部に委託することも可能である。

（7）資料購入費

①　内容

会派が行う活動のために必要な図書、資料等の購入、利用等に要する経費

②　主な例

書籍購入代、新聞雑誌購読料、有料データベース利用料等

③　留意点

・国政に関する事項も地方との関係において対象となる。

・資料には電子書籍や新聞の電子版なども含まれる。

・政務活動に適った会員制のオンラインサービスから情報提供を受ける場合の会費も含まれると考える。

第1節　使途についての考え方

（8）事務費

① 内容

　会派が行う活動に係る事務の遂行に要する経費

② 主な例

　事務用品・備品・消耗品購入費、備品維持費、文書通信費等

③ 留意点

・政務活動費は原則的には政務活動の対価として充当すべきであり、政務
活動を行うための環境整備にまで使うことには慎重であるべきである。
備品、消耗品についても、政務活動との関連性、有用性から判断するこ
とが必要である。

・備品の購入にあたっては資産形成に該当することがないよう配慮するこ
とが必要である。また、残任期、備品の耐用年数等を勘案することも必
要である。

・政務活動以外にも使用する備品、消耗品等については、按分することが
必要である。

（9）人件費

① 内容

　会派が行う活動を補助する職員を雇用する経費

② 主な例

　給料、手当、社会保険料、賃金等

③ 留意点

・人件費については、政務活動を補佐しているという実態が必要であり、
それ以外の活動も補佐しているのであれば按分すべきである。

・人件費の前提として、雇用実態とともに、雇用関係を証明できる書類の
整備が必要である。

第4章 ｜ 政務活動費の使途

2　議員に交付する政務活動に要する経費

（1）調査研究費

① 　内容

　　議員が行う（都道府）県の事務、地方行財政等に関する調査研究（視察を含む。）及び調査委託に要する経費

② 　主な例

　　資料印刷費、委託費、文書通信費、交通費、宿泊費等

③ 　留意点

　・地方公共団体の事務だけではなく、地方と関連を有する国政に関する事項も対象となる。

　・議員の雇用する職員が行う調査研究活動も、議員の補助者の活動として経費の対象に含まれる。

　・ガソリン代を含む交通費は、実費を基礎とすることが望ましい。

　・議員が受講する大学の授業料については、政務活動との関連性を有するものであれば、対象となると考える。

（2）研修費

① 　内容

　　1　議員が行う研修会、講演会等の実施（共同開催を含む。）に要する経費

　　2　団体等が開催する研修会（視察を含む。）、講演会等への議員及び議員の雇用する職員の参加に要する経費

② 　主な例

　　1　会場費・機材借上費、講師謝金、会費、文書通信費、交通費、宿泊費等

　　2　研修参加費、文書通信費、交通費、宿泊費等

③ 　留意点

　・1は議員が開催主体である研修会、2は議員が参加する研修会の場合である。

　・議員が開催する研修に視察を含んでいないのは、視察は調査研究費で対

第1節　使途についての考え方

応することを想定したことによる。
- 議員が雇用する職員の研修会への参加も、その成果が議員の施策立案等に反映されることを想定し、職員の参加も明文化しているが、あくまでも職員が政務活動を補佐していることが前提である。

（3）広聴広報費
① 内容
　議員が行う（都道府）県政に関する政策等の広聴広報活動に要する経費
② 主な例
　広報紙・報告書等印刷費、委託費、文書通信費、交通費等
③ 留意点
- 「広聴」は、幅広く地域住民等から意見を聴取することを想定している。
- 「県政に関する政策等」には、議員の唱える政策・理念や国政の課題なども含まれる。
- ホームページの作成経費について、政務活動以外の活動が含まれている場合は、按分することが必要である。

（4）要請陳情等活動費
① 内容
　議員が行う要請陳情活動、住民相談等の活動に要する経費
② 主な例
　資料印刷費、文書通信費、交通費、宿泊費等
③ 留意点
- 「要請陳情活動」は地域のための予算獲得や、県政の問題解決のための中央省庁、国会議員等に対する活動が想定される。
- 住民相談は住民から個別に相談を受けることを想定しており、会議として開催される「住民相談会」は会議費が充てられることが適当である。
- 要請陳情活動、住民相談等の「等」には、要請陳情活動の前提となる住民との意見交換など住民意思を把握するための活動が含まれる。

第4章 | 政務活動費の使途

（5）会議費

① 内容

　　1　議員が行う各種会議、住民相談会等に要する経費

　　2　団体等が開催する意見交換会等各種会議への議員の参加に要する経費

② 主な例

　　1　会場費・機材借上費、講師謝金、資料印刷費、文書通信費、交通費等

　　2　会議参加費、文書通信費、交通費、宿泊費等

③ 留意点

　　・1は議員が開催主体となる会議、2は他団体か開催する会議に議員が参
　　　加する場合である。

　　・2には個人が開催する会議も含まれる。

　　・参加する会議が政務活動だけではなく、他の活動の内容も含まれている
　　　場合は、按分することが必要である。

（6）資料作成費

① 内容

　　議員が行う活動に必要な資料を作成するために要する経費

② 主な例

　　印刷・製本代、委託費、原稿料等

③ 留意点

　　・調査研究費の対象となる資料作成との切り分けが必要である。

　　・資料作成は外部に委託することも可能である。

（7）資料購入費

① 内容

　　議員が行う活動のために必要な図書、資料等の購入、利用等に要する経
　費

② 主な例

　　書籍購入代、新聞雑誌購読料、有料データベース利用料等

③ 留意点

第1節　使途についての考え方

・国政に関する事項も地方との関係において対象となる。

・資料には電子書籍や新聞の電子版なども含まれる。

・政務活動に適った会員制のオンラインサービスから情報提供を受ける場合の会費も含まれる。

（8）事務所費

① 内容

　議員が行う活動のために必要な事務所の設置及び管理に要する経費

② 主な例

　事務所の賃借料、管理運営費等

③ 留意点

・政務活動に資する事務所の設置及び管理が対象となるが、事務所において政務活動以外の活動も行っている場合には賃借料、光熱費等を活動実態、使用面積、使用人数などによって適正に按分することが必要である。

・事務所借上げに必要な諸経費は、政務活動との関連性及び有用性の観点から、経費の性質を考慮して判断することが必要である。

・親族所有の物件等については、契約書の作成等慎重に対応する必要がある。

（9）事務費

① 内容

　議員が行う活動に係る事務の遂行に要する経費

② 主な例

　事務用品・備品・消耗品購入費、備品維持費、文書通信費等

③ 留意点

・政務活動費は原則的には政務活動の対価として充当すべきであり、政務活動を行うための環境整備にまで使うことには慎重であるべきと考える。備品、消耗品についても、政務活動との関連性、有用性から判断することが必要である。

・備品の購入にあたっては資産形成（個人の資産を増加させるもの）に該当

第4章 | 政務活動費の使途

することがないよう配慮することが必要である。また、残任期、備品の
耐用年数等を勘案することも必要である。

・政務活動以外にも使用する備品、消耗品等については、按分することが
必要である。

（10）人件費

① 内容
　　議員が行う活動を補助する職員を雇用する経費

② 主な例
　　給料、手当、社会保険料、賃金等

③ 留意点
・人件費については、政務活動を補佐しているという実態が必要であり、
それ以外の活動も補佐しているのであれば按分すべきである。

・人件費の前提として、雇用実態とともに、雇用関係を証明できる書類の
整備が必要である。

第2節　充当すべきでない経費、按分についての考え方

第2節 充当すべきでない経費、按分についての考え方

　都道府県議会では、会派や議員が実際に政務活動費を充当するにあたっての参考となる運用指針（マニュアル）を定めている。ここではホームページで公開されている都道府県議会の運用指針の中から、政務活動費に充当すべきではない経費の例及び按分の考え方の例を紹介する。

　各議会においても、政務活動費の充当が適正になされるよう運用指針に充当すべきではない経費及び按分の考え方を明記することが適当である。政務活動費の充当は自己責任であり、説明責任を果たせれば問題がないといえるが、まず住民が判断するのは当事者の意思という主観的要素よりも、客観的要素、つまり経費の外形性である。そのような意味で、あらかじめ誤解を与えやすい経費について注意を喚起することが重要である。その際、充当すべきでない経費については、地域性などから違いが出ることもやむを得ないと考えるが、政務活動費の基本的考え方を十分踏まえ、住民に対し説明責任が果たせるようにしておくことが必要である。

1　政務活動費に充当すべきではない経費の例

（1）福島県議会の例：「政務活動費の手引き」

① 政党活動費
- ・党費
- ・党大会への出席（参加）経費
- ・政党の広報誌（紙）、パンフレット
- ・政党組織の事務所の設置、維持経費
- ・ビラ等の印刷及び発送経費
- ・政党組織の人件費
- ・政治資金規正法に定められている政治資金パーティーへの参加費（当該パーティーが講演会等の形式をとっていても不適当）
- ・県連（政党等）活動
- ・政党構成員として招待された式典、会合への出席

139

第4章 ｜ 政務活動費の使途

・政党の役員経費（専従役員に対する給与、各種手当等）等政党の経費
② 選挙活動経費
・衆・参議院選挙や首長・地方議員選挙等にあたっての各種団体への支援依頼活動経費
・選挙ビラ作成経費
・上記以外の選挙関係にかかる経費、選挙活動費（公認推薦料、陣中見舞い等）
③ 後援会活動経費
・後援会の広報誌、パンフレット、ビラ等の印刷及び発送経費
・後援会活動としての報告会等の開催経費
④ 私的活動経費
・慶弔餞別費等（病気見舞い・香典・祝金・餞別・寸志・中元・歳暮等、慶弔電報、年賀状等時候の挨拶状の購入又は印刷等経費）
・冠婚葬祭などの出席（葬儀、結婚式、祭祀・祭礼等）
・宗教活動経費（檀家総代会、報恩講、宮参り等）
・私的用務による観光、レクリエーション、旅行経費
・議員個人の立場で加入している団体に対する会費（町内会費、公民館費、PTA会費、商工会費、婦人会費、老人クラブ会費、スポーツクラブ会費、同窓会費、ライオンズクラブ・ロータリークラブ等会費、議会内の親睦団体の会費、宗教団体の会費、趣味の会費等）
・団体の活動内容や実態が政務活動に寄与しない場合の当該団体に対する会費
・団体役員や経営者としての資格など個人としての社会的地位により招待された式典会合への出席
⑤ 公職選挙法やその他法令等の制限に抵触する事項にかかる経費
・公職選挙法第199条の2「公職の候補者等の寄附禁止」に該当する経費（お茶及びお茶うけを超える飲食の提供、講演会等の集会における食事の提供）
⑥ 飲食、親睦を主な目的とする会合、及びあいさつやテープカットのみを行い退席した会合及び式典への出席経費
⑦ バー、クラブ、居酒屋など会合を行うのに適切な場所とは言えない場所

第2節　充当すべきでない経費、按分についての考え方

での飲食費

⑧　議員が他の団体（農協、ライオンズクラブ、PTA、趣味の会等）の役職を兼ねている場合、議員の資格としてではなく役職者の資格としての当該団体の理事会、役員会や総会の出席費用

⑨　事務所購入費等

　・事務所として使用する不動産購入費への支出

　・事務所の建築工事費への支出

　・事務所に掲示する絵画等の美術品・装飾品

⑩　自宅（生計を一にする親族名義を含む。）を事務所としている場合の賃借料

⑪　自動車の購入経費及び修理点検等維持管理費

⑫　政務活動に直接必要としない備品等の購入、リース代

⑬　生計を一にする親族に係る人件費の支出

（2）三重県議会の例：「政務活動費ガイドライン」

①　政党活動への支出は政務活動費を充当するのに適しない。

　　例：・党活動、党大会への出席

　　　　・県連（政党等）活動

　　　　・政党構成員として招待された式典、会合への出席

　　　　・政党の広報紙・パンフレット・ビラ等の印刷及び発送等の経費

　　　　・政党組織の事務所の設置維持経費（人件費を含む。）

　　　　・党大会賛助金、党大会参加費、党大会参加旅費等

　　　　・政党、会派の役員経費（専従役員に対する給与、各種手当等）等政党の経費

②　選挙活動への支出は政務活動費を充当するのに適しない。

　　例：・衆・参議院選挙や首長・地方議員選挙等にあたっての各種団体への支援依頼活動経費、選挙ビラ作成経費

　　　　・上記以外の選挙関係に係る経費、選挙活動費（公認推薦料、陣中見舞い等）

③　後援会活動への支出は政務活動費を充当するのに適しない。

例：・後援会の広報紙、パンフレット、ビラ等の印刷及び発送等の経費

　　　・後援会活動としての報告会等の開催経費、後援会主催の県政報告会
　　　　経費

④　私的活動への支出は政務活動費を充当するのに適しない。

　　例：・団体役員や経営者としての資格など個人としての社会的地位により
　　　　招待された式典、会合への出席

　　　・慶弔餞別費等（病気見舞い、香典、祝金、餞別、寸志、中元、歳暮等の
　　　　費用、慶弔電報、年賀状等時候の挨拶状の購入又は印刷等の経費）

　　　・冠婚葬祭への出席費用（葬儀・祝賀会・結婚式・祭り・祭祀・祭礼等）

　　　・宗教活動経費（檀家総代会・報恩講・宮参り等）

　　　・観光・レクリエーション・私的な用務等による旅行経費

　　　・親睦会等のための経費

　　　・議員個人の私的な目的のために使用する経費

⑤　飲食・会食を主目的とする各種会合の出席費用の支出

⑥　バー・クラブなど会合を行うのに適切な場所とは言えない場所での飲食
費

⑦　議員が他の団体（農協、ライオンズクラブ、PTA、趣味の会等）の役職を
兼ねている場合、議員の資格としてではなく役職者の資格としての当該団
体の理事会、役員会や総会の出席費用の支出

⑧　公職選挙法やその他の法令等制限に抵触する事項に係る経費の支出

　　例：公職選挙法第199条の２の寄附に該当する経費（お茶及びお茶うけを超
　　　　える飲食の提供、食事の提供）

⑨　事務所として使用する不動産の購入、建築工事費への支出

⑩　政務活動に使用する自動車の購入、修理点検費の維持費への支出

⑪　政務活動に直接必要としない備品等の購入、リース代への支出

　　例：絵画、冷蔵庫、衣服等

（3）兵庫県議会の例：「政務活動費の手引」

①　政党活動経費への支出

　　例：・党大会への出席に要する経費及び党大会賛助金等に要する経費

第2節　充当すべきでない経費、按分についての考え方

　　　・県連（政党等）活動に要する経費
　　　・政党構成員として招待された式典、会合への出席
　　　・政党の広報紙（誌）・パンフレット・ビラ等の印刷及び発送等に要
　　　　する経費
　　　・政党組織の事務所の設置及び維持に要する経費
　　　・政党の役員経費（専従役員に対する給与、各種手当等）等
②　選挙活動経費への支出
　　例：・選挙運動及び選挙活動に要する経費
　　　　・選挙における各種団体への支援依頼活動経費
　　　　・選挙ビラ作成等に要する経費
③　後援会活動経費への支出
　　例：・後援会維持のための経費
　　　　・後援会事務所の設置及び維持に要する経費
④　私的活動経費への支出
　　例：・慶弔餞別費等（慶弔電報、病気見舞い・香典・祝金・餞別・寸志・中
　　　　　元・歳暮等、年賀状・暑中見舞状の購入又は印刷等の経費等）
　　　　・団体役員や経営者としての資格など個人としての社会的地位により
　　　　　招待された式典、会合への出席
　　　　・冠婚葬祭への出席に要する経費（葬儀・祝賀会・結婚式・祭祀・祭礼
　　　　　等）
　　　　・宗教活動に要する経費（檀家総代会・法要・宮参り等）
　　　　・私的な観光・レクリエーション・旅行等に要する経費
　　　　・親睦会、レクリエーション等への参加に要する経費
　　　　・新年会や忘年会等、互礼的な内容を含む経費
⑤　公職選挙法との関係
　　　政務活動費との関係で特に注意を要するものを記載しているが、政務活
　　動費の充当の有無に関わらず留意する必要がある。
　　（i）寄附の禁止
　　　　公職選挙法の規定により、議員は政治団体・親族を除き、選挙区内の
　　　者に対し寄附を行うことはできない。

143

第4章 | 政務活動費の使途

寄附を制限される者	禁止される寄附行為		禁止期間
	①寄附受領者	②寄附の内容	
○公職にある者 ○公職の候補者 ○公職の候補者になろうとする者	選挙区内にある者（政治団体・親族を除く）	寄附の全て （選挙区内において、饗応接待が伴わない政治上の主義・施策普及のための講習会その他の政治教育のための集会に関し、必要やむを得ない実費の補償（食事代を除く）をすることはできる）	常　時

（ⅱ）会議・会合等を開催する場合の留意点

　　政務活動の一環として飲食を伴う会議や会合等を伴う場合には、十分留意する必要がある。

出席者	通常程度を超える飲食の提供	通常程度の食事		湯茶等通常程度の茶菓の提供
		食事に関する出席者の実費負担	弁当等の提供	
選挙区内にある者	×	○	×	○
選挙区外にある者	○	○	○	○

（ⅲ）会費の留意点

　　政務活動の一環として、選挙区内の各種団体等が主催する会合等に参加する場合、「会費」以外の支出を行うことは、禁止された寄附に該当することになる。

　　したがって、公職選挙法に定める「寄附の禁止」に該当しないことを前提として、下記の要件を全て満たすものに対して充当できることとする。

　１）他の参加者にも同一の会費負担が求められている「会費制」であること

　２）「会費制」及び「会費額」が示された通知文書を議長に提出すること

　３）当該会合における意見聴取等政務活動の内容について活動報告書に記載すること

（ⅳ）賛助会費

　　賛助会費については、賛助会員の役割や地位・権利が規約等に定められておらず、賛助会費の納入義務だけがある場合など、公職選挙法に定める「寄附の禁止」に該当する場合は充当できない。

⑥　その他支出が適さない経費

（ⅰ）親睦、飲食が主目的な会合への出席に要する経費

（ⅱ）議員が他の団体の役職を兼ねている場合、議員の資格としてではなく役職者の資格としての当該団体の理事会、役員会や総会の出席に要する経費

（ⅲ）会費としての支出が適しない経費

　　ア　団体の活動が政務活動に寄与しない場合、その団体に対して納める年会費・月会費の支出

　　イ　個人の立場で加入している団体などに対する会費等

　　　例：町内会費、公民館費、壮年会費、PTA会費、婦人会費、スポーツクラブ会費、商工会費、同窓会費、老人クラブ会費、ライオンズクラブ・ロータリークラブの会費等

　　ウ　政党（県連）本来活動に伴う党大会費、党費、党大会賛助金等

　　エ　議会内の親睦団体の会費

　　オ　他の議員の後援会、祝賀会、政治資金パーティーに出席する会費

　　カ　宗教団体の会費

　　キ　冠婚葬祭の会費（結婚式の祝儀・会費、香典、祝賀会の会費、祭祀・祭礼の経費等）

　　ク　親睦、飲食を主目的とする会合の会費

（ⅳ）事務所として使用する不動産の購入、建設工事に要する経費

（ⅴ）自動車の購入費及び維持管理に要する経費

　　例：車検代（自賠責、税含む）、保険料（任意）、自動車税、修理代等

（ⅵ）政務活動に必要としない備品等の購入、リースに要する経費

　　例：絵画、安楽椅子、ステレオ、衣服、エアコン、冷蔵庫等

（4）福岡県議会の例：「政務活動費に関する事務処理要領」

① 党勢拡大等を目的とした政党活動（県連活動を含む）に要する経費
   ・党大会への参加費（賛助金、参加費、参加旅費）
   ・党費
   ・政党構成員として招待された式典、会合への出席経費
   ・政党の広報誌、パンフレット、ビラ等の印刷・発送料等
   ・政党組織の事務所の設置・維持経費（人件費を含む。）
   ・政党の役員経費（専従役員に対する報酬、手当等）
   ・政治資金規正法に基づくパーティー券の購入経費

② 公職選挙法に基づく立候補、当選を目的とした選挙活動に要する経費
   ・各種団体への支援依頼活動経費、選挙ビラ作成経費、選挙活動経費（公認推薦料、陣中見舞い等）

③ 後援会の維持、運営を目的とした後援会活動に要する経費
   ・後援会の広報誌、パンフレット、ビラ等の印刷、発送等の経費
   ・後援会主催の「交流会」「報告会」等の開催経費
   ・後援会が主催する県政報告会

④ 私的活動に要する経費
   ・団体役員や経営者としての資格など個人としての社会的地位により招待された式典、会合への出席に要する経費
   ・慶弔餞別等に要する経費（病気見舞い、香典、祝金、餞別、寸志、中元、歳暮等の費用、慶弔電報、年賀状等時候の挨拶状の購入または印刷等の経費）
   ・冠婚葬祭などの出席に要する経費（葬儀、結婚式、祭祀・祭礼等）
   ・宗教活動に要する経費（檀家総代会、報恩講、宮参り等）
   ・私的用務による観光、レクリエーション、旅行
   ・親睦会、レクリエーション等のための経費

⑤ 会議に関する次の経費
   ・飲食・会食を主目的とする各種会合に要する経費
   ・会合を行うのに適切な場所とは言えない場所での飲食費
   ・議員が他の団体（農協、ライオンズクラブ、PTA、趣味の会等）の役員を兼ねている場合において、役職者の資格としての当該団体の理事会、役

員会や総会への出席に要する経費

⑥　事務所に関する次の経費

・事務所の購入に要する経費

・事務所に掲示する高額な絵画等の美術品・装飾品

・事務所として必要な機能を超えた備品等の設置

⑦　上記に該当するものの外、次の会費等

・団体の活動が政務活動に寄与しない場合、その団体に対して納める年会費、月会費

・個人の立場で加入している団体などに対する会費等

　　例：町内会費、公民館費、壮年会費、PTA会費、婦人会費、スポーツクラブ費、商工会費、同窓会費、老人クラブ会費、ライオンズクラブ、ロータリークラブの会費等

・議会内の親睦団体（議員野球部、ゴルフ部等）の会費

・他の議員の後援会や政治資金パーティーに出席する会費

・宗教団体の会費等

・冠婚葬祭の経費（結婚式の祝儀・会費、香典、祭祀・祭礼の経費等）

・飲食・会食を主目的とする各種会合の会費

2　按分の考え方

（1）茨城県議会の例

①　茨城県政務活動費の交付に関する条例施行規程

（支出額の算定）

第5条

2　政務活動とそれ以外の活動が混在する場合には、合理的に説明できる割合によって、支出額を按分するものとする。ただし、合理的に説明できる割合によって按分することが難しい場合は、次の各号の按分割合を上限として算定するものとする。

（1）　政務活動と政党活動や後援会活動等が混在する場合は、2分の1

（2） 政務活動と私的活動が混在する場合は、2分の1

（3） 政務活動と政党活動や後援会活動等及び私的活動が混在する場合は、
4分の1

② 「政務活動費の手引」

議員の活動は、政務活動のほか政党活動や後援会活動等及び私的活動など
さまざまな活動が混在しており、一つの活動でも政務活動とそれ以外の活動
の両面を有し渾然一体となっている場合も多い。

このような場合、合理的に説明できる割合又は下表を上限とする割合で適
切に按分するものとする。

【政務活動費を充当する場合の按分割合の上限】

活動内容	政務活動費の按分割合の上限
専ら政務活動の場合	全　部
政務活動と政党活動や後援会活動等が混在する場合	1／2
政務活動と私的活動が混在する場合	1／2
政務活動と政党活動や後援会活動等及び私的活動が混在する場合	1／4

（2）三重県議会の例

① 三重県政務活動費の交付に関する条例施行規程

（あん分による支出）

第7条　一の支出を政務活動費及び政務活動費以外の経費により行う場合は、
合理的な方法により、当該支出に係る額をそれぞれの経費に係る支出の額
に明確にあん分しなければならない。ただし、明確にあん分し難いときは、
一の支出に係る額の2分の1の額を政務活動費に係る支出の額とみなす。

② 「政務活動費ガイドライン」

政務活動費以外の経費との按分については、政務活動費に係る経費と政

務活動費以外の経費とを明確に区分し、合理的な方法により按分しなければなりません。（施行規程第7条）

　ただし、明確に区分を行うことが困難な場合や合理的に按分することが困難な場合には、按分の率を1／2として計算した額を支出できるものとしています。（施行規程第7条ただし書き）

（1）按分例

①　印刷物の場合は使用面積割合で按分する。

②　会議等の会場使用料は、使用時間割合で按分する。

③　人件費は勤務時間に対する政務活動費関係の従事時間割合で按分する。

④　政務活動の事務所と、同一住所の政治団体が複数存在する場合においては以下のとおりとする。

　　ア．事務所費

　　（ア）事務所賃貸料は、政治団体数と政務活動の事務所の合計数で按分。

　　（イ）事務所賃貸料を議員において説明できる合理的理由により（ア）以外の方法で按分した場合は、按分の根拠となる合理的な理由を別紙にまとめ添付する。

　　イ．事務所関連経費

　　　光熱水費等の維持管理費及び事務所関連経費は、政治団体の活動実態を勘案し、議員において説明できる合理的理由により按分。

　　　この場合、按分の根拠となる合理的な理由を別紙にまとめ添付する。

　　　ただし、合理的理由が無い場合は政治団体数と政務活動の事務所の合計数で按分。

　　ウ．留意点

　　　政務活動費と政治団体とで経費を按分した場合は、政治団体の収支報告書にも計上されている必要があることにも留意する。

第４章 ｜ 政務活動費の使途

（３）兵庫県議会の例：「政務活動費の手引」

（１）按分による支出（原則）

会派及び議員は専ら政務活動費に係る所要額のみを計上（それ以外の活動に要した経費は除外）しなければならないが、会派や議員の活動は多面的であり、政務活動とそれ以外の活動（議会公務・政党・選挙・後援会・私事）とが混在しているケースがほとんどである。

このため、全体の額を按分して政務活動費の額を算出せざるを得ないことから、原則として、全ての政務活動費に共通按分率を適用することとする。

【共通按分率による充当】

「政務活動に該当しない活動に要した経費」は、あらかじめ会派・議員において除外した上で、次の共通按分率を適用すること。（政務活動に該当しない活動：私事、政党活動、選挙活動、後援会活動等）

ア　政務活動及びそれ以外の議員活動が混在する場合

政務活動１／２	それ以外の議員活動１／２

イ　政務活動、それ以外の議員活動（※）及び私的活動が混在する場合

政務活動 １／４	それ以外の 議員活動 １／４	私的活動 １／２

※　「それ以外の議員活動」とは、政党活動、後援会活動、選挙活動をいう。

（２）実費支出（例外）

共通按分率ではなく、個別の案分率を採用する場合には、会派又は議員の責任において、個別の案分率の正当性を客観的に説明できるようにしなければならず、具体的には、明確な根拠を文書で示す場合のみ、共通按分率を超える充当を可とする。（例：県政報告紙等の面積案分）

ただし、実態の方が共通按分率よりも低いことが明らかな場合には、実態による充当としなければならない。

（３）充当の整理時期

原則、現金主義とし、領収書等で支払済みであることが確認できる場合

に限り、領収書等発行日で整理する。

　ただし、支払日と領収書等発行日が異なる場合は、支払日で整理する。

　なお、口座引落によるもので領収書が発行されない場合は、通帳の当該部分の写しを必ず添付する。

【整理時期の例外】

① 　クレジットカード払い

　　取引時に相手方が発行する売上票や明細書等の発行日またはカード会社が発行するカード利用明細書の発行日で整理することができる。

② 　新たに議員になった場合

　ア 　原則、任期開始日以降に債務が発生し支払を行ったものについて、充当できる。

③ 　議員でなくなる場合

　ア 　任期中に債務が発生し収支報告書の提出期限までに支払額が確定したものについて充当できる。

　イ 　任期終了日をまたぐ継続契約のものは日割り計算により充当できる。

④ 　その他

　　視察調査旅行、交通費など活動報告書の作成が必要となるもので前払いしたものは、活動日で整理する。

（4）福岡県議会の例：「政務活動費に関する事務処理要領」

　議員は政務活動以外に、議会活動、政党活動、選挙活動、後援会活動等多彩な活動を行っている。

　したがって、事務所では、これら複数の活動が行われている場合があり、また、補助員が複数の活動に従事する場合がある。

　このような政務活動以外の活動の目的に要した経費が混在する事務所費、人件費その他の経費については、それぞれ別に定めるところにより各活動の実績に応じて按分し、政務活動部分についてのみ充当する必要がある。

　なお、各活動の実績の把握が困難な場合は、政務活動費を充当する割合を2分の1以内とする。

第4章 ｜ 政務活動費の使途

_第 3 _節 公務災害補償との関係

　議員の位置付けの関係で、最後に公務災害補償の問題に触れたい。公務災害補償は、その名のとおり「公務」を行う際に生じた災害に対する補償である。問題は議員の「公務」とは何ぞやということである。

　従来、自治省・総務省は議員の公務を、議会活動を中心として地方自治法上に根拠がある活動のみを公務と解してきた。

　しかしながら、政務活動費の対象となる議員活動は、経費を実際に充当するかどうかは別として、政務活動費という公費の対象となる活動であるのだから、公務災害の対象とすべきと考える。

　確かに、認定の難しさはあると思うが、それは議員という職業からくる特殊性であり、公務災害補償一般にいえることである。政務活動は議会活動の前提活動であり関連性が非常に強いということからも公務として認定すべきではないだろうか。^{（注）}

　なお、平成20年の地方自治法改正で、それまで法定外会議とされてきた会派代表者会議や全員協議会などが、会議規則の定めるところにより、議案の審査又は議会の運営に関し協議又は調整を行うための場を設けることができるものとされた（第100条第12項）。つまり、地方自治法上の議会活動として認められることとなったのである。

　このことを明確化するために、全国議長会は総務省からの依頼により各都道府県議会事務局長あてに次のような文書を発出したが、裏を返せば地方自治法に根拠がある活動のみが「公務」であると今でも考えられていることを示したものといえる。

　職業としての議員の活動が「公務」であるという考え方に転換するためには、議員自らが実績を積み上げていくしかないのであろうか。

◎「地方自治法の一部改正（議会活動の明確化等）について」（平成20年6月
　30日付　各議会事務局長宛　全国都道府県議会議長会通知）
　　地方自治法の一部を改正する法律（平成20年法律第69号。以下「改正法」
　という。）が、議員立法により、平成20年6月11日に成立し、同月18日に公

布されました。

改正法については、同日付けで、総務省自治行政局行政課長から、各都道府県総務部長及び各都道府県議会事務局長に宛てて、「地方自治法の一部を改正する法律の公布及び施行について（通知）」が発出されているところでありますが、その運用に関して下記の事項にご留意下さい。

1 　議会活動の範囲の明確化について

改正法は、普通地方公共団体の議会の議員の活動のうち、議案の審査や議会運営の充実を図る目的で開催されている各派代表者会議、正副委員長会議、全員協議会等について、会議規則に定めることにより、議会活動の範囲に含まれ得ることを明確にしようとするものです。

したがって、これらの活動を会議規則に定めた場合においては、正規の議会活動と位置付けられることになることから、公務災害補償制度においては、公務として位置付けられることになります。なお、公務災害補償制度の関係諸規定との調整についてご留意下さい。

また、議員が会議規則に定めのある正規の議会活動を行うに際して要した費用については、その活動が議員の法律上の職務と位置付けられることから、費用弁償の対象とすることが可能となります。なお、費用弁償条例等関係諸規定との調整についてご留意下さい。

なお、本会として、役員会決定を経たうえで、できるだけ早い時期に標準会議規則の改正を行う予定であります。

2 　議員の報酬に関する規定の整備について

議員の報酬に関する規定の整備がなされ、新たな条立てとなったことから、引用条文を改めるための報酬等に関する条例の改正についてご留意ください。

（注）自治省の当時の担当者であった渕上俊則氏（給与課）が示した議員の公務災害補償に関する考え方は、『地方自治』446号・89ページ以下（「議会の議員の公務災害について」）に詳しい。何分書かれた時点が古いので、その後の制度改正も加味して理解する必要がある。

第 2 部

判例分析編

第1章　政務活動費判例分析の基礎

第1節　判例分析編のはじめに

　政務調査費制度は、平成13年4月に創設され、平成25年3月に政務活動費に衣替えをしたのであるが、これらに関する判例も相当数蓄積されている。第2部では、TKC法律情報データベース等によって判決文を入手できた判例260件余りの中からできるだけ最新のもの及び重要なものを紹介しながら、政務活動費を充当（支出）する際の判断基準について考えていきたい。

　まず、これらの判例を分析し、その全体を俯瞰して感じることは、ようやく判例の傾向が定まってきたように見えるということである。これまでの判例や経験を踏まえて各議会における本制度の運用実務も安定化しつつあり、裁判でも同じような判断が下されやすくなってきたことや、透明性の向上に向けた各議会の努力によって政務活動費の使途に関する説明資料が充実し、十分な立証活動が行われることで的確な結論が導かれやすくなったという側面もあるのかもしれない。

　しかし、一方で、今もって議会活動及び議員活動の位置付けと政務活動費の趣旨が十分に理解されていないと思わざるを得ない判例も、残念ながら散見される。もちろん、その背景には一部の議員による制度の誤用・濫用事例の存在があることも確かであり、議員と住民の双方に政務活動費制度の正しい理解が進むことを願うところである。

　いずれにしても、政務活動費の支出が適法か否かを最終的に判断するのは法令解釈権を有する裁判所であるから、政務活動費の実務において判例の分析・検討は不可欠と言ってよい。本書がその一助となり、多大のコストと関係者の労力を必要とする住民訴訟に至るまでもなく、政務活動費制度の適切な運用が確保されるようになれば、望外の喜びである。

　なお、本書で判決文を引用するに当たっては、趣旨は変えていないつもりであるが、原則として大幅に要約し、必要に応じて加筆する等の修文を施していることをお断りしておく。紙幅の都合に加え、判決文は、判断の公平、

厳密を期すあまり、「使途基準に適合しない支出であるとまではいえない」等の二重否定や言い換えが多用され、原文のままではかえって理解しづらいと考えたからである。しかし、各判決は、それぞれに異なる認定事実を踏まえた個別の判断の結果であり、結論部分だけを見て安易に目前の事例に当てはめることは、本来は危険なことである。訴訟対応や実務上の重要な判断の際に判例を参考とされようとするときは、本書を一つのガイドとしつつ、原文全体を読まれることを強くお勧めする。

なお、政務調査費と政務活動費の双方を念頭に置いた記述では、「政務活動（政務調査）費」又は「政務活動費等」と表記している。

第1章 | 政務活動費判例分析の基礎

第 2 節 判例による政務活動費制度の位置付け

1 政務調査費制度の趣旨

　政務調査費制度の目的について、平成17年11月10日最高裁第一小法廷決定は、次のように述べていた。

　地方自治法100条は、政務調査費の交付につき、普通地方公共団体は、条例の定めるところにより、その議会の議員の調査研究に資するため必要な経費の一部として、その議会における会派又は議員に対し、政務調査費を交付することができ、この場合において、当該政務調査費の交付の対象、額及び交付の方法は、条例で定めなければならないと規定した上（13項）、「政務調査費の交付を受けた会派又は議員は、条例の定めるところにより、当該政務調査費に係る収入及び支出の報告書を議長に提出するものとする」こと（14項）を規定している。これらの規定による政務調査費の制度は、地方分権の推進を図るための関係法律の整備等に関する法律の施行により、地方公共団体の自己決定権や自己責任が拡大し、その議会の担う役割がますます重要なものとなってきていることにかんがみ、議会の審議能力を強化し、議員の調査研究活動の基盤の充実を図るため、議会における会派又は議員に対する調査研究の費用等の助成を制度化し、併せてその使途の透明性を確保しようとしたものである。

（注）13項、14項は、いずれも当時。現在は、それぞれ14項と15項。

　この最高裁の制度趣旨に関する理解は、多くの判例で引用され、踏襲されてきた。それは、各判例が、このような制度趣旨を踏まえて各議会の政務調査費に関する条例その他の規定を解釈し、争点に対する自らの判断を導く前提とするためである。

　これらの判例では、地方自治法第100条第13項（現第14項）及び第14項（現第15項）のいずれもが具体的な内容を条例に委任していることから、政務調査費の使途及び運用は、各地方公共団体の実情に応じた各議会の裁量に

第2節　判例による政務活動費制度の位置付け

ある程度委ねられていることを認めている。しかし、その上で、まず、具体の使途基準や当該議会が策定した内規等の内容について、それが「調査研究に資するため必要な経費」について定めるものとして合理性があるか否かを確認し、合理性が認められるものについては当該裁判所の判断基準として採用することを宣言する。そして、次に、個別の支出が使途基準を中核とするこれらの判断基準（枠組み）に適合するか否か（適合しなければ「目的外支出」又は「違法支出」となる。）を認定していく。判決では、このような手順で判断を進めていくのであるが、この判断の枠組みについては項を改めて説明する。

　なお、最高裁その他の文書提出命令に関する判例が、同様に、上記の制度趣旨から、法の委任に基づき議長への報告の程度、内容等を定めた条例の規定は、政治活動（調査研究活動）の自由を守り、執行機関等からの干渉を防ぐ自律権を守るためのものであることを述べているのは、第1部で既述（121～125頁）のとおりである。

2　政務活動費の判断枠組み

（1）条例、規則（規程）、使途基準

　上述のとおり、地方自治法第100条第13項（現第14項）は、調査研究及び必要な経費に関する具体的な基準及び内容については規定しておらず、「その具体的内容等については、各普通地方公共団体の実情に応じて定められる条例等にゆだねたものと解され（平成20年9月5日東京地裁判決等）」ている。そして、各議会の条例等では、例えば本書65頁の政務調査費条例（例）第9条のように、「政務調査費の交付を受けた会派（議員）は、政務調査費を別に定める使途基準に従って使用しなければならない」等と規定され、議長が別に定める規則（規程）に政務調査費の対象となる経費とその内容が「使途基準」として規定されていた。なお、政務活動費となった現在は、「別に定める」ではなく、条例本体に使途基準を定めることになったが、各地方公共団体の実情に応じて定められるものであることは、当然、同じである。

　このように、「調査研究に資するため必要な経費」に当たるか否かの基準

159

は、結局、各議会が、通常は別表形式で定める「使途基準」で具体化されている。なお、平成21年３月26日名古屋地裁判決は、「（この別表には）調査費、研修費、会議費、資料作成費、資料購入費、広報費、事務費、人件費の各項目を定めているところ、これらの各費目は、本件条例第４条にいう市政に関する調査研究に資するため必要な経費の典型的な費目を明示したものと認められる」と述べる。つまり、使途基準の費目は例示にすぎないということであり、これが一般的な理解である。

　また、同判決は、「本件条例第４条にいう市政に関する調査研究に資するため必要な経費とは、その文言上、市政に関する調査研究に直接用いられる費用に限られるものということはできず、上記政務調査費の制度趣旨に鑑みると、議員の調査研究活動の基盤を充実させその審議能力を強化することにより地方議会の活性化を図るという観点から見て、調査研究活動に付随する費用等市政に関する調査研究を行うために必要となる費用も含まれるというべきである」とも述べる。

　この**使途基準は**、条例の委任を受けていることから、条例及び規則（規程）本文とともに「**法規（法規範）**」となる。つまり、法的拘束力があり、裁判所の判断をも拘束するということであるが、裁判所には法規の解釈権がある。ただし、裁判所が、個々の支出について使途基準（法規）に適合する（＝適法）か、適合しないか（法規違反＝違法）を判断する際には、その理由（法規の解釈）を示す必要がある。

　なお、政治活動の自由の下に議員の調査研究活動は広範なものとなることを前提に、使途基準も例示を用いて緩やかに規定されるなど、政務活動費（政務調査費）の使途については広く議員の裁量が認められるということも、一般的な理解である。しかし、使途基準に規定すれば、議員の裁量によって、どのような経費にも充当（支出）できるようになるわけではないことは勿論である。法及び条例の趣旨に照らして合理的と認められる範囲内のものであることが当然求められ、その観点から行われる裁判所の解釈に服することになる（前述のとおり、最終的に法令の解釈権を有するのは、法を制定した国会や、条例を制定した議会ではなく、裁判所である。）。

　しかし、裁判所の法規解釈も自由に行えるものではないから、裁判所とし

ても、解釈の正当性を示すため、一定の解釈基準を設定する必要が出てくる。

目黒区議会の事案に関する平成25年1月25日最高裁第二小法廷判決は、この趣旨を次のように述べている。

> 地方自治法100条13項（当時）は、政務調査費の交付につき、普通地方公共団体は、条例の定めるところにより、その議会の議員の調査研究に資するため必要な経費の一部として、その議会における会派又は議員に対し、政務調査費を交付することができるものと定めており、その趣旨は、議会の審議能力を強化し、議員の調査研究活動の基盤の充実を図るため、議会における会派又は議員に対する調査研究の費用等の助成を制度化したものであると解される。（中略）
> そうすると、本件使途基準が調査研究費の内容として定める「会派又は議員が行う目黒区の事務及び地方行財政に関する調査研究並びに調査……委託に要する経費」とは、議員の議会活動の基礎となる調査研究及び調査の委託に要する経費をいうものであり、議員としての議会活動を離れた活動に関する経費ないし当該行為の客観的な目的や性質に照らして議員の議会活動の基礎となる調査研究活動との間に合理的関連性が認められない行為に関する経費は、これに該当しないものというべきである。
>
> (注) 目黒区政務調査費の交付に関する規程別表の政務調査費使途基準では、調査研究費の内容については「会派又は議員が行う目黒区の事務及び地方行財政に関する調査研究並びに調査……委託に要する経費」（調査委託費、交通費、宿泊費等）である旨が定められ、資料作成費の内容については「会派又は議員が議会審議に必要な資料を作成するために要する経費」（印刷・製本代、原稿料等）である旨が、広報費の内容については「会派又は議員が行う議会活動及び目黒区政に関する政策等の広報活動に要する経費」（広報紙・報告書等印刷費、送料、交通費等）である旨が定められていた（括弧内はいずれも例示とされていた。）。

目黒区議会が制定した各経費の「使途基準」を適用する上で、これに「適合」するものと認める経費の範囲に関する解釈基準・判断基準として、最高裁は、**「目的・性質における調査研究活動との合理的関連性」**を提示したのである。この基準は、直ちに下級審の判例で取り入れられている。

最高裁が、この基準を持ち出した理由を理解するためには、この目黒区議

第 1 章 | 政務活動費判例分析の基礎

会の事案の説明が少し必要となる。

この事案は、目黒区議会の議員が、目黒区の庁舎移転に関し不正があったとして住民訴訟を提起し、これに関して支出した次の費用に政務調査費の「調査研究費」を充当したところ、監査委員から政務調査費の使途として認められないことを理由に返還命令処分を受け、これに不服の議員が当該処分の取り消しを求めたものである。

① 証拠として提出する録音テープの反訳等の費用

② 法廷での区職員等の証言等の速記録反訳費用

③ 訴訟提起に係る手数料等

原審（東京高裁）及び一審（東京地裁）は、大要、「議員の調査研究は、これを狭く解するべきではなく、直接及び間接に議員の議会活動に反映・寄与する行為であれば、これにあたると解するべきである」との解釈基準を示した上で、「住民訴訟の提起及び追行は、議員による議会活動の基礎となる調査研究活動と趣旨及び目的において重なり合う面があり、住民訴訟の提起等で得られた情報等に基づくさまざまな活動は、区政の調査、研究及び追求の重要かつ有効な手段となり、議会での議論が喚起されることなどによって、各種の制度の改善等につながることもあり得るから、①～③のいずれも本件使途基準の調査研究費に該当するものであり、違法又は不当な支出であるということはできない」としていた。

しかし、最高裁は、上記の基準で判断し、「住民訴訟と議員活動の基礎となる調査研究活動とは本来の目的や性質は異なるものである。したがって住民訴訟の提起及び追行自体のために支出された③は、政務調査費の『調査研究費』その他の項目との合理的関連性が認められず違法である。しかし、①及び②については、反訳した文書を議員のホームページや広報紙に掲載しており、また、議会質疑に用いることもできるのだから、『調査研究費』以外の『資料作成費』や『広報費』に該当する可能性がある。したがって使途基準に適合しないとは言えない」と判断した（161頁の（注）を参照）。原審が提示した解釈基準も従来多くの判例が採用していたものであるが、最高裁は、そこに「合理的関連性」という枠をはめたものと評価することができる。

この基準は、その後、多くの下級審判決で踏襲され、例えば、次のような

162

使い方をされている。

「議員の調査研究活動は、市政全般に及び、その調査研究の対象、方法も広範かつ多岐にわたるものであり、調査研究活動の手段方法及び内容の選択に当たっては、議員の自主性及び自律性を尊重すべき要請も存在することから、いかなる手段方法によりいかなる調査研究活動を行うかについては、議員の広範な裁量的判断に委ねられている側面があることは否定できない。したがって、政務調査費の支出が本件使途基準に合致しない場合とは、支出を行った会派又は議員の判断が不合理といえる場合、すなわち政務調査費の支出と調査研究活動との間に合理的関連性がない場合をいうものと解すべきである。」(平成29年1月31日仙台地裁判決)

使途基準の運用における判断には大幅な裁量権が認められるべきであるが、その裁量的判断に合理性が認められない場合には、裁量権の濫用として違法なものとなるということである。

(2) 内規（手引き、要領、マニュアル等）

これらは法規ではないから、裁判所を拘束せず（平成26年3月31日金沢地裁判決）、裁判所は自由に解釈でき、あるいは解釈する必要すらなく単に「不合理であるから採用しない」だけでもよい。採用しない理由の説明は不要である。逆に、採用（考慮）するときも、裁判所は、「特に不合理ではないから」や「そのように自ら規制しているから」といった理由だけで、内規の全部又は一部を各支出が使途基準に適合するか否かの判断に用いることができる（判決文では「手引き等も尊重して判断する」等と述べるのが通常であるが、当該手引き等によって判断してみた結果が裁判官の心証に合わなければ、結局採用されないことになる。）。

この判断は、事実認定の問題であって「法令」の解釈問題ではないから、明らかに不合理なものでない限り、最高裁も覆すことができない。時として実務的にはかなり違和感がある高裁の判決に対する最高裁への上告が不受理となり、確定してしまうのは、このような事情によるものである。

(注) なお、平成26年3月31日金沢地裁判決は、裁判所が内規と異なる判断をすることが

第 1 章 ｜ 政務活動費判例分析の基礎

許されるのは当然として、内規で定める「支払い証明書」は条例に定める「証拠書類」に該当しないと認定している。ただし、「議員の日常生活上支出することが当然に予測される支出項目については領収書等の写しが提出されなくても直ちに当該支出が使途基準に適合しないと判断すべきではなく、①支出額が日常生活上合理的な範囲を超えている場合又は②当該議員については支出することが当然とはいえない事情が立証された場合に初めて、使途基準違反と判断すべきである」とも述べている。

まとめ

　裁判所は、政務活動費（政務調査費）の判決文を書くに当たって、「判断の枠組み」「違法性判断の基準」等の標題の下に、原告が違法支出と主張するものの違法性を判断する上で根拠とする法規（法、条例、使途基準等）とともに合理的関連性や必要性などといった当該判決で使用する解釈基準を総論的に明示することが多い。また、併せて、手引き、マニュアル、ガイドライン、要領等の議会が定める内規もそれが合理性を有する限り参考とする（「斟酌する」「参照する」等）旨も宣言するのであるが、その目的は、内規に反する支出は違法と推定される（法規ではないから直ちに「違法」とは言えない。）ため、これを適法というには被告側が具体的かつ的確に証明する必要があること（第4節4「主張立証責任」（190頁）を参照）や、内規に一応従ったものでも、内規そのものや当該支出への内規の当てはめ方が不合理な場合には、やはり違法と評価する場合があることをあらかじめ示すことにあるといってよい。

　手引きその他の内規のこのような性質とともに、内規に反してしまったときに「内規にすぎないから」との反論が採用されることはほとんど期待できないこと、したがって、**内規といえども定められたことは遵守しなければ、違法支出と認定されるリスクを負う**ことに十分に留意する必要がある。

（3）政務活動費への移行と展望

　政務調査費から政務活動費に移行したことにより、政務活動費の使途の範囲に関して裁判所の判断基準に何か変化は生じているのだろうか。また、今後、生じるのだろうか。

164

筆者を含めて関係者が、今、最も強く関心を持っているのは、このことであろう。

条例で規定されることになった「使途基準」が、各地方公共団体の実情に応じて定められるものであることに変わりがないことは前述したが、地方自治法の改正により政務活動費の交付の目的に「その他の活動」が加わり、実際に多くの条例で、従来、意見交換や情報収集等を伴わない場合には「調査研究」との関連性が疑問視されていた「要請陳情」が使途基準に加えられている。この地方自治法の改正内容に鑑みると、平成25年の最高裁判決にいう「調査研究活動」との「合理的関連性」の有無のみによって政務活動費の使途を縛ることは明らかに狭いように思われる。では、「調査研究その他の活動」との合理的関連性を新たな基準とすることになるのだろうか。

そこで、政務活動費の支出の違法性が争われた判例を見てみることにする。実は、まだ28件程度（このうち11件は、同一事案の上級審の判例であり、実質は17件程度（平成31年３月現在））と少なく、この中で、平成25年の最高裁判決を引用するのは、５件のみである。平成29年８月30日さいたま地裁判決は、「議会の審議能力を強化し、議員の調査研究活動の基盤の充実を図るという地方自治法100条14項の趣旨に鑑みると、経費の支出の対象となる行為が、その客観的な目的や性質に照らして議員の議会活動の基礎となる**政務活動**との間に合理的関連性を欠く場合には、当該経費は、本件使途基準に定める経費に該当しないものと解するのが相当である」、平成28年10月26日岡山地裁判決は「議員の議会活動の基礎となる**調査研究等**との間に合理的関連性が認められない行為」、平成28年３月22日東京地裁判決は「当該行為又は活動が、その客観的な目的や性質に照らし、**議員としての活動**との間に合理的関連性を有することを要する」としている。合理的関連性を求める対象を「調査研究活動」から「政務活動」、「調査研究等」又は「議員活動」に単に置き換えているわけであるが、いずれも定義のない漠然とした用語であり、基準として機能するのかは疑問である。議員の法的な位置付けが明確になり、公費の対象となる「議員活動」の内容が明確化されるのであれば、上記東京地裁の判決の基準が良いであろう。しかし、現状では、この判決が対象とする議員活動の範囲・内容は不明である。そこで、今後の裁判における基準の

第1章 | 政務活動費判例分析の基礎

あり方について、あえて私見を述べると、一つは、平成22年3月23日最高
裁第三小法廷判決が参考になるのではないかと考えている。同判決は、

> 本件使途基準は、……資料購入費につき「議員が行う調査研究のために必
> 要な図書・資料等の購入に要する経費」、事務費につき「議員が行う調査研究
> に係る事務遂行に必要な経費」と定めるなど、調査研究のための必要性をそ
> の要件としている。議員の調査研究活動は多岐にわたり、個々の経費の支出
> がこれに必要かどうかについては議員の合理的判断にゆだねられる部分があ
> ることも確かである。そして、本件物品は、その機能、一般的用途からして、
> 議員の調査研究活動に用いられる可能性はあり、それがパソコンやビデオカ
> メラなどの比較的高額な物品であるからといって、直ちに上記の必要性を欠
> くものとはいい難い。（中略）
>
> しかし、……本件物品は、本件議員らの任期満了1ないし4か月半前とい
> う時期に購入されており、任期中の最後の議会の会期後に購入されたものも
> 少なくない。また、本件議員らは、任期満了による選挙に立候補することなく、
> 市議会議員としての任期を終えたというのである。そして、上告人は、本件
> 議員らは10年から20年以上にわたる議員としての経歴を有するところ、この
> ような手元に残る物品を在職中初めて購入したり、緊急の必要性もなく買い
> 換えたりしたと主張している。前記の事実（任期満了前後の購入）に加えて、
> 上記のような主張に係る事実が認められるのであれば、本件各支出は調査研
> 究のための必要性に欠けるものであったことがうかがわれるというべきであり、
> その場合、特段の事情のない限り、本件各支出は本件使途基準に合致しない
> 違法なものと判断されることとなる。

と述べ、上告人（原告）主張の事実の有無や特段の事情の有無について審理
を尽くすべきだとして原審に差し戻している。

　最高裁は、「必要性」を基準として重視していることがうかがわれる。

　したがって、政務活動費についても、各地方公共団体の条例の使途基準で
規定された経費が対象とする活動（例えば「広聴広報費」については「会派（議
員）が行う県政に関する政策等の広聴広報活動」等である。）にとって、当該支

166

出の「必要性」が認められるか否かを裁判所が判断していくという枠組みが、まず考えられる。

　実際、上記さいたま地裁判決は、合理的関連性の基準と併せて、「当該支出が**政務活動のための必要性**に欠けるものであったことをうかがわせる一般的、外形的事実が認められる場合には、特段の事情のない限り、これを本件使途基準に合致しない違法なものとするのが相当である」として、前掲の平成22年3月23日最高裁第三小法廷判決を引用している。

　また、もう一つの方向性として考えられるのは、これもやはり各条例において「政務活動」をどう定義し、又はどのような活動を政務活動費の対象としているのかを見た上で、当該条例の制度趣旨から基準を設定する方法である。

　例えば、都道府県議会議長会の条例（例）のように、調査研究、研修等の例示を包括する概念として、地方公共団体の役割の基本を定める地方自治法第1条の2第1項の規定を踏まえ「住民福祉の増進を図るために必要な活動」を交付対象として規定している場合は、「**住民福祉の増進を図る活動との合理的関連性や必要性**が認められること」を基準とすることも考えられる。「住民福祉の増進を図る活動」は、結局、「県政」「市政」「町政」等と同義といってよく、これらと置き換えることも可能である。今後の判例を注視したい。

〈研究〉 政務活動費等と他の制度の関係

　政務活動費等と他の制度が重複し、いずれかが違法になるのではないかと、その関係が争点になった判例がある。

（1）政務調査費制度と会派運営費補助制度との関係

　平成28年6月28日最高裁第三小法廷判決は、京都府議会に関する事案で、「平成12年改正後において、会派に対し、政務調査費の対象とされた上記の『調査研究に資するため必要な経費』を交付するためには、当該政務調査費の交付の対象、額等について定めた条例に基づいてこれを行う必要が生じたというべきであり、従前のようにこれを地方自治法232条の2に基づく補助金として交付することは許容されなくなったものというべきである。」「他方、地方自治法100条旧12項及び旧13項は、上記の『調査研究に資するため必要な

第1章 │ 政務活動費判例分析の基礎

経費』以外の経費に対する補助の可否については特に触れるところがなく、平成12年改正の際に、そのような補助を禁止する旨の規定が置かれることもなかったところ、同改正に係る立法過程においても、そのような補助を禁止すべきものとする旨の特段の検討がされていたとはうかがわれない。これらによれば、同改正が、上記の『調査研究に資するため必要な経費』以外の経費に対する補助を禁止する趣旨でされたものであるとは認められない」とした。つまり、対象が明確に区分されていれば併存可能ということである。この判決を受けて差し戻された大阪高裁は、政務活動費の按分の考え方についても参考となる興味深い判決を出している。第2章第1節4（8）（220頁）で後述する。

（2）議員派遣と政務活動費等との関係

　平成29年4月12日仙台地裁判決は宮城県議会に関する事案で、**議員派遣による海外視察団に同行した議員の視察費用に政務活動費が充当された事例で**ある。原告は、本件同行視察は議員派遣視察と目的及び行程がほぼ同じで独自の成果などは存在しないし、議員派遣と重複する政務活動は無駄であるから違法支出であると主張したが、同判決は、「議員派遣による海外視察は、地方自治法100条13項に基づき議会による調査として行われるものであるのに対し、政務活動費による海外視察は同条14項に基づき議員の調査研究その他の活動として行われるものであって、そもそも根拠が異なる上に、海外視察に直接参加することで得られる成果は、議員個人の経験や知見によっても異なり得るものである。議員の海外視察が県政の課題解決や県政の発展に寄与する有意義な側面を有すること及び（本件の）視察目的が県政の重要課題に関するものであることから、実態において議員派遣視察と同じ日程、趣旨目的で行われた同行視察への政務活動費の支出が政務活動費の使途基準に反するとか議員派遣決定の趣旨に反するとはいえない。同行視察であることは、政務活動の目的や具体的内容に照らし、その必要性ないし合理性が認められるか否かを判断する事情の一つとして考慮され、それにとどまる」とした（控訴審も同旨）。本訴訟では、同行参加した議員が調査目的を具体的に陳述しており、その内容が不合理ではないと認められたものである（合理的な説明ができなければ別の判断になり得ることに留意）。

第3節　政務活動費の支出

第3節　政務活動費の支出

1　会派と所属議員の関係

（1）会派が行う政務活動

　会派に交付される政務活動費を、会派が自ら行う政務活動の経費に充当するだけではなく、会派に所属する議員が行う当該議員の政務活動経費に充当できるか。

　この点について、平成22年2月23日最高裁第三小法廷判決は、「本件使途基準にいう『会派が行う』調査研究活動には、会派がその名において自ら行うもののほか、会派の所属議員等にこれをゆだね、又は所属議員による調査研究活動を会派のためのものとして承認する方法によって行うものも含まれると解すべきである。そして、一般に、会派は、議会の内部において議員により組織される団体であり、その内部的な意思決定手続等に関する特別の取決めがされていない限り、会派の代表者が会派の名においてした行為は、会派自らがした行為と評価されるものである」と述べている。

　原審は、「議員が行う調査研究活動に対する政務調査費の支出が本件使途基準にいう『会派が行う』との要件を満たすためには、会派としての意思統一がされ、当該活動につき「会派」として行うものであるとの会派の了承が存在することが必要である。そのためには、議員が行う政務調査自体について、会派の全員一致又は多数決による議決を経ている必要はないが、使途について説明責任を負う前提となる情報が会派全体に告知され、他の議員において検討する機会が与えられていなければならないと解すべきである」との基準を示し、会派所属議員が支出したA会派の政務調査費の支出はこれらの基準を満たしていた証拠がないとの理由で「会派が行う」との使途基準に違反するとしていた。しかし、最高裁は、この判断を是認できないとし、上記の一般的基準を示した上で、本件事案について「A会派の会長が本件各支出についてした承認は、会派が内部的に決定された正規の政務調査費支出の手続に則して、会派の名において行われたものということができる。そうである以上、その承認は、会派自らがした承認と評価されるものであり、また、

特段の事情のない限り、その所属議員の発案、申請に係る調査研究活動を会派のためのものとして当該議員にゆだね、又は会派のための活動として承認する趣旨のものと認めるのが相当である」から「会派が行う」との要件を満たすとした。

要は、**会派が定める内部手続に則して会長（代表者）が承認していればよ**いというものであるから、その承認は、手続に定められている限り、個別でも包括でもよく、事後でもよいのではないかと思われる。

（2）議員交付政務活動費の会派の政務活動への充当

政務活動費を会派と議員の双方に交付することとしている議会では、会派が主体となる政務活動と議員が主体となる政務活動が重なるように見える場合があり、両者の関係に疑義が呈された事例がある。

議員に交付された政務調査費（広報費）を所属会派が作成した広報誌の住民等への送付費用に充当したことの使途基準適合性が争われ、平成29年4月25日神戸地裁判決は、次のとおり判示した。

> 兵庫県議会は「会派及び議員に交付する」とするところ、「会派に所属する議員は会派を通じて議会活動を行うものであって、会派を離れて活動を行うことは困難であることからすれば、当該広報の内容は、当該議員個人が取り組んでいる活動に限られず、自己が所属する会派が取り組んでいる活動、議会の活動一般及び県政の一般的課題等をも含むというべきである。

その結果、本件送付行為を議員の政務活動と認定したのであるが、控訴審もこの判断を維持し、平成30年3月22日大阪高裁判決は、「議員は会派に所属することによって単独では行い得ない議会活動に幅広く参加することができるものであって、会派に所属する議員の活動を議員個人のものと会派としてのものとに常に厳然と区別できるものではない。議員個人の行った活動につき明示的な記載がないからといって本件報告書を当該議員とは無関係なものとは言えない」とした。

2　年度区分と議員の任期

（1）政務活動費の年度区分

　政務活動は継続的な活動であり、政務活動費も条例に基づき毎年度継続的に交付される。

　このため、年度末及び年度初めの時期に発生し、又は支出する経費にいずれの年度の政務活動費を充当すべきか迷う場合もあるであろう。

　地方公共団体の歳出については、地方自治法第208条第2項に従い「各会計年度（毎年4月1日から翌年3月31日まで）における歳出は、その年度の歳入をもって、これに充てなければならない」（会計年度独立の原則）とされ、同法施行令第143条には歳出の経費区分ごとに所属すべき会計年度が指定されている。同条の規定に従うと、例えば、給与は支給すべき事実の発生時点が属する年度、賃借料、光熱水費等は、その支出原因となる事実が存した期間が属する年度、物件購入費や相手の行為の完了後に支出するものは購入日又は相手方行為の履行があった日が、その属する年度ということになる。債務が発生した時点で区分するいわゆる「**発生主義**」である。

　これに対し、現実に支払いを行った（現金の受け渡しがあった）日で区分する「**現金主義**」は、例外的な経費にのみ採用されている。

　では、政務活動費については、どのように区分すべきか。

　この点に言及する判例は、いずれも、法令の規定振りと議会の会派が任意団体であること等を理由として**会計年度独立の原則の適用ないし類推適用はないとしており、適用ありとするものはない。**

　例えば平成23年2月24日大分地裁判決は「支出の原因事実が当該年度内に生じたものについて、実際の支出行為が翌年度に行われる場合についてまで、当該年度の支出として認めない趣旨とは解されない」とし、平成28年3月17日宇都宮地裁判決も「本件条例上、年度ごとに収支報告書を提出することとする旨の定めは存するものの、政務調査費の支出の原因となる事実がその年度中に発生していることを要する旨の定めは存在しない。また、地方自治法208条1項、2項の定める会計年度及びその独立の原則は、普通地方公共団体に関して、一定の期間を画して、普通地方公共団体の収入と支出の均衡を図り、金銭の受払の関係を明確にするために設けられたものである

第1章 | 政務活動費判例分析の基礎

ところ、このような同条の趣旨を地方議会の会派に及ぼす理由は何ら認められないから、同原則は、地方議会の会派に適用ないし類推適用されるものではない」とした上で、「各議員は過年度分の新聞購読料を平成24年度に入ってから支払ったものであり、その新聞の購読による知識の獲得が平成24年度の政務調査活動との関連性を有するものである可能性もある以上、過年度分の新聞購読料に政務調査費を充当したことのみをもって一般的外形的事実の主張立証がなされたということはできない」と述べる。

また、平成29年8月30日さいたま地裁判決（及び控訴審の平成30年4月18日東京高裁判決）も、

① 平成25年2月分及び3月分の賃金を平成25年度分の政務活動費から支出したこと

② 賃貸借契約期間の始期は平成26年4月1日である事務所の賃料を平成25年度分の政務活動費から支出したこと

③ 平成25年3月31日に支払いをした広報費を平成25年度の政務活動費から支出したこと^(注)

以上のいずれについても、原告の「会計年度独立の原則に違反する」旨の主張を採用しなかった。

政務活動に要した経費として適正なものであり、支出の事実と支出時期についての合理的な理由や事情（例えば、当該支出の個別事情により一括払いをした、前払いを要する等）があれば、近接するいずれの年度の政務活動費を充当することも可能という判断であろう。

（注）③は、判決文の記述だけでは事実関係に明確でない部分があるが、前払いの事例のようである。

（2）年度を超えた切手の使用

一方、年度を超える経費に対する政務活動費の充当については、会計年度独立の原則とは別の問題がある。

議員が平成24年度末の3月28日に約140万円分の郵便切手を購入し、当該年度の政務調査費を按分率85％で充当し、同年度内に上記郵便切手を使

第3節　政務活動費の支出

用しなかった事例について、平成29年4月25日神戸地裁判決は、次のように述べている。

　県においては、いずれも、年度単位で交付され、その年度において交付を受けた金額から必要な経費に充てるべき金額を控除して残余がある場合には、当該残余の額に相当する額を返還しなければならないものとされている……そうすると、県においては、当該年度に交付された政務活動費等は、当該年度に生じた必要な経費にのみ充てることが予定されているというべきである。この点、郵便切手の購入は、客観的には郵便に関する料金の前払をしたことを表す証票（郵便法28条、29条参照）を購入する行為にすぎず、当該切手が当該議員の行う広報活動又は広報広聴活動のために使用されることによって初めて、上記活動に要する経費に充てられたと確定的に評価し得るものであるから、あくまでも議員の行う広報活動又は広報広聴活動の前提にすぎないというべきである。

　そして、当該年度に購入した切手を年度以降に使用することを認める、すなわち、当該切手を当該年度内に使用し切らなくても差し支えないこととすれば、政務活動費等の剰余金の返還を免れることが容易になり（この点、当該切手を売却することにより換金し（古物営業法2条参照）、広報広聴活動以外の経費に充てることも不可能ではない。）、年度単位で収支計算がされる政務活動費等の制度趣旨に反する結果を招来するおそれが高いと言わざるを得ない。

　……このことは、県において、平成26年10月1日以降、政務活動費を切手の購入に充てることが原則として禁止されていることからも明らかである。……以上のとおり、改正前条例及び改正後条例の趣旨からすれば、**当該年度に購入した切手を当該年度に使用しなかった場合には、当該年度の政務活動費等を上記切手の購入に要した費用に充てることはできない**というべきである。

（注）この判旨は、控訴審の平成30年3月22日大阪高裁判決でも維持された。

　上記判旨のうち、換金への言及や訴訟提起後に政務活動費を切手購入に充てることを原則禁止した等の理由は補強材料に過ぎず、決め手は、**実質的に**

第 1 章 ｜ 政務活動費判例分析の基礎

年度内に使用した経費とは言えないことにあると思われる。少なくとも会計年度独立の原則の問題ではない。

では、切手購入を認めている議会では、このように年度末に使用していない切手が余ったときどのように処理すればよいのか。

この判例は、次のように示唆している。「政務活動費等の収支計算が年度単位で行われるものである以上、政務活動費等により購入した切手を翌年度以降に繰り越して使用することは許されないというほかない。このように解しても、翌年度に行う広報活動又は広報広聴活動のために必要な切手の購入費用は、翌年度に交付される政務調査費等から支出することができるのであるから、議員活動に著しい支障が生じるということもできない。」

つまり、購入した切手のうち使用した分にだけ購入年度の政務活動費を充当し、余った分については、翌年度の政務活動費を充当すればよいのではないかと思われる。この場合、領収書は 2 度使用することになるので、当該領収書の写し等に、複数年度にわたって充当している旨、適正な説明を記載するべきである。なお、同様の会計処理の例として、パソコン購入費等について複数年度にわたり減価償却費分ずつ充当することも判例で認められている。

（3）議員の任期との関係
① 任期を超えた期間に関する支出

政務調査費の清算は原則として年度ごとに行うが、年度の途中で議員の任期満了、議会の解散、会派の解散があった際には、そのときに清算を行う必要がある。したがって、平成29年11月 2 日仙台地裁判決は、「議員が年度の途中で任期満了となった場合、任期満了までに政務調査費から支出できるのは、任期中の調査研究活動に利用した経費に限られ、任期以降の期間に係る経費に対する支出は本件使途基準に合致せず違法であると判断するのが相当である」とし、雑誌年間購読料、新聞デジタルデータサービス等利用料やプロバイダー料、電話代行サービス料等の継続的契約関係に基づく経費のうち、任期を超えた期間に当たる額を違法支出とした（この判決の事例では任期満了日は 8 月中であったため 9 月分以降が違法とされた。）。

174

②　新たな任期開始直後の支出

　なお、政務活動費は月を単位として交付されるが、年度当初又は新たな任期の開始当初は、交付手続に通常１か月程度は必要と思われ、この間の政務活動は自己資金等で立て替えて行うことになる。平成23年８月31日東京地裁判決は、政務調査費が実際に交付された日以前の支出に政務調査費を充てることは違法であるとの原告の主張を、「当該期間中に生じた議員の調査研究に資するため必要な経費について、後に交付を受ける政務調査費を充てることを禁ずる規定や当該議員等が一時その負担において立て替えることを禁ずる規定は置かれておらず、このような取扱いを認めなければかえって制度趣旨を失わせる」として採用しなかった。

③　任期満了日間近の支出

　必要性が問題となる。前掲の平成22年３月23日最高裁第三小法廷判決は、任期満了１ないし４か月半前という時期に購入され、任期中の最後の議会の会期後に購入されたものすらある物品への政務調査費の充当について、他の事情も勘案した上で調査研究のための必要性に欠けるものであったことがうかがわれるとし、その点の審理を尽くさせるため原審に差し戻している。

　また、平成27年10月27日岡山地裁判決は、任期満了４か月前から約２か月の間に既存の１台に加えてさらに３台のプリンタを購入し政務調査費を充当したことについてその時期及び頻度から必要性が認められないとし、平成25年10月16日神戸地裁判決は、６月10日の任期満了日直前の６月２日に書籍を購入し政務調査費（資料購入費）を充当したことについてその時期から必要性に欠け、内容からも市政との関連が明らかでなく使途基準に適合しないとした。一方、平成27年４月８日大阪地裁判決は、任期満了日の約２年前に、それまで保有していたデジタルカメラを市政相談の際に破損してしまったために新たにデジタルカメラを購入したと説明された事例について、格別不合理な点はなく、任期満了間近に行われた不要な支出であったとまでは認められないとした。

　また、平成27年10月27日岡山地裁判決は、任期満了直前に多量の給油を行っていた事例について、給油時点で調査研究活動のために長距離の移動を

第 1 章 ｜ 政務活動費判例分析の基礎

必要としていたとは認められず、当該給油は調査研究活動以外の目的で使用
されたものというべきであるとした。

「判例の読み方」

1　判例を探す

　判例を検索するためには、当該判例を特定する必要がある。そのとき必要
になるのは事件番号と事件名である。裁判所名と判決日だけでは、複数の判
決が同日で出されることもあり、特定できない。

　例えば、後に紹介する平成29年 1 月31日仙台地裁判決は、正式には、「平
成29年 1 月31日平成25年（行ウ）第11号政務調査費返還履行等請求事件」
と判決年月日、事件番号及び事件名によって特定された事件の判決である。

　ここで、事件番号とは、文書番号の一種であり、事件を受け付けると、そ
の年（暦年）、事件の種類ごとに定められた符号及び毎年 1 月から受付順に割
り振られた番号（毎年 1 号から始まる。）を組み合わせて事件記録に表記され
る。符号は、民事事件、刑事事件、行政事件に分けて定められており、政務
活動費等に関する住民訴訟については行政事件記録符号規程（昭和38年最高
裁判所規程第 3 号）が適用され、地裁の訴訟事件は「行ウ」、高裁の控訴事件
は「行コ」、最高裁の上告事件は「行ツ」、上告受理事件は「行ヒ」と定めら
れている。

　また、事件名は、原告が訴状に記載した事件名が基本的にはそのまま用い
られる（政務活動費が対象とされた事件に政務調査費不当利得返還請求事件
といった名称が付されている例があるのもこのためである。）。

2　判決書の構成

　判決書を正しく、かつ効率的に読むには、判決書の書かれ方や構成を知っ
ておく必要がある。旧様式と新様式があるが、近時の判決は、概ね次のよう
な構成で書かれている。

176

第３節　政務活動費の支出

```
                    判　　決

    当事者

    主文

    事実及び理由

      第１　請求

      第２　事案の概要

        １　争いのない事実等

        ２　争点

          (1)　原告の主張

          (2)　被告の主張

      第３　裁判所の判断（争点に対する判断）
```

　まず、原告及び被告の「当事者」を明示し、「主文」は、訴えに対する応答として判決の結論を簡潔かつ明確に表示するもので、ここを見れば、勝訴、敗訴、一部敗訴が一目瞭然となる。

　「請求」は、原告が求める判決の内容が記載され、次の「事案の概要」には、原告及び被告並びに訴訟の構造（住民訴訟であること等）の簡単な説明に続いて「関係法令等」で判決の根拠として用いる法令等が明示され、「争いのない事実等」（又は「前提事実」）の項目には原告、被告ともに認めている事実や裁判所にとって明らかな事実が、「争点」には原告の主張と被告の主張が対立している点についてのそれぞれの主張内容が両論併記で記載されている。

　次の「裁判所の判断」が判決文で最も重要な部分であり、主文の結論を導いた理由が示される。

　なお、政務活動費等に関する判決の特色として、裁判所の判断の根拠としては法律や条例の解釈よりもむしろ使途基準や内規の定め及びその解釈が占める比重が大きく、また、主張立証責任についても特別な取り扱いがされることが多いことから、「裁判所の判断」のはじめに、「判断の枠組み」等の表題の下に、判断の根拠として用いる使途基準や内規類、さらには主張立証責任の考え方等があらかじめ示されることが多い（個別の支出に関する判断を示す際に、この部分が何度も引用される。）。

第 1 章 ｜ 政務活動費判例分析の基礎

　判決文の構成は以上のとおりであるが、判決文は、まず「事案の概要」の
うち争いのない事実等の部分、次に「裁判所の判断」の部分から読むことを
勧める。判決文の順序どおりに読むと、当事者の主張部分は必ずしも法律論
として整理されておらず、論理の筋道を追うのが困難なことも少なくないか
らである。その点、「裁判所の判断」は、裁判所が原告及び被告の主張を法的
観点から整理し、必要な解釈を加えた上で書かれているため分かりやすく、
事案の全体像を早く掴むことができる。原告の主張と被告の主張は、争点ご
とに裁判所の判断と対比するために拾い読みする程度で十分だろう。

3　判例を参考とする際の留意点

①　勝訴判決を過信しないこと

　詳しくは第４節の４「主張立証責任」（190頁）で説明するが、ある争点に
ついて原告の主張・立証が認められず、被告が勝訴したということは、被告
の主張・立証の方に一応の合理性が認められたということである。しかし、
忘れてはならないのは、これは「被告の主張や当該支出が正当と認められた」
わけではなく、訴訟上の主張・立証責任の分配のルールによって相対的に評
価された結果にすぎないということである。一方、被告側の反証（相手（通
常は原告）が主張する事実を否定するための証明）が認められた場合は、か
なり積極的に正当性が認められたものといってよい。

　いずれにしても、原告の主張・立証に対して適切な反証が行えるよう、手
引き等の内規で保存が義務付けられた資料等はもちろん、支出の正当性を立
証できる証拠資料の準備と保管を怠らないことが大事である。

②　事例判断であり、前提事実が異なれば結論も異なる可能性があること

　言い換えれば、適切な事実を主張しなかったり、事実を証明しようとする
努力が不足していたことによって敗訴してしまう例も多いということである。
自らの主張に不利に見える判例があるからといって諦めず、主張したい事実
を直接証明することが困難な場合でも間接的に推認させるような事実を積み
重ねるなど、丁寧な立証活動を行えば、別の結論を導くことも可能なのである。
　したがって、自らが主張したい事実について類似の事案で認められなかっ
た（敗訴した）判例があるからといって、これを過大評価する必要はないが、

178

第3節　政務活動費の支出

裁判所も判決文を書くに当たっては過去の判例をある程度参照すると思われるので、相手方当事者が援用しない判例についても広く分析し、その内容を意識した主張・立証を行う必要がある。また、日頃の実務においても、複数の判例で同趣旨の判断が示されていれば、やはりこれを意識した政務活動費の運用に努めなければならない。

第1章 | 政務活動費判例分析の基礎

第 4 節 政務活動費の返還

1 議長への報告と調査等

（1）収支報告書の提出期限違反

　政務活動費が会派に交付される場合には、会派から議長への収支報告の前に、まず会派所属議員から会派への報告が必要になる。平成29年12月14日仙台高裁判決では、手引きに定められた会派への支出報告書提出期限を徒過していたことの違法性も争点とされた。同判決は、「本件政務活動費に係る支出報告書が、手引きに定める議員から会派への提出期限（支出の翌月の末日までに会派の経理責任者へ提出するものとされていた。）までに提出されていなかったとしても、手引きの記載は、会派の指導監督の指針にとどまり、具体的な事情も重大な違反とはいえない」とした。支出内容の違法性の問題ではなく形式的な瑕疵にすぎないから当然であろう。

　では、条例に定められている議長への提出期限を過ぎて提出された場合はどうであろうか。通常は、このような収支報告は受理されないだろうから判例もない。この場合も内容に関する違法事由ではないが、法規違反であるから、重大な瑕疵となる。**不可抗力といえる事情がない限り違法**と判断されるのではないだろうか。

（2）不当利得返還債務と政務活動費交付請求権の相殺

　政務活動費等の交付総額から収支報告書に記載された適正経費の総額を控除して残余金があるときは、当該残余金の返還義務を負うことになる。当初計上していた経費が違法支出とされ、又は自ら取り下げて修正報告されたことにより残余金が増額した場合も同じである。

　そして、この残余金を返還しないときは、長は、返還義務を負う会派又は議員に対し、不当利得返還請求権を有することになる。

　政務調査費について、この長の請求権と相手方議員が有する次年度の政務調査費交付請求権を相殺することができるかが争われた珍しい判例がある。

　平成23年９月８日福岡高裁判決は、政務調査費の交付請求権について相

殺を禁止する旨の法規上の規定はないとし、本件相殺は原告（議員）の調査研究活動を妨害するものであって許されないとの主張を退け、**相殺は有効**とした。

2　住民監査請求

（1）政務活動費等の違法支出の是正（住民監査請求とは）

　政務活動費（政務調査費）の充当（支出）が使途基準に違反する疑いがあるとき、住民は、監査委員に対し、監査を求め、その是正のために必要な措置を講ずべきことを請求することができる（地方自治法第242条第1項）。また、その監査の結果に不服があるとき、又は監査委員が監査を行わないときは、裁判所に対し、住民訴訟を提起することができる。

　住民監査請求は、政務活動費等に限らず、地方公共団体の執行機関（長、行政委員会又は監査委員のこと）又は職員による**違法又は不当な**、

① 　公金の支出

② 　財産の取得、管理、処分

③ 　契約の締結、履行

④ 　債務その他の義務の負担

という4類型の「行為」と、

⑤ 　公金の賦課・徴収を怠る事実

⑥ 　財産の管理を怠る事実

という2類型の「不作為」、以上6つの**行為又は怠る事実（不作為）**を対象として、次の措置を講ずるよう求めることができる制度である。

（1）　当該行為を防止又は是正するため必要な措置

（2）　当該怠る事実を改めるため必要な措置

（3）　当該行為又は怠る事実によって当該地方公共団体が被った損害を補塡するため必要な措置

　当該地方公共団体に住所を有する者であれば、個人でも法人でも請求できる。年齢、国籍を問わない。

　監査請求で目的を達しなかった住民は、前述のとおり、さらに裁判所に対

し、一定の事項を請求する訴訟を提起することができ、これを住民訴訟という。

　住民訴訟は、直接提起することはできず、必ず、住民監査請求を経なければならない（監査請求前置）。まず、当該地方公共団体が自主的に問題を解決する機会を与えるとともに、紛争解決の迅速化と裁判所の負担軽減を図るためである。

　また、住民監査請求では、「違法な」行為又は怠る事実だけではなく、「不当な」行為又は怠る事実も対象にできるが、住民訴訟では「違法な」ものに限定される。「不当性」の問題は、行政裁量の範囲内である限り裁判所の審査に服さないからである。

　なお、政務活動費に関する住民監査請求の手続は、一般の監査請求と同じであるから、ここでは立ち入らない。

（2）監査請求の対象の特定

　原告は、監査請求を行うに際し、時として、個別の支出の内容を分析して違法性が疑われる理由を主張するのではなく、支出の類型ごとに独自の解釈基準を設定して包括的に違法支出であると主張したり、監査請求では個別に違法であると指摘していなかった支出を住民訴訟の審理の段階で違法支出と主張することがある。

　このような場合、監査請求の対象が特定されていなかったのではないか、したがって、住民訴訟の対象が適法な監査を経ていないのではないかとの疑問が生じることになる。

　これは、監査請求は一般に必ずしも法律の専門家ではない住民が行い、証拠資料も十分ではないため内容が十分に整理されていないことが多いのに対し、住民訴訟の段階では、裁判所も関与して、双方の主張や証拠とともに争点が整理され、明確になっていくことに起因する事象と思われ、ある程度はやむを得ないことである。

　この点に関し平成30年3月16日鳥取地裁判決等は、「住民監査請求においては、その対象が特定されていること、すなわち、対象とする財務会計上の行為又は怠る事実（以下「当該行為」という。）が他の事項から区別し特定し

て認識することができるように個別的、具体的に摘示されていることを要する。しかし、その特定の程度としては、監査請求書及びこれに添付された事実を証する書面の各記載、監査請求人が提出したその他の資料等を総合して、住民監査請求の対象が特定の当該行為であることを監査委員が認識することができる程度に摘示されているのであれば、これをもって足り、上記の程度を超えてまで当該行為を個別的、具体的に摘示することを要するものではない」としている。

（3）監査の実施、外部監査人及び監査基準

　住民監査の請求があったときは、監査委員は、監査を実施し、請求から60日以内に次のいずれかにより監査を終了し、監査結果を公表しなければならない（地方自治法第242条第3項、第4項）。

①　請求に理由がないと認めるときはその理由を付してその旨を書面で請求人に通知

②　請求に理由があると認めるときは、監査委員は、議会及び対象とされた長その他の執行機関又は職員に対して期間を示した上で必要な措置を講ずるよう勧告し、併せてその内容を請求人に通知

　また、地方自治法第252条の43第1項に基づき住民監査請求について監査委員の監査に代え個別外部監査によることができるとの条例を持つ地方公共団体の住民は、監査請求に当たり個別外部監査を求めることができる。これを認めるか否かは監査委員が判断し、個別外部監査によらず自ら監査するときは、その理由を示さなければならない。

研／究　政務調査費の外部監査に関する判例

　外部監査人による個別外部監査の結果、支出の一部が違法と認定され、監査委員が大阪府知事に返還請求等の必要な措置を講じるよう勧告したことを受けて、違法と認定された支出を行った議員に対する損害賠償請求訴訟が提起された事例（平成22年8月25日大阪地裁判決）がある。また、この事例では、請求人は、外部監査人が違法と認定しなかった部分を不服として、別に住民訴訟を提起している（平成25年1月16日大阪地裁判決）。

第 1 章 ｜ 政務活動費判例分析の基礎

　一方、平成25年6月19日横浜地裁判決は、神奈川県議会の政務調査費について監査請求を行った原告らが個別外部監査を求めたが監査委員はこれに応じず自ら監査を行い、一部の支出を違法と認め、この監査結果に従って返還もされたのであるが、原告は当該監査結果をなお不服として住民訴訟を提起した事案に関するものである。

　これらの監査を実施する際に、大阪府の事例では外部監査人が、神奈川県の事例では監査委員が、それぞれの議会における使途基準や内規等を踏まえた監査基準を設定した上で個々の支出について適否を判断している。これらの監査基準は、当然法規ではなく、議会が自主的に定めたものでもない。法令、使途基準及び議会の内規が議員の社会通念に従った運用に委ねている事柄について、客観的、専門的立場から「社会通念」と認定した内容を基準化したものであれば、監査の手法の問題であり、是認できる。しかし、新たな内規の創設に等しい基準の設定になっているとすれば、議会の自律性に踏み込むものであり、疑問である。

　上記各判例は、この点には特に触れず、概ね監査基準の合理性を認め、例えば平成25年の横浜地裁判決は、「監査委員の地位、権限や監査の実情（議会事務局の調査、会派の代表者及び経理責任者等の関係人調査及び公認会計士及び大学准教授から使途基準について意見聴取したこと等）に鑑み、監査結果における目的外支出か否かの判断は尊重に値する。したがって、本件訴訟においても監査委員の判断をまずは尊重し、これと異なる判断をするのは、本件監査基準自体が合理性を欠くと認められる場合か、本件監査基準の個別の支出に対する当てはめが妥当性を欠くと認められる場合に限る」と述べている。

（4）監査請求期間の制限

　住民監査請求には請求期間の制限がある。地方自治法第242条第2項は、「当該行為のあった日又は終わつた日から1年を経過したときは、これをすることができない。ただし、正当な理由があるときは、この限りでない」と規定する。行政上の法律関係の早期安定の要請によるものである。

　政務活動費等に関する住民監査請求について、この期間制限規定の適用の

第4節　政務活動費の返還

有無が争点になっている。

　いずれも政務活動費等に関するものではないが、（特に怠たる事実に関する）監査請求期間制限規定の適用範囲については3種類の最高裁判例がある。

①　昭和53年6月23日最高裁第三小法判決等

　まず、昭和53年6月23日最高裁第三小法廷判決等で、「地方自治法242条2項は、……執行機関等の『行為』に適用され、『怠る事実』については、その不作為の事実が存する（継続する）限り請求期間の制限を受けない」と解している。「当該行為」との文言上からも明らかであり、これが基本である。

②　昭和62年2月20日最高裁第二小法廷判決

　次に、昭和62年2月20日最高裁第二小法廷判決で、「執行機関又は職員の違法、無効な行為（例えば違法、無効な公金支出や契約の締結等）が原因となって発生する当該地方公共団体の実体上の請求権（携わった職員等や相手方に対する損害賠償請求権又は不当利得返還請求権）の不行使が財産の管理を怠る事実であると法律構成された監査請求の場合には、怠る事実の発生原因たる当該行為（売却行為）のあった日又は終わった日を基準として地方自治法242条2項を適用すべきである」とした。「行為」を対象とする監査請求と実質的に異ならないからである。

③　平成14年7月2日最高裁第三小法廷判決

　最後は、平成14年7月2日最高裁第三小法廷判決で、「実体法上の請求権の行使を怠る事実を対象とする住民監査請求において、監査委員が当該怠る事実の監査を行うために特定の財務会計上の行為の存否、内容等を検討しなければならないとしても、当該行為が財務会計法規に違反して違法であるかどうかの判断をしなければならない関係にない場合には、（①と同様に）監査請求期間の規定は適用されない」とする。実質的に執行機関等の違法な行為が対象であるとは言えないから、①の基本に戻るということである。

第1章 | 政務活動費判例分析の基礎

　では、政務活動費等に関する監査請求事案を、①～③のどの判例の枠組み
で処理すべきか。

　原告の監査請求の内容（構成の仕方）にもよるのであるが、この争点につ
いて、近時の判例の大勢は、「原告は、長が政務活動費等の不当利得の返還
請求を怠っている事実を監査請求の対象として法律構成しており、実質的に
長の政務活動費等の交付決定の違法性が対象になっているわけではない」と
の理解を前提として、①と③の判例を引用し、**監査請求期間の制限は及ばな
い**としている。

　③の判例も原審では②と同様の判断が下されていたのであり、②と③の差
異は元々微妙であるが、近時の判例の傾向には、後述する平成14年の地方
自治法改正による住民訴訟の構造変化も影響しているものと思われる。なお、
政務活動費等の監査請求におけるこの論点に関する最高裁の判断は、まだ示
されていない。

（5）監査請求期間不適用の影響範囲

　しかし、いずれにしても、この問題は、実務に重大な影響を及ぼしている。
何年も前の政務活動（政務調査）費が監査請求の対象とされ、その使途の説
明を求められることになる関係者の負担とリスクは、極めて大きいからであ
る。

　条例、使途基準、手引き等で証拠資料の保存を義務付けており、その期間
内であれば、その資料を基に可能な範囲で説明をしなければならないことは
当然である。しかし、日々、さまざまな議会活動、政務活動その他の活動を
行い、膨大な行政資料も管理している議員にとって、会派等に提出した資料
に記載した以上の内容を別途記録して長期に保存したり、記憶をしておくと
いうことは、極めて困難である。まして、資料の保存期限を過ぎた政務活動
等に関する説明は、事実上、不可能といえる。

　私見では、この問題は、対象となる経費の支出時点からの経過年数に応じ
て、主張立証責任を原告と被告それぞれに公平に分配することで解決すべき
と考えている。参考となる判例もあるので、後記「５　証拠書類保存期間後
の主張立証責任」（194頁）の箇所で詳述する。

186

第4節　政務活動費の返還

3　住民訴訟

（1）概説

　監査の結果又は勧告に不服がある請求人は、基本的には監査結果等の通知があった日から30日以内に、裁判所に対し訴えをもって地方自治法第242条の2第1項各号に掲げる請求を行うことができる。これが住民訴訟である。政務活動費等に関する住民訴訟では、次のいずれかの請求になるが、ほとんどは②の訴訟形式がとられる。

①　監査請求の対象とした執行機関等に対する「怠る事実」の違法確認の請求（3号請求）

②　怠る事実に係る相手方に損害賠償又は不当利得返還の請求をすることを当該地方公共団体の執行機関（長であるが、政務活動費の交付に関する権限が委任されていれば受任者（通常は議会事務局長）になる。）等に対して求める請求（4号請求）

　なお、4号請求は、平成14年に地方自治法第242条の2の規定が大幅に改正されて今の形になったが、改正前は、住民が地方公共団体に代わり直接違法な行為又は怠る事実の相手方を被告として訴えを提起することとされていた。このため、政務調査費に関する初期の判例は、不当利得返還請求をしない長個人や会派又は議員を被告とする損害賠償又は不当利得返還請求の訴訟であった。現在とは被告や請求の内容が異なっていた訳であり、過去の判例を参照するときは注意を要する。

（2）住民訴訟の構造

　通常の民事訴訟による損害賠償請求や不当利得返還請求訴訟は、「原告（甲）から被告（乙）に対し、乙が甲に損害賠償金（又は不当利得金）○○円を支払うことを請求する」という単純な構造である。

187

第 1 章 | 政務活動費判例分析の基礎

●通常の損害賠償（不当利得返還）請求訴訟

(注) 判決文では、通常、原告を「甲」、被告を「乙」で表す。原告が提出した証拠は「甲号証」であり、被告が提出した証拠は「乙号証」である。提出順に甲第 1 号証、甲第 2 号証、乙第 1 号証、乙第 2 号証……と証拠番号が割り振られる。

　これに対し、住民訴訟、特に政務活動費等の支出の違法性の有無が争われる訴訟のほとんどを占めるいわゆる「4 号訴訟」による損害賠償請求又は不当利得返還請求は、次図のような特殊な構造の訴訟である。

●住民訴訟

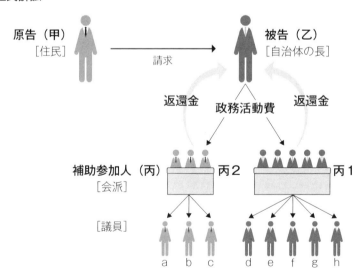

(注) 政務活動費が会派に交付され、その一部が会派から所属議員に交付される議会の場合を例として示している。「補助参加人」等の意味については後述。

第４節　政務活動費の返還

　原告（甲）である住民は、違法支出をしたと考える会派又は議員を被告として不当利得返還（損害賠償）請求するのではなく、地方公共団体の長を被告（乙）として、「違法支出した会派又は議員に不当利得返還（損害賠償）請求すること」を請求することになる。

　住民訴訟では、原告が仮に勝訴して被告が請求した不当利得返還（損害賠償）金が支払われることになっても、そのお金は原告が取得するのではなく、被告が代表する地方公共団体の収入になる。その代わり、原告が当該訴訟を委任した弁護士に報酬を支払う必要があるときは、原告は、その報酬額の範囲内で相当と認められる額を当該地方公共団体に請求できる。

　また、原告から政務活動費等を違法支出したと主張された会派又は議員は、仮に被告が敗訴すれば不当利得返還（損害賠償）義務を負うことになることから、当該訴訟の結果に重大な利害関係を有する立場にある。したがって、当該訴訟の被告を補助するため、当該訴訟に参加することができる（「補助参加」という。民事訴訟法第42条）。そのためには、まず、自己に関わる訴訟が提起されていることを知らなければならない。そこで、地方自治法第242条の２第７項は、当該会派又は議員（＝怠る事実の相手方）に対して**訴訟の告知**を義務付けている。つまり、訴訟が提起されたこと等を通知（この告知は、裁判所を経由して行われる。）しないといけないのであるが、告知を受けた者が参加するかしないかは任意である。ただし、参加しなくても被告敗訴の結果を争うことはできない。

　補助参加した者（「補助参加人」と呼び、通常「丙」という略称が付される。）は、自ら証拠の提出等の訴訟行為ができる。被告が持たない証拠を提出したり、知らない事実を陳述することで、自らの政務活動費等の支出（充当）が使途基準違反ではないことを主張・立証することが期待されているのである。前頁の図は会派（丙１）と会派（丙２）が補助参加した例として表しているが、実際に支出した議員も直接補助参加できる。一般の民事訴訟では原告と被告のいずれに対する補助参加もあり得るが、会派又は議員が補助参加するのは被告側であるから、判決文では「被告補助参加人丙１、丙２……」と表記されている。

　なお、住民訴訟に関し地方自治法及び行政事件訴訟法に規定がない事項に

第1章 | 政務活動費判例分析の基礎

ついては民事訴訟法の例によることとされており、訴え提起の方式や訴訟審理の方式（上記の補助参加や後述の弁論主義、主張・立証責任等）等には民事訴訟法が適用される。

4 主張立証責任

（1）概説

　政務活動費の使途に関し住民訴訟を提起され、又は提起するとき、主張立証責任の所在が訴訟の帰趨の鍵を握っているといっても過言ではない。そこで、この難解ではあるが極めて重要な「主張立証責任」について、政務活動費に関する実務の参考とするために判決文を読む上で必要と思われる範囲で説明する。

　住民訴訟の審理についても、前述のとおり、民事訴訟法の規定が適用され、「不当利得返還請求権の発生原因事実の一つである法律上の原因がないことについては、当該請求権があると主張するものにおいて主張立証しなければならないと解するのが相当である」（昭和59年12月21日最高裁第二小法廷判決）という民事訴訟の原則は、原告住民が被告（長）に対し、会派又は議員に対する政務活動費の不当利得返還請求権の行使を求める住民訴訟にも適用される。原告は、不当利得と主張する各支出が本件使途基準に合致しない違法なものであることを主張立証しなければならない（平成29年1月31日仙台地裁判決等）。

　しかし、政務活動費等に関する訴訟では、その特性により、この原則に対する重大な修正が判例で加えられている。

　上記平成29年仙台地裁判決は、次のように述べている。

　政務調査費の支出が本件使途基準に合致するか否かについて、支出の過程に関与していない原告の側でその詳細を明らかにすることは、しばしば困難を伴うといわざるを得ない。他方で、自ら政務調査費を支出した被告らの側は、法、本件条例及び本件規則を遵守して政務調査費を支出しているとする以上、支出が本件使途基準に合致することについて合理的な説明をすることが期待

第4節　政務活動費の返還

できる。

　そして、政務調査費について規定した法の趣旨には、その使途の透明性の確保が含まれており、政務調査費が公金から支出されるものであるという性質からも、一定の場合には、被告らにその使途を説明させても必ずしも過大な負担を課すことにならないといえる。

　そこで、原告が、各支出に関し、**使途基準に合致した政務調査費の支出がされなかったことを推認させる一般的、外形的な事実**の存在を主張立証した場合において、被告らが適切な反証を行わないときは、当該政務調査費の支出は使途基準に合致しない違法な支出であると判断するのが相当である。

　「使途基準違反を推認させる一般的、外形的事実の存在」という条件を満たせば、事実上、主張立証責任が原告から被告に転換されることを述べており、判例として確立した考え方であると言ってよい。

　ここで、「一般的」事実とは、一般にそのような事実が認められれば、使途基準違反（＝違法支出）である可能性が高いといえるような事実をいうものと解され、「特別・例外的な事情」によって使途基準違反とはならない場合があることも想定した用語といえる。また、「外形的」事実という用語も、表面的に明らかにされた事実だけを見れば、誰もが使途基準違反を疑うような事実を指すものと解され、「明らかになっていない（内在する、隠れた）事情」を斟酌すれば使途基準違反とは評価できない場合があることを前提としているといえる。つまり、特別な事実や実情の存在によって反証されることを想定した、あるいは反証を求める条件といってよい。

　しかし、問題は、この条件の具体的な内容である。原告のどのような、また、どの程度の主張立証をもって、**使途基準違反を推認させる一般的・外形的な事実**（以下原則として「一般的・外形的事実」又は「外形的事実」と略称する。）の存在の主張立証があったものと認めるのか、その程度・内容こそが原告・被告の勝敗を分けているのであるが、判例によってさまざまであるとしか言いようがない。ただし、一般的・外形的事実と認定される可能性が高い類型は存在する。

191

第 1 章 | 政務活動費判例分析の基礎

（注）なお、主張立証の程度に関し、平成25年1月31日名古屋高裁判決は「この解釈は、
証拠の偏在による主張立証責任の負担の不均衡を緩和するためのものであるが、当
該不均衡自体は本件条例及び本件規則の内容から生じたものであるから、主張立証
責任の分配原則を変更するものではなく、あくまでも事実上の推定を適用ないし応
用したものにすぎない。したがって、政務調査費の返還を求められた当該会派が、
どの程度具体的かつ詳細に当該支出の内容を明らかにしなければならないかは、返
還を請求する側がどの程度の証明力、説得力を伴う外形的事実を主張立証したかに
関わることであり、本来の趣旨・目的に適した使途に充てられていないことのかす
かな疑いを生じたにすぎない場合であっても、常に当該会派が領収書等の証明書類
を提出し、その支出状況を詳細に明らかにしなければならないという反証責任まで
負わすことは相当でない」とする。傾聴に値する判例である。

（2）内規違反の事実

　一つの類型は、内規違反である。内規（手引き、マニュアル、ガイドライン
等）は、議員共通の、つまり一般的なルールであり、公表されているから違
反事実は外部からも確認できる。典型的な一般的・外形的事実といえる。

　例えば平成30年3月16日鳥取地裁判決も、「本件ガイドラインにおいて使
途の透明性に配慮した留意事項等が定められていることからすると、原告ら
において、収支報告書に記載された政務調査費の支出が本件ガイドラインに
規定された留意事項等を遵守していないという外形的事実を主張立証した場
合には、被告側がこれを覆す適切な立証を行わない限り、当該支出が本件使
途基準に違反することが事実上推定されるというべきである」と述べている。

　しかし、内規の定めを全て同列で論じることは適当ではなく、使途の内容
に関するものと単なる手続に関するものでは、その違反の効果は異なると考
えられる。

　前掲鳥取地裁判決は、その旨を次のように述べている。

　ただし、本件ガイドラインには、支出内容を具体的に制限するもののほか、
政務調査費の適切な執行の確保とその検証のための報告の方法等の定めなど、
多様な内容が含まれていることからすると、原告らにおいて、本件ガイドラ
インに規定された留意事項等を遵守していないという外形的事実を主張立証
した場合に被告において必要となる主張立証の程度については、その留意事

項等の内容に応じて判断すべきことになる。すなわち、政務調査費の支出内容を具体的に制限する留意事項等を遵守していないという外形的事実が立証された場合には、被告側において、当該支出が本件使途基準に違反しないことを積極的、具体的に主張立証すべきこととなるが、支出検証のための使途報告の方法についての留意事項等を遵守していないという外形的事実が立証されたにとどまる場合には、それによって当該支出が直ちに使途基準に違反するものであることが事実上推定されるとまでは言えないから、被告側において、検証のために必要な事実の主張立証を行えば足り、当該支出が本件使途基準に従ったものであることを積極的、具体的に立証する必要まではないものと解すべきである。

（3）証拠書類の不提出

　内規で保存義務が定められた証拠書類はもちろん明確には保存義務が定められていなくとも、内規の定めに従っているかどうかを事後的に検証する上で当然必要となる証拠書類を訴訟において提出しないときは、一般的・外形的事実と認定されやすいので注意を要する。

　前掲鳥取地裁判決は、この点についても次のように述べている。

　（ガイドラインに、按分の基準として広報誌全体に占める政務調査活動の広報部分の割合を例示し、按分の考え方を明示することを要求する等の規定があること等を指摘し）以上の規定を踏まえると、本件ガイドラインは、印刷された広報誌の紙面を検証して、按分率が適切に設定されているかを判断することを前提としているというべきであるから、議員は、広報誌について、本件ガイドラインの定める証拠書類に準じて保存義務を負うと解するのが相当である。したがって、印刷ないし郵送された広報誌を証拠提出しない場合には、本件ガイドラインに違反するとの外形的事実の立証があったと認められる。

5　証拠書類保存期間後の主張立証責任

　上記の「使途基準に合致した政務調査費の支出がされなかったことを推認させる一般的・外形的な事実を原告が主張立証したか否か」という判断基準による事実上の主張立証責任の転換は、証拠資料の被告側への偏在が正当化理由であった。そうであれば、主張立証活動における被告、議員側の優位性が低下する事態になった場合には、この基準にも必要な見直しを行わなければ衡平を欠くであろう。

　この点、平成26年10月24日和歌山地裁判決は、「政治活動の自由の性質に鑑みれば、政務調査費の支出については、議員の合理的な裁量判断に委ねられているというべきであるから、『本件使途基準に適合した政務調査費の支出がなされなかったことを一応推認させる程度』という立証の程度をあまりに低くすることは相当ではなく、一応推認される程度の事実を具体的に立証しない限り、被告の反証がなかったとしても、証明されたとは認められないというべきである」との一般論を述べた上で、具体の事案について「本件規程では、会計帳簿を作成しその内訳を明確にするとともに、証拠書類等を整理保管し、これらの書類を3年間保存しなければならないと定めているところ、（本件支出に係る）監査請求や本件訴訟提起時には既に上記保管期限を徒過していたこととなる。そこで、被告において、政務調査費の支出に関する内訳を具体的に主張立証できないからといって、支出の違法性が一応推認されたということはできない」と判示した。主張立証責任の分配に時の経過の要素を反映させた妥当な判決であるが、反面、証拠資料の保存期間内は、やはり主張立証責任の転換を認める趣旨とも読めるので留意する必要がある。

　時効制度は、長期間の時の経過によって真実の権利関係の証明が困難になることを根拠の一つとし、逆に時効期間をもって関係文書の保存期間とすることが一般的である。政務活動費について監査請求期間という事実上時効に相当する効果を有する制度の適用がないとするなら、保存する証拠資料だけでどの程度真実の証明が可能かを確認しておく実務が求められる。

　なお、政務活動費等に関する監査請求及び住民訴訟の対象を「怠る事実」と構成するとき、そこで管理を怠っている「財産」とは損害賠償請求権又は

不当利得返還請求権である。

　したがって、判例はないが、住民の権利確保と議会活動及び議員活動の自由の保障との均衡を図る観点からは、監査請求期間の制限規定が適用されないとの解釈に立つ場合でも、損害賠償請求権の時効期間である「損害の発生を知りたる時」から３年を類推適用^(注)すべきではないかと考える（なお、少なくとも不当利得返還請求権の時効期間である10年を経過すれば、長も不当利得返還請求することが不可能になるのであるから、「怠る事実」も消滅することになる。したがって、監査請求も却下されるべきであろう。）。

(注)「損害の発生及び加害者を知りたる時から３年」という損害賠償請求権の時効期間を類推適用するとすれば、監査請求期間の正当事由の「知りたる時」には、現実に知ったかどうかではなく客観的に知ることができたかどうかを基準とする昭和63年４月22日最高裁第二小法廷判決が援用されるべきであろう。

6　不当利得の返還

（1）返還額

　議長への収支報告後、万一、監査や住民訴訟で違法支出（＝不当利得）であると認定されたものがあったときに、実際に返還を要する額はいくらなのかという実務上重要な問題である。

　政務活動費の交付額をＡとして、議長に提出した収支報告書に記載した支出額をＢとする。

　「Ａ－Ｂ＞０」なら、政務活動費の残余額を返還することになる。

　では、逆に交付を受けた政務活動費の額よりも政務活動のために支出した額の方が多いときはどのような報告の仕方になるか。

　この点、政務活動に支出した経費の全てを報告するのではなく交付額を超える部分は切り捨て、「Ａ－Ｂ＝０」となるように報告することにしている議会もあるが、「Ａ－Ｂ＜０」のまま、実態どおりに全て（総額記載方式で）報告している議会もある。

　もちろん、いずれにしても政務活動費の交付額を超える支出には、議員又は会派の自己資金や政治資金が当てられているわけである。

そこで、仮に支出した政務活動費の一部（その金額をCとする。）が違法支出と認定された場合に被告が政務活動費を交付した会派又は議員に請求するべき金額（＝会派又は議員が返還義務を負う額）は、そのままCなのか、「A－（B－C）」で収支を再計算し、政務活動費の残余額が生じたときに、その額を返還すればよいのかが、問題となる。後者の場合は、交付額を超えて報告されていた政務活動支出額の分、返還額がCより減額され、「A－（B－C）＜0」だった場合は、実際には返還額が出ないことになる。

「A－B＝0」で処理している議会の場合は、そのままCが返還額になるだろう。なお、使途基準違反とされた経費の代わりに報告時に切り捨てられていた政務活動経費を持ち出し、これに政務活動費等を振り替えて充当することは、条例違反になり、許されないと考えられるので、注意を要する。条例等で定める議長への報告期限の経過後であるし、使途基準適合の確認も経ていない経費だからである。平成23年9月8日福岡高裁判決は、使途基準違反とされた経費とは別に、収支報告書には記載していなかった適正経費を支出していたから返還義務はないとの議員の主張を認めなかった。

（2）総額記載方式の場合の返還額

では、「A－B＜0」の報告を認め、全ての政務活動経費を報告し、領収書等により使途基準適合確認も受けていた議会の場合はどうか。

平成28年9月29日金沢地裁判決（及び控訴審の平成29年3月1日名古屋高裁判決）は、「A－（B－C）」の計算方式で算出された残余の額でよいとした。残余が生じなければ返還額もないことになる。平成28年4月22日新潟地裁判決等もこの計算方式で返還額を算定しており、平成27年2月26日東京地裁判決と控訴審の平成27年9月17日東京高裁判決等、同様の考え方を示す判例は他にも存在した。

一方、平成29年7月10日東京高裁判決は、実際の支出はあり、その評価（使途基準に適合するかどうか）が誤っていた場合と、実際に支出したとは認められない（架空支出であった）場合とで分け、後者については、「使途の透明性の確保の趣旨に著しく反し、政務活動費等を取得する法律上の原因がないと解するべきである」から実態と合致しない各支出分は、不当利得として

返還すべきとしたが、平成30年11月16日最高裁第二小法廷判決は、次の理由から、原判決は、（法令の解釈を誤っており）是認できないとして、これを破棄し、原告の請求を棄却した。

---

① 本件の政務調査費及び政務活動費の交付に関する新旧条例（以下「新旧条例」という。）は、具体的な使途を個別に特定した上で政務活動費等を交付すべきものとは定めていない。

② 新旧条例は、収支報告書上の支出の総額が当該年度の交付額を上回ることを禁ずるものとは解されない。

　また、①から、その支出の総額が交付額を上回る場合に、収支報告書上、支出の総額のうちどの部分について政務活動費等を充てるのかを明らかにすることを求めているものとも解されない。

③ 以上のような条例の定めの下では、政務活動費等の収支報告書に実際には存在しない支出が計上されていたとしても、当該年度において、使途基準に適合する収支報告書上の支出の総額が交付額を下回ることとならない限り、政務活動費等の交付を受けた会派又は議員が、政務活動費等を法律上の原因なく利得したということはできない。

　これで、返還額は、「Ａ－（Ｂ－Ｃ）」の計算式で算出された残額によるとの解釈が確定したことになる。

　ただし、これは、全国議長会の標準条例に準じた条例の解釈であり（前記③の下線部分参照）、「本件使途基準に基づかない支出があると認められるときは、当該支出に係る経費の全額の返還を求めなければならない」と規定しているような条例の場合には、今後も、交付を受けた政務活動費等の額を上回る支出があった場合でも使途基準外支出の全額を返還すべきことになる（平成28年3月11日東京地裁判決）。

（注）平成30年3月16日鳥取地裁判決は、最高裁判決の事例と同様の条例について「本件条例等には支出総額が交付額を上回ることを予定していることをうかがわせる規定がないから、自己負担額の有無にかかわらず、違法支出額について不当利得が成立

第1章 ｜ 政務活動費判例分析の基礎

する」と判示していたが、本件最高裁判決後、平成30年11月27日広島高等裁判所松江支部判決が出され、最高裁の判旨に沿って原判決を変更した。

（3）預金利息の取扱い

　政務活動費等の管理上、銀行口座等に預ける運用をしていると、収支の時期の違いから預金利息等の果実が発生することがある。このため、このような果実（預金利息等）を議長への収支報告に記載し、残余があれば返還すべきか否か、疑義が生じるが、政務活動費等に関する法令には、交付を受けた政務活動費等を会派又は議員がどのように管理すべきかに関する規定はなく、各議会で、適宜、運用を定めれば足りる問題である（発生し得る利息等の額も、通常少額であるし、年間数回に分けて交付する議会の場合、政務活動のため支出した金額と支出時期によっては、逆に会派や議員の側に立替金の利子負担が発生することもある。）。実際、この点が争点になった判例はないようである。

　ただし、平成27年10月27日岡山地裁判決は、1,620万円の交付を受けた会派が、支出額583万4,822円で報告し、残余額1,036万7,046円を返還（1,620万円−583万4,822円＝1,036万5,178円と1,036万7,046円の差額が1,868円ある。これは、政務調査費を預けていた預金口座に生じた利息であり、これも残余額として返還されていた。）していた事例であるが、支出額のうち合計10万537円が違法支出と認定され、「H市は、（違法支出額から）**本来残余額に算入されないはずである預金利息**1,868円を控除した9万8,669円の返還請求権を有する。」と判示しており、預金利息を返還する必要はないとの理解に立っている（平成27年1月20日岡山地裁判決も同旨）。

「民事訴訟のしくみ」

　民事訴訟では、裁判官が真実発見のために証拠資料等を探し出すことができる「職権探知」を適用する人事訴訟などとは異なり、事実関係の陳述（主張）やこれを証明する証拠の提出は、当事者である原告と被告が口頭弁論で行わなければならない、あるいは、原告と被告が行ったものだけを対象にしなければならないという「弁論主義」が適用される。そして、請求権があると主

張する側が請求権の発生原因となる事実（この場合は使途基準に違反する事実）を陳述（主張）し、その証拠を提出しなければならないのが原則である。したがって、当事者のいずれからも主張されない事実は認定できないことになり、これを「主張責任」という。

次に「立証責任」とは、当事者の主張や証拠では真偽不明である（裁判所が真実であると事実認定できない）ときに、原告と被告のどちらがその不利益を受けるのかという問題で、これも原告が不利益を負担する（＝原告の主張が認められない）のが原則であるという話である（なお、刑事事件で「疑わしきは被告人の利益に」という原則があるが、同じ話を逆に表現したものである。）。

つまり、次のような図式になる。

「原告の主張立証の合理性」＞「被告の一般的な主張立証の合理性」

　→このときは、使途基準に合致した政務調査費の支出がされなかったことを推認させる一般的・外形的な事実が認められ、主張立証責任が被告に移転する。

そこで、被告又は議員（補助参加人）が**特別の事情**を主張立証（反証）しなければ、結局、当該支出は違法と認定される。

「原告の主張立証の合理性」≦「被告の一般的な主張立証の合理性」

　→このときは、原告が主張立証責任を負い、原告の主張は棄却される（「＝」は、真偽不明の場合を意味する。）。

第2章　政務活動に要する各経費の考え方と留意点

第1節　総論

1　議員活動の諸相

　地方議会議員は、本会議、委員会等の会議に出席し、会議規則等に定めるところにより議案の審議、審査、調査等を行う「議会活動」（合議制議事機関構成員としての活動）だけではなく、住民代表として住民意思を把握するための活動、地方分権時代の議会に期待されている政策立案・自治立法機能、監視機能、利害調整機能等を十分に発揮するための「議員活動」（議会活動に資する準備行為として個々の議員が行う活動）も活発に行っている。また、議会活動のために政治信条や政策的志向を共にする議員が集まり結成された「会派」に所属する場合は、集合的な議員活動として「会派活動」が加わる。

　次に、その他の活動として、国政政党に所属している議員であれば議会活動や会派活動とは別に政党の役職又は党員としての活動を行うことがあり、政党とは別に、自ら政治団体を主宰し、又はその一員としての政治活動を行う議員もいる。さらに、自身の議員活動を支えてもらうため後援会を組織していれば当該後援会のための活動を行い、もちろん4年ごとに行われる選挙の時期には選挙活動も展開される。これらの活動とともに、議員の身分を離れた私人としての活動と生活が常に存在することも当然である。

　このように、地方議会の議員が行う活動は、多彩かつ多岐にわたる。しかし、議員としての活動の中心は、やはり、住民の負託に応えるための議会活動であり、その活動を保障するため議員報酬のほかに費用弁償が実費支給されている。

　一方、議員にとって議会活動の次に大きな比重を有する会派活動と議員活動を保障するために制度化されたのが、まさに政務活動費等である。

　また、その他の活動は、政治資金や自己資金で賄われることになる。

　次頁の図は、これらの関係を整理したものであるが、各活動は、充当する

第 1 節　総論

べき経費が異なるのであるから、明確に区分する必要がある。
　まず、「議会活動」と（議会活動の基礎となる活動として）政務活動費の対象になる「会派活動・議員活動」との区分については特に問題とはならないであろう。議会活動は会議規則等においてその根拠が具体的かつ明確に規定されている。このため、少なくとも費用弁償の支給範囲については政務活動費等の制度創設前から限定的な運用が確立しており、そのことによって、議会活動は他の活動と区分されてきたからである。

●地方議会の議員の活動

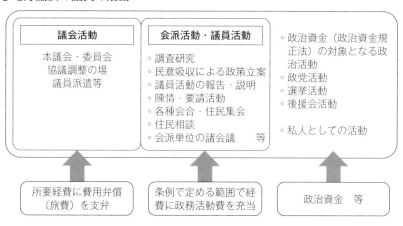

　次に、「会派活動」と「その他の活動」（上図で「議会活動」及び「会派活動・議員活動」の枠外に掲げた「政治資金の対象となる政治活動」「政党活動」「選挙活動」及び「後援会活動」（以下「その他の政治活動」と総称する。）と私人としての活動の部分である。）の区分も通常は問題とならないであろう。これらの活動は、基本的には個々の議員の活動であって会派活動とは活動の主体（経費の負担者）が異なるからである。会派は政治資金の管理団体ではないし、会派と政党（政党支部）とはそれぞれ独立した団体で意思決定機関も執行機関も異なっている。同じ選挙区の議員が同一会派に所属することも多く、会派活動として個々の議員のための選挙活動や後援会活動を行うことは通常は考え難いし、会派自体の「後援会」は仮に存在するとしても例外であろう。

201

第2章 | 政務活動に要する各経費の考え方と留意点

そもそも会派は、政治的信条や政策的志向を同じくする議員が共同で議会活動を行うことを目的として結成した権利能力のない社団である。活動（事業）内容は、規約や会則において、議会活動及び議会活動に資する（議会活動の基礎となる）活動に限定されており、多彩でもなく、多岐にわたってもいない。

　したがって、政務調査費時代においても、会派が「議会活動を離れた活動に関する経費ないし当該行為の客観的な目的や性質に照らして議員の議会活動の基礎となる調査研究活動との間に合理的関連性が認められない行為」（平成25年1月25日最高裁第二小法廷判決）を行うことはほとんど想定しがたかったのであるが、おそらく唯一のグレーゾーンであった会派として行う要請・陳情活動についても、政務活動費では明確に対象経費とされている。

　以上のことから、最も問題（争点）となるのは、**個々の議員の諸活動の中における政務活動としての議員活動とその他の政治活動及び私人としての活動との区分**である。

2　政務活動と区分すべきその他の政治活動

　議員の活動は、大きくは政治家としての政治活動と私人としての活動に分けられるが、個人（私人）としての立場で加入している団体（町内会、同窓会等）での活動、社交（冠婚葬祭）、私生活等に関する活動に政務活動費が充当できないことは明らかである。

　しかし、政治活動は、直接これを定義するものはないが、政治資金規正法（昭和23年法律第194号）等における政治団体等の定義によれば、「政治上の主義若しくは施策を推進し、支持し、若しくはこれに反対し、又は公職の候補者を支持し、若しくはこれに反対することを目的として行う直接間接の一切の行為」をいうものと解され、政務活動もこれに含まれる（定義の前半部分）ことから、前掲の平成25年1月25日最高裁第二小法廷判決にいう「議員としての議会活動を離れた活動」や「当該行為の客観的な目的や性質に照らして議員の議会活動の基礎となる調査研究活動との間に合理的関連性が認められない行為」（現在の政務活動費については、「調査研究活動」は「調査研究

202

第 1 節　総論

その他の活動」に置き換えられるであろう。）に該当するか否かという観点から、
政務活動費の充当の可否を判断する必要がある。

まとめ

①　政党活動

　政党の維持・運営、党勢拡大、党の政策の普及・宣伝等を目的とする政治
活動は、明らかに議会活動を離れた活動である。しかし、会派を構成する議
員が同一政党に所属している場合には（国レベルの政策と自治体レベルの政策
の差はあるとしても）会派の政策と党の政策が一部重なる場合があることは
当然であり、広報費に関し疑義が生じることがある。また、議員がその事務
所において政務活動と併せて政党の支部活動等を行うことも少なくないため、
これに要する経費、すなわち事務所費、人件費等の支出のあり方が問題とな
る。判例も多く、各経費の箇所（225頁～）で後述する。

②　選挙活動

　「特定の選挙について、特定の候補者に当選を得させるため、投票を得若
しくは得させる目的を持って、直接又は間接に必要かつ有利な行為をするこ
と」（昭和52年2月24日最高裁第一小法廷判決）とされる選挙運動はもちろん
であるが、選挙運動とはみなされず選挙の告示前でも行える立候補の準備行
為、選挙運動の準備等の選挙活動も議会活動を離れた活動（最終目的は再び
議員として議会活動を行うことにあるとしても直接の目的は当選である。）で
あり、**政務活動費を充当することはできない**。広報費や事務所費、人件費に関する
判例があり、各経費について後述するが、選挙活動が行われるのは制度上も
実態としても任期末の一定期間に限られる。

③　後援会活動

　議員の政治活動を支援することを目的として結成された後援会の維持・運
営、会員の募集、獲得等を行う活動である。後援会活動も政治活動の一つで
あるが、議会活動とは本来関わりがないし、後援会を持たない議員や名義上
は存在しても選挙活動の時期以外には特段の活動を行っていない後援会も少

なくない。しかし、活発に活動している場合には、議員の広聴広報活動が、まず後援会員を主たる対象として行われることは当然であり、後援会が議員の政務活動を実質的に補助することもある。このような場合に政務活動との区分について疑義が呈されることもあるが、単に後援会や後援会員が関わるだけで後援会活動になるわけではなく、活動の主体（議員なのか後援会なのか）及び活動の目的（議会活動のためか後援会の維持・拡大のためか）によって区分されることになる。

　ただし、後援会の規模や活動状況等に応じて議員が後援会に関する事務を自宅だけではなく事務所でも行う場合には、政党活動と同様、事務所費、人件費等の支出のあり方が問題となる。これも各経費の箇所（225頁～）にて後述する。

④　政治資金の対象となる政治活動

　広義の「政治活動」から典型的な政治活動である政党活動、選挙活動及び後援会活動を控除した活動のうち、政務活動に該当しないもの（使途基準に適合しないもの）が、ここにいう「政治資金の対象となる政治活動」である。政治資金又は自己資金が充当されるべき活動であるが、どのようなものが該当するのかが常に住民訴訟の争点となる。

3　政務活動費の支出（充当）と活動実態
　　～活動実態がないと認定された事例～

　政務活動費は、このように多彩かつ多岐にわたる議員の諸活動のうち、実際に行われた政務活動に要した経費に対してのみ充当できる。

　この点について、「体調を崩して議員活動を行っていなかった時期に支出された広報費、人件費、事務所費」は違法支出に当たるとした平成29年11月28日岡山地裁判決がある。

　訴訟の対象となったのは平成25年度のガソリン代（広報費）、賃金及び電話代（事務所費）であるが、平成23年4月以降、これらを支出した議員は数回しか本会議及び委員会に出席していないこと、議員活動をしていれば通常

必要と考えられる調査研究費、資料作成費、資料購入費が全く支出されていないこと並びに事務所水道料金及び電気代も平成23年5月分以降は平成24年10月分を除き支出されておらず、事務所の使用実態もなかったことを原告の主張・立証に基づき認定し、遅くとも平成23年4月以降は議員活動をしていなかったと推認された事例である。

4　政務活動費の按分～その基本的考え方～

（1）議員活動の混在と按分の必要性

　政務活動と政務活動以外の諸活動は明確に区分し、それぞれの活動に充当する経費も区分しなければならない（＝政務活動以外の活動の経費に政務活動費を充当できない）し、また、それぞれの活動の目的と性質は異なるのであるから、基本的には区分が可能であるのは前述のとおりである。しかし、例外的に、各活動の範囲の区分が（各活動に要した経費の仕訳も）困難な、又は事実上不可能といってよい場合があることも事実である。

　そこで、このような場合には、明確に区分しがたい各種の活動を全体としてとらえ、これに要した経費の総額を合理的な基準によって按分し、それぞれの活動に要した経費として認定する必要があり、政務活動費は、政務活動に按分された経費にのみ充当できることになる。

　このため、各議会の手引きその他の内規では、通常、この按分に関する考え方や基準が定められているが、前掲の平成29年1月31日仙台地裁判決は、政務調査費に関し、次のように述べている。

　本件要綱及び本件手引書は、本件使途基準に掲げる費用につき、政務調査費に係る経費とそれ以外の経費を明確に区分し難い場合には、従事割合その他の合理的な方法により按分した額を支出額とすることができるものとし、当該方法により按分することが困難である場合には、按分割合を2分の1を上限として計算した額を支出額とすることができる旨を規定するところ、このような取扱いは、調査研究活動のための必要性を要求する法や本件条例の各規定及び本件使途基準に沿うものということができる。そして、実際に、

205

第2章 ｜ 政務活動に要する各経費の考え方と留意点

> 会派が行う活動は、調査研究活動のみにとどまるものではなく、議員が行う
> 活動も、調査研究活動以外にも政党活動、後援会活動等と多岐にわたるもの
> であって、例えば、政務調査費から経費が支出される出張について、調査研
> 究活動とは別の目的による用務先を一部含んでいる場合や、購入費用を政務
> 調査費から支出した事務用品について、調査研究活動のための利用とそれ以
> 外の利用とが事実上混在する場合が存在することが十分に考えられる。

　まず、この判例が議員活動の混在について述べる部分は、一般論としては
正当である（なお、会派活動に関して述べる部分は疑問であり、後述する。）。た
だし、例示された「政務調査費から経費が支出される出張について、調査研
究活動とは別の目的による用務先を一部含んでいる場合」程度であれば、通
常は区分が不可能、困難とはいえず、按分の問題とはならないであろう。こ
のような例は費用弁償の対象となる用務先と私用その他の目的による用務先
との間でもよく生じる問題であり、その考え方、処理方法は、各自治体の財
務関係の規則等で定められており、これに準じて調査研究活動以外の目的に
よる用務先部分の経路に要した経費を控除すればよいからである。
　しかし、本判例が例示する「事務用品について調査研究活動のための利用
とそれ以外の利用とが事実上混在する場合」、例えば、コピー機、パソコン
等の事務機器をリースしている場合のリース代やコピー用紙等の消耗品の購
入費については、これらを政務活動（調査研究活動等）の目的だけではなく
後援会活動等の目的にも使用しているときは、確かに事実上区分は困難（使
用管理簿や受払い簿等を備えて記帳し、それぞれの使用時間や使用数量によって
区分することは不可能ではないにしても極めて煩瑣となり、その経費と区分管理
に要する事務量や人件費とを比べると現実的とはいえない。）といえ、2分の1
で按分することが合理的な事例の一つといえる。

（2）共用機器or専用機器、共用事務所or専用事務所
　もっとも、これは同じ事務機器を複数の目的で共用している場合の問題で
あり、複数の事務機器や事務用品をはじめから政務活動用とそれ以外の活動
用に分けて管理・使用することが可能であれば、混在の問題は生じない。

また、そもそも事務所が政務活動等と他の活動とを併せて行う拠点として使用している共用事務所であれば、当然、この混在の問題が発生するが、政務活動等に特化し、他の活動を行う拠点とは別に専用事務所を設けている場合には、基本的に混在はなく、そこで使用する事務機器についても混在はないことになる。平成27年9月2日名古屋高裁金沢支部判決も「政務活動専用事務所への全額充当を手引きが認めている場合には、按分充当がされていないことをもって外形的事実があるとは言えない」としている。ただし、どのような場合に専用性が認められ、あるいは認められなかったかは、後述の事務所費（320頁）及び事務費（333頁）の節で判例を見ることとする。

（3）専従職員と兼務職員

　議員活動を補助する職員の雇用に要する経費（人件費）についても、その職員が政務活動等に専従する場合には人件費全額を政務活動費等から支出できるが、政務活動等以外の活動の補助業務にも従事している兼務職員の場合には、これも混在の事例であり、按分の必要が生じる。ただし、業務記録や勤務簿等、従事割合を合理的に説明できる資料があれば、これに従って区分は可能であり、2分の1ではなくその比率で按分すれば足りる。専従性や従事割合等の認定は、具体的な事実関係の下に判断されており、後述の人件費の節（350頁）で判例を見る。

（4）混在論における主張立証責任

　いずれにしても、経費の明確な区分が困難であり、2分の1で按分するしかない場合はあくまでも例外である。しばしば原告が主張するように「常に多彩な活動が混在しているから区分が困難」なわけではない。また、重要なのは、具体的支出に関して複数の活動の経費が現実に混在し、明確に区分経理されていないという事実があるか否か（仮にこのような事実が存在すれば、主張立証責任の箇所（190頁）で述べた「使途基準違反を推認させる一般的、外形的な事実」といえるであろう。）であり、それを原告が主張・立証しているか否かである。「議員の活動は多彩である。従って議員の活動には常に政務活動等以外の活動が混在している（と推論できる）。ゆえに政務活動等の経費は

第２章 ｜ 政務活動に要する各経費の考え方と留意点

常に按分を要し、按分率は２分の１が原則である」といった一般論を積み重ねた三段論法的主張では、「一般的・外形的に使途基準を推認させる事実」を主張立証したことにはならないというべきである。

　前掲仙台地裁判決は、混在に関する説示に続き、その主張立証責任に関し、次のように述べている。

> 　このように、原告の主張立証の結果、被告らの反証を考慮しても、政務調査費の支出対象について、その経費の一部が調査研究活動以外の目的で支出されたといえる場合は、経費の全額について調査研究活動との合理的関連性を有するとは必ずしもいえないから、本件要綱及び本件手引書の上記取扱いに従い、被告らの側で調査研究活動に利用される割合とそれ以外の活動に利用される割合を従事割合その他合理的な方法により算定することができる場合には、当該割合により按分し、算出することができない場合には、少なくとも当該経費の２分の１を超えて政務調査費から支出することは許されない。

　要するに、政務調査費の支出対象について、その経費の一部が調査研究活動以外の目的で支出されたこと、すなわち複数の活動経費が混在していることを原告が主張立証し、被告が反証できない場合には、要綱、手引き等に定める按分率（特段の合理的な按分率が無い場合は２分の１とされている。）を超えて政務調査費から支出した部分は違法なものと認定されるとの趣旨である。これも具体的な支出内容の検討を経た上で調査研究活動以外の目的による支出の混在を推認するものであれば、一般論として正当といってよい。しかし、問題は、個々の支出に関し、どのような具体的事実によって混在を推認できるかにある。この点について、この判例は、会派控室に係る経費等について具体的な支出内容の検討が不十分なまま混在を推認しており、前述の一般論や推論を積み重ねた推認になっていないか疑わしい点があるので、参照の際は注意を要する。

　また、常勤職員に係る人件費や汎用性のある機器、物品等に係る事務費など、混在を推認する一般的、外形的事実と認定されやすい事実の類型や要素がある。これらについても各経費の節（225頁～）で改めて検討する。

第1節　総論

（5）混在論と多面性（性格併有）論

　各種議員活動の混在とともに、判例で度々争点となるのが議員活動の「多面性」「多目的（有益）性」あるいは「性格の併有（兼備）」といった言葉で表現される問題である。例えば、平成29年11月2日仙台地裁判決は、次のように述べている。

> 　会派や会派に所属する議員の活動は、調査研究活動以外にも政党活動、議会活動、選挙活動、後援会活動、会派の維持運営のための活動等と広範かつ多岐にわたることに伴い、会派や議員が使用する事務所、事務用品等につき、調査研究活動のための利用とそれ以外の活動のための利用とが事実上混在する場合や、**一つの活動が、調査研究としての性格だけではなく、それ以外の性格も兼ね備える場合**といった、調査研究活動に係る経費とそれ以外の活動に係る経費を明確に区分し難い場合が存在することが考えられる（略）。
> 　被告らは、政務調査費の支出について、一つの活動が調査研究活動としての性格とそれ以外の性格を「併せ持つ」あるいは「兼ね備えている」場合は、按分は不要であると主張する。
> 　しかしながら、一つの活動が調査研究活動以外の性格を含む以上、当該経費には調査研究活動と合理的関連性がない部分が一定程度含まれているのであるから、（略）調査研究活動に利用された部分とそれ以外の活動に利用された部分が事実上混在する場合と同様に、当該経費が利用された割合に応じて按分した額を政務調査費から支出する必要があり、被告らにおいて、当該経費に関し、調査研究活動に利用された割合とそれ以外の活動に利用された割合について、客観的資料に基づき立証しなければならないと解される。

　一つの活動が複数の性格を併せ持つ（兼ね備える）場合というのが、具体的にどのような事例を想定しているのかは、直接ここでは例示されておらず、必ずしも明らかではない。ただ、個別の支出のうち「資料作成費」（市議会ニュース、市政レポートの広報紙に関する費用）に関する箇所で次のように述べており、これがこの判例が考える「性格併有」の事例ではないかと思われる。

209

（議員が発行し、その作成交付費を政務調査費から支出した）広報紙は、同議員の議会活動といった市政に関する情報が記載されていると認められることから、上記広報紙の交付は市政に関する情報を市民に広報する側面を有するといえる。しかしながら、一般的、外形的には、上記のような議員の議会活動報告等が記載された広報紙を作成して市民に交付（発送、郵送、配布、ポスティング（郵便受けへの投函）、新聞折込を含む。以下同じ。）する活動は、自らの議会活動、調査結果を市民に報告することによって支援者を獲得、保持するなどの政治活動、後援会活動としての側面を有すると推認されるから、上記広報紙の作成・交付費用は、（一般的・外形的事実により）調査研究活動以外の活動にも利用されることが推認される経費であると認められる（そうすると、作成交付費用は、その2分の1を超えて政務調査費から支出することは許されない）。

　広聴広報費の節（275頁）でも改めて判例を分析するが、広報紙の作成・交付経費に関する判例の大勢は、広報紙に掲載された情報のうち、政務活動等に関するものとその他の活動に関するものを分け、それぞれの掲載面積等の比率によって按分するという基準を採用している。つまり、混在の問題（按分率は、混在の程度、割合によってさまざまとなる。）として処理しているのである。この判例のように、政務活動等に関する情報も常に政治活動又は後援会活動としての性格を併せ持つという多目的又は性格併有の問題として理解し、一律に2分の1で按分すべし（性質の問題に割合の概念はなじまないため自ずと按分率は2分の1になる。）とするような判例は一部にとどまるし、後援会活動等との関係は議員によってさまざまであるという議員活動の実態とも相いれない基準であると評さざるを得ない。

　このような目的又は性格の併有論に基づく按分基準を明確に否定する判例もある。

　平成28年12月21日東京高裁判決は、次のように述べる。

　議員の活動及びその前提となる調査研究活動が広範かつ多岐にわたるもの

であることに鑑みると、ある調査研究活動が県政に活用する目的以外には一切有用でないということは想定しにくく、他方で、県政に関する調査研究活動が、他の活動にも有用なものであるというのはままあることであると認められる。

このような場合に、他の活動にも有用であることを理由として政務調査費としての支出を限定するとすれば、必要性の高い調査研究活動であるほどその費用を政務調査費として支出することが困難になるという不合理な事態を招くおそれがあり相当ではない。本件マニュアルが「活動に要した費用の全額を充当することが不適当な場合にあっては、各活動の実績に応じた按分により充当することとする」と規定し、按分による充当を行うべき場合を限定しているのも同様の趣旨に基づくものと解される。

控訴人（原告）が主張するように、県政に関する政務調査以外の目的又は効果がある場合には常に按分しなければならないとすれば、必要かつ有用な調査研究活動を阻害することになり、政務調査費制度の趣旨に反することにもなりかねない。

また、平成27年11月26日福岡地裁判決も次のように述べる。

普通公共団体の議会は広範な権限を有しており、これらの権限を現実に行使する議員ないし会派の活動内容は広範なものであるから、これらの権限行使のために行う政務調査活動も自ずと広範なものとなり、その範囲を明確に定義することは困難であるし、議員活動とその活動のための政務調査活動は極めて密接な関係を有するものであるから、議員ないし会派の特定の活動が政務調査活動とその他の活動の双方の性質を併せ持つ場合があることは否定できない。

しかし、このような場合においても、当該行為が専ら政治活動（議員個人のために行われる後援会活動、選挙時に当選を主たる目的として行われる選挙活動、会派とは別に所属する政党の維持・発展を目的とした政党活動）であると評価できる場合は別として、（当該行為が）政務調査活動としての側面を有するのであれば、（その他の活動の性質を併有するからと言って）当該支

第2章 | 政務活動に要する各経費の考え方と留意点

> 出の全部ないし一部が本件使途基準に違反するということにはならない。

　いずれも正当な理解である。

　また、使途基準適合に関する判断基準である「合理的関連性」の説明の箇所（202頁）で引用した平成25年1月25日最高裁第二小法廷判決も、実は、同趣旨の判例である（後述（216頁）で引用する平成28年3月22日札幌高裁判決参照）。

　本来、調査研究活動とは目的・性質が異なる住民訴訟のために支出した録音テープや証言等の反訳費用に政務調査費（資料作成費等）を充当したことが使途基準違反にはならないとしたものであるが、按分の要否を問題としたものでないことは明らかである。

　その他議員活動の目的や性格に言及する判例は少なくないが、ほとんど実質的な内容は混在の問題である。したがって、混在の事例として理解できる場合はその割合等で按分率を考えればよく、混在では説明できない性質等の問題ならば、政務活動等との合理的関連性や必要性が認められる限り按分の必要はないというべきである。あえて目的・性格の併有を議論する実益はないように思われる。^{（注）}

（注）　なお、既出の平成25年1月31日名古屋高裁判決も、「議員は、地方自治法上、議決権、選挙権、監視権、意見表明権等広範な権限と職責を有しており、これに応じて政務調査活動も広範にわたることが予定されているから、その活動の性質を厳格に論ずることが困難な場合がある。そして、議員の特定の活動が、政務調査活動と政治活動の性質を併せ持つ場合があることは否定できないから、その活動のための政務調査費を支出する場合、その活動が専ら又は主として選挙で当選することを目的とする政治活動であることが明白な場合を除き、その支出が本件規程に定める政務調査費の使途基準に合致するときは、当該支出をもって違法ということは困難である。なお、両者の性質を併せ持つ活動が行われた事案でも、政治活動を純粋な政務調査活動と分離することができ、かつ分離すれば当該支出額が減少することが高度の蓋然性をもって予想される場合は、原告らが主張するとおり、支出額を按分し、政務調査費で賄うべきではない部分の支出を違法とすることも考えられないではないが、不当利得の法理に照らすと、このような場合に該当することは、返還を求める側において主張立証する責任がある。したがって、政治活動の性格を併せ持つような活動に対する政務調査費の支出は違法であるとか、上記の要件の有無にかかわ

第 1 節　総論

らず、直ちに支出額を按分すべきとの主張は採用できない」と述べる。

（6）定額制の経費の按分

　定額制の経費に関して政務活動等のための使用と政務活動以外の活動のための使用との混在があるときに、どのように按分すべきかという問題がある。政務活動費等の支出対象となる経費が定額のサービス利用料であるような場合は、調査研究活動以外の目的での利用の有無にかかわらず月々一定額の支払いをしなければならないから、不当利得は発生しないと解する余地があるからである。

　この問題について、前掲の平成29年１月31日仙台地裁判決は定額のホームページ更新料について目的外利用の存在が推認されるとしても不当利得はないとしたが、控訴審の平成30年２月８日仙台高裁判決は、次のように述べ、この判断を変更した。

　各会派及び議員は、発生した上記定額の経費を全額政務調査費から支出するか一切政務調査費から支出しないかのいずれかを選択しなければならないわけではなく、上記定額の経費の一部を按分して政務調査費から支出することができる。そうすると、サービス利用料が定額制であるか従量制等であるかの違いだけから（経費の按分について従事割合その他の合理的な方法により按分することが困難な場合は２分の１を上限とすると定める要綱の基準の適用について）異なる取扱いをする合理的な理由はない。

　同様の判断を示す判例は少なくない。

　一方、少し視点は異なるが、不可分（定額）の経費の場合は、按分を要しないとする判例もある。平成29年３月30日広島高裁岡山支部判決は、原告の「新聞の購読は市政に関する調査研究以外の目的でも行われ得るから、その代金は按分を要する」との主張について新聞購読料の使途基準適合と全額充当を認めた上で、「こうした判断は、按分を認める自動車燃料代等との整合性を欠く」との原告の主張に対し、「使途基準の適合性いかんは、それが不当利得に基づく返還請求権の要件である『法律上の原因』の有無の問題で

あることに照らすと、本来、自動車燃料代等のように可分な費用を除き、それに適合するかしないか（すなわち、法律上の原因があるかないか）のいずれかとならざるを得ない。そうすると、可分な費用である自動車燃料代等の一部については、自動車の利用状況等に照らし、その一部について使途基準への適合性を否定することはあり得ても、そこから当然に、新聞購読料等の不可分な費用についても同様に一部について適合性を否定すべきことにはならない」として、原告の主張を採用しなかった。

　可分な費用と不可分な費用で按分の考え方を区別し得るとしたものであり、こちらの方が理論的には説得的である。

　しかし、定額制の経費でも用途が混在するのであれば按分を要するとする判例の方が、現状では優勢のようである。これは、利用目的が混在する場合、主観的な購入意図やそれぞれの目的での利用頻度を明確にすることは困難であるため、按分不要論に立つと、極論すれば、一部でも政務活動等の目的で利用している（利用し得る）ならば全額政務活動費等を充当できることになりかねないとして、裁判所の衡平感覚に反するからであろう。

　一方、新聞の場合、そもそも購読料は性質上定額であることに加えて、新聞にはさまざまな記事が載っているが、行政や政務活動の内容・範囲も非常に幅広く、両者に何らの関連性も成立しないということは、むしろ想定しがたいことから、全額充当に違和感が生じないものと思われる。平成27年10月27日岡山地裁判決も、新聞代について、「調査研究活動以外にも使用されていると推認されるが、調査研究活動のためには新聞代全額の支出を要する以上、その全額について、政務調査費として支出することが許される」としていた。

　結局、判例の結論を分けているのは、当該経費の性質のとらえ方とともに、政務活動と政務活動以外の目的のいずれに「主として」利用されている（と推認される）と、裁判所が心証を得たのか、その違いではないだろうか。

　しかし、少なくとも、サービス利用料のように、性質上の定額ではなく、従量制の課金も可能だが、販促の手段として定額制をとっているような経費については、按分（2分の1が妥当であろう。）することをお勧めする。

（7）会派活動に関する按分

　前掲の平成29年1月31日仙台地裁判決は、会派活動についても議員活動と同様に「会派が行う活動は、調査研究活動のみにとどまるものではない」とする。議員活動は多彩で政務活動等以外の活動も含むのであるから、議員の集まりである会派活動も同様であるとの理解であろう。しかし、会派は単なる議員の集合体ではなく独自の目的と規律を持った主体であり、その活動範囲は限定されたものであることは前述したとおりである（202頁）。

　また、この判例は、会派控室の経費について次のように述べている。

　会派控室は、政務調査費の制度が創設される前から存在していたと認められ、また、これが議会議事堂内に設けられていることからすると、会派控室の用途としては、会派に所属する議員が、会派全体として統一的行動を採るため、会派総会を実施してその組織に関する意思決定を行い、会派として推進する政策について議論及び検討をし、会派所属議員が議会活動のために準備をし、場合によっては休憩等にも用いるということがまず考えられ、（略）会派控室におけるこうした活動の一部が調査研究活動に該当する可能性はあるものの、その全部が調査研究活動に該当するとまでは認められない（略）。

　平成28年6月22日仙台高裁判決も、より詳細に会派活動で政務活動等に該当しないと判断する活動の事例を挙げている。

　会派が行う活動は、調査研究活動のみにとどまるものではなく、議会の本会議や委員会への出席等の議会活動はもとより補助金の要請活動等もあると認められるほか、社会の中で活動している団体として一般的に認められる、団体としての会派を維持、運営していくための付随的な業務（会派構成員に対する連絡調整、会計、議会に対して提出する活動報告書の作成等の事務）も当然に存在すると解される。

　（略）このような会派の活動内容に対応して、会派控室は、会派の行う調査研究活動のほかに、各会議出席のための準備（会派としての意思統一のための協議など）、待機・休憩、会派の維持、運営のための活動にも利用され、会

第2章 | 政務活動に要する各経費の考え方と留意点

> 派控室に勤務する職員の雇用契約書ではその仕事内容として、調査研究補助
> 以外にも「来客電話対応、経理、その他」が挙げられている（略）。

　しかし、平成29年3月30日広島高裁岡山支部判決は、次のように述べる。

> 　原告は、調査研究活動と他の議員活動とが混然一体となっている議員活動
> の多面性に照らし、会派控室で行われている行為には、政務調査の意味を全
> く含まない行為も行われているとみるべきだから、上記コピー用紙を含め、
> 会派控室に係る人件費、事務機器・消耗品費、電話・ファクシミリ料、来客
> 用茶菓代等については、いずれも按分されるべきである旨を主張する。しかし、
> 一般に、**会派控室は、会派が議会活動を行うために必要なものとして設けら
> れるものである**し、会派の利用実態についても、それぞれの会派において異
> なり得るものと考えられるのであるから、**会派控室において行われる行為の
> うち議会活動を離れた行為や、議会活動の基礎となる調査研究活動との間に
> 合理的関連性を欠く行為がどの程度行われているのか等についての具体的な
> 主張、立証がないまま、**原告が主張するように、会派控室に係る費用をあら
> かじめ一定の割合で按分することは相当ではない。

　通常、会派控室は庁舎内に置かれていると思われるが、当然、行政財産と
しての性格上、使用目的は議会活動及びその準備行為・関連行為に限定され
ているはずである。「会派が議会活動を行うために必要なものとして設けら
れるもの」とはその趣旨である。したがって、議会活動と関係がない政治活
動や私的活動に使用することは目的外使用となり、許されないはずである。
　また、平成28年3月22日札幌高裁判決（平成28年12月21日最高裁第二小法
廷決定で確定）は、次のように述べる。

> 　会派が行う政務調査費の支出についても同様であり、政務調査活動とは無
> 関係な、会派に所属する議員の政治活動を支援する活動や政党支部の政党活
> 動の経費として使用された部分が混在している場合には、その経費の額を按
> 分し、政務調査活動に係る額についてのみ、政務調査費による支出を行うべ

216

きである。もっとも、**会派が行う政務調査活動の中に、所属する議員の政治活動を支援する活動や政党支部の政党活動という性格を兼ね備えたものがある場合もあり得るが、この場合、政務調査費による支出が許されるか否かは、当該活動それ自体が「会派が行う道の事務及び地方行財政に関する調査研究並びに調査委託に要する経費」といえるか否かによって決すべきであり、政務調査活動以外の活動としての性格を兼ね備えているからといって、政務調査費による支出が許されなくなるということはできない。**

(注) この判例も、制度趣旨に関する既出の平成25年1月25日最高裁第二小法廷判決を引用している。

　この事例は、政党支部に会派の政務調査活動を包括的に委託し、政党支部の職員が委託業務に従事していた事案であるため、そこで行われる活動の中には、所属議員の政治活動を支援する活動や政党支部の政党活動の性格を兼ね備えたものもあり得ると認定されたものと思われる。しかし、会派と政党支部それぞれが独立して運営されている場合には（通常は、執行機関である役員の構成や事務局も異なり意思決定は別々に行われるのであるから）、このような性格兼備の具体的な事例は想定しにくい。いずれにしても、純粋な政務活動等ではなく、それ以外の政治活動等の性格も併せ帯びるような事例が仮にあるとしても、この判例の趣旨によれば、政務活動等としての側面が認められる限り按分の必要はないとの結論になる。その意味で、極めて正当な判決である。

　広島高裁岡山支部の2つの判決、①会派控室で利用するコピー用紙その他の事務用品、ファックス回線利用料、印刷機リース料について、「会派控室を市政の調査を行う事務所として機能させるために通常必要とされるものであるから、会派の行う調査研究活動のために必要な事務費であるといえ、2分の1で按分しなければならない事情はうかがえない」とした平成28年11月10日判決と、②会派控室に備え置いた複合コピー機購入費への政務活動費の全額充当について、「会派に係る政策資料の作成や議会質問等の際に利用されていた」と認定する一方で、「会派としての議会活動を離れた政治活動等に使用されていたことを認めるに足る証拠はない」として全額充当（原

第2章 │ 政務活動に要する各経費の考え方と留意点

審は、2分の1は不適合としていた。）を認めた平成29年2月2日判決や「液晶テレビはテレビ放送等を通じて調査研究に必要な情報の収集のために、電子辞書は調査のために用い、ICレコーダー、ビデオカメラ、DVDレコーダー及びシュレッダーは収集した情報の記録・管理・編集のために用いるものであって、いずれも会派の行う調査研究活動に有用な機器であり、本件各事務機器は会派控室に設置され所属議員に利用されていた」ことを理由に会派の行う調査研究活動にかかる事務遂行に必要な経費（購入費、リース代、通信費等）に該当するとした平成23年1月19日宇都宮地裁判決も、会派控室が専ら政務活動等を行う場であるとの認識を前提として各経費への全額充当を認めている。

（8） 会派の活動と政務活動の範囲

上記（7）で引用した各判例が会派の活動として挙げているものを整理すると次のようになる。

まとめ

① 地域や団体の要望把握
② 代表質問の作成
③ 議員提案条例の立案
④ 国、県等への要望、要請、提言等の活動及び意見書等の作成
⑤ 会派の広報誌発行やホームページの運営管理
⑥ 会派として統一行動をとるための活動（会派総会による意思決定、会派として推進する政策に関する政策審議会等における議論・検討その他の議会活動の準備）
⑦ 団体としての会派を維持、運営していくための付随的な業務（会派所属議員に対する連絡・調整、会計、議会への報告・提出物作成等の事務）

①から⑤までについては、全て調査研究活動そのものか、これと合理的関連性を有する政務調査活動に該当することが明らかであり、平成28年3月22日札幌高裁判決及び原審の平成27年5月26日札幌地裁判決は、これらが全て当時の「政務調査活動」に該当することを当然の前提として、これらの

業務の政党支部への委託経費が使途基準に適合することを認めている。

　また、⑥についても、上記判決が①〜⑤の業務の実施内容について具体的に事実認定している内容を見ると、同様に政務調査活動と捉えていることが伺われる。

　一方、前掲平成29年1月31日仙台地裁判決や平成28年6月22日仙台高裁判決は、既述（215頁）のとおり、⑥の少なくとも一部と⑦を「政務調査活動」に該当しない活動の例として挙げている。

　しかし、前掲の平成28年12月21日東京高裁判決（及び原審の平成28年3月25日長野地裁判決）は、「議員団総会は、会派に所属する議員が一堂に会して、意見交換、情報交換、議論及び方針決定等を行う場であり、会派に所属する議員の間で意見交換や情報交換を行うことは、調査研究活動としての性質を有するものである。また、県議会が会派によって運営されるものであることに照らすと、会派の方針決定に関与することは、県議会を運営する上で必要な活動である。そうすると、議員団総会への出席に要した費用を全額政務調査費として支出することが違法であるとは認められない」と述べており、こちらが正当である。

　⑥の活動は、会派として組織的に政務活動等を行う際には通常行われることであり、「合理的関連性」があることは明らかといってよく、また、⑦の活動も、会派としての政務活動等を継続的に行うためには不可欠の活動であって、合理的関連性が認められるべきである。例えば、「連絡・調整」は会派総会や政策審議会に関するものがほとんどであろうし、会計も、議会活動に関するものは議会事務局が行うのであるから、会派として行う会計は、基本的には政務活動に関する会計であろう。交付される政務活動費だけでは当該政務活動の所要経費に不足し、会費等で補填することがあるとしても、活動の性質が変わるわけではない。また、会派として議会に対する報告等の義務を負っているのも政務活動に関するもの以外にはほとんど想定できない。そうすると、いずれも政務活動上不可欠の業務であって、合理的な関連性を有するものといえる。

　以上のとおり、①から⑦までの活動は、いずれも議会活動の前提（基礎）となる政務調査活動に該当し得た活動であり、当然、現在の政務活動にも該

第2章 | 政務活動に要する各経費の考え方と留意点

当する活動である。

　しかし、各議会が、これらの活動のうち、いずれを当該議会における政務活動等の範囲に含めるかは、使途基準及びその制約の下での各議会の裁量に委ねられており、①〜⑦の活動の一部をあえて除外することは当然可能である。

　なお、会派の所属議員の懇親のための経費や冠婚葬祭に関して会派又は会派代表者が支出する経費が政務活動費（政務調査費）の対象にならないことは当然である。また、所属議員が共同で私的活動や政務活動以外の政治活動等を行うときに（その経費には徴収した会費等が充てられる。）、外見上は会派活動との境界があいまいなため、会派の政務活動補助員が、事実上（雇用契約に基づかず任意で）、これらを手伝うこともあり得るところである。

　しかし、これらの頻度や性格を勘案すれば、会派の政務活動補助員の人件費や事務費について按分を要するとまでは言えないであろう。

(注)　平成29年5月26日大阪高裁判決は、会派運営費に関するものであるが、「慶弔等の公益上の必要性がない活動に関する事務費や人件費の2分の1は違法である」との原告の主張を「事務費や人件費中公益性がない活動のための額は特定できないし、それが一定以上の割合を占めることを認め得る的確な証拠はない」として退けた。按分を要するほどの割合ではないということである。

研究 会派運営費交付金が対象とする活動は政務活動か？

　前掲平成29年5月26日大阪高裁判決は、政務調査費制度と要綱による補助制度である会派運営費交付金を併存させている議会に関する事例であるが、「調査研究に資するため必要な経費」を要綱により会派運営費として交付することは許されないとした上で、「ある活動が調査研究活動の性質とその他の会派の活動の性質とを併せ持つ場合も少なからず起こり得るし、経常的に支出される事務費や人件費については調査研究活動のためにもその他の会派の活動のためにも支出され得るから、個別の支出ごとに政務調査費とすべきか会派運営費とすべきかを判断することは困難な場合もあり、両者の区別が事務手続上煩瑣で多大の労力を要することも考えられる。このため、政務調査費と会派運営費のいずれにも計上し得る経費やどちらに計上すべきか区別が困難

な経費等を政務調査費ではなく会派運営費として計上することも、公益性が認められる限り、地方自治法232条や同法100条14項、15項に反するものではない」とする。

「調査研究に資するために必要な経費」の範囲を他の補助制度を持たない議会よりも狭く定めている（一部の活動を除外した）事例と理解すべきである。

5　活動の実態や経費の性質等に応じた按分率

（1）2分の1の按分率

　政務活動と政務活動以外の活動が混在する場合でも、それぞれの活動の割合や実績が算定できる場合、例えば、広報費のうち広報紙発行経費等については、紙面に占めるそれぞれの活動に関する情報の面積等によって外形的に割合が算定できる場合は、その割合で按分することになる。

　また、活動記録等により活動実績を説明できる場合は、これを根拠として算出した割合で按分することも可能であろう。平成29年3月29日広島高裁判決は、議員自身の活動記録ではなく、秘書の活動実績を元に設定されたガソリン代の70％の充当率の合理性について、「補助参加人（議員）は活動内容を説明し、控訴審で証拠を追加提出するなど具体的に違法でない旨の反論をし、それは証人の証言で裏付けられており、按分割合についての説明は一応なされている」と認定した上で、「他方、原告は原審と同じ主張を繰り返して疑問を呈するのみで、充当が合理的でないとする具体的な主張立証をしていない」として原告の請求を棄却した（敗訴部分を取り消し、被告の全面勝訴）。原審では議員自身の活動実績の立証がなく、その主張は信用できないとされていたものである。主張立証に関する参考事例とすべきである。

(注)　議員と行動を共にする秘書は、職務上、手帳等に詳細に行動予定・記録を記載する例も多いが、後述のとおり議員活動の自由を確保する観点から、原審段階では詳細な説明や証拠提出が躊躇されたものと推測される。

第２章 ｜ 政務活動に要する各経費の考え方と留意点

（2）２分の１以外の按分率

　一方、政務活動と政務活動以外の政治活動の混在があり、かつ、その割合を明確にできない場合について、一般的な使途基準又は内規では、政務活動費の按分率（充当率）を２分の１（「を上限とする」又は「以内」）と定めている。

　しかし、議員活動の実情に照らすと、議員の諸活動に占める政務活動の割合は、もっと高いというのが多くの議員の実感であろう。ただ、その割合を証明できる客観的な証拠資料がない場合も多い（詳細な活動記録を残すことは多忙な議員にとって困難であり、また、記録が漏洩すれば各活動の関係者に不測のリスクが発生する等、議員活動の自由を阻害する恐れがあるためであろう。）ことを想定し、議員活動の実情に関する知識がない一般県民等にも分かりやすい２分の１という按分率が抑制的に定められたものと思われる。実際、ほとんどの判例では、この按分率を合理的としている。

　ただし、当該議会における政務活動等の実態や経費の性質に応じて、使途基準又は内規で「２分の１」以外の按分率を定めたり、裁判所が「証拠や弁論の全趣旨」から政務活動等の実態を事実認定し、議員が用いた充当率とは異なる充当率を採用することがある。

　平成28年10月26日岡山地裁判決は、燃料費、通信費、事務所費及び備品購入費について活動の割合が区分不可能な場合には按分率を４分の１とすることが内規で定められていた事例であるが、原告の８分の１が妥当との主張を退け、当該内規の定めは社会通念上十分合理性を有するとした。より抑制的に２分の１を下回る按分率としたのであるから、当然とも言える判断である。

　また、平成28年６月１日名古屋高裁金沢支部判決は、内規（マニュアル）で設定された充当率の上限（自宅兼用事務所の「電話代その他事務機器類」の場合は３分の１等）について、設定された按分率が何らかの統計的な裏付けがあると認めるに足りる証拠はないとしながらも、「事務所関係費用には、光熱水費のほか多種多様な費目が含まれ、それぞれの費目にかかる使用目的や使用頻度、政務活動に使用される割合も異なり得るものであることを踏まえると、議会が、個別的・具体的な費目ごとに按分率を定めるのではなく、

ある程度包括的・平均的に按分率を示すことは不合理とはいえない」とし（原審の平成28年2月10日福井地裁判決も同旨）、その範囲内で議員が用いた充当率を使途基準に適合するとした。

さらに、按分率の上限を定めず、結果として50％を超える按分率を許容した事例もある。前掲の平成30年3月16日鳥取地裁判決は、内規（ガイドライン）において、事務所費、事務費及び人件費については按分率（の上限）を定めていなかった議会の事例であるが、全ての経費について「証拠書類に基づいて按分率の相当性を客観的に立証しない限り、50％を超える按分率で支出することは許されない」との原告の主張に対し、次のように述べている。

> 本件ガイドラインにおいて、自家用自動車を使用する場合の燃料費（調査研究費）の支出について、使用実態を明確に区分できない場合は、燃料費実費の2分の1を上限とすると規定されているのとは異なり、事務所費、事務費、人件費については、そのような上限は規定されていない。そして、事務所の使用方法や補助職員の雇用形態には多様なものが想定されることからすると、上記3つの費目について一律に上限を定めないことが不合理であるとまではいえない。
>
> また、本件ガイドラインは、事務所費、事務費、人件費については、政務調査活動とそれ以外の活動が渾然一体となることが多いとして、按分率が100％の場合も含めて、証拠書類に按分率の設定の考え方を明示することを義務付けている。しかし、その算定方法は具体的に規定されておらず、活動内容や実績により算定する旨の抽象的な記載があるにとどまる。そして、議員の活動を定量的に評価することに一定の困難を伴うことからすれば、本件ガイドラインの上記定めをもって、議員において、何らかの証拠書類に基づいて、按分率の相当性を客観的に示すことまでが要求されていると解することはできない。
>
> したがって、原告らにおいて、議員の按分率の設定が不相当であると疑うに足りる一般的、外形的事実を主張立証する必要がある。

平成30年4月18日東京高裁判決も、内規（指針）において「他の活動と混在する場合は、議員の活動実態に応じて**会派が定めた割合**により按分して充当できる」と規定されていた事案であるが、この内規に基づき、人件費、事務費等について、概ね7日間のうち1日程度は後援会事務に従事し、後援会事務所としての使用があるとして会派が定めた85％の按分率を正当と認めている。ただし、既述のとおり内規には法規性がなく、その内容を裁判所が合理的と認めるか否かにかかっているから、当該按分率の考え方や根拠の説明と正当性（当該議会が直接定めるにしろ各会派に委任して会派が定めるにしろ、正当な手続で定められ、かつ、対象議員がその基準に従っており、ルールとして機能していること等）が求められるので、留意すべきである。

なお、**裁判所が独自の按分率を認定した事例**として、例えば、前掲の平成25年6月19日横浜地裁判決がある。同判決は、監査委員が設定した監査基準（政務調査活動と他の活動が混在する場合に支出された①自動車リース料、②ホームページ作成・保守費、③事務所の賃借料、光熱水費及びテレビ受信料、④通信費、事務機器リース料、⑤人件費について、按分割合が明確にできない場合は10分の1を目的外とする。）を合理性があるとして包括的に採用した（つまり按分率は10分の9と認定した。）。

その他各経費の性質に応じた按分の考え方やさまざまな按分の事例については、各経費の節で改めて判例を確認することとする。

「判例に見る会派の定義」

　地方議会における会派とは、議会の内部において議員により組織され、同一の政治的信条に基づく各種施策の実現に向けて統一的な活動を行っていくための自主的団体であって、その構成員に変更が生じたとしても団体としての会派は存続することから、法的には、権利能力なき社団としての性質を有するものであると解される。（平成29年3月16日札幌地裁判決）

第 2 節　各経費に共通する費目等

第 2 節　各経費に共通する費目等

　政務活動等に要する経費は、その目的に従って「調査研究費」「研修費」「広聴広報費」「要請陳情等活動費」「会議費」「資料作成費」「資料購入費」「事務所費」「事務費」及び「人件費」に仕分けて計上される。そこで、いくつかの経費に共通する内容（使途）や論点については本節で、各経費固有の論点等については第 3 節以降（245頁～）で、それぞれ判例を見ることとしたい。

1　交通費

　自家用車のガソリン代やリース代は調査研究費に計上されることが多いが、前者は本項で、後者は事務費の節（333頁）で説明する。

（1）自家用車の燃料（ガソリン）代の按分率

　調査等のための移動手段として自家用車を使用する場合に必要な自動車燃料代への政務活動費等の充当を認めない判例はないといってよい。しかし、**自家用車であることから政務活動等以外の活動を目的とした支出の混在が推定されることになり、政務活動費等を充当する方法**としては、内規等で合理的に定める比率で按分するか、実績に基づいて政務活動等に使用した分の走行距離を分離し（支払証明書等でその内容の説明が必要となる。）、内規等で定めるガソリン代の単価を乗じた額で充当額を算出する方法のいずれかによることになる。

　前者の方法においては按分率が問題となり、後者の方法については（5）（229頁）で後述する。

　ガソリン代に関しどのような按分率を適用できるかという点について、前述第 1 節の 5 （221頁）で紹介した判例のような事例もあるものの、政務活動等の割合を明確に説明できない場合、ほとんどの判例は、 2 分の 1 を超える充当を認めない。また、平成28年10月26日岡山地裁判決は、「 2 分の 1 以内において、あらかじめ相当と認められる按分割合を定めることは不合理

225

ではない」とし、活動実態を踏まえて市議会が内規で定めた「4分の1」の按分率を用いた支出を正当とした。

　さらに、平成27年5月26日札幌地裁判決は、使用実態を認定した上で、「客観的、合理的に区分できない場合には、議員本来の活動（この判例では、政務調査活動と議会活動、後援会活動及び政党活動その他の政治活動のことを意味している。）の中での混在の場合は2分の1、政務調査活動その他の議員本来の活動に私的活動も混在している場合は4分の1の按分率が条理、社会通念上合理的である」とする。

　他方、平成29年11月2日仙台地裁判決は、私的活動の有無では特段区別せず、「自動車は、その性質上、調査研究活動の目的に限られず、幅広い目的に使用することができるものであり、同一の自動車を調査研究活動とそれ以外の活動に用いるからには、これをいかなる目的でどの程度使用したかを正確に把握することは一般的には困難である」として調査研究活動以外の目的の併存を推認し、2分の1を超えて政務調査費から支出することは許されないとする。

　また、平成29年6月29日宇都宮地裁判決は、「マニュアルでは、ガソリン代の按分基準を設けていないものの、人件費や事務費、事務所費について、調査研究活動のほか、その他の各種活動に要した時間を含めた総時間に対する調査研究活動に要した時間の割合等によって経費を按分し、支出の上限は原則2分の1であると定めており、この按分割合は、ガソリン代についても条理に従った合理的なものと認められる。」としている。結局、2分の1を基本として、内規等の定めや当該議会の実情で判断すべきということになるだろう。

　なお、**自動車について政務活動等以外には一切使用していないとの主張は、まず認められない**といってよい。

　また、上記平成27年5月26日札幌地裁判決は、収支報告書の支出欄に**ガソリン代として計上された金額が政務調査活動以外の活動のための使用に要した金額をあらかじめ控除した額である場合**は、「本来は計上額に当該控除額を合算した上で按分割合を適用すべきであるが、控除額が明らかでない場合は、現に支出したと立証された額（つまり、記載された金額）に按分割合を

適用せざるを得ない」とした。注意を要する。

（2）ガソリン代等の支払い方法

　ガソリンスタンドとの契約により、いわゆる**「掛け売り（掛け買い）方式」**で、スタンドが発行するカードにより給油し、1か月ごとに清算する方法があり、社用車を多く有する企業等で利用されている。

　平成27年5月26日札幌地裁判決は、「このような支出形態は、個々の給油について領収書等の交付がなく、給油の時期、場所等が判明しないため、政務調査活動に関連するものであったか否かが明らかにならず、違法である」との原告の主張を採用せず、掛け買いという購入方法は一般的に行われているものと認めることができ、議員に与えられた裁量権の範囲を逸脱し、又はこれを濫用したものとはいえないので、**適正な按分がされる限り、使途基準に違反しない**とした（控訴審でも、この判断は維持された。）。

　また、**プリペイドカードによる購入**についても、平成27年12月17日広島高裁岡山支部判決は、「ガソリン代を給油の都度支払う代わりにガソリン用のプリペイドカードを購入したからといって、当該カードで給油したガソリンが全て市政に関する調査研究とは離れた私的な活動に使用されるとは認められないし、（実際に）上記プリペイドカードによって給油したガソリンが私的な活動に使用されたことをうかがわせる事情も認められない」として50％での按分充当を認めた原審の平成27年1月20日岡山地裁判決の判断を維持した。

　汎用性のないカードであることや適切に按分されていることから、**プリペイドカードであるということだけでは、使途基準違反は推認されない**との判断であろう。

（3）複数の車両の使用及び議員でない者の政務活動等

　議員が複数の車両を保有、使用する場合について、前掲平成28年10月26日岡山地裁判決は、それぞれの調査研究等において異なった自動車を使用することも十分考えられるから、内規で定める按分率（4分の1）は、車両の台数に関わらないと述べる。

第２章 ｜ 政務活動に要する各経費の考え方と留意点

　一方、平成28年11月10日広島高裁岡山支部判決は、給油状況から議員が
２台の車両を利用していると認定され、調査研究活動に当たり、２種類の車
両を使い分ける合理的な理由は主張されていないから調査研究活動のための
費用とは認められないとした。

　この複数車両の使い分けが必要な理由について、平成27年５月26日札幌
地裁判決は、「議員単独で行う活動には自ずと限界があるため、事務所の職
員らと手分けして活動を行うことが一般的実態と認めることができる」とし、
**当該議員の政務調査活動のため複数の車両の使用が必要との判断に裁量権の
逸脱・濫用はない**としている。

　なお、この札幌地裁判決は、「**議員でない者が車両を使用して行った調査
活動は議員が行う調査活動とはいえない**」との原告の主張について、「議員
が自ら行う調査研究活動だけでなく、議員の事務所の職員が当該議員の意を
体して行う調査研究活動も議員が行う調査研究活動といえる」と述べている。

　複数の車両を使用する合理的な理由があれば、複数車両のガソリン代に政
務活動費を充当できるというのが判例の方向性と言える。[注]

(注) ただし、前掲平成28年11月10日広島高裁岡山支部判決の事例では、ハイオク車と
　　レギュラー仕様の軽自動車を道路状況等により使い分けた等の議員の主張は、ハイ
　　オク車を使用する必要性が認められない等として採用されなかった。

（4）議会出席のための費用弁償との関係

　さらに、この札幌地裁判決は、原告の「定例会が開催される前後の日時に
おけるガソリン代の支出は、議会出席のための費用弁償との二重取りである」
との主張についても、「確かに、議会出席のため車両を使用した際に消費し
たガソリンの代金を政務調査費から支出すれば、その支出は使途基準に違反
するが、定例会が開催される前後の日時にガソリン代を支出しているからと
いって、必ずしも、そのガソリンを、議会出席のため車両の使用をした際に
消費したということはできず、定例会の日以前に行った政務調査活動で消費
した分のガソリンを給油している場合や、事務所の職員が政務調査活動の補
助業務を行うため給油している場合など、さまざまな場合があり得るから、

第 2 節　各経費に共通する費目等

費用弁償との二重取りを直ちに証するものではない」としている。

（5）走行距離による充当

　自家用車の使用目的は混在していても、政務活動等に使用した際の走行距離だけを分離して算出し、支払い証明書でその内容を説明した上で当該議会の内規等で定められた自動車燃料代の単価を乗じた額を充当する方法は、実務上一般に行われており、判例でも否定はされていない。ただし、支払い証明書の説明が合理的ではないと認定された事例では、結局、（全支出額ではなく）充当額の2分の1を超える部分が違法とされてしまっている。

　支払い証明書にどの程度の説明を記載する必要があるかは、内規等の定め方による。平成29年6月29日宇都宮地裁判決は、「出発地、目的地及び調査先の記載がないことをもって政務調査費からの支出が許されないということにはならない。」とした上で、使途の内容欄の記載については、「行政区長と地域課題について」との説明は一見して政務調査活動ではないとまではいえないとし、「第三区議員会懇談会」との説明は調査研究との合理的関連性が認められないとした。

　なお、控訴審の平成30年5月24日東京高裁判決も原審の認定を踏襲し、当該議会のマニュアルでは支払先、使途の内容等に関する簡略な記入例が例示されていることを指摘し、「支払い証明書にはこの程度の記載をもって足りるとされていたものと解される」としている。

　一方、走行距離等については、裁判所の自由裁量によって合理性の有無が判断されている。政務調査の走行日数が年間で282日、走行距離が年間3万1,892kmに及んでいる事例について、「年間の78％以上の日数で、かつ一日平均100km以上の距離を政務調査のために自家用車を使用していたことになり、使途基準違反を推認させる一般的外形的な事実があるといわざるを得ない」とした上で、2分の1を超えた部分の支出を違法とした。一方、年間の59％程度の日数で一日平均100km前後の事例については、「広範囲にわたる政務調査活動の性質に照らすと、交通費を要する活動は日常的に行われていると考えられることから、上記日数及び走行距離が、政務調査のために費やされたものとしておよそあり得ないものとはいえない」として、一般的外形

229

的事実の立証を認めなかった。

単価について

> なお、ガソリン代の単価（37円／1km）が高いとの原告の主張についても前掲平成29年6月29日宇都宮地裁判決は、ガソリンの値段は原油価格により激しく上下することもあり得るから不合理であるとまではいえないとしたが、平成20年12月1日仙台地裁判決は、1km当たりのガソリン単価を定めて乗ずる交通費の簡便計算方法の合理性自体は認めた上で、当該議会が定める単価90円については、「本件簡便計算方法が、車両購入費（普通タイヤ代、冬タイヤ代及び装備品代を含み、かつ相当高額の車両を購入することを想定した費用）、各種保険料、諸税、車検費用その他の維持費を算定の根拠とする点については、自家用自動車の性質上、政務調査活動の用途に利用すると否とにかかわらず負担しなければならないこれらの費用の全部又は一部を政務調査費から支出することを前提とするものであり、著しく高額である」とし、国家公務員旅費法に定める車賃の額であり、これに準拠して他の議会も採用する単価37円を超える部分は違法とした。

（6）定額の鉄道賃等

政務活動のための出張旅費のうち交通費（鉄道賃）に政務活動費を充当する際の充当額の定め方には、実際に要した額を領収書に基づいて充当する実費方式と全部又は一部について職員の旅費条例や議員の費用弁償条例に準拠して計算した額での充当を認める定額方式とが考えられる。大勢は実費方式であろうが、定額方式を採用している事例について平成30年2月8日仙台高裁判決や平成28年6月22日仙台高裁判決等は、「地方自治法及び本件条例は実額方式によらない方法も許容している。実額方式を貫いた場合、全ての移動手段に係る料金や宿泊費等の支出について、会派又は議員に対して領収書の発行等を受けることを要求し、その内容の確認、領収書等の保管及び管理をさせることとなり、事務処理手続が煩雑化することは否めない。また、移動手段によっては、近距離の鉄道運賃やバス運賃など、その都度領収書の

発行等を受けることが現実的とはいえないものもある」等を理由として挙げ、定額方式の取扱いも違法ではないとした。

（7）定期券、回数券、ICカード等

平成29年8月30日さいたま地裁判決は、平成26年度にわたる期間の定期券購入費に平成25年度の政務活動費を充当した事例について、

① 会計年度独立の原則に反し

② 定期券は政務活動以外の活動にも利用し得る

から違法であるとの原告の主張を退けている。政務活動費等に会計年度独立の原則の適用がないことは第1章第3節2（171頁）で述べたとおりであるし、区間と期間が限定された定期券にそれほどの汎用性はないと認定されたものと思われる。ただし、定期券については、その期間の政務活動の状況（使用回数等）を勘案した上での定期券利用の合理性等の説明も求められるだろう。

では、近時、普及している**交通系ICカード**等の場合はどうか。

平成25年11月18日福岡地裁判決は、一括購入される交通チケット（**タクシーチケット代、交通系プリペイドカード代及び都市高速回数券代**）への政務調査費の充当について、目的外支出が混在すると推認するに足りる事情はないとして、全額充当を認めた。議員活動の多面性を理由に混在が推認されるから2分の1は目的外支出であるとの原告の主張だけでは、使途基準違反が推認される外形的事実とはならないということである。

一方、平成27年8月11日長崎地裁判決は、長崎スマートカード（長崎県内のバス、路面電車等で利用できるICカード）のチャージ代金について、議員の活動には、日常的に政務調査以外の政治活動が行われているとの認識を前提に、合理的な按分割合の説明がない場合、2分の1は目的外支出であるとした。

なお、上記さいたま地裁判決に従えば、（定期券購入の必要性が認められる限り）定期券部分の金額への充当は認められるであろう。しかし、まだ、この点に触れる判例はないようであるが、物販での使用も可能となるICカードへのチャージ金額については、（2）で紹介した事例とは異なり、使途履

歴等によって明細を明らかにした上での充当が必要であろう。

（8）タクシー代

　一般的な条例や使途基準では、タクシー代についても領収書等の写しを証拠書類として提出する必要はあるが、タクシーを利用した目的やその必要性等についての具体的説明や、これを裏付ける資料の提出までは求められていないと思われる。平成29年3月30日広島高裁岡山支部判決も、そのような議会の事案であるが、「こうした本件条例の仕組みに照らすと、タクシー代について提出された領収書や上記の収支報告にあたりなされた議員の説明を客観的に観察して、それ自体、議員としての議会活動を離れた活動のために利用されたものであるとか、議員の議会活動の基礎となる調査研究との間に合理的関連性を欠くとの疑いを生じさせるものでないときには、支出の違法を主張する原告が、こうした疑いを生じさせるに足りる事情についての主張、立証責任を負うというべきである」とする。正当である。ただし、タクシー料金が一般に他の公共交通機関よりも割高であることを理由として、タクシーの利用は、時間的余裕がない、地理的状況に鑑み他に適切な交通手段がない等の相当な事情が存在する場合に限られ、そのような事情の反証（具体的な説明）がない場合は2分の1が違法であるとする極めて抑制的な判例（平成29年1月31日仙台地裁判決）もあるので注意を要する（ただし、通常は、必要性に疑いがあることの立証責任は原告側にあるとされる。）。

　次に、前掲広島高裁判決にいう「収支報告にあたりなされた**議員の説明**」（通常は口頭ではなく、領収書等に付記された書面の説明であろう。）**には、どの程度の具体性が求められるのか。また、どのような説明が「調査研究との間の合理的関連性を欠く」と見なされているのか。**

　平成28年12月27日奈良地裁判決は、目的を「調査」「意見交換」「鍼灸マッサージ協会意見交換会」「国民文化祭100日前イベント調査」「開業医紹介」「温水プール、利用状況調査」と報告するものについて、調査研究活動を目的とするものとは認められないとした。

　しかし、控訴審の平成30年3月27日大阪高裁判決では、「調査」「意見交換」「国民文化祭100日前イベント調査」は、議会活動の基礎となる調査研

究活動と関連する内容であり、虚偽であることをうかがわせる事情もないとされ、「鍼灸マッサージ協会意見交換会」も、このような業界団体との意見交換自体は、調査研究活動と合理的な関連性がないとまではいえないとした。

一方、「開業医紹介」は、やはり調査研究活動に関連する支出であることを推認することは困難といわざるを得ないとし、「温水プール、利用状況調査」は、場所を「温水プール」、目的を「利用状況等」とする記載自体から調査研究活動との関連を推認することは困難であり、控訴審で提出された証拠も当該議員が温水プールで調査研究活動に従事したことを裏付けるものではないとした。

この事案で控訴審が一部認定を逆転させたのは、控訴審における被告側の訴訟活動が功を奏し、そこで提出された補足説明を念頭に改めて当初の説明を見たときに、関連性が推認できたのではないかと思われる。当初の説明だけでは、やはり不足感は否めない。

なお、同判決（大阪高裁）及び原審は、ジャンボタクシーの利用について、「視察した議員以外にも視察先の関係者等が行動を共にし、一緒に移動することが想定されていた上、本件要請活動は政府要人を訪問先とすることから特に時間厳守が求められ、臨機応変かつ迅速に移動する必要があったためと認められる。したがって、その利用は合理的であり、政務活動費の支出は適法である」とした。当該政務活動に関係する者の同乗は差し支えないし、また、そのために多少経費が高くなる車種を選択することも使途基準（通常、合理的であること、必要性があること等が求められている。）に適合するとの判断だろう。

2　宿泊費、日当等

（1）宿泊の必要性

　政務活動費等を充当できるのは政務（調査）活動との合理的関連性がある経費に限られることから、宿泊費への充当は、当該調査その他の用務そのものが政務活動等の使途基準に適合することと併せて、当該宿泊が政務（調査）活動のために必要であったことが前提となる。

第2章 | 政務活動に要する各経費の考え方と留意点

　しかし、宿泊が必要でなかったことは原告が主張立証するべき事項である。例えば平成28年5月17日山形地裁判決は、県外での視察調査の事例で、原告が「宿泊の必要性について争う」とだけ主張するものについては、「調査の終了時刻によっては宿泊が必要となる場合もあると解されるところ、宿泊費に係る支出が調査研究のために用いられる可能性がないとまではうかがわれず、支出額も不相当に高額とは言えない」から違法とは言えないとする一方で、「議員の自宅があるA市から視察先のB市との距離関係に照らすと、宿泊の必要性については明らかにされていない」と認定した事例については、違法支出とした。

　使途基準違反（宿泊の必要性が無かったこと）を疑わせる外形的事実（宿泊先の所在地の合理性）の有無による違いであろう。

　また、平成30年5月24日東京高裁判決も、原告の「調査の相手方が県立a高校、b警察署、c駐在所であり、夜遅い時間に行われるとは考え難いから宿泊の必要性はない」との主張を退け、「上記関係者らに対する調査研究が夜遅い時間に行われるとは考え難いとまでいうことはできない」として適法としている。

　次に、平成29年6月29日宇都宮地裁判決は、栃木県の議員が、ほぼ月に1回のペースで都内のホテルに宿泊して政務調査活動を行った事例について、「領収書等の写しに不合理な点はなく、広範な範囲にわたるという政務調査活動の性質からみて、政務調査の活動地域として東京に多く出ることになることもあり得るから、このことをもって一般的、外形的事実があるとはいえない」としたが、居住地から新幹線で1時間ほどの距離にある東京都内で会議に出席し、都内で宿泊した翌日、愛知県で視察調査を行ったと主張する事例では、「都内ではなく愛知県内で前泊すればよく、都内での宿泊の必要性はない。また、上記会議に参加したことを認め得る証拠もない」として、ホテル代と電車代を違法支出と認定し、また、視察先よりもむしろ居住地に近い場所にあるホテルに宿泊し、翌日、視察を行ったと主張する事例についても、「視察先に近い宿泊場所であれば、調査の時間帯によっては前泊や、そのまま宿泊する必要性が認められるものの、ホテル所在地と視察先には距離があり、栃木県内の議員が当該ホテルに宿泊する必要性は認め難く、他に上

234

第2節　各経費に共通する費目等

記調査を実際に行ったことを認めるに足りる証拠は存しない」として、ホテル代とガソリン代を違法支出とした。

同様に、平成29年11月28日岡山地裁判決も、一部の支出について、岡山県から埼玉県への視察日程を具体的に検討した上で、宿泊を要する合理的な説明がないとした。

視察日程や居住地、宿泊地及び視察先の位置関係は、外形的に確認できることから、そこに不自然さがあれば、「一般的・外形的に使途基準違反を推認させる事実」と認定されやすく、被告の側で証拠等による具体的な説明（反証）を行う必要が生じる。そして、その説明が合理的と認められなければ、違法支出と認定されてしまうということである。

（2）日当、定額の宿泊料

使途基準において、（調査・出張）旅費について先に見た交通費（225頁）のほか定額の日当の支出も認めている場合に、原告が「給与の二重払いを認めるもので、違法、不当である」と主張する事例がある。

このような事例において、平成27年4月8日大阪地裁判決は、「本件内規は、市職員の旅費条例の定めを準用し、研究研修費又は調査旅費として、1日当たり3,000円の日当に対しても政務調査費の支出を認めているところ、日当とは旅費、宿泊費に含まれていない出張中の諸雑費の支払に充てるものであり、報酬として支払われるものではないから、その支払が給与、報酬の二重払いに当たるものとはいえず、上記金額も社会通念上許容される範囲にとどまる」と述べ、適法とした。平成28年9月29日金沢地裁判決も、やはり職員の旅費に準じた1日3,000円の日当の事例であるが、同旨を述べている。

また、上記平成27年4月8日大阪地裁判決は、内規により定額（1万5,000円）で宿泊料への支出を認めている点についても、実費に照らして過大であるとの原告の主張を退け、「一律支給の定めには宿泊費の濫用の防止や経理事務の負担軽減等、一定の合理性が認められ、またその額も相当な範囲にとどまるものと解され、仮に実費がこの額を下回っていたとしても、使途基準に反するとはいえない」としている。

第２章 ｜ 政務活動に要する各経費の考え方と留意点

（3）食卓料、昼食代、夕食代等

　食卓料も、使途基準の定めに従って充当できるものであるが、内訳として朝と夜の記載がある場合には宿泊が前提となる。このため、宿泊の事実がない、又は宿泊の必要性が認められない場合には食卓料の支出も違法とされている。

　次に、出張（海外視察調査）そのものの目的及び内容の使途基準適合性が認められ、かつ、宿泊の事実と必要性が認められるときに、通常は異論がない交通費と宿泊費（ホテル代）のほかに、食事代（夕食代）も支出できるのか、ホテル代が朝食付き（朝食代込み）の時は、朝食代（相当額）にも支出できるのかが、争われた事例がある。

　使途基準で充当できることが明記されていれば問題とはならない。しかし、内規で定められているに過ぎないとき、又は内規でも明確には定められていないときには裁判所の判断に委ねられてしまう。

　平成25年７月31日福井地裁判決は、使途基準では、「調査研究費」について「調査委託費、交通費、宿泊費等」と抽象的に例示されているだけであったことから、「視察実施に要した旅費、宿泊費のほか、視察中の朝食代、夕食代が含まれている。こうした食事が県の事務及び地方行財政と合理的関連性を有することをうかがわせる事情があるとは認められず、本件支出のうち、食事代に充てられた部分については、本件使途基準の調査研究費の支出に該当しない。また、本件使途基準の他の項目の支出に該当するものでもないから、本件使途基準に適合しない支出である。このことは、本件各視察自体が県政と合理的関連性があること、食事が本件各視察の日程の中でとられたものであることによって左右されるものではない」とした。

　しかし、控訴審では、被告が「内規（マニュアル）では旅費額は旅費規程に準拠して算定することとしており、旅費規程（旅費条例等）の宿泊料には食事代も含まれている」との補充主張を提出。原告は、旅費規程は議会活動や議会が行う視察にのみ適用され、政務調査には適用できないと主張したが、平成26年５月28日名古屋高裁金沢支部判決は、「海外視察が政務調査活動として行われ、その宿泊料（筆者注：食事代を含む。）として支出された金額が本件旅費条例で定める額以内に抑えられている場合、その額の支出を違法と

認めることはできない。本件マニュアルもこの趣旨を述べているものと理解され」「政務調査活動としての海外視察も福井県議会議員としての活動である以上、その際の宿泊料の額が適法か否かを本件旅費条例の定める宿泊料の支給額を基準として判断することは合理的である」とした。

　もちろん、使途基準や内規での根拠は必要であるが、議員派遣の旅費と政務活動の旅費で扱いを異にする特段の理由はないから、正当な結論であろう。

（4）キャンセル料

　平成27年10月27日岡山地裁判決は、研修会を地域行事のため欠席したことにより発生した往復乗車券の払い戻し手数料について、「当該地域行事の内容は不明であり、会派の調査研究活動と関連性を有するか否かも明らかでなく、研修会を欠席して同行事に参加することが優先するという合理性を裏付ける証拠もないから、払い戻しが会派の調査研究活動のために必要とはいえない」として違法とした。ただし、控訴審では、欠席理由（地元地区体育大会への参加）が説明され、「研修会参加取り止めの理由も、不自然、不合理なものとはいえない」として、当該支出（払戻手数料630円）は適法とされている（平成28年11月10日広島高裁岡山支部判決）。

　また、平成23年3月8日釧路地裁判決も、会派所属議員4名で予定していた管外視察（北海道→四国）について、うち1名が参加を取りやめたことによるキャンセル料（1万6,480円）について、「参加を取りやめた理由が不明であるから、当該費用を支出することは社会通念上の必要性・相当性を欠く」として違法とした。

　さらに、平成19年5月25日青森地裁判決も、韓国行政視察キャンセル料（2万1,000円）について、「同行予定の他の議員は政務調査費を充当していないこと及びキャンセルが公務上その他やむを得ない事情によることの説明もないことから政務調査活動のために必要な経費とは認められない」として、違法とし、控訴審では「台風が接近したため」との説明が補足されたものの、「旅行の日程や目的なども明らかにされておらず、やむを得ない事情とまでは認められない」と判断されている（平成19年12月20日仙台高裁判決）。台風の影響の程度が不明だったからであろう。

第2章 ｜ 政務活動に要する各経費の考え方と留意点

　一方、平成23年1月19日宇都宮地裁判決は、会派の所属議員5名による
九州への行政視察に係る支出について、同行予定で議員1名が、視察初日に
叔父が死亡したことにより上記視察をキャンセルし、キャンセル費用（交通
費2万4,280円、宿泊費9,800円、食事代3,000円、取扱料金525円）が発生した
事例であるが、「視察等の調査研究活動に先立ち、宿泊先や交通手段等を予
約することは、円滑な視察を実施するために社会通念上相当な手段であって、
これらがやむを得ない事由によりキャンセルされたことに伴い発生した費用
を政務調査費から支出することは、必要性、合理性を欠くものとはいえない」
と述べた上で、叔父が視察初日に死亡したことはやむを得ない事由であり、
その額も相当性を欠くとは認められないから適法とした。

　これらの判例から、キャンセル料に政務活動費等を充当できるのは、まず、
キャンセルの理由が明確であることが最低限求められ、その理由についても、
社会通念上、「キャンセルすることが**やむを得ない**」又は「**政務活動よりも
優先されるべき**理由がある」と認められることが判断基準になるのではない
かと読み取れる。

　この優先順位の判断にあたっては、「議員活動の諸相」の項（200頁）で見
た各活動の比重が参考になるのではないだろうか。議員の本分（公務）であ
る議会活動が最優先されるべきは当然であろうし、同じ政務活動間の優劣で
あれば、会派又は議員の裁量も尊重されることになるであろう。いずれにし
ても相対的な比較衡量になるから、やはり、その金額の多寡も考慮事項にな
ると思われる（実際、前掲平成27年の岡山地裁判決でも、金額が結論に影響して
いる可能性がある。）。

3　委託費

（1）委託の使途基準適合性

　平成26年10月16日金沢地裁判決は、調査研究の委託料が110万円と高額
である上に委託先が委託事項について専門的知見を有していることの裏付け
もないから当該支出は使途基準に適合しないとの原告の主張に対し、準備書
面や証人による詳細な説明を踏まえて、次の4点について認定した事実を示

し、「格別不自然な点は認められず、かえって有意義な調査活動がされていたことがうかがわれる」とした。

① 　Ａが調査研究すべき課題を定めた理由

② 　調査研究の委託先をＫ社に選定した理由

③ 　同社との契約における委託金額（業務内容に比して合理的額か）

④ 　同社から議員にされた調査研究成果の報告方法及び報告内容

　以上であるが、委託の使途基準適合性を判断する際に、どのような事項が考慮されるのか、そして、どの程度の立証が求められるのかに関して参考となる事例である。

（2）人件費の性質を有する委託

　また、上記平成26年10月16日金沢地裁判決は、人件費の性質を有する委託費（性質上、調査研究費と人件費のいずれからでも支出可能な経費）についても、参考となる判断を示している。

> 〈事例１〉原告は、事務処理委託料として支出された政務調査費36万円の委託内容が明らかでなく使途基準に適合しないと主張し、被告は、Ａ議員が政務調査活動で収集した資料の整理やパソコン入力を１か月３万円で委託したもので、当該支出は調査研究費ないし人件費に当たり、使途基準に適合すると主張した。

　同判決は外形的事実の立証とは認めなかった。人件費か委託費かが明確でないという契約上の問題点を主張するだけでは、使途基準違反を疑わせる外形的事実とはならないということであろう。

> 〈事例２〉Ｂ議員及びその親族が役員を務める会社を委託先とし、同社の社屋の一角にＢ議員の事務所が設けられており、同社の従業員のひとりが常駐してＢ議員からの受託業務に当たっていたことが認定され、原告は、業務委託料としては高額（216万円）で、Ｂ議員の年間の政務調査費支出に占める割合が高い上に、委託先は調査研究を専門に行う会社ではなく、Ｂ議員の意向に沿った

第2章 │ 政務活動に要する各経費の考え方と留意点

> 調査を行っていることの裏付けもないから使途基準に違反すると主張した。

同判決は、「本件使途基準における調査研究費は、受託者による調査研究活動と業務委託料とが対価関係に立つことを想定していると解されることに照らすと、実質的に秘書活動への対価である当該支出が本件使途基準の調査研究費の趣旨に適合するかは疑問なしとしないから、外形的事実の存在についての主張立証がなされたものといえる。しかし、他方で、本件使途基準が別に人件費の項目を設けていることに鑑みれば、当該支出が全体として本件使途基準に適合しないとまではいえない」とした。

ただし、この事例の議会では、政務調査費を充当することができる人件費は1か月15万円を上限としていたため、その金額を超える額（216万円－180万円＝36万円）は使途基準に適合しないとされた。

また、平成25年4月24日東京地裁判決も、典型的な委託契約とは異なり、明確な形の成果物がない一種の顧問契約の事例である。

〈事例3〉原告は、「C議員は、政務のあらゆる分野の調査について特定の有識者に委託（外部の専門的知見を有する人物を定例・継続的に自己の政策ブレインとして雇用）していたものであるが、あらゆる分野の調査を包括的に委託するということは、自らによる調査を外部に丸投げし、政務活動全般の相談相手とするようなものである。支出金額が毎回一定額であり、業務内容も極めて抽象的で成果物の有無も一切不明であることなどに照らすと、具体的な調査を委託し、その対価として支出されたものではなく、政務調査費以外の用途に利用した可能性も否定できない。」等と主張した。

〈事例4〉原告は、「D議員は、政治学の専門研究者の見地から3回知見の解説を受け聴取したとあるが、聴取した情報は何らかの媒体で記録するのが通常であり、監査結果にも当該研究者が議員活動に資するための資料作成とレクチャーを行ったと明記されている。そのような資料を物的証拠として提出しない限り、違法な支出と判断せざるを得ない。また、専門的知見は当該年度の会期期間中に活かされて初めて妥当な知見とみなされるが、D議員は、

240

第 2 節　各経費に共通する費目等

> 病気のため活発な活動はできず、質問に立つこともなく、委員会では欠席することも多く、出席した場合でも発言が少なく、発言内容も知見の事実を裏付けるようなものではなかった。」等と主張した。

　以上 2 件の事例において、原告は、概ね次の点を根拠に使途基準違反を主張している。
①　議員から、専門的知見を得たことについての成果物が提出されていないこと。
②　毎回の支出が一定額であること。
　→成果物の対価の性質を有する「委託料」の使途基準に適合しないとの趣旨であろう。
③　長期にわたり議員職にあった経験豊かなはずの議員には専門的知見を求める必要がないこと。
④　議員が得たとする専門的知見が会期期間中に活かされていないこと。
　しかし、同判決は、
　①については、「一般に、議員が調査研究活動として専門的知見を得る方法としては、書面によるもののほか、口頭によるものを含め、さまざまな態様のものがあり得るのであり、地方自治法の規定も、政務調査費にかかる収支報告書の議長への提出を必要とするにとどまる。専門的知見の提供に関する成果物の添付を要することとすれば、当該経費にかかる調査研究活動の目的、内容等が明らかとなり、当該議員の活動に対する執行機関や他の会派等からの干渉を受けるおそれを生ずるなど、議員の調査研究活動の基盤の充実という制度の目的や趣旨を損なうことにもなりかねない。したがって、本件条例に定める証拠書類である領収書等に原告の主張するような成果物を常に含むものとは解し難いというべきであり、他にそれの提出や提示を要するとする規定等も見当たらない」とした。
　また、②については、「C 議員の開催に係る定例研究（勉強）会はほぼ月 1 回ずつ定例的に行われるものであったことに照らすと、毎回一定額であったことは格別不自然というべき事情とはいい難い」し、「D 議員は、市議会の各定例会で提出された議案の内容に関し、議案審査に必要な法令解説や他

241

市事例について専門的な観点から解説を受けたことへの対価としての支払であるとしており、これと異なる事実を認定するべき証拠は見当たらない（よって不自然ではない）」とした。

次に③については、「地方公共団体は、住民の福祉の増進を図ることを基本として、地域における行政を自主的かつ総合的に実施する役割を広く担うものとされており（地方自治法1条の2第1項）、地方議会の議員にも、広範にわたる問題への対応が要求されることに鑑みると、議員としての経験の年数等のみをもって、定期的な態様による研究会の開催といった方法による調査研究活動を通じ専門的知見を得ることが不要とは断じ難い」とした。

最後の④についても、「議員としての活動は、定例会や委員会におけるものに限定されるものではなく、また、政務調査費は、既に述べたように広範にわたる問題に対応することが求められる地方議会の議員の調査研究活動について交付されるもので、それがそのような活動のために使用されたか否かの判断が、定例会や委員会における活動いかんによって、直ちに左右されると解すべき根拠は見当たらない」とし、いずれも原告の主張を退けた。

4 文書通信費

（1）切手の購入経費

文書通信費は、広報広聴をはじめ政務活動の幅広い分野で必要とされる経費であるが、切手について違法性の有無が問われる代表的な事例は、**大量の切手の購入経費**に対する政務活動費等の充当である。

平成25年11月18日福岡地裁判決は、次のように述べ、切手の大量購入は使途基準違反を推認させる外形的事実になるとしている。

> 切手を大量に購入する場合には、管理者を定めて一律に管理した上、使用の際には使用目的と使用枚数を記録に残すなどの厳格な管理が求められるべきであるし、特に、将来料金別納郵便の支払に充てる目的で切手を大量購入するという場合には、大量購入した切手が最終的にどのような目的で使用されたかを、事後的な検証が可能な程度に明らかにしておく必要があるという

第 2 節　各経費に共通する費目等

べきである。したがって、切手の購入費については、原告らが大量購入の事実を主張立証すれば、被告及び被告補助参加人において、購入した切手を適切に管理していたこと、ないし当該切手がいつどのような目的で使用されたかということについて反証するべきであり、的確な反証がない場合には、当該支出に目的外支出が混在すると推認される。

　また、平成29年4月25日神戸地裁判決[注]が、年度末に切手が未使用で残った場合には、切手購入費用の全額に当該年度の政務活動費等を充当した上で残った切手を翌年度以降引き続き使用するという繰越処理はできないとしたことは、既に紹介した（172頁）が、同判決は、繰越処理をした会派とは別の会派が、切手を大量購入し、全て使用したと主張した事例についても、郵便切手は、購入自体は政務活動の前提に過ぎず、当該切手が具体的な広報活動等に使用されて初めて政務活動に充てられたと評価できると述べ、上記福岡地裁判決と同様に大量購入の事実は外形的事実になるとしている（その結果、適切な反証がなく違法支出と認定された。）。

　これらの事例では、購入した切手の一部を料金別納の支払いにも使用したと主張されているが、いずれの判決でも、不自然であり合理性がないと認定されている。

[注]　もっとも、神戸地裁の控訴審では、提出された証拠等により、料金別納郵便に当該切手が使用されたこと自体は認められたが、繰越使用であるから、結局、違法との判断は左右されないとされている。

（2）はがきにかかる支出

　次に、官製はがき、私製はがき等に係る支出について、平成28年4月27日岡山地裁判決は、「郵便は、情報発信の最も一般的な手段の一つとして、官製はがき等により市政報告が行われることもあり、はがき代等の費用は、その全額を広報費として支出することが許される」とする。広報活動以外の政務活動に使用される場合も、基本的に同様であろう。ただし、それは、多目的な使用が推認されるような大量一括購入ではなく、例えば、「情報発信

243

第 2 章 ｜ 政務活動に要する各経費の考え方と留意点

の対象となる政務活動ごとに必要枚数（活動内容により相当数に上ることも当然あり得る）が購入され、本体の政務活動に関する他の経費と一体的に報告されることによって、支出時期、数量等の合理性が容易に確認できる」等の事情により、全額が政務活動に支出されたと推認できる場合の話である。同判決も、「もっとも……」と続けて、市政報告等の政務活動に使用されたことが明らかでない場合は、その50％を上記使途に用いたものと推定し、その限度で正当な支出であると認定するのが相当であると述べている。

　はがき自体には**汎用性がある**から、「政務活動等に使用することが明らかではない場合、例えば、事務費として支出されたはがき代については、2分の1で按分を要する」（平成25年11月18日福岡地裁判決）と判断されることに留意し、はがきの使用目的を明確にできるようにしておくことが求められる。

第3節　調査研究費

第3節　**調査研究費**

1　調査研究総論

　「調査研究費」が使途基準において支出項目として掲げられている趣旨について、平成28年10月26日岡山地裁判決は、「政務活動費の支給対象議員が、将来的な展望にかかるものを含め、議員に期待される議会活動を推進するのに有用と考えられる知識、情報等を獲得するため、自らが内外の先進地等に調査に赴いたり、調査を委託する等の活動を行うのに要する経費を、議会活動に関する調査その他の活動に資するために必要な経費として認める趣旨と解される。したがって、調査研究費として認められるか否かの判断にあたっては、**調査の目的と議会活動との関連性、その調査内容と調査目的との関連性、支出額が目的や内容等に照らし相当であるか等の見地から、当該支出が議員の行う調査研究等のための支出として合理性を有するものといえるか否かについて審査すべきである**」との判断基準を提示している。

2　視察（現地）調査総論

（1）視察先、方法その他視察内容の選択

　平成28年12月21日東京高裁判決（原審は平成28年3月25日長野地裁判決）は、「会派の視察調査の具体的な内容である目的、場所、意見交換の相手方や内容等の諸要素から、充当の可否および充当を認める範囲について検討するのが相当」としつつ、「**視察先の選択、会派に属する議員のうちのどの議員が調査に行くのが適当であるかは、調査の目的等の内容に照らして合理性の認められる範囲で会派の選択に委ねられる**」とする。

　また、**視察の目的や視察先は、議員が所属する自治体の行政課題に関するものに限定されるか**との争点についても、「県政における課題は広範かつ多岐にわたる上、ある視察において得られる情報は、当該視察先の実態等にとどまらず、それに関連する問題について検討する契機にもなり得る。また、現に長野県において生じていない問題であっても、およそ長野県における政

245

策課題に関連性がないものであると断じることは困難」として広く裁量を認めた。この点、平成27年7月29日岡山地裁判決もほぼ同旨を述べ、「当該調査の結果が直ちに倉敷市政に反映されるようなものでなかったとしても、そのことから当然に当該調査が使途基準の予定する目的に合致しないと判断されるべきものではない」とした。

　さらに同判決は、**インターネット等を利用して調査できるのではないかとの主張**について、「実際に現地の施設を見学・体験したり、政策についての質疑応答を通じた議論を行うことによって、インターネット等を利用しての机上の調査以上に実効的な調査を行うことができる場合も多いのであって、直ちに調査研究活動としての現地調査の必要性がないということはできない」とした。

（2）多人数による視察調査

　前掲平成28年東京高裁判決が使途基準に適合すると認めた視察調査には会派所属議員の全員が参加したものも含まれていたが、平成27年7月29日岡山地裁判決も次のように述べる。

> 　会派に対して交付される政務調査費についても、当該会派に属する議員数に所定額を乗じた額とされているように、その実質は各議員に対して交付されるものといえること、また、各議員は、会派に属すると否とにかかわらず、それぞれが選挙によって選出され、それぞれの立場と責任において議員としての活動を行うものであることに照らせば、調査の実質的主体は各議員であるといえるから、調査の目的、内容如何によっては、各議員がそれぞれ実地に調査先に赴き、自ら必要な見聞をすることに当該調査の意味があるといえるものもあるのであって、会派の代表者等一部の者のみが調査先に赴くことにより、当然に調査の目的が達成せられるというものでないことも当然である。（略）会派の会員全員で行うことについても、現地における実効的な調査の成果について会員全員で直接共有する必要性を直ちに否定することはできない。

　平成27年6月11日広島高裁判決も「会派が団体としての調査研究活動を

行い、その結果を会派に属する者全員で共有することも当然予定されている
のであるから、視察が本件会派の会員全員によって行われたことそれ自体に
よって調査研究活動との合理的関連性が欠けるとは認められない」とする。

　一方、平成26年3月26日大阪地裁判決は、会派の所属議員の過半数に相
当する議員が移動議員団と称して実施した2件の視察調査（議員23名による
九州方面2泊3日及び議員27名による金沢市内1泊2日）について、次のよう
に述べている。

> 　視察報告書の作成、各視察先で行政的な施策等の事情聴取が実施されてい
> ること等に照らせば、上記各視察等を全体として単なる観光旅行であるとま
> では断じ難く、都市行政の調査など一定の政策目的を有するものとして、議
> 員の調査研究活動としての側面があることを肯定することができるとしても、
> 歴史文化博物館等の一般的な観光名所が視察先に含まれていることや会派所
> 属の議員の過半数が参加していること（20名を超える多数の議員が参加する
> 必要性があったのかにも疑問が残るところである。）等に照らせば、観光旅行、
> さらには会派の親睦旅行としての意味合いを併有していたとの疑いを否定で
> きない（なお、収支報告書に添付された上記各費用に係る領収書添付用紙の
> 「使途・事業名等」の欄には「……移動議員団総会……」と記載されているが、
> 会派関連の総会を調査研究のために訪れた旅行先で開催するというのも不可
> 解である。）。そして、その費用額をみても、それぞれ158万円余及び57万円余
> と相当高額に上り、各活動の必要性判断についての会派の裁量を考慮すると
> しても、その経費の全額に政務調査費を充当してこれらの出張を実施する必
> 要があったかは、はなはだ疑問である。
>
> 　したがって、上記諸事情に照らせば、上記各費用のうちの少なくとも2分
> の1は、議員の議会活動の基礎となる調査研究活動との間に合理的関連性を
> 有する活動に関する経費とは認め難く、その限度では、本件使途基準に違反
> するものといわざるを得ない。

　つまり、政務調査活動と同じ会派に属する議員による懇親会という私的活
動との混在を認定し、その割合が不明であるから2分の1での按分を要する

と判断されたものである（控訴審の平成26年9月11日大阪高裁判決でも維持）。

しかし、この判決は、詳しくは後述する（後記4（5）（259頁））が、同様に「移動議員団」として21名で実施したベトナムへの視察調査と27名で実施した台湾への視察調査については、観光的要素や多人数参加の必要性には疑義を呈しながらも、調査の実質も認められたことや議員の自己負担も大きかったこと等を考慮し、結論として適法としている。

これらの判例からうかがえるのは、視察調査の違法性や政務活動等以外の活動の混在を認定する上で、人数の多寡は必ずしも決め手にはなっていないということである。**視察の目的や外形的（客観的）に見た内容、費用、報告書、視察先に一般的な観光名所が含まれているか否か**等が総合的に評価され、裁判所の心証が形成されているといってよい。

（3）調査の成果と議会活動との関係

前掲平成28年12月21日東京高裁判決は、「調査研究の結果が、議会又は委員会における質問等において明確に表れていなくても、そのことは必ずしも調査研究の結果が県政に活かされていないことを意味するものとはいえない」とし、その理由として次の点を挙げる。

① 議員の活動は議会及び委員会におけるものに限られるものではなく、議会又は委員会での質問や議論も、前提となる調査研究の結果を踏まえて更に検討するという過程を経て初めてされるものであるから、調査研究を行った結果が即座に質問等の形で現れないことは何ら不自然ではない。

② 調査研究の結果の活用方法は各議員が検討すべき事柄である。また、議会又は委員会での質問又は議論に活用する方法も、その題材とし、又は質問及び議論をする上での背景や前提とする等、さまざまな形が想定できるため、質問及び議論の内容から調査研究の結果が反映されているか否かを判別するのは困難である。

一方、原告が「当該視察調査の内容は政務調査活動とはいえない」と主張しても、議会質問等、議会活動に反映させていることが確認できる場合は、ほとんどの判例で政務調査活動と認められており、不可欠ではないが、被告側にとって有利な要素となることは確かである。

第 3 節　調査研究費

　　また、平成23年12月９日徳島地裁判決も、調査旅費の支出の判断基準に
ついて、「条例や使途基準では、調査の内容及び結果、調査のテーマ選定の
経緯等を明らかにすべきものとはされていないし、政務調査は中・長期的視
野に立って行われる場合も少なくないもので、個々の調査結果が直ちに具体
的な政策立案に反映されることが当然に要求される性質のものではなく、そ
れらが明らかでないことをもって使途が不明であると評価することはできな
い」とする。

（４）行程の中に観光的要素を含む視察調査

　　前掲平成27年６月11日広島高裁判決は、沖縄県に医療関係の先進的事業、
平和教育事業及び女性政策に関する視察調査で訪問した際に、バス移動の途
中、旧海軍司令部豪に立ち寄ったことに関し、「バスを利用した移動経路に
観光地が含まれているからといって、そのことをもって当該視察自体が実質
的に観光旅行にあたり、議員の議会活動の基礎となる調査研究活動との間の
合理的関連性に欠けると認めることはできない」とする。

　　また、平成28年11月29日甲府地裁判決も、「①フィンランド視察—女性
施策、DV対応（NPO）、教育、学力問題、高齢者福祉について学ぶ、②ノ
ルウェー視察—女性議員との懇談、女性政策について学ぶ」との目的の視察
において、行程中、「５月22日の午後５時15分以降、同月23日の午後２時
15分から午後５時まで及び同月26日の午前中をヘルシンキ市内の視察又は
フリータイムに充て、同月25日の終日をエストニアのタリン旧市街の視察
に充て、同月27日の終日並びに28日の午前中及び午後３時30分以降をオス
ロ市内の視察又はフリータイムに充てた。」との事実認定に続けて、「しかし、
調査研究の行程の一部が市内視察又はフリータイムに充てられていることを
もって直ちに、当該調査研究の全体が観光若しくはレクリエーション目的の
旅行又は私的な旅行に当たるなどとして、当該調査研究に関する支出に政務
調査費を充当することが本件使途基準に反すると判断するのは相当ではなく、
**市内視察等の時間が生じた事情、それが調査研究日程に占める割合等を考慮
して判断すべきものと解するのが相当である**」と述べている。そして、具体
的な事情についても、「通常の勤務時間外に相当する時間であること」や「フ

249

リータイムが調査先との時間調整により生じたものと推認できること」から不相当とはいえないとし、また、世界遺産に登録されているエストニアのタリン旧市街やオスロ市内の視察若しくはフリータイムについても、「それらの視察先はいずれも観光名所というべき場所であり、視察の態様は一般の観光と異ならないものであったといえる。しかし、補助参加人（議員）は、それ以外の日程については、相当濃密な調査を行っていたものといえるし、上記の各視察が調査研究全体に占める割合が多いとまではいえない」から違法とは認められないとした。

　一方、平成28年5月17日山形地裁判決は、県議会議員が山形県内の市と森林文化都市の友好協定を締結するドイツのフェルトベルク及びその周辺を訪問し、その費用に政務調査費を充当した事例について、「友好協定の締結式に出席したほか、環境や福祉、エネルギー問題についての調査が行われていること等に照らせば、上記海外渡航に係る活動を全体として単なる観光旅行であるとまでは断じ難く、議員の調査研究活動としての側面があることを肯定できる。しかし、そのことを踏まえても、上記行程には**一般的な観光名所**が視察先に含まれており、観光旅行としての意味合いを併有していたとの疑いを否定できない。また、旅費の金額は滞在期間を考慮しても明らかに**高額**で、上記視察を実施する必要があったかは、議員の裁量を考慮するとしても疑問がある」と述べ、3分の2の額を違法とした。事実認定された行程を見る限り、往復の空路を除いた実質的な滞在日数4日のうち、政務調査活動等といえるのは2日目の午前中（友好協定締結立会）と、最終日の1日のみで、他の行程は、観光が主であったと認定されても仕方がない内容であり、私的活動との混在の一例である。

　また、平成23年5月20日仙台高裁判決も、台湾への視察にかかる費用について、「台湾におけるりんご市場の調査等を目的とする視察旅行であると説明されているが、その4泊5日の日程のうちりんご市場の調査に関すると思われる視察が行われたのは総計しても丸1日程度であり、日程には故宮博物院等の多くの観光地への観光が含まれ、その費用中には各地の料理の飲食代金も含まれており、明らかに私的観光の側面があるというべきである」から、条理に従って2分の1で按分するのが相当としている。

　いずれも、**本来の視察目的には入っていない観光地での付随的な視察が観**

第3節　調査研究費

光目的と認定されたものである。

　以上の判例を比較すると、結局、**設定された視察調査の目的に照らして視察調査の実質を有するといえる行程と観光・レクレーションが主と疑われる行程との割合**が決め手になるのではないかと思われる。全行程が視察調査であることまでは必要とされないが、ある程度の割合を超えれば、按分の対象になるだろう。

（5）観光行政の調査を目的とする視察

　前項のような付随的に観光地を視察するのではなく、観光地の視察自体を目的とする場合がある。

　我が国は、今、観光立国を目指しているが、観光振興は、商工業や農業等、幅広く、地域経済を活性化させる有効な手法として、以前から各地の地方自治体が取り組んできた行政課題である。このため、先進的な観光行政が視察調査の目的とされ、その現場として観光地が視察先とされることも少なくない。しかし、こうした視察は観光が目的ではないかと疑われやすいことも事実であり、**その行程及び内容が調査目的と整合しているか、関係者との面談や意見交換が実際に行われているかといった調査の実情**が問われている。平成22年3月26日熊本地裁判決は、用務地の主たる用務が観光行政となっており、これに伴い、用務地はすべて観光地となっていると認定された事案で、次のように述べ、違法支出とした。

　全用務地を通じて、一度も現地の行政担当者や施設運営管理者等と面談したり、市政の参考となり得る資料等の収集を行ったりしておらず、一般の観光客ないし旅行者でもなし得る行動しか取っていないので、その外形は私事旅行と差異がない。出張後、委員会において各調査の所感に基づく意見等を述べ、出張記録書にも調査概要を記載しているが、その内容は一般観光者ないし旅行者においても報告が可能な内容にとどまっており、市政に影響を与えるような具体性のある内容は見当たらない等、調査目的（用務）と実際に行った調査研究活動との関連性も認められないから、調査研究活動のための支出としての合理性ないし必要性が認められない。

視察調査を計画する上で、念頭に置くべき事例である。

一方、平成29年6月29日宇都宮地裁判決は、北海道札幌市の視察費用と認められるところ、調査研究活動報告書の「調査項目」欄には「経済企業行政（観光行政について）」と記載され、「内容」欄には「札幌市の観光客誘致に向けた取組みや問題点、観光振興のための施策の調査」等の調査研究に関連する事項が説明されていた事案である。

同判決は、「札幌は観光地でもあるものの、有名な他県の観光地における観光客誘致に向けた取組みについて調査し、栃木県に生かすための視察も、会派が行う県の事務及び地方行財政に関する調査研究並びに調査委託等に合理的関連性を有するといえ、調査研究活動報告書の記載内容にも不合理な点は見当たらない」と述べ、適法とした。

以上、前項（4）及び本項で紹介した判例のほか、観光目的か否かが争われたその他の事例については、国内視察は後記3の項（254頁）、海外視察は後記4の項（256頁）で、いくつか紹介する。

（6）土産代

使途基準や内規には支出対象経費として例示されていないことが多く、自治体の財務規程上は、通常「交際費」に区分されることから、疑義が生じやすい経費である。

平成28年11月29日甲府地裁判決は、海外視察における調査先への手土産代（合計9,727円）について、「社会的儀礼に沿い、調査先とのコミュニケーションの円滑化に資するものといえるから、不相当な支出であるとはいえない」とする。

また、平成23年2月24日大分地裁判決は、国内の視察先への土産代（3件で計1万2,390円と1件6,700円。ただし、領収書の件数であり、個数は不明）を「社会的儀礼として（社会通念上）相当な範囲内」として適法とし、平成16年9月15日京都地裁判決は、国内の視察先への土産代（数件あり、いずれも1万円から1万6,000円分のお茶。これも個数は不明）について、原告の「交際的経費に当たり政務調査費からの支出は許されない」との主張を退け、次のように述べている。

第 3 節　調査研究費

> 　視察先への土産は、視察への協力に対する謝礼としての意味を有するもの
> と解され、社会通念上適正な範囲内のものであれば、これを「交際的経費」
> ということはできず、先進地調査又は現地調査に要する経費として、本件使
> 途基準にいう「調査費」に該当するというべきである。そして、上記各土産
> 代は、**その土産の内容、金額に照らして、社会通念上適正な範囲内のもの**と
> 認められる。

　土産代について、違法とされた判例は、領収書がなかったことを理由とす
る平成19年 5 月25日青森地裁判決以外は確認できていない。おそらく、視
察をされる会派又は議員の側で、社会通念に従って、相当な範囲内の額の土
産を選定されているため、そもそも争点にならないからであろう。また、比
較的高額な上記京都地裁の判決は、お茶の名産地の議会の例であり、土産の
内容として常識的であることも寄与しているものと思われる。これらの判例
は、一般的に「土産代は適法」とした判例と読むべきではなく、**「社会通念
の範囲内なら土産代も支出可能」であり、かつ、視察目的に照らして、その
内容、金額が社会通念の範囲内と認められた事例**と読むべきである。
　なお、視察調査との合理的な関連性がある場合に認められる経費であるか
ら、交際費的性質を帯びやすい「事務費」ではなく、「調査（研究）費」か
ら支出するべきであろう。

まとめ

　視察調査に関する多くの判例を見ると、視察調査が適法とされるか違法と
されるかの絶対的な基準はないものの、適法の推定側に働く要素と違法の推
定側に働く要素があることがわかる。
①　**視察の目的**が調査研究活動（議会活動又は当該自治体の行政）と合理的関
　連性があるものとして説得的か。
②　**行程や実際の内容は、視察目的と整合しているか**。つまり、目的を実現
　できる（調査研究活動が行える）可能性が認められるか。
　　また、意見交換等、調査研究活動が実際に行われているか。

253

第2章 ｜ 政務活動に要する各経費の考え方と留意点

③ 行程に**一般的な観光名所**が含まれているか。

④ **旅費**は高額か。参加議員の自己負担があるか。食事代が含まれていないか。

⑤ **多人数**（会派所属議員の多数）が参加していないか。

⑥ **報告書**は出されているか。また、その内容は単なる感想にとどまっていないか（内規で提出を定めていなければ不可欠ではない。）。

⑦ **議会活動（質問等）**に反映しているか（前述のとおり）。

以上のような要素が総合的に考慮されて、適否が認定されている。

3　国内視察調査

　上記の視察総論で取り扱った共通的な論点のほか、国内視察調査に特有の論点をいくつか見ていく。

（1）旅行傷害保険金

　国内で視察調査を行う際に、通常必要となり政務活動費の充当が認められているのは交通費と宿泊費である。旅行傷害保険の保険料については、国内視察の実態として傷害保険への加入は行われないことが多いと思われるため、経費充当の必要性に疑義が生じる。しかし、平成23年3月8日釧路地裁判決は、北海道から四国への視察調査について、「旅費の計算に当たり、旅行傷害保険料4,000円を含めているところ、本件使途基準においても経費の支出は認められると解されるし、その額も通常のものといえるから、社会通念上の必要性・相当性が認められる」とした。国内視察において傷害保険に加入しないことが多いのは、私的に加入している通常の保険等で既にカバーされていることが主な理由と考えられ、個別の政務活動に伴うリスクを回避するため会派や議員が傷害保険への加入が必要と判断したのであれば、それは、（使途基準や内規で明確に禁じていない限り）裁量権の範囲内であると判断されたのではないかと思われる。

（2）同一議員の多数回の視察

平成27年10月27日岡山地裁判決は、同一議員が、県外視察を年間に11回（ほとんど1泊又は2泊している。）行い、政務調査費から交通費と宿泊費を支出した事例について、その全てを違法支出とした。視察先に対して行った調査嘱託（裁判所からの照会調査）の結果等をもとに、それぞれ、「会派の調査研究活動との関連性が認められない」「簡略な報告内容から現地視察を要したものとは認められない」「訪問先への視察申し入れや調整も不十分で、視察時間も数分であった」「報告書は担当者の名刺と受領した資料だけである」「宿泊地が温泉地や釣り宿など不自然」等々の理由が付されているが、頻度も含めて全体として不合理との心証が形成されたものであろう。

（3）視察への補助者の同行

平成27年6月24日宇都宮地裁判決は、議員が県外政務調査に際して宿泊し、2名分の宿泊代を支払い、政務調査費を充当した事案について、「補助者の宿泊が伴う必要性について認めるに足りる証拠がなく、他に調査研究との間に合理的関連性を認めるに足りる立証もしない」として1名分を違法支出とした。

（4）違法とされた国内視察

平成21年2月17日岡山地裁判決は、市議会会派の視察について、

① 会派全員（15名）が参加し、

② 行程は、大曲全国花火大会の観覧を念頭に組まれ、その後、いずれも観光名所ないし観光施設である視察地数か所（文化施設、工芸品施設も含まれている。）を加えていること

③ 各視察は、計画上はそれぞれ1時間から1時間30分の予定であったが、実際は大幅に短縮され、一方で、最上川下りは1時間、大曲花火大会観覧は2時間かけていること

④ 視察内容も施設関係者の説明が30分であとは自由見学等であったこと

⑤ 報告書は、市販ガイドブック、パンフレット、インターネット情報等によっても記載可能な程度の内容であること

第2章 | 政務活動に要する各経費の考え方と留意点

以上のような点を指摘した上で行政視察に名を借りた観光旅行と認定し、違法支出とした。特定日に開催されるイベントへの参加を日程に組み込めば、イベント参加が主目的であると推認されるから、参加の必要性について、より合理的な説明が求められることになる。

　また、平成28年11月10日広島高裁岡山支部判決は、国立博物館の美術館展の視察旅費について、地元の美術館のあり方調査のための視察であるとの被告側の主張を認めず、報告書で地元美術館に言及する部分はあるが、全体としてみれば美術館展の感想が大部分を占め、当該視察は私的旅行と外形上何ら異なるところがなく違法とした。

（5）適法とされた国内視察

　視察調査の内容については、前述のとおり会派や議員の裁量が広く認められるため、所要経費の額もそれほど高額ではない国内視察については、適法とする判例が大勢である。例えば、前記2の（1）（245頁）で紹介した平成28年12月21日東京高裁判決（原審は、平成28年3月25日長野地裁判決）は、長野県の議員が行った、木材の多目的利用その他農林水産行政並びに世界遺産登録に向けた取組その他の観光戦略等に関する秋田県、自殺対策に関する岩手県及び新幹線開業に伴う在来線対策やリンゴ等農産物の海外戦略に関する青森県の各視察調査について、視察先に観光地が含まれ、天然温泉施設を備えたホテルに宿泊したこと等から観光及び懇親が目的であったとの原告の主張を退け、視察内容は、「長野県は文化遺産や観光資源が数多く存在し、これらに基づく観光事業の振興を図る上で長野県政にも参考になる。また、観光施設に実際に宿泊することも、調査目的との関連で必要性がある」とした。

4　海外視察調査

（1）ビジネスクラスの利用

　平成21年10月20日仙台地裁判決は、議員派遣の費用弁償について争われた事案であるが、「ビジネスクラス利用の一事をもって違法であるとはいえ

ない」とした。政務活動における旅費の計算に費用弁償（旅費）条例の規定を準用している場合には、参考となる判例である。ただし、この判例は、どのような場合にもビジネスクラス利用を肯定する趣旨と読むべきではなく、**当該議会における政務活動費に関する内規等の定め方、費用弁償（旅費）条例の規定や運用実態、問題とされた視察等の内容等によって具体の判断が左右される可能性がある**ことにも留意する必要がある。

（2）海外旅行傷害保険金

　国内での旅行とは異なり、海外への旅行に際して傷害保険に加入することは、実情として不可欠といってよい。平成28年4月22日新潟地裁判決は、「上記のような訪問の内容に鑑みれば、同訪問は新潟県の県政と関連性を有しており、これに要した航空機代金及び海外旅行傷害保険金は、議員の調査研究活動との間に合理的関連性を有するものであると認められる」という。当該出張自体の政務活動としての正当性が必要であることは当然の前提として、海外旅行傷害保険の掛け金にも政務活動費等を支出できるとしたものである。

（3）添乗員の費用

　海外視察において、添乗員やガイドの存在は、実情として、やはり通常不可欠である。しかし、「交通費」「宿泊費」等の旅費には該当しないため、使途基準や内規で特に充当可能と明記されていない場合、疑義が呈されることがある。この点について、平成27年10月27日岡山地裁判決は、会派が中国視察において支出した添乗渡航費（実費）、視察段取り料及び添乗サービス料について、「旅費規程では支出できない（公務視察の場合は、通常、旅費ではなく委託費等で支出される。）が、視察の段取り等を行い、視察を円滑に進めるため、添乗員を利用することが、会派の調査研究活動としての必要性及び合理性を欠くとは認められない」とした。ただし、添乗員等は、行程の中の政務活動等の部分のみをサポートするわけではないので、添乗員等に関して実際に旅行代理店等に支払う額全額ではなく、上記判例のように、**政務活動等との関連が明らかな実費等の経費に限られる**と考えるべきであろう。

（4）友好交流目的の視察

　近年は、地方自治体による海外の都市又は地域との国際交流活動が盛んになっている。このため、会派又は議員が、政務活動として、所属する自治体や議会が友好交流協定を結んでいる外国の都市等との交流行事に参加（同行）したり、新たな都市等を訪問し、これから何らかの交流が可能か等の事前調査を行う事例も増えていると思われる。このような場合に、行程の内容が交流の深化、拡大や互恵関係の構築等に向けた調査が主体であれば、特に問題はないと思われるが、ほとんどの行程が単なる友好交流活動としての表敬や行事への参加（同行）にすぎない場合は、**それが政務活動といえるのかが**、まず問題となる。

　また、会派や議員の友好交流活動が、当該自治体や議会による友好交流活動に同行して行われる場合は、**同行の必要性**が問われ、独自に行われる場合は、当該自治体の行政活動や住民福祉と、言い換えれば議会活動とどのような関係を持つのかも問われるであろう。

　政務調査費時代の判例では、特に「調査研究活動との関連性」が争点とされた。平成27年10月27日岡山地裁判決は、「友好姉妹都市を訪問し、観光客の誘致や経済交流について意見交換等を行うことが、会派の調査研究活動との関係性を有しないとまではいうことはできない」とし、同じ議会に関する平成27年1月20日岡山地裁判決も「訪韓の主たる目的は文化的資源の育成を図っている韓国富川市の芸術祭への参加であって、同市では市長や市議会・市議会議長を訪問し、会談や会食を通じて同市との友好を深めるなどしたほか、博物館の視察も行っている。友好交流協定を締結した市に対し、友好を深めるために訪問することが、市政の調査研究との関連性を有しないとまでいうことはできない」としている。

　もっとも、これらの判決の対象議会は、政務調査費による海外行政調査派遣に関する内規で、先進事例等の調査のほか「姉妹・友好都市への国際親善等特別の目的をもって派遣する場合」にも政務調査費を充当できると定めていたこと、また、単なる友好交流に関する式典や行事への参加だけではなく、実際には、友好交流関係から具体的な成果を生み出すための意見交換や現地の視察調査等も行われていた事例であることにも留意する必要がある。

第 3 節　調査研究費

　一方、「友好交流活動」として争われたものではないが、**単なる海外での行事への参加（同行）や視察が政務調査活動の目的となり得るか**、また、**視察内容が調査といい得るものか**が争点になった事案について、平成28年11月29日甲府地裁判決及び控訴審の平成29年4月26日東京高裁判決は、富士山の世界遺産登録に向けて、山梨県と静岡県等がパリで開催した富士山展の視察及び関連してパリ日本文化会館を見学したことは、それ自体が調査研究活動の目的となり得るものではないとし、個別の視察内容を検討しても、視察の必要性又は合理性を認めることが困難とした。

　この事例では、他にも数か所で実質的な行政視察を行っているが、行程上、富士山展の視察が主目的であったと認定されたため、全体が違法と認定されてしまったものである。

　政務活動費となったことで、今後は、「調査研究活動」との関連性は、必ずしも要件とはされない可能性があり、これに代わる住民の福祉（利益）の増進との関連性も、より幅広く、裁量性が認められるようになることが期待されるとはいえ、視察調査の目的設定と行程を検討する際に、念頭に置くべき判例である。

（5）適法とされた海外視察

　前掲の平成26年3月26日大阪地裁判決（平成26年9月11日大阪高裁判決で維持）は、世界遺産（ベトナムのハロン湾）や国立故宮博物院といった一般的な観光名所が視察先に含まれていることや20名を超える多人数で海外の実情、施策等を調査研究する必要性に疑問がないではないとしつつも、視察目的に沿った活動（訪問先との意見交換や関係する現地の視察等）も行われ、視察報告書も作成されていることから単なる観光旅行とはいえず、また、視察経費総額の半額以上は参加した議員が負担していることを理由として、「各費用が本件使途基準に違反する支出であると疑うに足りる一般的、外形的事実の立証があったものとまではいい難い」としている（253頁のまとめ参照）。

第２章 ｜ 政務活動に要する各経費の考え方と留意点

（6）違法とされた海外視察

　一方、前掲の平成27年１月20日岡山地裁判決は、２泊３日の行程のうち初日の友好交流提携協定締結都市との交流行事（視察の主目的であった）のみを考慮し、友好交流目的主体でも適法としていたが、控訴審の平成27年12月17日広島高裁岡山支部判決は、その他の行程を詳細に検討し、視察地はいずれも友好交流都市ではなく、調査目的が不明であることと視察内容や報告書の記載内容等を考慮すると、私的な観光と認められるとし、政務調査費が充当された経費の一部を違法支出としている。

　実務上も、友好交流行事参加のみの海外視察は少なく、その機会を捉えて何らかの視察調査も行われるのが通常であろう。その内容や報告書の充実が必要である。

5　団体会費

　議員活動は幅広く、また、議員が関心を持つ政策課題も多様であることから、議員は、さまざまな種類の団体の活動と関わりを持つことが多い。そして、議員が、政務活動として当該団体の活動に参加することを目的として自ら会員となる場合には、会費に政務活動費が充当されることになる。

　一方、議員は、私的な活動又は政務活動以外の政治活動として各種団体の会員になることも多く、団体の目的や活動内容も多種多様であることから、その会費への政務活動費等の充当の可否に疑義が生じることも少なくない。

（1）基本的な考え方

　平成28年４月27日岡山地裁判決等は、団体への会費・寄付金の支出に関し、「当該団体の目的及び活動内容、議員の参加状況等に鑑み、議員がその団体に所属することが議会活動の基礎となる調査研究を目的としたものであり、その活動内容と議会活動との関連性がある場合においては、その支出は違法とはいえない」との基準を示している。

　また、平成28年12月27日奈良地裁判決も、「地方議会の議員による調査活動は広範に及び得るものであり、議員が特定の団体に年会費等を支払いそ

260

の活動に参加することで有意義な調査活動が行われる可能性を否定すべきではないから、年会費等の名目で団体に対する支出がされているからといって、当該支出が使途基準に適合しないと即断すべきではない。そして、原告は、領収書等から認められる支出先の団体名のみから当該支出が使途基準に適合しないと主張するが、支出先の団体が、その名称からして**専ら議員の立場を離れた個人的資格において参加すべきもの**であることが明白であるといえない限り、外形的事実の主張立証は尽くされていないというべき」としている。

さらに、同判決は、「原告は年会費等を支出することによって調査活動を行ったとする議員らが、調査活動を行ったことを裏付ける証拠を議長に提出していないことをもって外形的事実があるといえると主張するが、議員にかかる証拠の提出を求める根拠が本件条例及び本件規程にあるわけではなく、採用の限りでない」とも述べている。

なお、団体会費への政務活動費等の充当の可否に関する判例は、あまり多くはない。各議会において、自制的に運用されているため、そもそも争点になっていないものと思われる。

（2）経費区分

議員が会員になる目的によって、計上すべき経費区分は異なるため、実務上、多少、混乱が見られる。

私見であるが、団体が開催する講演会等への参加を目的として当該団体等の構成員となるために負担する会費等に政務活動費等を充当する場合は、通常、調査研究費又は研修費に計上されるであろう。

また、会員となる目的が他の会員との交流を通じた当該団体の活動分野に関する最新の情報の収集や意見交換であれば、広聴広報費又は会議費での計上も考えられる。もっとも、これらも元々は「調査研究」の一形態であるから、判例に現れた事例も、都道府県では「調査研究費」、市では「研究・研修費」等での計上が多いようである。

なお、調査研究費と研修費のいずれで計上するかについては、会派又は議員が継続的に調査研究の対象とする行政課題等が先にあり、これに関連する活動を行う団体の会員となって当該団体の実践活動や講演会等に参加するこ

第２章 ｜ 政務活動に要する各経費の考え方と留意点

とで知見を深めることが目的なら前者、一方、会派又は議員と政策的志向を
同じくする団体の会員となることで、当該団体が継続的に実施しているさま
ざまな活動を通じて、幅広い情報や知見を得たり、行政課題を発見すること
等が目的なら後者が適しているのではないかと考える。

　いずれの経費で計上するにしても、議員の活動とは多様な関わり方があり
得る団体の会費等が使途基準に適合することを説明する上では、（通常は継
続的な）会費の支出を必要とする理由、すなわち政務活動の目的を再確認し、
その目的に即した経費で計上しておくべきだろう（もちろん経費区分に疑義又
は過誤があっても、そのことだけで使途基準違反になるわけではないとするのが
判例の大勢である。）。

（3）青年会議所

　平成28年３月22日東京地裁判決は、公益社団法人青年会議所の会費及び
法人運営費（理事会運営費及び当該法人の区委員会運営費）に政務活動費のう
ちの「研究研修費」が充当されたことの適否が争点になった事案である。な
お、支出した議員は、当時、区委員会の委員長を務めており、理事会にも出
席していた。

　被告は、年会費及び法人運営費は、研修の受講にとどまらず、地域との協
働、地域社会の発展に関する調査活動への参加という意味でも、議会の活動
との関連性が認められると主張したが、判決は、次の理由から使途基準に適
合しないとした。

① 　研究研修費及び広聴費のいずれにおいても、条例及び内規には、他の団
　体の運営費や他の団体の年会費自体については、何ら記載がない。

② 　年会費を支払わなければ、本件法人が実施する研修会等を受講すること
　ができなかったとしても、年会費は研究会又は研修会に参加するために要
　する経費（受講費用）や会派として地域団体の会合に出席する場合の会費
　相当額そのものではないから、研究研修費や広聴費と同視することはでき
　ない。

③ 　また、本件法人の運営費を支出することが、会派が行う活動に関連して
　いたもの（＝会派活動と関連性を有する）ともいい難いこと等から、条例別

表の「その他の経費」にも該当しない。本件法人が地域社会の健全な発展に資する事業を目的に掲げていることによっても、この結論は左右されない。

一方、平成26年３月26日大阪地裁判決は、会議費として支出された青年会議所の会費（のみ）について、支出した議員が「市民の市政参画を学ぶ目的で、当該会費を支払い、当該団体への参加を通じて、商店街の活性化や区政の充実を実現するための方法等を学習した」旨を主張し、陳述書も提出したところ、判決は、陳述等に格別不合理な点はなく、費用の額も相当であるとして、使途基準に違反しないとした（控訴審でも維持）。

両事例の相違点は、政務活動費等を支出する目的（研修会等の受講か、活動への参加か）と対象経費の使途との関係が整合性をもって説明され、合理的と認められたか否かにあるように思われる。

（4）ライオンズクラブ

平成28年３月11日東京地裁判決は、「視察・研修費」からＴライオンズクラブの年会費、特別会費が支出されていた事案である。同判決は、視察・研修費について、

① 所属政党の研修会及び報告会にかかる経費は使途基準外である

また、

② 視察又は研修先であるとされる団体が、議員の視察対象となる事業又は研修事業を行っていない

など、その活動内容に照らし政務調査活動との合理的関連性を明らかに欠く場合の支出も使途基準外であることが事実上推認されるとの判断基準を示した上で、「Ｔライオンズクラブは、奉仕活動事業を行う社会奉仕団体であって、正会員及び賛助会員の支払う会費等から事業費を拠出しているものであるから」との理由で②に該当すると認定し、この推認を覆す主張・立証がされていないので違法支出であるとした。

（5）公益的団体

公益的活動を行う団体は、その目的や事業内容から調査研究活動との関連

性を推認することが比較的に容易である。平成28年４月27日岡山地裁判決
は、動物愛護思想を普及・啓発するとともに愛護活動を実践し、人と動物が
共存できる豊かな地域社会の実現に寄与することを目的とする「財団法人岡
山県動物愛護財団」の年会費について、「その活動内容は、同団体の発信す
る情報が「犬・猫の不妊去勢手術費助成金の交付」など動物愛護に関する政
策に関する（当該議員による）市民相談等の情報源になっていることが認め
られるから、議会活動の基礎となる調査研究活動と関連性がないとはいえず、
支出額も上記団体の活動内容、参加態様等に照らして相当性を欠くものとは
いえない」として、会費全額への支出を適法としている。また、平成27年
10月27日岡山地裁判決も、「社団法人被害者サポートセンターおかやま」や
「NPO法人おかやまエネルギーの未来を考える会」の会費について、その目
的と年会費が不相当な金額ではないことから適法とした。

　一方、平成22年11月19日盛岡地裁判決は、財団法人岩手県国際交流協会
会費について、岩手県の国際事情を知るために同協会が発行する情報誌を入
手する目的で入会したとの主張に対し、目的自体は県政と関連性がないとは
いえないが、当該情報誌はインターネットで入手できるから必要性がないと
して、違法としている。

（６）町会費

　（１）の基本的な考え方（260頁）で紹介した平成28年12月27日奈良地裁
判決の引用文を再度見ていただきたい。同判決は、そこで示された判断基準
を適用し、町会費への政務活動費の充当について、「支出先である○○市△
△町会は、その名称からして、専ら当該地域の住民たる資格において参加す
べきものであることが明白であるといえ、○○市△△町会に対する支出（１
万8,000円）については、外形的事実の立証があると認められる」とし、違
法な支出とした。

（７）多種多様な団体会費

　団体の中には、確かにその名称等だけでは、議会活動との関連性が判りづ
らく、個人的資格において参加すべきものではないかとの疑念が生じるもの

がある。しかし、以下に紹介する判例は、いずれも、判決が挙げる詳細な理由は省略しているが、会員たる議員が加入の目的と政務調査活動との関連を説明（陳述）し、その内容に不合理な点はないと認定されたものである。これらの会費への支出が一般的に使途基準に適合するとされたものではないので留意していただきたい（参考とするときは判決の原文を参照されたい。）。

平成26年3月26日横浜地裁判決は、「陳述書には、**倫理法人会**は、倫理を基軸とした政治、教育、文化に関する講演を行っていると記載するが、議員が参加した会合の内容については何ら記載がないし、他に的確な証拠もなく、名称からしても市政との関連性が見いだせないし、団体の名称からしても市政との関連性を見いだせない」とする。

次に、平成28年5月17日山形地裁判決は、まず、公益社団法人山形県**隊友会**の特別会員年会費1万円について、「同法人は、防衛意識の普及高揚に努め、国の防衛施策・慰霊顕彰事業並びに地域社会の健全な発展に貢献することにより、日本の平和と安全に寄与することを目的として設立された団体であり、防衛及び防災関連施策等に対する各種協力、調査研究及び提言を行っていることが認められ、これに加入することは、防災活動等の県政に関連するものということができる」こと及び本法人は個人の立場では加入できないことを理由に挙げて、会費支出を適法とした。なお、年会費ではなく、隊友会との新年交歓会費負担金（6,000円）の場合は、平成18年10月20日青森地裁判決が「会の目的や活動内容等又はそれらと政務調査活動との関連性が明らかでなく、懇親会費と疑われ」、違法としているので注意を要する。

また、同様に、上記山形地裁判決は、警察官と県民との相互理解の促進と親睦を図ることを目的として活動している（一般財団法人）**警友会**の個人会員会費（1万円）についても会費支出を適法とした。

さらに、同判決は、歴史的文化遺産である○○峠の保存のために設立された**○○峠敷石道保存会**の賛助会員年会費（5,000円）についても、議員の「保存会活動や会員相互間の意見交換等を通して、歴史的文化遺産の保護及び地域づくりに関する有効な支援方策について調査研究を行う」との説明も不合理な点は見あたらないとして適法とし、山岳活動の振興に寄与することを目的として設立された**社団法人○○市山岳会**の年会費（3,000円）、山形県民と

中国人との交流を通じて親睦を図り、文化や経済の交流を進展させる目的で設立され、活動している**山形県日中友好協会**の年会費（5,000円）、山形県内に在る〇〇川の環境を守り、蛍や魚の住む清流を蘇らせようとする目的で設立された**〇〇川の環境を守る会**の賛助会費（5,000円）も適法とした。

なお、同判決は、善行精神の普及と実践に努め、明るく住みよい社会の建設に寄与することを目的として設立された「**日本善行会山形県支部**」の年会費（1万円）については、「当該団体の具体的な活動内容には不明な点もないではない」としつつ、当該議員は「ボランティアなどの社会貢献の在り方に関する調査研究を行うという目的で上記団体に加入した」と説明していることから、「県政との関連性を否定することはできず、少なくとも、個人の立場で加入したものとは認められず、会費の金額も不相当に高額であるとはいえない」から適法とした。

しかし、同判決は、**日本将棋連盟〇〇支部**の年会費（5,000円）については、「上記連盟は、将棋文化の振興を図るために設立された団体であり、〇〇地方一円の将棋愛好者により構成されており、A議員は議員就任後に加入したことが認められるが、被告やA議員の陳述によっても、加入目的はともかく、上記連盟の活動内容は不明といわざるを得ず、上記連盟への加入が通常**個人の趣味の色彩が強いもの**と解するのが自然であることも踏まえると、会費支出が調査研究のための必要性に欠けるものであったとうかがわれる」と述べ、会費支出を違法とした。

また、**会員相互間の親睦を図り、併せて郷里並びに郷里出身者及びその縁故者の発展に寄与することを目的とする「〇〇会」**の年会費についても、県政との関連性が不明等であるから違法支出とし、**社団法人実践倫理宏正会**の年会費（1万2,000円）については、同法人が毎日早朝に各地で開いている集会で40代ないし60代の主婦層を中心とする会員が自らの体験や活動について発表し、議員自身も年に数度発表を行っていること、当該議員は、他の会員から子育て、教育、介護等多種多様な意見や県政の要望等を聞く機会を得るために同法人に加入したと陳述していることを挙げて、「同団体の会員構成に照らすと、加入目的に県政との関連性がないとまでは認められない」としつつも、証拠に照らし同法人の**具体的な活動内容は不明**な点が残るものと

第 3 節　調査研究費

いわざるを得ないと述べ、結局、違法支出とした。

6　議員連盟会費

　平成28年12月27日奈良地裁判決は、議員連盟は政治活動をする団体であるから、その会費に政務活動費を支出することは違法である旨の原告の主張に対し、内規（手引き）で調査研究費の一つとして「議員連盟会費」を認めており、また、充当額は、当該議連の支出額を会員数で割った額とされている（従って充当された政務活動費に残余＝繰越金は発生しない）ことを指摘するとともに、当該議連の活動内容についても、「奈良県南部地域の振興と活性化を目的とし、同地域の振興と活性化に関する県政への提言、地元市町村長との連携、県当局の施策の促進その他目的達成に必要と認める事業を行う、超党派で組織された議員連盟と認められるから、その活動は県政に資する調査研究活動に当たる」と述べ、会費への充当は適法とした。

　また、平成26年10月24日和歌山地裁判決は、設立目的の推進大会への参加を主な活動内容とし、高額（400万円程度）の繰越金がある議連の会費を研修費から支出した事例で、原告の「翌年度に繰り越すことができない政務調査費を原資として高額のプール金を翌年度に繰り越しており、政務調査費を支出する必要性は認められない」等との主張に対し、「議員連盟の目的、活動内容によれば、いずれも和歌山県政に関連するものであり、同目的に沿った活動がされたものと認められ、これらの活動は議員の調査研究に資するものといえる」とした。しかし、控訴審の平成27年7月30日大阪高裁判決は、繰越の問題点（仮に政務活動費分の会費が繰り越されたとすると、繰越の時点では、当該政務活動費分はその使途が確定していないことになる。）は無視できないと考えたのか、適法との結論は維持したものの、「会費が繰り越されているが、対象年度においては徴収した額以上の支出をしており、資金を蓄える目的で会費を徴収しているともいえず、政務調査費の単年度清算の趣旨に反するとまでは言えない」と理由を補足した。

7　イベント・式典等の参加費

　平成28年11月10日広島高裁岡山支部判決は、利用目的が「駅前、障害者ス
ポーツ大会壮行式」と記載された駐車料金について、単なる式典への参加で
あり、使途基準に適合しないとし（原審は、調査研究活動を目的とした参加なの
か不明であり2分の1で按分すべきとしていた。被告側は特段の反論をしていないよ
うである。）、「おかやま国際音楽祭閉会式」のための駐車料金については、被告
側が市から交付金を出しているので今後の在り方を調査するための参加である
と説明したが、やはり、使途基準に適合しないとされた。一方、「モンゴル○
○学校記念式典出席」を目的とした駐車料金は、式典で行われた障がい者福
祉に関する報告を聴講するために参加したとの説明が認められ、適法とされた。

　また、平成22年11月19日盛岡地裁判決は、教育改革等教育問題に関する
調査研究のため参加したとされる「県立大学新学長を歓迎する県民の集い」、
国際交流事業に関する調査のため参加したとされる「フィリピン共和国名誉
領事館開所祝賀会」及び岩手ブランドの確立に関する調査研究のため参加し
たとされる「原敬生誕150年記念祝賀会」の各会費支出について、開催場所
（ホテル等）、名称、飲食を伴うこと等から、目的とされている調査研究に資
する意見交換等が予定されていたとは認められず、現に行われたなどの特段
の事情もないとして違法とした。また、児童生徒の競技力向上に関する調査
研究のため参加したとされる「盛岡市スポーツ人の集い」会費も、開催の目
的は県政と関連があるといい得るものの、式次第を見ると、目的とされてい
る調査研究に資する意見交換等が行われたとは認めがたい等として、やはり
違法とされている。

　いずれも、イベント等への参加の目的と当該イベントの客観的な（外見上
の）内容が整合し、政務活動等が実際に行われた可能性があるとの心証を得
られたか否かが決め手となったものと思われる。

　なお、珍しい例として、平成26年10月16日金沢地裁判決は、日韓友好コン
サート賛助金（30万円）の支出について、「イベント開催のために必要な寄附
をすることは、通常、議員の調査活動と関連性があるとはいえず、外形的事実
が主張立証されたものといえる」とし、被告側の「コンサートの開催に向けて

第 3 節　調査研究費

活動するメンバーに加わり、準備の過程で多くの人と地域振興について議論することができたので実質的に調査研究である」との主張にも、仮にそのような意義があるとしても副次的なものにすぎない等として、違法支出としている。

8　調査研究の委託

（1）委託内容等の説明の程度

　平成26年11月27日奈良地裁判決は、「本件条例及び本件規程は、県外及び日本国外における調査活動について、その目的、内容及び結果等について報告を求めているものの、これ以外には調査の内容や結果について具体的に報告することを義務付けておらず、議員が調査活動を第三者に委託した場合においても同様であるから、議員が調査の内容や結果を具体的に明らかにしない限り政務調査費の充当が認められないというべきものではない」とする。

（2）調査研究の包括的委託

　政務活動費等の制度の沿革に照らすと、調査研究活動は政務活動の中核に位置付けられるべき活動であり、会派又は議員が自ら行うことが原則的な姿といえる。しかし、調査研究費の支出区分に委託費があるとおり、個別の調査研究活動や関連する業務の一部を委託することは当然予定されており、会派が政務活動の主体であるときに、所属議員に対し、政務活動そのものをある程度包括的に委託することも制度上予定されている。

　それでは、会派から、当該会派と政策的志向を同一とする**政治団体に対しても、調査研究をある程度包括的に委託できるのか、また、委託できる範囲はどこまでか**が争点になった事例がある。

　平成29年3月16日札幌地裁判決は、市議会の会派所属議員が所属する国政政党の支部に政務調査業務を包括的に委託し、政党支部の職員に会派控え室で委託した政務調査業務に従事させた事例である。

　まず、同判決は、使途基準では外部団体等への委託に関し、「資料作成のための調査、広報誌の作成・発送等の業務が許容される」との定めがある一方、その他の業務については明文の定めがないことについて、「これらは例

示であって、これらの業務に限定されると解すべき根拠はない」とし、「政務調査活動の範囲が多岐にわたることに対応して、政務調査費による支出が許容される業務委託も広範囲に及び、当該業務委託が使途項目の複数の性質を有し、いずれの項目に該当するかを一義的に決定することが困難であることも想定される。制度趣旨からすると、当該業務委託が複数の使途項目の性質を有することのみをもって、当該支出を違法と解すべきでない」と述べ、ある程度包括的な業務委託も適法としている。

　ただし、具体の事例については、委託契約では、当該政党支部の職員を専属的に受託業務（政務調査業務）に従事させ、少なくとも契約で定められた勤務時間内は同業務にのみ従事させるという契約であったにもかかわらず、当該職員が実際に従事した業務には政党所属議員の選挙公約の作成や政党支部の会計業務等も含まれていたと認定し、業務委託費の2分の1を超える部分は違法とされた（政党支部には他に職員がいなかったため、当然、政党関係業務も行っていたと推認されたことが決め手になったようである。）。

　また、平成27年5月26日札幌地裁判決は、道議会の会派から国政政党同支部への業務委託について、「会派の活動に関わる事務全般の運営、連絡調整に携わる人員等の確保が不可欠であり、会派としての効率的、経済的な政務調査活動の実施のためには、会派の目指す道政の方向性を熟知している者がその担い手となる必要がある。併せて、執行機関や他の会派からの干渉を防ぎ、会派としての政務調査活動の独立性を確保するためには、活動内容の秘匿性を保つことも重要な要素である。（したがって）道政調査業務の委託の委託先として、市町村等の要望の集約や道民のニーズの把握などについて専門的なノウハウを有するとともに、会派の目指す方向性について熟知しているА党北海道総連を選定したことは、会派又は議員に与えられた裁量権の範囲を逸脱し又はこれを濫用したものとはいえない」としている。なお、同判決は、具体の業務内容の中には一部政務活動等以外の活動の性質を有するものがあるとして8分の7での按分を要するとしたが、控訴審の平成28年3月22日札幌高裁判決は、既述（216頁）のとおり、活動の中に政務調査活動以外の性格を兼ね備える活動が含まれているとしても、その活動自体が政務調査活動と言える限り全額充当できるとした。

第 4 節　研修費

第 4 節　**研修費**

　研修費（議員が研修会を開催するために必要な経費、団体等が開催する研修会の参加に要する経費）が支出項目として掲げられているのは、政務活動費の支給対象となる議員が、その期待される議会活動のために必要となる知識、情報等を獲得するため、研修会を開催したり、他の団体等が開催する研修会等に参加するのに要する経費を、議会活動に関する調査研究等に資するために必要な経費として認める趣旨と解される。したがって、研修費として認められるか否かの判断にあたっては、開催ないし参加の対象となる会合の目的と議会活動との関連性、その研修の内容と上記目的との関連性、支出額が目的や内容等に照らし相当であるか等の見地から、当該支出が議員の議会活動の基礎となる調査研究等のための支出として合理性を有するものといえるか否かについて審査すべきである（平成28年10月26日岡山地裁判決）。

　以下、研修費又は調査研修費の充当の可否が争点になった判例をいくつか見ていく。

1　研修会等の開催

　平成27年5月15日福岡地裁判決は、議員が一般市民の参加も可能として自身のホームページで告知し、講師を招いて開催したスマートフォンやフェイスブックの一般的な使い方についての初心者向け講座の講師料その他の費用への政務調査費（研究研修費）の充当について、内容が使途基準に定める「市政の諸問題についての研究会又は研修会」に該当しないことに加えて、一般市民も参加可能としており、目的が「議員の政務調査能力の向上」にあったとは認めがたいとして違法とした。

　一方、平成27年4月8日大阪地裁判決は、弁護士を招き、市民から相談を受けて、市政の問題点や解決方法を発見して政策化するための相談会として会派が開催した「法律問題研修会」について、市民向け法律相談会で市政に関する調査研究活動とは無関係とする原告の主張を退け、その費用（施設利用料と講師謝礼）の支出を適法とした。また、同判決では、当該議会の内

271

規の適法性も争点とされ、「本件内規が講師への謝金・謝礼に加えて、講師の弁当代（研究研修費）への政務調査費の支出を認めるのは、必要のない使途に政務調査費の支出を認めるものであり、違法・不当である」との原告の主張について、「社会通念上許容されるものであって、調査研究活動に必要のないものとまではいえないし、内規の定める一回一人あたり3,000円以内という金額も、社会通念上許容される範囲にとどまる」としている。

2　研修会等への参加

　前掲平成27年4月8日大阪地裁判決は、議員の研修会等への参加に関しても、「G学会第○回研究大会」「H協議会公開セミナー」「Ⅰ学会特別企画シンポジウム」「第3回Ｊフォーラム及び内閣府との『子ども子育て新システム』に関する意見交換会」への議員の参加費用（旅費、日当、宿泊費）への政務活動費（研究研修費）の充当を適法としている（原告は、日当と旅費が議員報酬との二重払いと主張していた）。

　年間数回開催される**研修会の参加費を年会費方式で支払う場合**は、実費充当との関係が問題となる。平成30年5月24日東京高裁判決は、新聞社主催で月例会方式による会員制講演会の年会費9万円を議員が支払い、その全額に政務調査費（研修費）を充当した事例について、県内の政策に関連する研修会であり、調査研究との合理的関連性が認められるとしつつ、同議員は3回しか参加していないと認定し、「実費充当の原則から、現に研修会に参加した限度に限り、使途基準に適合する」と述べ、年会費のうち4分の3は違法支出になるとした。

3　大学院等の学費

　Ｊ大学社会文化研究科学研究科で、主に公共政策科学の授業を履修したＰ議員の学費への平成22年度分政務調査費（調査研修費）の充当について、平成27年10月27日岡山地裁判決は、調査研究活動との関連性を認め適法とした（控訴審の平成28年11月10日広島高裁岡山支部判決でも維持）が、23年度分

の学費に関する平成28年4月27日岡山地裁判決は、「その内容は、同議員が個人としての教養を高めるためのものであって、具体的に市政や議会活動と関連性があるとは認められない」から違法とした。しかし、その控訴審の平成29年3月30日広島高裁岡山支部判決は、「当該議員が受講した公共政策科学専攻課程が国や地方自治体等において公共政策に対する感覚の豊かな専門的職業人の育成を目指すことを目的としており、議員も同課程において、地方議会改革の在り方や、受益と負担を考慮した税制の在り方等を研究してきたことが認められる」として、再び適法とした。

また、平成28年3月11日東京地裁判決も、Ｔ大学大学院地方政治行政研究科やＭ大学専門職大学院ガバナンス研究科で研究するための学費について、「議員が大学院に通学することは議員の調査研究活動の基盤の充実を図るという政務調査研究費の趣旨に合致し、適法である。また、議員就任前から在籍している場合の就任後の期間に対応する学費についても、そのことは否定されない」としている。

4　他団体との共同研修

他団体との共催で実施された研修（会）の場合、その開催費用や議員の参加費用の全額に政務活動費等を充当することは適切とはいえない場合がある。共催の趣旨に政務活動等とは認められないものが含まれている場合や、共催要領や協定等で定められた共催者間の役割や費用の分担の内容に不合理がある場合などである。

平成26年9月11日大阪高裁判決は、議員が労働組合組織に関連する団体の一員としてインドネシアの地方議会議員との意見交換や工場等の視察研修に参加し、その費用に政務調査費を充当した事例について、「地方議会議員との意見交換が実施されていること等に照らせば、上記海外渡航にかかる活動を全体として単なる観光旅行であるとまでは断じ難く、都市行政の調査等、一定の政策目的を有するものとして、議員の調査研究活動としての側面があることを肯定することができるとしても、寺院の遺跡といった一般的な観光名所が視察先に含まれていること等に照らせば、観光旅行や労働組合組織に

第２章 ｜ 政務活動に要する各経費の考え方と留意点

関連する団体の親睦旅行としての意味合いを併有していたとの疑いを否定できない」として少なくとも２分の１は使途基準に違反するとした。

第 5 節　広聴広報費

1　広聴広報活動総論

　広報費と広聴費（都道府県の場合は、通常、両経費を合わせて「広聴広報費」としている。）について、平成28年10月26日岡山地裁判決は、「**広報費（議員が行う活動、市政について住民に報告するために要する経費）**が支出項目として掲げられているのは、政務活動費の支給対象となる議員が、議会活動や市政について、住民への情報発信を行うために要する経費を、議会活動に資するために必要な経費として認める趣旨と解される。したがって、広報費として認められるか否かの判断にあたっては、その支出が議員報告に関する支出であるか、その方法が合理的であるといえるか、支出額が内容等に照らし相当といえるか等の見地から、当該支出が議員の行う調査研究等のための支出として合理性を有するものといえるか否かについて審査すべきである。

　また、**広聴費（議員が行う住民からの市政及び議員の活動に対する要望、意見の聴取、住民相談等の活動に要する経費）**が支出項目として掲げられているのは、政務活動費の支給対象となる議員が、議会活動や市政について、住民からの要望、意見等を吸収するために要する経費を、議会活動に資するために必要な経費として認める趣旨と解される。したがって、広聴費として認められるか否かの判断にあたっては、市政又は政策に関する意見や要望を聞くことを目的とした会合について、当該会合の内容と上記目的との関連性、支出額が内容等に照らし相当であるといえるか等の見地から、当該支出が議員の行う調査研究等のための支出として合理性を有するものといえるか否かについて審査すべきである」としている。標準的な理解であろう。

　広報活動の手法としては、広報紙（誌）（市政・県政報告書）、ホームページ、新聞等の意見広告、政務活動（市政・県政）報告会等があるが、まず、広報活動に共通する基本的な論点を確認する。

第２章 │ 政務活動に要する各経費の考え方と留意点

（１）広報の性質

① 広報活動と意見聴取の関係

　具体的な経費の使途や内容により広報費と広聴費に経費区分を分けること
があるとしても、両経費の趣旨・目的は同じである。一般的な判例では、広
報活動と広聴活動（意見聴取）は、基本的には表裏一体の関係にあると理解
されている。もっとも、両活動が同時に行われなければならない訳ではなく、
平成28年３月17日宇都宮地裁判決は、原告の「広報をしたことで、県民か
ら意見等を聴取していることが証明されていない旨」の主張に対し、「広報
費は、県民に情報提供を行い、それに基づく意見を聴取するという双方向性
をもつという特性上、長期的・総体的な視点によらなければ成果の有無を検
証することが特に困難なものであり、具体的に県民から意見等を聴取した事
例につき何ら証拠が提出されていないからといって、一般的、外形的事実の
主張立証があったことにはならない」と述べる。

② 広報活動と自己宣伝の関係

　平成27年11月20日金沢地裁判決は、**議員の広報活動**について、「広報活
動が議員自身の宣伝の効果を有することはあり得るところであるが、これは
副次的な効果であるから、専ら議員自身の宣伝を目的として広報活動が行わ
れているなどの事情がない限り、このような側面があることのみを理由とし
て広報費が違法支出に当たるということはできない」とする。

　また、平成31年1月21日金沢地裁判決も「（議員の広報活動が）同時に議員
自身の宣伝としての効果を有するとしても、あくまでも広報活動に伴う付随
的・副次的なものにとどまる限り、広報活動の本来的な役割や効果を損なう
ものではないから、当該広報活動の全部が、議員の議会活動の基礎となる活
動との間の合理的関連性を有するものというべきであって、原告が主張する
ように、広報活動が一般的に議員自身の宣伝の側面があることのみを理由に、
広報費の全部又は一部への政務活動費の支出が使途基準に合致しないものに
なるとはいえない」とする。

　なお、同判決は、他の多くの判例と同様に、「（全体としては広報活動に該当
する場合であっても）広報の具体的な内容や形式において、例えば、議員自

身の拡大写真やその活動状況を写した写真等、議員自身の宣伝を主たる目的とする部分が含まれる場合については、当該部分は、政務活動との合理的関連性を欠く」とも述べており、具体の事例について、議員の写真やプロフィール等が紙面等に占める割合が「わずかなもの」については全額充当を認めるが、同割合が４の１程度又は約半分のものは、それぞれ４分の１、２分の１を使途基準に適合しないと認定している。他の判例で、どのような「内容と形式」のものが議員の宣伝を主たる目的とするものと認定されているかは後述する（281頁）。

　また、平成26年11月27日奈良地裁判決も**会派による広報活動**の趣旨について、次のように述べる。

> 　使途基準は広報費につき「会派が行う議会活動及び県政に関する政策等の広報活動に要する経費（広報紙・報告書等印刷費、送料、交通費等）」と規定されている。その趣旨は、広報には、会派が自らの議会活動及び県政に関する政策等を県民に広く知らしめることにより、これを知った県民から意見や情報が寄せられることがあり、そのような意見や情報を端緒として新たな調査活動等が行われるということがあるので、調査研究活動に資するというところにあると解される。そうすると、確かに、広報には、自らの議会活動や政策を有権者に周知し、支持者の拡大を図るという選挙活動の一環として機能し得る面もあることは否定し難いが、そうであるとしても、上記趣旨に鑑みれば、専ら選挙活動の経費として支出したとみるべき事情がない限り、広報費は、本件使途基準に反するものとはいえない。

　このような理解のもとに、同判決は、新聞に掲載した会派の企画広告（会派がまとめたエネルギー政策を提案し、住民の意見を求めるもの）への政務調査費の全額充当を認めている。

　なお、この判旨は、控訴審の平成27年11月12日大阪高裁判決でも維持され、同判決は、「原告らが主張する広告の文字数及び会派所属議員の顔写真が名前入りで掲載されていることもまた、上記結論を左右するに足るものではない」と補足している。

第2章 | 政務活動に要する各経費の考え方と留意点

　次に、**議会活動や自治体の政策等に関する情報以外の情報の意義やその取扱いの考え方**について、平成28年３月25日長野地裁判決は、次のように重要な考え方を示している。

　広報の性質上、どのような記載であれば県政活動について住民に対し効果的に伝えられるかについては一義的に定まるものではなく、また、**広報を効果的に行うためには、まず県民に県政報告書を読んでもらう必要があり、県民の興味を惹くことも重要な要素になる**というべきであるから、そのために創意工夫を行うことは何ら広報としての性質に反するものではなく、かえって推奨されるべきものである。そうすると、県政報告書の構成等は、その内容等がおよそ**県政における活動の紹介という趣旨を逸脱するものでない限りは、県政報告書の作成を担当する者の裁量に委ねられる**と解するのが相当である。

　また、一般に報告がこれを担当する者の認識等を踏まえてされるものであることに照らせば、県議会での議論など県政に関する活動を紹介するにあたって報告を担当する**議員の紹介等をすること**については、明らかに必要性ないし合理性を欠くとはいいきれない。

　（略）原告らが主張するように、県議会における議論の内容を紹介する部分のみが県政における広報活動に当たると解するならば、県政報告書として許容されるのは、ほとんど単なる議事録のような内容に限られることになり、広報活動の上記性質に反するものであり相当とはいえない。

　さらに、控訴審の平成28年12月21日東京高裁判決も、同旨を述べた上で、次のとおり補足している。

　控訴人らは、補助参加人（会派）及びその所属議員らが発行している県政報告書は、議員個人の顔写真や紹介等がその大部分を占めているものであって、専ら議員個人の活動ないし選挙のための活動にすぎないから、相当の割合で按分すべきであると主張する。

　確かに、会派又はその所属議員が発行する広報紙が、議員個人の氏名、顔写真及びプロフィール等の紹介をその内容の大半とするものだとすれば、そ

のような広報紙に係る費用は、本件使途基準にいう「広報費」としての「会派が行う議会活動及び県政に関する政策等の広報活動に要する経費」にその全額があたるということは困難な部分が存する。しかしながら、会派が行う議会活動及び県政に関する政策等についての広報活動において、報告を担当する議員の紹介等を含めること自体が、調査研究活動との合理的関連性又は必要性を否定するものとなるとはいえない。また、県政報告書において、**県政での議論を紹介する部分以外の記事及び写真等の割合に応じ、必ず政務調査費としての支出を一律に制限することとなれば、県政の報告における創意工夫を萎縮させる**こととなって、広報活動の充実を阻害するおそれがあり、相当でない。

同判決は、以上の前提の下に具体の県政報告書について検討し、中には特定の議員の顔写真や紹介等についての記事が紙面のうち少なからぬ割合を占めているものがあることを認めた上で、「**各県政報告書の構成や掲載された項目、議会活動及び県政に関する報告に係る記事の内容や分量、それ（議会活動等の報告）以外の項目に係る記事の内容や分量等の諸要素を考慮**すると、いずれも会派が行う広報活動として、その調査研究活動との合理的関連性及び必要性が認められる内容を含むといえる」とし、各会派の判断で政務調査費の充当が不適切と考えられるおそれのある一部の写真等の面積割合を政務調査費の充当から除外していることも評価して、費用全体の71.1％ないし98.3％への充当を適法としている。

（2）会派の広報活動と議員の広報活動

上記の長野地裁判決は、会派による広報活動と議員による広報活動の関係についても、「会派発行の広報紙に掲載された記事のうち、所属議員個人の広報に該当する部分は違法である」との原告の主張に対し、次のとおり判示している。

会派に所属する議員の活動につき、議員個人としての活動とそれ以外の活動とを厳密に区別することは困難であり、**会派としての広報活動が、同時に**

> その会派に所属する議員の広報活動にもあたることは一定限度で避けられないという性質がある。（略）
>
> 　そうすると、当該県政報告書の内容が、専ら議員個人の広報活動であるとか、報告及び広報活動の性質を考慮してもなお明らかに必要性又は合理性を欠くと評価すべき特段の事情がない限りは、その作成及び配布に要する費用の全額を政務調査費として支出することは違法とはいえないというべきである。
>
> 　（略）
>
> 　原告が違法であると主張する県政報告書は、いずれも会派が発行する形で、所属議員の活動等を紹介するものであることが認められる。確かに、これらの中には特定の議員の顔写真や紹介等についての記事が紙面のうち少なからぬ割合を占めているものがあるとは認められるものの、議会における活動の広報及び報告を行うにあたっては、まず**県政報告書自体に興味を持たせることや、議会における議論に関わった議員の認識等を交えて報告することは一定の限度で必要なものといえることに照らせば、当該議員の紹介記事や顔写真についても、広報活動として明らかに必要性ないし合理性を欠くものとまではいえない。**

　また、平成28年9月27日東京高裁判決も、「会派の所属議員により行われる広報活動であっても、会派としての広報活動の一環としてのもの又は会派としての広報活動の性質をも併せ有するものもあり、会派の広報活動には、会派がその名において自ら行うもののほか、会派の所属議員等にこれを委ね、又は所属議員等による広報活動を会派のためのものとして承認する方法（黙示により承認する方法を含む。）によって行うものも含まれると解すべきである」としている。

　会派活動は、所属する各議員の活動によって成り立っているのであるから、いずれも当然の判決であり、政務活動費等の交付先が会派か議員かに関わらず、会派の広報活動と議員の広報活動を区別する意味は、乏しいように思われる。

　ただし、会派の広報活動特有の問題として、**会派所属議員の宣伝と見なされやすい情報及び掲載方法**がある。

第 5 節　広聴広報費

　平成30年４月11日神戸地裁判決は、４頁の会派広報紙について、「表面
（１頁及び４頁）は、会派に所属する議員の集合写真２枚、当該議員各人の氏
名、顔写真及び肩書等の掲載がそのほとんどを占め、その他の記載も会派名
及び一般的な挨拶文言にとどまることからするに、当該議員個人の周知及び
宣伝を目的としたものであると評価せざるを得ない」とし、その紙面の割合
（２分の１）で按分を要するとしている。会派活動の報告と特段の関連がな
い形での会派所属議員の集合写真やプロフィール情報の掲載は、その部分へ
の政務活動費の充当が認められないおそれがあるということである。

（３）政務活動費等の充当に適さない広報活動

　各議会の内規において、政党活動、選挙活動及び後援会活動に関し、政務
活動費の充当が不適当な経費が例示されていることは第１部（139頁～）で
見たとおりである。したがって、これらの例示に該当する活動に関する記事
は、政務活動費等の充当対象から当然除外されることになる。しかし、これ
らの例示に明らかに該当する訳ではないが、「会派、議員が行う県政（市政、
町政）の政策等に関わる情報とは言えない」ような、いわば、中間領域（グ
レーゾーン）にある記事や写真については、争われることが多い。

　このことについて、平成30年３月27日大阪高裁判決は、そのような記事
や写真について、「**その内容や大きさ、配置等**から見て**県政の政策等に関わ
る記事との間に合理的な関連性を有すること**が明らかな場合か、あるいは県
政の政策等に関わる情報との合理的な関連性があると説明されている場合で
あれば、県政の政策等に関わる情報の一部を構成するものといえ、按分を要
しないと解される」との一般論を述べている。前述の広報の性質や広報活動
の裁量性を踏まえた基準であろう。しかし、このように考えても、なお、具
体の事例について、**政務活動等としての合理性及び必要性を欠き**（大阪高裁
の基準であれば、**県政の政策等に関わる情報との合理的な関連性が認められ
ず**）、**その部分は政務活動費等の充当から除外（按分）すべきと多くの判例で評価
されている要素**がある。その主なものを紹介する。

281

① 議員の集合写真

　前掲の平成30年４月11日神戸地裁判決のほか、議員団ニュースや会派ホームページに掲載する目的で撮影した**議員団集合写真代**（約４万円）について、平成28年２月４日京都地裁判決は、「市政報告書作成の目的は、市民から意見や要望等を聴取する前提として会派が市政報告等を行う点にあり、議員の顔写真を掲載する必要はなく、むしろ、顔写真の掲載は、主として政務調査以外の政治活動や議員としての宣伝を目的とするものである」と認定し、政務調査費の充当を違法とした（報告書やホームページの作成費自体は、按分されていたためか、争われていないようである。）。また、平成28年12月27日奈良地裁判決も、会派の「県議会だより」への所属議員の集合写真の掲載を宣伝活動であり政務活動費の趣旨に適合しないとしている。

　しかし、一方で、同判決の控訴審の平成30年３月27日大阪高裁判決は、当該集合写真は、県議会だよりに掲載された県議会での質問状況に関する記事と関連し、会派としての議員団を特定・紹介するものとして合理的な関連性を有するとした。

　写真と記事（分量は問題とされていない）**との関連が判断基準**となっているようであり、その説明の成否が結論を分けるのではないか。

② 議員の顔写真、プロフィール等

　議員の広報活動における議員自身の顔写真や肩書、プロフィール等についても、政務活動等とは関連がない、議員の宣伝を目的とした情報であると主張されることが多く、争点になりやすい。判例も数多いが、次のような要素が議員の宣伝と評価されている。

・「市政報告」という文字よりも議員の名前が大きく印字されていること（平成27年10月27日岡山地裁判決）

・一面の５分の３を議員のプロフィール等（議員の個人名を含む題字、議員の氏名及び顔写真、議員の経歴、役職及び連絡先等が記載され、読者が議員の顔と氏名を強く印象づけられる部分）が占めていること（平成22年11月５日東京高裁判決）

・議員本人や後援者たる著名人の顔写真や氏名を目立つ場所に大きく記載す

るなど選挙ポスターと変わらない仕様の紙面（同上）

- 議員の活動（の姿）を写した写真で市政に関する情報に乏しいもの（平成29年1月31日仙台地裁判決）
- 議員が市民と触れ合う写真や「幼稚園児と共に」と題する写真（平成28年9月29日大阪地裁判決）
- 一面の概ね半分程度又はこれを超える（大きさの）議員の写真、議員の「フォトアルバム」、総理大臣や知事と一緒に写った写真、議員がさまざまな会合に出席した際の写真（平成28年3月17日宇都宮地裁判決）
- 囲み線で強調されたキャッチフレーズの様相を呈した文言（平成29年6月29日宇都宮地裁判決）
- 議員の全身の写真とプロフィール、政治的信条、議員が永年勤続表彰されたことの記事、活動状況のうち空手道選手権大会の開催に関する記事と写真（平成30年3月27日大阪高裁判決）

　一方、上記平成22年の東京高裁判決は、写真の大きさが、縦は紙面縦全長の5分の1程度、横は紙面横全長の5分の1程度で、議員の氏名の記載も通常の題字の大きさと同程度の事例については、「宣伝活動の側面が読者に訴える力は、市政報告の側面よりも明らかに弱く、議員本人の同一性確保の目的が強いということができる」として全額を適法とし、上記平成30年3月27日大阪高裁判決も、前述の基準の下に「議員の写真やプロフィールも、その配置や大きさからして、紙面の多くを占める県政の施策等に関する**情報の発信者を特定・紹介するもの**として合理的な関連性があるものと認識できる」とした。

　なお、上記平成28年3月17日宇都宮地裁判決の「さまざまな会合」の事例については、政務活動等として出席した会合であることが当然の前提とはなるが、当該写真と関連付けられた政務活動等の内容が記事で説明されていたならば、異なった判断もあり得たのではないかと思われる。

③　選挙活動、政党活動、国政等に関する情報

　さらに、上記平成28年の宇都宮地裁判決は、議員自身の選挙結果や知事

選挙、衆議院選挙、市長選挙等の結果報告、市長選挙に向けた議員の思い、議員が副議長に就任したことについての記事、内閣の国政に関する政策についての記事並びに議員が政党の青年局活動を行った旨の報告も政務調査費の充当が許されない広報活動に該当するとしている。また、平成30年3月27日大阪高裁判決も、「近年の政治動向と小選挙区制の是非」との記事、反TPP県民集会に参加したことに関する記事と写真、「戦争できる国づくり・秘密保護法許さない!」と題する記事と写真など、国政に関する意見を記載した部分は、その内容や大きさ、配置から見て、県政に関する施策等に関わる記事との間の合理的関連性が明らかではなく、説明もされていないとしている。

　しかし、国政に関する情報については、国と自治体の行政は密接な関係にあるため、政務活動等との関連性を認める判例も少なくない。

　例えば、「集団的自衛権について私の考え」と題する記事について、平成29年8月30日さいたま地裁判決は、これを「県政に関する情報以外の情報」であると位置付けたが、控訴審の平成30年4月18日東京高裁判決は、「集団的自衛権それ自体は国の問題であるが、その当否は国民的議論になっており、集団的自衛権の行使と直接関係する陸上自衛隊の駐屯地や航空自衛隊の基地が県内にあることから**県民の関心も高いと考えられ、議員としてその立場を明らかにして県民の反応を探り、その意見を県政に反映させることも**広い意味での政務活動の一環であるということができる」としている。

　また、平成28年9月29日大阪地裁判決は、「（国の）経済対策や年金問題」に対する記事について、「これらは国政に関する問題であると同時に、市政に関する問題という側面も有する」とし、平成21年5月27日東京高裁判決も、「国政に関する事柄であっても、それが区政との関わりを持つものである限り、これを必要かつ合理的な範囲で広報誌に掲載することが許されないわけではない（各記事は、会派の広報活動として許される合理的な範囲を超えていない）」としていた。

④　後援会会員向けの情報

　例えば、後援会入会の案内等は後援会活動そのものであるから、政務活動

費等を充当できないのは当然であるが、主に後援会の会員を読者として想定する記事や広報紙も、後援会活動そのものか、政務活動等よりも後援会活動との関連性が強いと推認され、やはり、その（部分の）経費には政務活動費等を充当できない。

例えば、後援会長及び議員による当選への御礼やあいさつの記事（平成29年3月30日広島高裁岡山支部判決）や「新春懇親会」の開催案内チラシ（平成26年3月26日大阪地裁判決）がこれに該当し、平成28年3月17日宇都宮地裁判決も、知事選挙に関して後援会員に候補者を推薦する趣旨の「ご挨拶」、後援会員が議会の傍聴に行った際の写真や感想、後援会主催の研修会（ふれあいコンサート）に関する記事、議員の応援団への参加を求める記事と後援会の連絡先、議員に期待する政策に関する記事等について、「後援会の会員に向けた文言が記載されていたり、後援会行事についての記載があるなど、主として後援会の会員に対して配布して後援会の拡充を図るためのものであることが外形上強く推認される」としている。

⑤　私的活動その他広報との関連性が不明な情報

上記平成28年の宇都宮地裁判決は、議員が東北ボランティアをしたことの報告及びその感想等の記事についても、「同議員が東北ボランティアを行ったことは会派が行う議会活動や県政に関する政策等を広く住民に知らせるものとはいい難く、単なる議員個人の宣伝である」として、政務調査費を充当することは許されないとしている。本件については記事の具体的な内容が不明であるが、同様の活動に関する記事を掲載する例は少なくないと思われる。災害に無縁の地域はないのであるから、実際にボランティア活動をして実感した問題点や課題等といった政務活動との関連性を認め得る情報が掲載されていれば、使途基準への適合を認めてよいのではないだろうか。

その他、料理レシピの紹介やエッセイ（平成29年3月30日広島高裁岡山支部判決）、地元の高校が甲子園に出場したことに関する記事（平成26年3月26日大阪地裁判決）は、政務活動等とは関連がないとされている。しかし、**「会派が行う議会活動及び区政に関する政策等に対する区民の関心を集めるために、直接には区政とは関連しない（「医療と健康シリーズ」と題する）コラムやエ**

ッセイを広報誌に掲載することも区の使途基準にいう広報活動に当たる」とする判例（平成21年5月27日東京高裁判決）もある。

（4）広報活動における按分

　広報活動については、前掲（1）（276頁）で見た広報の性質や第1節総論の「議員活動における多面性（性格併有）論」（209頁）を背景として、選挙活動等の政治活動であるから全体が使途基準に違反する、あるいは、政治活動の性格を併有するから原則として2分の1で按分すべきであるといった議論がされやすい。

　この点について、平成25年1月31日名古屋高裁判決（原審の平成23年3月23日名古屋地裁判決も同旨）は、議員の広報活動は、その多くが政治活動、後援活動としての性格を併有していることは否定できないと認めながらも、有権者に対する情報提供とその反応や意見の議員活動への反映といった相互作用が全く期待できないようなものでない限り、議員の有する広範な職責を果たすために有益な調査研究活動に当たるとし、後援会活動に関する記事を掲載している広報紙についても、その紙面に占める割合が一部（4分の1）にすぎないからその発行費用が政務調査費の趣旨・目的に反するとはいえないとした。

　ただし、この判例は、原告の「政務調査費には広報費が含まれるべきではない」や「政治活動としての意味合いが強いから違法性を推認すべき」等の抽象論に終始する主張に対する一般論的な判断にとどまり、後援会活動に関する記事が多少含まれる場合でも按分を要しないとまでの判断を含むものかは疑わしく、参照する場合は注意を要する。

　やはり判例の主流は、政務活動等の内容部分とそれ以外の政治活動や宣伝等の内容の部分とで按分を要するとするものである。例えば、前掲の平成28年3月17日宇都宮地裁判決は、**広報紙やホームページの内容に議員個人の宣伝が併存する場合であっても**、会派が行う議会活動や県政に関する政策等を広く住民に知らせ、地方議員として住民から意見を聴取、収集するための前提知識等を提供するために必要な広報活動がなされている部分については、議員の調査研究に資するものということができる。そして、このような

広報活動がなされている部分の割合等を加味して、**適切な比率により按分が
なされて政務調査費が充当されている場合には、当該広報費の支出は目的外
支出には該当しない**ものというべきである」とし、広報活動に該当する部分
の比率を問題にすることなく、「議員の顔写真や議員個人の意見が含まれる
広報紙やホームページ全体を政治活動とみなすべきである」とする原告の主
張を退けている。

　では、**広報活動における適切な按分率**とはどのようなものか。

　上記判例は、各議員の県政報告書の内容を確認した上で、「１頁目の紙面
の半分程度に掲載された議員の写真及び４頁目の議員がさまざまな会合等に
出席した際の写真の部分は、その記事の面積の比率からしても、全体との比
較で与える印象の程度からしても、全体の40パーセント程度であり、政務
調査費の充当が認められるのは、その他の60パーセント部分のみである」
等と認定している。

　このように、広報紙又はホームページに関しては、政務活動等に関する部
分とその他の活動に関する部分の面積の比率か、面積の比率及び（その他の
活動に関する部分が）全体との比較で与える印象によって按分率を認定する
判例が多い。定量的な基準により、客観的に認定できる**「面積による按分率」
を基本として、文字の字体や大きさ、配置等による全体の印象**という定性的
基準で補正をするといったところが、判例の傾向に沿った按分率の認定方法
になるのではないだろうか。

　なお、少数ではあるが、「（広報紙の）議員の写真や挨拶文、プロフィール
については、市の施策に関する情報を含む部分を除き、調査研究活動との間
に合理的関連性があるものとは言い難く、むしろ、**議員自身を広く世間にア
ピールする**ための掲載内容ということができ、**そうした部分が紙幅の相当程
度を占めている**」から２分の１で按分すべきという主観的な判断基準をとる
平成29年１月31日仙台地裁判決のような事例がある（控訴審の平成30年２月
８日仙台高裁判決も同旨。理由として「写真、挨拶文及びプロフィールが、特に
読者の目を引き易い形状及び位置（広報誌の一面上段や末尾等）で掲載されてい
る」旨を補足するが、印象重視の判断である点は同じ。）。一方、平成28年
10月26日岡山地裁判決は、「各市政報告書は、その主要な部分を当該議員の

議員活動の内容や市政に関する内容等が占めており、議員個人の宣伝等の情報を提供することが重要な目的となっているとは認められない」と、面積按分ではなく印象で全額充当を認めている。

2　広報紙(誌)・県(市・町)政報告書等

(1) 広報紙の按分率と保存

広報紙の按分率の考え方は、上記「広報活動における按分」で述べたとおりであるが、印刷物である広報紙について、特に留意しなければならないのは、その保存である。

平成30年3月16日鳥取地裁判決は、条例上の「証拠書類」には該当しない広報誌について、証拠書類に準じて保存義務を負うと解するのが相当であるとし、印刷ないし郵送された**広報誌を証拠提出しない場合には、使途基準に違反するとの外形的事実が認められる**とした。当該議会の内規では証拠書類に按分率の設定の考え方や根拠を明示することが要求されており、このことは、印刷された広報誌の紙面を検証して、按分率が適切に設定されているか否かを判断することを前提としていると解釈したものである。しかし、そのような内規が無い場合でも、広報紙を証拠として提出できなかったことが外形的事実と認定された事例もある（平成27年11月26日福岡地裁判決）。

なお、広報紙とは異なり、そもそも保存に困難性があるホームページについては、後述する。

(2) 後援会発行の広報紙

まず、平成29年1月31日仙台地裁判決を見てみることとする。

　発行名義人は「○○後援会」又は「○○後援会事務局」とされ、広報誌の発送に用いられたと思われる封筒にも○○議員の写真とともに「○○後援会」の文字が表面に掲載されていること、広報誌自体には○○議員の顔写真が大きく掲載され、1頁目の挨拶文には、4回目の当選に関し後援会の支援があったことに対する謝辞が記載されているほか、その余の頁には○○議員の議

会における質疑の内容が掲載されていること、広報誌と同封するはがきには裏面に「皆さまの声をお寄せください！！」と記載され、同所に市民の意見や要望を記載する欄が設けられており、表面には宛名として「〇〇後援会事務局行」と記載されていることが認められる。（略）そうすると、本件広報誌は、市政に関する情報を広報する効果を有する側面があるとしても、外形的には後援会発行の広報誌であって、その主な目的は、後援会活動の一環として〇〇議員の活動を広く知らしめ、後援会自体の拡充を図ることにあるものと推認される。他方で、被告の側でそのような推認を覆すに足りる反証がされているとは言い難い。

　一方、「県政報告の発行者が後援会名や政党支部になっているから違法である」旨の原告の主張に対し、平成25年2月20日宇都宮地裁判決は、「後援会が発行主体であるからといって後援者に対してのみ発行されたとは認められず、また、後援者も県民の一部であることには変わりがないから、会報のうちの県政報告等にかかる部分は、県民の意見等を把握、聴取することを目的としているというべきである」とし、平成28年3月17日宇都宮地裁判決も、「発行者の名義如何にかかわらず、広報紙の内容が、会派が行う議会活動及び県政に関する政策等を県民に知らせるために必要な広報活動である以上は政務調査費の充当も許されるというべきであるから、原告らの主張には理由がない」としている。

　後援会活動としての後援会報であれば、当然、政務活動費等を充当できないが、以上の判例から言えることは、後援会報か否かは発行名義だけで決まるものではなく、記事の内容、目的（対象は後援会員か、一般住民かなど）等によるということであろう。発行名義も領収書の宛先も後援会であるから経費負担者は後援会であり、（議員の）広報費に該当しないと認定した判例（平成22年6月9日横浜地裁判決）もある。

（3）事務所の所在地、ホームページアドレス等の掲載

　政務活動等報告書に議員の事務所の所在地・連絡先やホームページのアドレスが掲載されることは、むしろ一般的といってよい。では、このような情

報が占める部分は、政務活動費等の充当の対象にできるのか。この点について、平成28年6月22日山口地裁判決は、「当該県政レポートは、その送付先（後援会員等）によっては後援会活動としての側面を有すると解する余地もあるが、記載された事務所は議員の調査研究活動に用いる事務所でもあり、同事務所にかかる連絡先やホームページのアドレスを掲載することは、県政レポートに対する意見すなわち県議会活動に対する意見を汲み上げる手段となり得るものといえる」としている。

（4）選挙前の広報紙等

　選挙を前にして作成された広報紙については、選挙活動であるとして争われることがある。例えば、平成27年10月27日岡山地裁判決及び控訴審の平成28年11月10日広島高裁岡山支部判決は、選挙前年に発行された広報紙について、原告が選挙準備活動であると主張した事例である。同判決は、一部の広報紙について、4年間の活動と成果の報告や今後の政策目標を記載し、次期市議選を連想させる内容のものについては、選挙に向けて自身への投票を呼びかけることを主目的としていると認定して全額を違法とし、5期目への挑戦を決意した旨の記載があるものについては2分の1で按分すべきとした。また、年末（選挙は翌年4月）に支払われた**封筒及び宛名シール代**もそのデザインが選挙を意識したものと認定され、2分の1で按分すべきとし、政令指定都市における選挙区の区分けの議席数等を記載し、「無効票のない選挙」を呼びかける内容のはがきについても、議員個人や会派への投票を直接呼び掛ける文言ではなかったものの、投票勧誘が主目的と認定され、全額が違法とされている。ただし、同じ時期の他の多くの広報紙については、記事の内容を具体的に評価した上で、広報以外の目的で作成されたものであると認めるに足る証拠はないともしており、時期だけが決め手になっているわけではない。しかし、やはり、選挙を前にした広報経費については厳しく判断される可能性があるので、注意を要するところである。

3 はがきによる政務活動報告

　政務活動報告の媒体としては、費用や手軽さの観点からはがきが利用されることも多い。先に文書通信費の箇所（242頁）で、はがきの汎用性に関する判例を見たが、ここでは、広報広聴活動に使用されるはがき特有の問題に関する判例を見ることとする。

（1）年賀状等との関係

　まず、平成28年4月27日岡山地裁判決は、「暑中見舞いはがき、年賀はがき、絵はがきの購入等にかかる支出は、これらのはがきを用いて市政報告がされることは通常はあり得ないものといえるから、これらのはがきを用いて現実に市政報告がなされたことの証明のない限り、違法な支出というべき」と述べている。また、平成28年3月11日東京地裁判決も、年賀はがき、暑中・残暑見舞い用の夏はがき及び慶事用の切手の購入並びに議長就任のあいさつ用のはがき（購入日から年賀答礼用はがきと推認されたものを含む。）の送付にかかる経費について、「これらの通信は、議員の調査研究の端緒となることが通常想定し難いから、政務調査活動との合理的関連性を明らかに欠く」（平成27年1月20日岡山地裁判決も同旨）と述べており、公職選挙法上の問題点はさておき、その時期に発信する必要性とともに、内容面でも、あいさつ目的のものと見なされないよう留意する必要がある。

　一方、平成29年11月29日徳島地裁判決は、**暑中見舞いや年賀状の時期に裏面にカラーの絵が印刷されたはがきを使用した県政報告**について、全額充当を認めている。暑中見舞いや年賀状と評価するか否かは、時期や仕様の類似性だけではなく、文面の内容を含めた全体的なはがきの態様で判断する必要があるとの趣旨であろう。この点、平成28年9月20日高松地裁判決（原審平成28年1月18日徳島地裁判決）も、**裏面に政務活動と関係がない絵が全面に印刷されたはがきによる県政便り**について、年賀状等に見えるが、1万枚という多数であることを理由に、議会報告の趣旨で発行されたものと認めている。

（2）他の広報活動と一体性のあるはがき

　次に、政務活動報告会の開催案内に、出欠を把握する目的で返信用はがきが添付されることがあるが、平成29年1月31日仙台地裁判決は、**広報誌とともに送付した広聴用（返信用）はがきの受領料**について、広報誌の発行等の費用と目的を共通にするものと解して、広報誌本体と同じ按分率（この事例では2分の1）を採用している。

　さらに、同判決は、**市政報告会の案内状として発送されたはがき489枚の代金が事務費として支出された事例**について、「多数の市民に対し市議会での話題（一般質問の内容）を紹介しつつ、広報広聴のため市政報告会への参加を呼びかける目的で支出されたものといえるから、全額について調査研究活動との合理的関連性が認められる」としている。

　また、平成28年1月18日徳島地裁判決は、県政報告の詳細はホームページに掲載していることを告知する県政便りのはがきについて、ホームページの按分率は、その内容から2分の1が妥当としたが、はがき代の按分率については、ホームページの（分量は2分の1であっても）県政報告に誘引するためのはがきである（つまり政務活動の紹介が主目的である）ことを理由として、全額充当を認めている。なお、同判決は、両面カラー印刷やはがきとホームページの併用について、「活動の報告の方法は、議員の広い裁量にゆだねられている」とも述べている。

4　ホームページ

　ホームページ、フェイスブック等のSNSなど、広報活動や広聴活動にインターネットを利用する議員が増加しているが、こうした方法での広報等の活動は、その内容が変遷し、その都度、これを印刷・保存しない限り、政務活動等として使途基準に適合するか否かの事後的な検証が困難なため、広報活動一般に共通する基準や考え方が適用される一方で、広報紙等、紙媒体の広報活動とは異なった判断が示されることがある。

　まず、平成28年10月26日岡山地裁判決は、「インターネットの利用が情報発信の手段として有効であることは広く認知されていると認められるもの

の、これに関する支出が当然に合理性を有するとまではいえず、議員報告に
どの程度スペースや費用が割かれているかという見地から検討し、その割合
に応じて按分する必要がある。なお、ホームページの内容が明らかになって
いない場合は、2分の1を議員報告に用いたものと推定し、その限度で充当
すべきである」と抑制的な判断基準を述べ、具体の事案についても、「証拠
により市議会に関する報告のページがあることが確認できるが、他のページ
の内容が明らかになっていないから2分の1で按分するべき」とした。

　平成29年11月28日岡山地裁判決も、「議員が開設するホームページには、
市政に関する事項や同議員が掲げる政策、定例議会における質問に関する記
載があるものの、議員個人の顔写真入りの紹介、政治理念や抱負、日々の出
来事に対する感想等が相当部分を占めていると認められるから、同議員個人
のPRを目的とする部分が混在し、2分の1で按分すべきである」と印象で
判断している。ホームページに関しては、訴訟の対象とされた時期のもので
はなく、証拠として提出する時点の内容を印刷し、当時もこれと同様であっ
たという主張の仕方が多くなり、また、「県政報告の文章があることは確認
できるが、その専有面積は判断しがたい」（平成29年6月29日宇都宮地裁判決）
ような場合もあるため、裁判所は、「合理的な按分割合が不明」な場合の按
分基準である2分の1を採用する傾向にあるといえる。

　ただし、ホームページの按分率についても、前述1（4）（286頁）の広報
活動の按分率で紹介した判例と同様に、平成29年11月29日徳島地裁判決は、
自己PRの宣伝的要素があることをもって直ちに2分の1按分すべきとの主
張を否定している。

　なお、会派のホームページについて、平成28年11月10日広島高裁岡山支
部判決は、「議員個人の顔写真や議員個人の紹介、会派が掲げる基本政策等
の記載は会派の調査研究活動とはいいがたい」とし、保守管理費用は2分の
1で按分する必要があるとした。会派の広報誌の所属議員の集合写真と同様
の判断であろう。

5　政務活動報告会

　住民を会場に集めて県政や市政等について報告し、質疑応答を行い、要望を聴くことができる報告会は、広報活動と広聴活動を同時に行う手法であり、直接、住民の反応や関心の所在を知ることができることから、議員にとって、重要な政務活動である。

　平成27年12月17日広島高裁岡山支部判決は、市政報告会経費の判断基準について、次のように述べる。

　原告は、市政報告会は、議員の調査研究活動とは離れた後援会活動や選挙活動の側面も含まれるから、それに要した費用のうち50％を超える部分が本件使途基準に適合せず、また、飲食を伴うものや過度に高額な会場費、看板代、司会料、不相当に高額な菓子代に係る支出は、その全額が本件使途基準に適合しない旨主張する。

　しかしながら、市政報告会に要する経費は、その性質上、不可分な費用であるから、その実態が、調査研究活動や議会活動、市の政策の報告等とは離れた専ら選挙活動のための集会や後援会活動のための集会、私的な懇親のための会合であると推認できるような事情がない限り、それに要した費用全額について本件使途基準に適合しない支出であると認めるには足りないというべきであり、市政報告会の費用であるからといって、一律にその50％を超える部分が本件使途基準に適合しない違法な支出であると推認することはできない。

　また、個別の経費について、平成28年4月27日岡山地裁判決は、「市政報告会の**音響代**、**司会料**、**茶菓子代**にかかる支出については、社会通念上会合の円滑な進行のために必要であることを否定し難いから、会合の内容に照らし不必要であることが明らかである場合や支出額が不相当に高額であるなどの場合を除き、合理性を欠く支出ということはできない。他方、**食事代**については、一般に市政報告会に際して必要なものであるとは認め難く、特にこれを必要とするような特段の事情がない限り、その支出は違法というべきである」としている。

次に、**報告会と後援会の集会との関係が争われた事例**を見る。

　報告会の目的を達成するためには出席者を確保する必要があることから、開催案内は、一般住民を対象としつつも、やはり、後援会員やその知人が中心となり、さらに、後援会の会合を同時に開催する手法がとられることもある。この点、平成29年11月28日岡山地裁判決は、市政報告会と後援会総会又は懇親会との二部構成で行われた事例について、「同日、同ホテルで開催されているが、時間、場所は明確に区別され、請求明細書も別で、市政報告の際に飲食物の提供はなかったことから、両会合の目的や内容は明確に区別して実施されている」として、報告会部分の経費への全額充当を認めている（平成28年11月10日広島高裁岡山支部判決も同旨）。

　なお、これらの事例は、ホテル等、報告会の会場に調査嘱託を行った上で事実認定がされていて、平成27年1月20日岡山地裁判決の事例の場合は、会場への調査嘱託の結果、後援会主催の副議長就任祝賀会であって、広報を目的とした調査研究活動のための費用ではないと認定されている。留意を要するところである。

第2章 │ 政務活動に要する各経費の考え方と留意点

第 6 節 要請陳情等活動費

　要請陳情等活動費は、政務活動費制度の下で新設された経費区分である。政務調査費を政務活動費とする地方自治法の改正案が審議される際の提案議員の国会答弁では、「議員としての補助金の要請や陳情活動等は、従来、調査研究活動と認められていなかったが、条例で（定めれば）対象とできるようになる」との趣旨の発言がされている（88頁参照）。

　確かに、平成20年5月16日函館地裁判決は、市議会議員が、港湾計画に関し、議長、助役、担当部長らとK衆議院議員に陳情を行った際の交通費について、同プロジェクトへの予算付け等に関する国の考え方などの情報又は知見を得る調査が目的であったとの被告側の説明は認めるに足りる証拠がないとし、「上記面談は、有力国会議員であるK衆議院議員に対する陳情目的で行われたものにすぎないことが推認される」と述べ、**予算付けに係る単なる陳情は、たとえ市政との関連性を有していたとしても、客観的にみて調査研究の実質を有するものとは認め難い**としていた。

　また、平成23年5月20日仙台高裁判決も、東京及び名古屋への調査費用について、「国の助成金の調査をするため文部科学省の担当者や代議士と面会する目的であったと説明されているが、収支報告書には『陳情』とも記載され、具体的な日程や面会の具体的な相手方も不明であるから、本件使途基準に合致するとはいえない補助金獲得のための陳情であると疑われるところ、これに対する的確な反証がなく、使途基準に合致しないといわざるを得ない」としていた。

　いずれも、単なる陳情は、政務調査活動とはいえないとの理解を前提とする判例であった。

　一方、平成20年3月24日仙台地裁判決は、「平成15年度予算の配分を確認するため東京に出張しているが、既に決定済みの国家予算であっても、その決定に至る経緯や予算の執行状況等を調査し、今後の予算獲得に活用したり、国会議員に陳情するために有益な情報を国会議員から直接聞き取ること等は調査活動と評価できる」としている。陳情のため面会した国会議員からの情報収集も政務調査活動となり得ることを認めているわけである。このよ

うな理解を前提とすれば、「陳情活動」は、少なくとも実態としては、必ず何らかの有益な情報収集を伴っていると考えられることから、その内容が適切に説明されれば、県政（市政・町政）等に関する「陳情活動」は、政務調査費制度の下においても使途基準に適合する活動だったのではないかと考えられる。

　実際、この論点について、平成28年3月25日長野地裁判決も、平成24年度の政務調査費に関し、「（住民からの）陳情等への対応や、広く意見交換を行うことは、住民の要望や意見等を県政に反映させるために必要な活動であり、それに関連して**国会議員や国の省庁、地方公共団体の部局等に対する要望活動や要請活動**を行い、交渉等を行うことは、その実現に向けた活動であるといえるから、県政との関連性が認められる」として、国等への要望・陳情も政務調査活動と認めている（この判断は、控訴審の平成28年12月21日東京高裁判決でも維持され、最高裁で確定している。）。

　前掲函館地裁判決や仙台高裁判決の事例でも、国等への陳情の前には住民等からの陳情活動があったと推定されるから、事案の構造は、いずれも同じである。

　なお、長野地裁の判決は、「原告は、議員が行った陳情、要請活動及び要望活動は、議員の政治活動であり、国会議員や国又は長野県の役人との意見交換には、要望も含まれているから政治活動であると主張し、政務調査費を支出できるのは実際に要望を聞く活動等に要した費用に限られるとの前提に立っているようであるが、そのように限定して解釈すべき理由は何ら見あたらない」と適切に述べていた。

　いずれにしても、この論点は、政務活動費制度に移行したことによって、立法的に解決されている。

第2章 | 政務活動に要する各経費の考え方と留意点

第 **7** 節 **会議費**

　会議費を独立した経費区分としていない議会も多く、会議に要する経費を
政務活動費等から支弁するか、政治資金又は自己資金等から支弁するかは、
当然であるが、当該会議の目的や内容によって、つまり、議員活動のうち、
どのような活動として当該会議が行われるのかによって決することになる
（第2章第1節1「議員活動の諸相」（200頁）を参照）。したがって、平成28年
11月10日広島高裁岡山支部判決は、「会議」「勉強会」とだけ報告された会
議室料は、目的が不明であるから2分の1で按分すべきとする。これらが政
務活動等ではないとまではいえない（立証されていない）のであるから、政
務活動等とその他の活動との割合が不明な場合の一般的な按分基準を採用し
たのであろう。

1　会派主催の会議

　会議費において重要な論点になるのは会派内部の会議の位置付け（政務活
動等との関係）であるが、この点は、第2章第1節（8）の会派の活動と政
務活動の範囲の箇所で、会派として統一行動をとるための活動の問題として
既に説明した（218頁参照）。

　ここでは、重要な判例を一つ補足する。

　平成25年1月16日大阪地裁判決は、まず、監査請求に基づき監査を実施
した外部監査人が設定した監査基準の合理性について判断し、「会議費」に
関する次のような基準には合理性があると認めている。

---

　①　会派が会議を行う場合において、会議への参加人数や参加者の属性等を
　　理由として、費用を要する外部の会場を確保する必要が生じる場合もあり
　　得るところであり、社会通念上相当と認められる範囲の会場費を会議費と
　　して支出することは使途基準上許容される。

　②　会派が会議を行う場合において、その日時について昼食時や夕食時以外
　　の日程をとることが困難であるため、会議において飲食が必要となる場合

298

第 7 節　会議費

> もあり得るところであり、このような場合における飲食は、会議に伴うも
> のとして、議員が私的に行う飲食とは異なる公的性質を帯びるものという
> ことができる。そうすると、会議に伴い社会通念上必要かつ相当と認めら
> れる範囲の飲食費を会議費として支出することは使途基準上許容される。
>
> 　ただし、会議における昼食は1,500円まで、夜食は3,000円まで、飲食を伴
> う会合で調査研究を伴うものについては一人5,000円までとするが、飲食を
> 主とするものには認められない。
>
> 　また、飲料水は必要であるが、あまりに多額な場合は2分の1までとする。

　このような監査基準に基づき実施された監査の結果、使途基準に適合する
とされた経費について、さらに争われた事案であるが、上記判決は、「議員
団総会等の団体の意思決定に関する会議は政務調査活動ではない」との原告
の主張を退け、「しかし、会派の意思決定に関する会議において、それまで
の政務調査活動の結果を報告して議論をすることもあり得るというべきであ
るから、かかる会議が政務調査費を支出することができる会議に該当しない
ということはできない。○○会派において、会議費を支出した会派内部の会
議は、議員団総会、幹事会、政調会、専門部会であるが、その会議内容が政
務調査活動を全く含まないものと認めるに足りる証拠はない。そして、外部
監査人は、外部監査基準に照らし相当と認められる範囲の支出のみを適法な
支出と判断したことは明らかであり、かかる判断に誤りがあることをうかが
わせる証拠はないから、当該会議費の支出が違法であるとは認められない」
としている。
　外部監査基準も判旨も、ともに実務上参考となる判例である。

（注）　本訴訟は、外部監査がかなり厳しく実施された事案であり、判決も、外部監査人の
　　　判断を尊重し、原告の請求全額を棄却したものと思われる。

第2章 | 政務活動に要する各経費の考え方と留意点

2 飲食を伴う会議（会合）と所要経費

（1）飲食費

　政務活動等として行う会議・会合であっても、開催の趣旨や時間帯等によっては、飲食を伴うことがある。このような場合の政務活動費等の充当について、従来、飲食費への充当を争う原告が引用してきたのは、平成23年3月23日名古屋地裁判決が示した次の基準である。

> 　飲食は、通常、個人の費用により日常生活において必ず行うものであるから、たとえ政務調査のための会合を昼食時又は夕食時に行う必要があるとしても、例えば議員のみの会合である場合には、その際の飲食費は各参加者が負担すればよいだけの話であり、昼食時又は夕食時の会合であるという理由だけでは当該飲食費を政務調査費の中から支出することが正当化されるものではない。したがって、**政務調査費から飲食費を支出することが正当化されるためには、当該飲食を伴う会合が、食事を伴う時間に開催する必要があり、**しかも、例えば外部の人間を交えての会合をする場合など、**会合参加者全体として一緒に飲食をする必要性があり、かつ、その飲食内容が会合の性質などに照らして社会通念上相当な範囲内である場合**であることが必要と解すべきである。もっとも、食事の時間帯以外に開催する政務調査のための会合において、いわゆるのどを潤す程度の茶菓を政務調査費から支出することは、それが社会通念上相当な範囲内である限り、これを違法とする理由はないというべきである。

　しかし、この判決は、具体の事案については、「（原告は）具体的な飲食費に係る支出が外形的に見て、社会通念から逸脱したと認められることを主張立証していない」とし、原告の主張を退けている。

　この問題に関する一般的な考え方と基準は、上記大阪地裁判決の事案で外部監査人が示したものが正当と思われるし、平成28年4月27日岡山地裁判決も、より広く「研究や会合を行う日時について昼食時や夕食時以外の日程をとることが困難である場合等に飲食が必要となることもあり得るところ、

300

第 7 節　会議費

当該飲食は、議員の調査研究に付随するものといえ、直ちに合理性を欠くものではない」とし、社会通念上必要かつ相当と認められる範囲では調査研究に伴う経費の一種として許容されるとしている。また、平成28年5月17日山形地裁判決及び控訴審の平成29年4月21日仙台高裁判決も、次のように述べる。

> 　本件手引は、他者が主催する研修会や会議に一体又は連続した懇談会への出席に要する経費に政務調査費を支出するための要件として、公職選挙法の制限に抵触しないこと、同懇談会が政務調査活動としての研修会との一体性があること、主催者の開催目的が意見交換等であること、同懇談会の内容が講師や他の参加者との情報交換や意見交換を伴うなど社会通念上妥当なものであると認められる場合であることを挙げ、政務調査費の支出の範囲については、自己負担分（会費等）のうち社会通念上妥当な範囲（目安として5,000円程度）としており、議会における政務調査費の運用は、これに従って行われていたものであるところ、**飲食を伴う会合や飲食費が一律に県政の調査研究と関連性がないとか、県政の調査研究のための費用として必要性及び合理性を欠いているとはいえず、本件手引における上記要件が地方自治法、本件条例、本件使途基準の趣旨に反するものと認めるべき事情もないから、**他者が主催する研修会と一体又は連続した懇談会への出席に要する経費に政務調査費を支出することが本件使途基準に適合するか否かは、本件手引における上記要件に沿って検討すべきである。

　この判決は、上記のとおり、飲食を伴う会議の経費への政務調査費の充当に関して当該議会が設定した内規の合理性を認め、その枠組みのもとに、具体の事案について大変参考になる判断を示している。

　まず、**県職員等との協議会・意見交換会に引き続き実施された**数例の**懇談**
会の経費について、当該会議の報告書や懇談会の状況を具体的に検討し、政務調査に関する会議との一体性があることを認めたものは適法とする一方で、懇談会における意見交換の内容の報告が具体性を欠く事例については、開催の必要性に欠けると認定し、違法としている。次に、**民間団体との会合後の**

301

懇談会経費（会費）については会合との一体性の有無と懇談会の目的で判断し、同業者団体総会後の**懇親会**経費については総会との一体性が認められず懇談会の目的も不明とし、中小企業協同組合支部の総会後の**意見交換会**経費については総会との一体性及び意見交換が目的であることを認めている。

（注）本体の会議と懇談会の目的や一体性の判断では、これらの名称も重要な要素になっている。主催者の意図が端的に表れるからであろう。

　また、社会通念上、懇親や飲食が主目的と推認される種類の会合については、やはり、従来から厳しい判断が示されている。

　平成23年9月28日前橋地裁判決及び控訴審の平成26年6月18日東京高裁判決は、「新年会、歓送迎会、交流会、団体の総会後の懇親会等の通常は懇親が主目的と考えられる会合、茶道、詩吟、地域文化等の趣味の色彩が濃い団体の会合、スポーツ関係の団体の会合や大会で懇親会・交流会を伴うもの、祝賀会、敬老会の会費については、主として飲食代金であり、市政に関する調査が行われたとは考えられない」等として、使途基準違反としていた。

　最近でも、例えば、平成28年3月24日金沢地裁判決は、「飲食店での飲食費に対する支出であることは、一般的に政務調査と関連性が認められるものではないことから、外形的事実にあたり、例外的に、政務調査のために飲食店における飲食が必要とされる特別の事情があり、かつ、金額についても社会通念上必要かつ相当と認められる範囲において、本件使途基準に適合するものと認められるのが相当である」と被告側に具体的な立証（説明）を求め、充当額の限度を一人5,000円とする当該議会の内規に従った「○○新聞社記者との意見交換会」の会議費（食糧費）について、被告が提出した「県政全般に係る調査研究のために実施し、多忙な出席者の日程を調整した結果、夕食の時間帯となったため、夕食をとりながらの開催となった」旨の陳述書に対しても、「これを裏付ける証拠はなく、陳述書の記載内容を前提としても、飲食店での飲食費を政務調査費から支出する必要性には疑問があり、十分な反証がされているとはいえない」としている。

　一方、飲食費の使途基準や内規の定め方によっては、一定の範囲で比較的

第 7 節　会議費

緩やかに飲食費への充当を認めるように見える判例もある。

　平成28年3月11日東京地裁判決は、内規で「調査研究のための外部折衝に必要な経費及び会費を使途内容とし、飲食費は一人当たり5,000円以内」と定めていた事例であるが、まず、「懇親会、総会、忘年会、新年会、祝賀会、懇親旅行会、宿泊研修会などの会合は、その性質上、本来的に区政に関する議論を行う場ではないことが明らかであるが、区議会議員の職務が地域に根ざしたものであり、地域で開催される各種の会合に出席して他の出席者との間で情報交換等を行うことは、議員としての調査研究のための外部折衝であるという側面を有することは一概に否定できない」と述べている。その上で、懇親会から祝賀会までの「会費」は、「いずれもその実質において飲食費と推認」されるから5,000円を超える部分（のみ）を違法とし、懇親旅行会と宿泊研修会の会費等については、「（これらの会合は）本来的に区政に関する議論を行う場ではないから、遠方への移動のために必要となる経費は政務調査活動との合理的関連性を欠くことが明らか」であり、その余の経費は飲食費であるから、結局、これも5,000円を超える部分が違法であるとしている。**内規が5,000円を超ない飲食費を認めている趣旨を尊重**した判断といえる。

　なお、同判決は、ホテル、飲食店、喫茶店等で開催されているものについて、「これらの場所における会合が、一概に会議に不向きな場所での打合せ等であると断定することはできないし、これらの会合が、飲食を主目的とするものであると断定することもできない」と述べるが、「会議の参加人数が不明な会合」や「会合の存在自体が不明」と認定したものは、使途基準に適合しないとしている。また、平成25年11月18日福岡地裁判決も、「支払先が料亭等飲食を伴わないことがおよそ想定できない場所であれば格別、支払先がホテルであるということのみから、そこで行われた飲食を伴う会合であったと推認することはできない」と述べている。

（2）会派の会合や議会内での飲食費

　平成25年11月18日福岡地裁判決は、会派の朝食会や役員会の食事代について（この事例では研究研修費から支出されている）、「原告は、単に飲食費で

あることから直ちに目的外支出に当たるとのみ主張するが、会議等に伴う飲食費が直ちに目的外支出にあたるとはいえない」とする一方で、議会開催日の昼食代金については、「議会開催日の昼食時に特に政務調査活動を行う必要があったなどの事情の主張はないので、これは議会参加のための経費と認められるが、政務調査費は、議会の審議能力を高めるために会派等の調査研究の基盤を強化するためのものであって、議会での審議そのものの経費に充てることを予定していないのであるから、議会参加のための経費である議会開催日の昼食代金を政務調査費から支出することは目的外支出にあたる」としている。多忙な議員を集めての会議は、時間調整上、食事を取りながらにならざるを得ないことも多いことから、政務活動との関連性がないことは原則どおりに原告側が立証すべきであるし、議会活動が行われ、費用弁償も支払われる議会開催日に、その合間（休憩時や閉会後）に政務活動を行ったと主張するのであれば、その立証は被告や補助参加人（会派又は議員）側が行うべきであるとの趣旨であり、妥当であろう。

（3）交通費

　会議は、参加者のスケジュールを合わせるため、通常、開始時間等があらかじめ決められており、これに間に合うように移動する必要があることから、交通手段としてタクシーが利用されることも少なくない。

　しかし、その場合も、利用経路（乗車場所と降車場所）と政務活動との関連を説明できることが必要なことは言うまでもないところである。

　では、**タクシー利用の経路中に政務活動と認められる会合（会議）ではあるが飲食を伴うものを含んでいる場合**は、どうであろうか。

　第2章第2節1の（8）のタクシー代の項（232頁）で紹介した平成29年1月31日仙台地裁判決は、「経路や内容から、懇親会等での飲食が原因で帰宅時にタクシーを利用したことがうかがえ、調査研究活動の必要性、合理性が一切認められない」旨の原告の主張を退け、「実施された懇親会等が飲食を伴っていたというだけで、調査研究活動との合理的関連性が一切失われるものということはできない」とする。ただし、この判例は、タクシー代に政務活動費等を充当するためには、タクシー利用が相当と認められる特段の事

情が必要で、その事情が説明できないときは2分の1を違法とする抑制的な判断基準をとっており、上記の事例も、結局は2分の1が違法とされているので、留意すべきである。

　また、飲食後であるか否かは明らかでないが、平成28年4月27日岡山地裁判決や平成27年1月20日岡山地裁判決は、いずれも午前0時過ぎに乗車されたタクシー代金について、こうした深夜まで政務活動等が行われていたとは認めがたいから、違法支出であるとしている。

　一方、タクシー代ではないが、政務調査活動に関係する会議等が飲食を伴う場合でも、会場までの移動に係る（運転手）人件費について、「当該飲食のための費用に政務活動費を支出し得るか否かはともかく、当該会議等に出席するための費用に政務活動費を支出し得ることは明らか」とする判例（平成29年3月1日名古屋高裁金沢支部判決）もある。

　さらに、前掲平成28年5月17日山形地裁判決等は、懇談会からの帰路の**運転代行代**について違法との判断を示している。判例が乏しい論点であるし、同判決は、その他にもさまざまな会議費用に関する事例を網羅的に提供する極めて重要な判例である。

（注）平成25年11月18日福岡地裁判決は、会議出席に係るタクシー代、バス代、地下鉄代、高速道路使用料等と同列に**運転代行代**も並べ、一括して「各支出について、目的外支出が混在すると推認させるに足りる事情はなく」適法とする。しかし、本件は、原告が議員活動の多面性のみを理由として違法と主張した事案であり、運転代行が利用された理由も不明なままの判断であるから、参考にはできない。

第２章 ｜ 政務活動に要する各経費の考え方と留意点

第 8 節 **資料作成費**

　議会活動に向けた政務活動のために利用する資料の作成費用であるが、広報紙等とは異なり、議員や会派が自ら利用するものであるから、他の活動との混在は通常考えにくい。このため、**現物を証拠として提出するなど資料の内容や用途を説明できる限りは、全額充当が認められやすい**といえる。判例にあらわれたものとしては、例えば、平成29年１月31日仙台地裁判決は、市が作成した幼稚園での預かり保育制度に関するパンフレット1,000部のコピー、製本費用について、パンフレットの内容は市の施策に関するものだから調査研究活動との合理的関連性があるとした上で、「原告は、議員が当該文書を大量にコピー、製本しているのは、単に市民に情報提供する目的によるもので、調査研究活動との関連性を有しない旨主張するが、市の施策に関する情報を市民に提供することは、市民からの意見聴取をより効果的にするものであり、調査研究活動の一内容であると考えられるから、原告の主張は採用できない」とした。

　次に、平成28年４月27日岡山地裁は、写真現像に係る費用について、「各証拠によれば、上記各写真は、いずれも市民から苦情や相談のあった工事個所、道路、公園、河川、各視察先等を撮影したものであると認められるところ、これらは議会活動の基礎となる調査研究活動との関連性が認められる」とした上で、「証拠上、どのような目的でどのような内容の写真を現像したのかが明確ではない」写真現像費については50％での按分を要するとし、「証拠上、議会質問のための資料であることが認められる」資料については全額充当が認められている。

　なお、現地調査で撮影した写真の現像代について、平成27年６月24日宇都宮地裁判決では、調査の目的と現地調査の目的地が説明されたものは適法とされ、撮影日と「報告書作成のために焼き増し」とだけ記載されたものは違法とされ、平成29年６月29日宇都宮地裁判決も、使途の内容欄等に調査研究との関連性に関する説明が記載されていない写真現像費を全額違法としているので、注意を要する。

　また、同判決は、使途の内容欄の記載から、スポーツ振興対策に関する政

第 8 節　資料作成費

策提言にかかる資料作成費であることが推認できるものについて、実際に成
果物が作成されていることが認められるから適法としている。

第2章 | 政務活動に要する各経費の考え方と留意点

第 9 節 資料購入費

1 新聞、政党紙等

（1）一般新聞

　新聞購読費について、政務活動費等の全額充当を認める判例は多く、例え
ば、平成28年12月21日東京高裁判決は、新聞購読の意義について、次のよ
うに述べている。

> 　一般新聞の閲読は、一般教養の取得に資する面があり、議員にふさわしい
> 教養を身に付けておくことや、日々変化する政治、経済及び社会の情勢につ
> いて最新の情報を取得しておくことは、県民の声を県政に反映させるための
> 前提として必要な活動であり、そのために毎日発行される一般新聞を購読す
> ることは、目的に合致した合理的な手段といえ、新聞の購読は調査研究のた
> めに有益なものといえる。加えて、長野県における政治、経済及び社会の情
> 勢は、日本全体におけるそれと切り離して考えることは困難であるから、全
> 国紙についても上記の必要性及び合理性が妥当するものといえる。そうする
> と、一般新聞の購読は、県政に関連する調査研究活動として必要性及び合理
> 性が認められるというべきである。
>
> 　また、新聞の内容が、それを発行する新聞社の主義主張や関心を反映して
> 決定されるものであることに照らすと、多数の新聞の内容を比較することは、
> できる限り主観を交えない社会情勢等の変化を把握する上でも、社会情勢等
> に対する各新聞社の見解ないし関心事項を広く理解する上でも有意義なもの
> であるといえるから、多数の新聞を一斉に購入することについても、同様に
> 必要性及び合理性が認められる。

　また、平成29年3月30日広島高裁岡山支部判決は、新聞の購読は市政に
関する調査研究以外の目的でも行われ得るから、その代金は按分されなけれ
ばならない（按分しなければ自動車燃料代等との整合性を欠く。）との原告の主
張を退け、「使途基準の適合性いかんは、本来、自動車燃料代等のように可

分な費用を除き、それに適合するかしないかのいずれかとならざるを得ない」から、「可分な費用である自動車燃料代等の一部については、自動車の利用状況等に照らし、その一部について使途基準への適合性を否定することはあり得ても、そこから当然に、新聞購読料等の不可分な費用についても同様に一部について適合性を否定すべきことにはならない」と述べ、全額充当を認めている（213頁参照）。

さらに、平成28年11月10日広島高裁岡山支部判決も、同様に新聞代の不可分性を前提に、「会派控室のみならず、その他の事務所や自宅において新聞を購読することも会派の行う調査研究活動に関係する」とし、続けて「なお、議員の個人事務所や自宅においては、新聞が調査研究活動以外にも使用されていると推認されるが、会派の調査研究活動のために新聞代全額の支出を要する以上、その全額について、政務調査費として支出することが許される」と述べ、購読場所を問わず、新聞代にかかる費用は、その全額を資料購入費として支出できるとする。

一方、平成26年11月11日金沢地裁判決は、新聞購読料の領収書に政務調査事務所ではなく自宅の住所が記載されていたことを使途基準に適合しない一般的、外形的事実と認定している。自宅で購読する新聞の代金には政務活動費等を充当できないという趣旨である（ただし、控訴審の平成27年5月20日名古屋高裁金沢支部判決では、領収書の宛先は「○○市政相談室」となっており、住所の記載は、配達先ではなく支払先を表示したものと認定し、適法としている。）。

なお、平成28年9月29日大阪地裁判決は、議員に当選する以前から個人的に購読していたものには政務調査費の支出を認めるべきではないとの原告の主張に対し、「議員に当選する前から購読していた新聞であるとしても、各新聞に調査研究活動のために必要な情報が掲載されているという点に影響を与えるものではない」と述べている。

（2）政党紙等

聖教新聞、公明新聞、赤旗等、政党が発行する機関誌その他のいわゆる政党紙等の購読費については、平成28年12月21日東京高裁判決が、「他の会派が基盤とする政党が発行するものは、他の会派の動向及び方針等を把握す

ることに資するものであるから、調査研究活動にも有益である」し、当該会派が基盤とする政党が発行する政党紙についても、「政党紙は、一般に発行元である政党の主義主張やそれに基づく活動について記載されるものといえるところ、発行元の政党を含む会派においてこれを購入及び購読することには政党活動としての性質があることは否定できない。しかしながら、県議会が、各政党を基本的な構成単位とする会派によって運営されるものであることに照らすと、政党の主義主張や活動内容を把握することは、県議会における会派としての意見や方針決定を検討するために必要なものである。そうすると、政党機関紙の購読も、県政での活動に関係し、調査研究活動に有益なものであるということができる」としている。

　また、按分率については、同判決は、「政党活動としての性質があることを理由に一定の限度でしか政務調査費の充当を認めなければ、有益かつ必要な調査研究活動を阻害するおそれがあって妥当ではない」として政務調査費の全額充当を認めている（平成28年４月27日岡山地裁判決も同旨）。

　一方、平成28年２月４日京都地裁判決は、「自身の所属する政党の発行した雑誌については、政党の支援活動、自身の方針及び政党の学習のための購読という側面と、市政について検討する際の資料としての側面があるといえる。よって、他の政党の発行した雑誌についても比較検討のため購入している等、専ら市政の検討資料として購入したと認められるような事情がない限りは、本件指針に則り、２分の１を超える支出は調査研究活動のための支出として合理性ないし必要性を欠くものとすべきである」とする。

　しかし、本判決が提示する「全額充当が認められるのは他の政党発行のものも併せて購読する場合に限る」との判断基準について、平成28年９月29日大阪地裁判決は、原告の同旨の主張を退け、「所属する政党が発行する新聞等であっても、市政に関する調査研究に資する情報が掲載されているのであれば、調査研究活動と合理的関連性を有すると解され、上記各紙に上記のような情報が全く掲載されていないことの主張立証はない」と述べている。政務活動に関連する情報があり、政務活動のために購読するものであれば、按分の必要はないという趣旨である。やはり、不可分な経費との判断が背景にあるのだろう。

第9節　資料購入費

　もっとも、政党紙は多種多様であり、（例えば、政務活動に関連するといえる情報はわずかで目立たず、政党の党首等の写真が大きく、あるいは多数掲載され、政党活動の宣伝色が強い等）記事の内容次第では、やはり政党活動の目的が主であるとして、異なる判断もあり得ると思われる。留意を要するところである。

2　週刊誌、月刊誌等

　週刊誌、月刊誌等の雑誌については、栃木県議会に関する宇都宮地裁及び控訴審の東京高裁の一連の判例が、相反するものを含め、さまざまな判断を示して錯綜しているため、対象となった雑誌の類型ごとに整理して紹介する。[注]

（注）　この項で、平成27年6月24日宇都宮地裁判決は「H27宇都宮地裁」と、控訴審の平成30年8月2日東京高裁判決は「H30.8東京高裁」とし、平成29年6月29日宇都宮地裁判決は「H29宇都宮地裁」と、控訴審の平成30年5月24日東京高裁判決は「H30.5東京高裁」とし、平成30年11月15日宇都宮地裁判決は、「H30宇都宮地裁」とする。

（1）週刊誌等

①　「週刊ポスト」「週刊現代」「週刊新潮」「週刊朝日」「サンデー毎日」「週刊文春」「週刊読売（読売ウィークリー）」等

　これらの週刊誌について、H27宇都宮地裁とH29宇都宮地裁は、「一般的に個人的な趣味、興味の範囲に属する読み物であり、証拠（実物）によっても調査研究との間に合理的関連性を認めるに足りる事項が記載されていない」として購入費の2分の1又は全額を違法とし、H30.5東京高裁も、各雑誌について、「特定の記事が政務調査に有用であることを個別に指摘していない」（よって、調査研究との合理的関連性も明らかでない）から、やはり、違法であるとした。

　一方、H30.8東京高裁判決は、これらも「政治、経済、社会、生活等に関する記事や論評が掲載されている総合週刊誌であり、調査研究に関連する情報を含む」と認め、適法としたが、H30宇都宮地裁は、再び、個別に有用

311

な記事を摘示している場合に限り適法としている。

　なお、H29宇都宮地裁は、娯楽性の強い写真週刊誌「フライデー」についても、購入目的の有用な記事が摘示されているとして当該号の購入費支出を適法としている。

　他の裁判所の事例では、平成28年4月27日岡山地裁判決が「週刊新潮」の購入費（50％充当）について、同誌は娯楽性が高いことを理由に全額違法としたが、控訴審（平成29年3月30日広島高裁岡山支部判決）では、「娯楽性を有する雑誌であることは否定し難いものの、社会的に耳目を集める政治問題等についての記事が掲載されることがあることも公知の事実であり、議員の調査研究活動との間に合理的関連性を欠くとはいえない」として50％は適法と判断を変更した（この事例では、目的とする記事の摘示はされていない）。

　また、娯楽性の低い「週刊金曜日」については、平成26年11月27日仙台地裁判決が全額充当を認めている。

　結局、**娯楽性の強い総合週刊誌代については、特定の号ごとの購入で個別に有用な記事を摘示した場合には全額充当でき、摘示しない場合でも当該号に政務活動と関連を有する記事があれば、2分の1の範囲で充当が認められるというのが、現状の判断基準といえる**だろう。

② 「週刊東洋経済」「ダイヤモンド」「エコノミスト」「財界」
　「週刊東洋経済」について、H27宇都宮地裁は、①と同様、個人的趣味等に関する読み物として購入費の2分の1を違法としたが、H29宇都宮地裁とH30.8東京高裁は、②の各雑誌は、経済を中心とした記事や論評が掲載されており、調査研究と関連する情報を含んでいるから購入費は全額が適法としている。このような経済雑誌は、特に目的とする記事を摘示しなくとも適法と考えていいだろう。

③「TIME」「アエラ」
　これらは、政治・経済、社会情勢等に重きを置き、娯楽性の少ない週刊誌であるが、H27宇都宮地裁は、「TIME」について、「いかなる書籍（図書）であるか書名では不明である」として購入費全額を違法としたものの、

H30.8東京高裁は「TIME」、H29宇都宮地裁は「アエラ」について、購入費支出全額を適法としている。②と同様であろう。

（2）月刊誌、季刊誌
① 「文芸春秋」「現代」「諸君」「Voice」「正論」「Will」「選択」「中央公論」
　H27宇都宮地裁は、「一般的に個人的な趣味、興味の範囲に属する読み物」としたが、H29宇都宮地裁、H30.5東京高裁及びH30.8東京高裁は、「政治、経済、社会、生活等に関する記事や論評が掲載されている総合雑誌であり、調査研究に関連する情報を含むものと認められる」とし、購入費全額を適法としている。

　ただし、H30.8東京高裁は「中央公論」について「個人的な趣味等に関する読み物」とし、H29宇都宮地裁は「選択」について「証拠上調査研究との合理的関連性を認めるに足りる事項が記載されていない」としている。

　どちらも内容的には他誌と変わりがないので、何らかの個別事情（「選択」は書店販売のない宅配制の雑誌で知名度がない等）の影響だろうか。なお、「選択」は、H29宇都宮地裁の控訴審であるH30.5東京高裁では、国内外の政治・経済・時事問題などに関する記事が掲載されているから当該会派の政務調査実施要綱の「県政経営行政に関連する」と認められ適法とされている。立証の補充が功を奏した例である。

　なお、上記雑誌以外では、平成26年11月27日仙台地裁判決が、月刊誌「日本の進路」、月刊「Dファイル」等の全額充当を認めている。

② 「旅行読売」
　旅行案内記事を掲載する月刊誌であるが、H27宇都宮地裁及びH30.8東京高裁は「個人的な趣味、興味の範囲に属する読み物」とし、H29宇都宮地裁は「証拠上調査研究との合理的関連性を認めるに足りる事項が記載されていない」として、購入費全額が違法としたが、H30.5東京高裁は、各地の観光地の旅行の記事が掲載されているから、当該会派の政務調査実施要綱の「観光の振興対策に関連すること」に該当し、適法とした。

③ 「潮」「灯台」

　いずれも宗教団体系出版社の総合雑誌であるが、H27宇都宮地裁及び控訴審のH30.8東京高裁のいずれも「いかなる書籍であるか不明」として全額違法としている。

④ 「日経グローカル」

　はじめ、H27宇都宮地裁は、「いかなる書籍であるか、図書名からは不明」として全額違法としたが、H29宇都宮地裁は「地方自治体の行政情報専門誌」と認めて適法とし、H30.5東京高裁、H30.8東京高裁及びH30宇都宮地裁も適法としている。ただし、同誌は、書店販売のない年間予約方式の雑誌（年間24冊）で、年間購読者は年に6回～10回程度開催される「日経グローカルセミナー」（一般受講料5,000円程度）を無料で受講できることから、「資料購入費」ではなく「研修費」で充当した議員（使途欄には「日経グローカルセミナー研修及び月刊誌購読」と記載）について、H29宇都宮地裁及び「資料購入費」では適法としたH30宇都宮地裁は、実質は年会費であるとした上で、H29では当該議員はセミナー受講の実績がなく実費充当の原則から違法とし、H30では、当該議会の内規で禁じられている会費にあたると解釈して違法としている。混沌としているといわざるを得ない。

まとめ

　以上のように、雑誌については、書名から政務活動との関連や購入目的が推認できる場合は別として、娯楽性の強い記事を含めさまざまな記事が掲載される総合雑誌については、個別の号（冊子）ごとに、その購入目的の説明を求め、説明がない場合は政務活動費等を充当できないとする判例が多い。なお、**年間購読については、注意を要する**。個別の号ごとではないので、その内容が全体として政務活動との関連が認められるものである必要があるし、上記日経グローカルの事例では、適法とされたものの、H29宇都宮地裁とH30.8東京高裁は、実費充当の原則により、年間購読料（約9万円）のうち当該年度分（支払月から起算し年度末の月まで）のみに充当でき、翌年度分は違法としている（2か年度に分割充当することは可能だったと思われる。）。

3　住宅地図

　住宅地図への政務活動費等の充当は、しばしば争われてきたが、地図ソフト、地図帳等も含めて、適法であり、全額充当も可能であるとの判断が、ほぼ、固まってきたようである。

　平成25年8月29日奈良地裁判決及び控訴審の平成26年3月18日大阪高裁判決は、住宅地図と地図ソフトについて、原告の「議会活動に関する調査活動以外の議員活動にも活用し得る」旨の主張を退け、「政務調査活動以外に上記各書籍の内容が選挙活動その他の活動に利用し得るものであるとしても、証拠上、これらの書籍が原告らの主張するような活動に利用されたことを伺わせる事情は認められ」ず、購入費用に充当された全額が適法であるとし、平成28年4月27日岡山地裁判決も、総論において、「原告は、住宅地図は選挙目的のために購入されたものとして住宅地図の購入に係る支出は直ちに違法である旨を主張するが、住宅地図は、住民の居住地域の分布状況や、道路、河川等との位置関係などの地域の状況等を確認するのにも資するものであり、交通事情やごみ処理問題等の市政に関する調査研究に有益な資料ということができるから、その購入にかかる支出が直ちに違法となるとはいえず、個別具体的に判断すべきである」とした上で、具体的事例についても「上記地図は、要望箇所、災害箇所、市民相談等へ対応するために購入した旨の報告がされているが、同目的及び内容が議員の議会活動と関連しないものとはいえず、支出額も相当ではないとはいえない」として全額充当を適法としている。また、議員が自主的に2分の1で按分していた事例について、平成28年10月26日岡山地裁判決は当該支出を適法とし、平成26年12月18日奈良地裁判決、平成28年11月10日広島高裁岡山支部判決、平成28年3月25日長野地裁判決及び控訴審の平成28年12月21日東京高裁判決等は全額充当を認めている。

4 年鑑、辞書等の汎用性のある資料

　平成25年8月29日奈良地裁判決は、広辞苑及び電子辞書、『敬語の使い方辞典』『今が分かる時代が分かる日本地図2010年版』（日本地図と2010年における産業経済、政治、社会情勢、環境、エネルギー、交通、文化、スポーツ及び統計等の情報等を収録した書籍）、『2011年版奈良県年鑑』等の各書籍について、議員の行う調査研究活動のために必要な図書及び資料にあたるとしたが、これらの書籍は「汎用性」があり、政務調査活動以外にも使用できるから按分すべきとの原告の主張を、控訴審の平成26年3月18日大阪高裁判決は、「汎用性があるといってもその用途はある程度限定されたものである」として採用しなかった。確かに、さまざまな利用方法があるとしても、基本的には、政務調査活動から逸脱するような利用の仕方は想定されないし、政務調査活動のための利用が主目的と推定されるということであり、妥当である。次に、資料としての「汎用性」が、むしろ肯定的な理由とされた事例として平成28年3月17日宇都宮地裁判決は、○○県に関する情報が記載された、県民手帳について、「政務調査活動を行う上で○○県に関する情報が必要となった際に参照することができ、その汎用性、即時性に照らせば、会派に所属する複数の議員がそれぞれ県民手帳を保有することも明らかに不適切とはいえない」として会派による複数部の購入を適法とし、一人の議員が、議員控室、自宅、事務所又は自家用車（携帯）用として3冊購入した事例も、「これらの場所で○○県に関する情報が必要となることが生じ得ないとまでいうことはできず、明らかに不適切とはいえない」としている。

　また、平成27年6月24日宇都宮地裁判決は、『日本地名大辞典』（26万5,000円）について、調査研究において県外の地名を参照することも考えられるし、（他の目的との）反証もない」として全額充当を認めていたが、控訴審の平成30年8月2日東京高裁判決は、同書は（栃木県を含まない）13府県の古代から現代までの地名を網羅したものであるが、被告側の「郷土（栃木県）の文化振興策の調査時に使用した」旨の説明を裏付ける証拠の提出はないので全額違法とした。高額の書籍であり、購入理由や活用内容の明確な説明が求められたものである。

第 9 節　資料購入費

5　名簿、職員録

　名簿については、一般的には政務活動との関連が明らかではないため、特に、その**購入目的、利用方法等が問題となる**。

　平成28年4月27日岡山地裁判決は、○○高等学校職業別名簿の購入費に50％で按分支出された事例について、「当該名簿は、同高校の跡地活用の現状を報告するための資料として購入したが政務調査以外の使用の可能性もあるために按分した旨が報告されており、同名簿が議員の議会活動と関連しないものとはいえず、支出額も相当でないとはいえない」から適法であるとし、控訴審の平成29年3月30日広島高裁岡山支部判決も、B市では同高校の跡地の活用について検討が重ねられていたこと、議員自身が同高校の卒業生であり、卒業生を含め跡地活用の現状を説明するために上記名簿を購入したと認められること等の事情を補足して適法としている。

　また、職員録について、平成28年3月17日宇都宮地裁判決は、「県職員の所属や氏名等が記載された職員録は、政務調査活動を行う上で疑問が生じた際に、県職員の人員配置を調べることで担当職員等に照会することなどに利用することができ、また、このような場合には各議員が即時に職員の人員配置を調べる必要があるため、会派に所属する複数の議員がそれぞれ職員録を保有することも明らかに不適切とはいえない」から会派による複数部の購入も適法であり、一人の議員が議員控室、自宅、事務所又は自家用車（携帯）用として3冊購入した事例も、明らかに不適切とはいえないとしている。

6　法令集、追録等

　当該法令集の**利用目的が争点になる**。平成28年11月10日広島高裁岡山支部判決では、『選挙法・政治資金法の手引き』の追録代について、議員の「選挙制度を研究することで透明性、公平性のある市政運営に寄与するため（購入した）」との主張が認められなかった。また、平成30年11月15日宇都宮地裁判決も『明解・選挙法・政治資金法の手引き』への支出は政治活動への支出であり違法とした。

一方、同判決は、『六法全書』への支出を議員の広範な活動領域等を踏まえて適法とし、平成23年4月6日大阪地裁判決は、合意書・示談書・協定書等モデル文例集の追録（3,000円）、不動産登記や財産管理に関する書籍4冊（1万9,561円）について、購入理由等が詳細に説明されているから使途基準に適合するとしている。

7　各種書籍

まず、総論として、平成28年9月27日東京高裁判決は、「地方自治体の政策形成に関する調査研究活動は広範な分野にわたるものであり、その内容や手法もさまざまなものが考えられることに照らして、書籍に係る政務調査費の使用について、（地方自治法100条14項の規定が）具体的な調査研究活動に直接的な関連性を有するものに限定する趣旨のものとは解されない。したがって、書籍の購入については、当該書籍等の内容やその購入の時期・目的等に照らして、その購入が議員の議会活動の基礎となる調査研究活動に資する情報や資料を収集するためのものと認められないなどという事情がない限り、その購入に必要な経費に政務調査費を支出できる」と述べている。

しかし、名称だけでは、県政、市政等との関連が分かりづらい書籍について争われることが多く、購入目的等の説明が必要となる。平成28年12月21日東京高裁判決は、人生論、宗教、歴史等の書籍や社会問題、教育問題、地元の情報等に関する書籍について、「いずれも政策課題やその背景事情等にかかる調査研究活動と合理的関連性があり、その必要性をおよそ否定することは困難」とし、議員側から提出された証拠等によって、「議員それぞれの県政における政策課題等に関連すると判断して購入されたものと認められ、その判断が特に不合理なものとまではいえない」とした。また、平成23年4月6日大阪地裁判決は、文庫『嵐が丘』についても、購入理由が説明されているとして適法としている。これらは、証拠等による補足説明が成功した事例であるが、法思想家の内田力蔵著作集について、平成27年6月24日宇都宮地裁判決は、書名から調査研究との関連が明らかでなく、立証もないとして違法とされている（控訴審平成30年8月2日東京高裁判決同旨）。

第9節　資料購入費

いずれにしても、訴訟になる前に、政務活動費の充当報告に際して、**使途内容等（購入理由）の説明を的確に行っておく必要がある。**

8　その他

　過年度に関する資料の購入費への充当について、政務活動費の年度区分の箇所（171頁）で紹介した平成28年3月17日宇都宮地裁判決は、会計年度独立の原則が適用されないとの一般論に続けて、実質論としても、「各議員は過年度分の新聞購読料を平成24年度に入ってから支払ったものであり、その新聞の購読による知識の獲得が平成24年度の政務調査活動との関連性を有するものである可能性もある以上、過年度分の新聞購読料に政務調査費を充当したことのみをもって一般的外形的事実の主張立証がなされたとはいえない」と述べている。

第2章 ｜ 政務活動に要する各経費の考え方と留意点

第 10 節 事務所費

　議員が調査研究活動その他の政務活動を行う上で活動の拠点は必要であるから、使途基準では議員事務所の維持管理費用等への政務活動費等の充当が認められており、判例もその合理性を認めている。他方、議員の事務所は、その性質上、政務活動（調査研究活動）以外にも使用され得ることや議員活動の混在論から、基本的には按分が必要とされるが、政務活動（政務調査）専用の事務所の存在とその場合の全額充当も認められていることは既述（206頁）した。

　いずれにしても、専用事務所であるか共用（兼用）事務所であるか、そして、事務所費の按分率は、人件費及び事務費の按分率の指標にもなるので重要である。ここでは、どのような事情によって議員の事務所が政務活動専用と認められ、逆に、他の目的との共用（兼用）が認定されているのかに関する判例を見ていく。

1　専用事務所と共用（兼用）事務所

　この点について、平成26年11月11日金沢地裁判決は、次のとおり、基本的な考え方を示している。

> 　議員が、一つの事務所を拠点として全ての議員活動を行っている場合には、当該事務所においては、議員の全ての活動領域に関する事務を処理しているものと容易に推認できる。他方、議員が、複数の事務所を拠点として議員活動を行っている場合には、一つの事務所における事務の内容が、種々の活動領域にわたる場合もあれば、ある活動内容に特化したものにとどまる場合もあり得るのであって、内容が多岐にわたるという市議会議員の活動実態を前提としても、市議会議員の活動は調査研究活動とその他の活動を区別して行うことが可能と認められるから、複数設置された事務所ごとの機能分化が図られていないのが実情であるとまではいえない。
> 　したがって、議員が複数事務所の一つで事務所費を按分していないという

第10節　事務所費

> 事情だけでは違法性を推認させる外形的事実にならず、議員側が専用事務所
> であるとの証拠を議長に提出しない限り適法とされる余地がないとはいえない。

　ただし、平成28年10月27日金沢地裁判決は、同様の判旨とともに、事務
所の維持管理費用の全額を政務活動費から支出したことは外形的事実になる
から、被告の側が、**議員の活動に関する事務を行う拠点が複数存在**すること
を反証する必要があるとしている。

　また、平成24年10月16日金沢地裁判決も、「議員は、調査研究活動専用
の事務所としてＡ市（以下略）所在のビルの１階部分を月額６万3,000円の
賃料で借り受けていたこと、後援会活動は別の場所（自宅及び上記ビルの３
階部分）で行っており、調査研究活動とは明確に区別されていたことが認め
られる」と認定し、当該事務所の賃借料、専用事務機器及び消耗品の購入経
費は、当該議会の手引きに従い全額を政務調査費から支出できるとした（上
記平成26年11月11日金沢地裁判決も、議員の後援会活動が政務活動専用事務所
とは別の場所にある議員の自宅等で行われていたことが認定された事例である。）。

　これら、金沢地裁の平成24年、平成26年及び平成28年の各判決の認定は、
それぞれの控訴審でも維持されている。

　なお、これらの事例を含め、専用事務所の経費への全額充当は、当該議会
の使途基準又は内規において、それを認めていることが前提となるので留意
する必要がある。

　他方、平成26年10月24日和歌山地裁判決は、「政務調査用事務所に他の
目的の事務所が併設されていることが、**政治団体**や**後援会**としての**届出**がさ
れていることや**看板**が掲げられていることなどによって立証された場合には、
同事務所は上記政務調査活動以外の活動の拠点としても利用され、そこでの
支出は政務調査活動以外にも使われたとの合理的推認がされる」とし、具体
の事例についても、政務調査用事務所の建物には、後援会の看板が設置され、
○○党の**国会議員**の**ポスター**が貼られていたことを証拠で認定し、政務調査
専用との主張は信用できないとし、平成28年10月27日金沢地裁判決及び控
訴審の平成29年４月12日名古屋高裁金沢支部判決も、選挙管理委員会に提
出された書類で後援団体の主たる事務所の所在地とされた住所にある事務所

321

第2章 │ 政務活動に要する各経費の考え方と留意点

について、政務活動専用事務所との主張を認めなかった。

　また、平成28年12月27日奈良地裁判決は、「議員活動が多岐にわたるものであるからといって、そのことから直ちに事務所費のうち2分の1を超える部分が違法であるとはいえない」としつつ、議員の事務所に**当該議員や他の議員の顔写真入りのポスターや看板、政党のポスター**が掲示されていたり、議員が代表を務める**政治団体や議員の後援会と当該事務所の住所が同じ**であるといった事情があるものについて、政務調査活動以外の活動が行われていると認定し、控訴審の平成30年3月27日大阪高裁判決も、これらのほか政党のスローガンや政党の演説会の案内が掲示されていること、議員のホームページに事務所が1か所しか掲載されていないことを加えている。

　なお、同判決は、**議員の関連会社が所有する2階建て建物を賃借**（同関連会社の本店がある1階の1室を除く。）して政務活動事務所を設置していたが、その住所は、同議員の後援会の主たる事務所の所在地と同じだったという事例について、後援会は関連会社の本店に置いているとの議員の主張を認めず、「特定あるいは不特定多数の支持者や選挙民又は県民が訪れる可能性のある後援会事務所を1室しかない会社の事務所に置くというのは不合理である」と述べ、後援会事務所との併用だった外形があると判断している。

　次に、平成28年2月4日京都地裁判決では、**議員事務所は一つのみであるが、後援会活動等は自宅やその都度別の場所**（喫茶店、借上会場等）**で行っていたとの主張**を認めず、2分の1は違法とした。また、**政務調査事務所と同じ敷地内に別棟の後援会事務所があった事例**では「同建物と明確に活動を区分できていたかは明らかではない」とし、**別の敷地に後援会事務所があった事例**についても「議員のポスターに（市政相談の）テレホンサービスとして調査研究事務所のFAX番号が記載され、政務調査活動以外の内容の相談も来ていたと推測されること、政務調査事務所の前の駐車場は後援者が来客用として使用していたこと、政務調査事務所の前には同議員の後援会の看板が置かれていたことから、当該事務所では後援会活動も行われていたと推測される」として、いずれも賃料、光熱水費、駐車場借上料等の2分の1は違法と認定された。後援会活動等の実態と本節2の（3）（326頁）で後述する按分の根拠を合理的に説明できなかったことが要因である。

第10節　事務所費

　なお、平成29年３月16日札幌地裁判決では、**政務調査事務所と後援会事務所が同一建物の同一階にあったが、物理的・機能的に独立した事務所であったと認定した事例**があり、両者は壁で隔てられ、入り口も別々で構造上の独立性を有し、いずれも独立に事務用品を備え、また、後援会事務所には専属の職員が雇用されていたこと、さらに政党支部事務所も別にあったことから政務調査専用事務所と認めている。また、一方で、アパートの一室を内部の間仕切りで分けて政務調査事務所と後援会事務所とし、入り口も別々に設置し、賃貸借契約も別に締結していたが、後援会事務所の方にはコピー機が設置されておらず、後援会の活動として説明された内容に比べて後援会事務所のスペースが狭かったことから、政務調査事務所でも後援会活動が行われていたと推認した事例もあり、興味深い判例である。

2　事務所関係経費の按分率

（1）基本的な按分方法

　政務活動（政務調査）用事務所が自宅に併設されている場合や政務活動（政務調査）用とされる事務所で他の目的の活動も行われている場合（この状況を、後援会事務所、政党支部、政治資金規正法上の政治団体の事務所等、他の目的の事務所が併設されていると見做して説明されることが多い。）は、当該事務所に関して支出された事務所費、事務費及び人件費は、私的活動（自宅）との間や各活動（又は各活動用事務所）との間で按分する必要があるというのは、実務及び判例上、定着した考え方である（ただし、人件費の按分については、他の事務所関係経費とは多少事情が異なっており、後述する（350頁）。）。

　また、その場合の按分率は、使途基準や内規の定めに従い、**各活動の割合（各活動による使用の実績又は推計や使用面積）によるか、各活動の程度に関わらず、併設された事務所等の数や各活動に画一的に振り振られた割合による**というのが、基本的なパターンであるが、各活動の割合が不明で、後者の各活動（事務所）の数で分割する按分率を使用する場合について、各議会が設定する活動の分け方（政務活動、後援会活動、政党活動の３分割、政務活動とそれ以外の議員・政治活動の２分割等）や私的活動（自宅）の割合等は、さまざ

323

第2章 ｜ 政務活動に要する各経費の考え方と留意点

まである。しかし、総論でも述べたように、内規等の定めは厳格に適用され、その定めと異なる按分方法を取った場合は違法性が推認されているし、内規等の定めの意図を超えて、裁判所が合理的と考える独自の按分率を認定してしまう場合もあることは既述した（222頁～）。したがって、按分率はできるだけ実態を踏まえた現実的な（無理のない）ものを設定するとともに、誤った解釈がされない明確な規定にする必要がある。

特に争われているのは、**事務所の数（混在する活動の範囲）や活動実態の解釈**である。平成29年12月8日札幌地裁判決は、事務所の兼用の状況を届け出ることとされ、また、活動の実態で按分できない場合の按分率（上限）が、例えば政務活動と後援会活動が混在する場合は各2分の1、これに政党活動も混在する場合は各3分の1といった形で設定されていた議会に関するものである。政党活動との兼用事務所として届け出て2分の1で按分していた事例について、判決は、後援会活動も行われていたと認定し、「政党活動の実態はほとんどなかったから2分の1での按分も許される」との被告側の主張は退けられ、3分の1で按分すべきとされている。

また、前掲平成26年10月24日和歌山地裁判決及び控訴審の平成27年7月30日大阪高裁判決は、**活動休止（停止）中の事務所**（政治資金規正法の事務所の届出はされているが収支報告上支出が0円であったもの等）であるから按分対象から除外すべきとの被告側の主張を退け、「収支報告の記載がゼロであることから直ちに活動の実体がないと推認できるものではない」とし、他方、原告の「政務調査費支出年度の翌年4月8日に議員選挙が実施されているから、按分割合には、告示日の6か月前から政務調査事務所を**選挙の準備運動の拠点**として利用されていたことを考慮すべきである」との主張には、「選挙運動（期間）は、告示日から投票日までの期間である」し、「政務調査用事務所が選挙運動の拠点として利用されていた証拠はない。仮にそのような事情があったとしても、本件各事務所には概ね後援会事務所が併設されていることを考慮することに加えて、更にその事情を斟酌する必要はない」としている。選挙の準備運動なるものがあるとしても、後援会活動等の活動に含めて考えれば足りるという趣旨であろう。

次に「併設事務所の数による按分」という基準自体の合理性について、上

324

記平成27年７月30日大阪高裁判決は、「政務調査事務所と併設された他の目的の事務所との活動規模や経費額等に類型的、一般的に大小を設けるべき理由はなく、特段の事情がない限り事務所の数で按分することには合理性がある」としている。当該内規の合理性を認める点はよいとしても、「類型的・一般的に」大小の割合を定めるのは合理的でないとする点については、各活動の割合や程度は議員ごとにさまざまであることが理由と考えられるが、判例の論理に従えば、併設事務所の数で按分する方法も、類型的・一般的に各併設事務所の活動量を均等と擬制することであり、やはり、合理性がないことになる。そもそも議員活動の根幹は、議会活動とその準備行為としての政務活動なのであるから、政務活動の比率が他の活動よりも大きいことは公知の事実と言ってよく、所属する議員の活動の実態を最も熟知している会派や議会が当該会派又は議会の平均値として定めるのであれば、大小を設けることも一概に否定されるべきではないだろう。

　なお、各議員が活動記録や職員の勤務実績簿等から導いた使用実績又は使用量の推計値、政務活動用のスペースが区画されている場合はその使用面積など、客観的な数値で活動の割合を説明できる場合は「特段の事情」となるので、この判例でも、このような按分基準の使用を否定しているわけではない。

（２）内規で定める按分方法との関係

　平成27年６月24日宇都宮地裁判決は、当該議会のマニュアルで、会派の経理責任者に事務所設置状況報告書を提出し、所有区分、兼用の有無及び面積等を明らかにするものとされ、また、事務所が複数の機能を兼ねる場合の按分の基準については、区切りなどで分離できる場合は（実際の）使用領域で按分し、分離できない場合は２分の１を上限として使用実績（活動時間等）又は使用領域（面積）により按分するものとされていた事案である。同判決は、２分の１以下で按分されていても按分の根拠が明示されていない事務所費は、「面積等を明らかにする」との内規違反であるから全額違法とされ、何を兼ねているかは不明であっても、使用面積により按分していることが示されているものは使途基準違反ではないとしている。

平成27年10月27日岡山地裁判決は、事務所費として家賃の２分の１に政
務調査費が充当されていた事務所の壁に、「○○後援会」「□□商事株式会社」
「株式会社◇◇」「☆☆商事有限会社」の名称が記載されていたことから、議
員の事務所に加え、各会社及び団体が当該事務所を共用していると認定し、
それぞれが事務所及び電話を使用している具体的な割合は明らかではないか
ら、政務調査費は、５分の１に按分した限度で充当できるとした。

（3）議員が設定した按分率

　平成28年２月４日京都地裁判決は、「議員の活動は広範にわたり、日常的
に政務調査以外の政治活動も行っていることに鑑みると、一般の議員事務所
においては、一般的、外形的事実から政務調査活動以外の活動にも利用され
ていることが推認される」とし、**２分の１以外の按分率を使用する場合は、
その根拠を議員側が反証する必要がある**とした上で、「議員事務所は専ら調
査研究活動に使用し、政党活動、後援会活動、私的な活動など調査研究活動
以外の活動は、いずれも自宅等別の場所を使用しており、本来、賃料等の全
額を支出できたが、同事務所に後援会の用で会員が来訪されることや後援会
活動に係る案件の電話が掛かってくることも皆無ではなかったから、抑制的
に自主按分し、９割を政務調査費から支出した」旨の被告側の主張を退け、
「その割合（の正当性）を客観的資料に基づいて証明していない」とした。こ
の判例の事案では、各議員は、６割から９割までのさまざまな按分率を使用
していたが、**各議員の事務所は一つ又は同じ敷地内に別棟の後援会事務所が
あるという形態**であって、後援会事務等は自宅や別棟の建物で行っていたと
の議員の主張は、いずれも採用されず、２分の１の按分率が妥当と認定され
ている。抑制的に全額充当を避けたものではあっても、当該事務所で他の活
動も行われていたことを自認するものとなり、また、使用した他の活動との
按分割合を客観的な根拠資料で説明できなかったため「割合が不明な場合」
に当たると判断されたものである。

　なお、前掲の平成29年12月８日札幌地裁判決も、「特段の資料も論拠もな
く、内規が定めた割合（この事例では３分の１等）を超えて、議員が適切と判
断した按分率で充当することは、第三者による事後的な検証ができず、議員

による恣意的な支出を許すことになる」から制度の趣旨に反するとしている。したがって、活動実態による按分は、第三者による事後検証が可能な、原則として算出方法を明示した数値を使用する方法による必要があるといえるだろう。

3 自己又は親族所有建物の事務所

　平成29年4月26日東京高裁判決は、当該議会の手引きで**自己又は親族が所有する事務所に係る賃借料には政務調査費を充当できないと定められている趣旨**について、「議員事務所は議員の調査研究活動以外にも使用され得るのが一般であることもあって、議員本人やその親族が所有する物件を議員事務所とすれば、そもそも法的に賃貸借契約が成立し得ないか、真に賃貸借契約が存在するのか外形的に見て疑義が生じるため、このような事務所の賃借料に政務調査費を用いることを相当でないとしたものと解される」としている。実務上も、一般的な理解である。なお、ここで、親族の範囲については触れられていないが、上記の趣旨からすれば、生計を同一とする親族に限られるであろう。ただし、使途基準又は内規の定め方次第である。

　なお、平成24年10月16日金沢地裁判決は、議員所有の建物を不動産の賃貸・管理を業とする（同議員の妻が代表取締役で議員も役員であった）会社に「当該建物を管理させるため」賃貸し、同議員は賃借料に政務調査費を充当していたという特殊な事例であるが、同判決は、「議員が自己所有の不動産を賃借して使用しなければならない合理的な理由が存することや賃料額などの合理性等について適切な反証がされて」おらず、「不動産会社との間で管理委託契約ではなく賃貸借契約を締結した合理的な理由等が反証されていない」から違法とした。

　他方、**議員の父親が所有し、居住する物件（議員世帯と父親世帯の二世帯住宅）の一部を賃借した事務所**について、平成29年3月16日札幌地裁判決は、次の事実を認定し、内規で政務調査費の支出を禁じる「生計を一つにする親族からの賃借」に当たらないとしている。

①　2階建ての建物の1階は事務所と父親世帯の住居、2階は議員世帯の住

第2章 ｜ 政務活動に要する各経費の考え方と留意点

居と父親世帯の住居からなっているが、それぞれ別の入り口が設けられ、内部で両部分を行き来する扉はあるが、通常施錠され、使用されていない。そのほかの部分は壁で完全に仕切られ、自由に行き来できない。

② 2階の議員世帯の住居の玄関は2階に設置されている。

③ 議員と父親は、年に数回一緒に食事をする程度の関係で、生活費については、父親世帯は年金で生活しており、両世帯の生計は独立している。

高齢化社会の中で二世帯住宅の例は多く、資産活用としての意義も認められるが、同様の事例については、賃貸借物件としての実質を備えているか（区画の分離等、第三者にも賃貸可能な構造になっているか）、当該親族は真に独立した生計を営んでいるか等を、他の法令における取扱いも参考として、慎重に認定する必要があるであろう。

4 関連会社所有建物の事務所

前掲平成29年4月26日東京高裁判決は、引用した当該議会の手引きの解釈に続けて、次のように述べる。

> 　自己又は親族が代表者を務める会社が所有する建物を議員事務所とする場合については、同様の疑義が生じると考えられるとき、具体的には、当該会社の実質がその代表者である議員本人や親族個人の個人企業と認められるなど当該会社の実態等から見て、当該事務所の賃貸借が自己又は親族からの賃貸借と同視できるときには、その賃借料に政務調査費を充当することは許されないが、それ以外の場合には、当該賃借料に政務調査費を充当できるというのが、県の条例及び規程の趣旨というべきである。なぜなら、言うまでもなく会社と個人とは別の法人格であり、会社の事業形態はさまざまであるし、政務調査費の使用あり方についても、いわば選良であるべき議員の見識と良識に委ねられている面がある以上、議員本人やその親族が代表者を務める会社が所有する事務所に係る賃借料には一律に政務調査費を充当することが許されないとは考え難い。

第10節　事務所費

　なお、原審の平成28年４月22日新潟地裁判決は、手引きの規定の趣旨を
「真実賃貸借契約が存在するのか他から疑問を持たれる上、政務調査費を自
己又は親族がこのような形で取得することは政務調査費の使い方として適切
ではないという考慮に基づくものと解される」と誤って理解し、「この趣旨
は、自己又は親族が代表者を務める会社が所有する建物を議員事務所とする
場合にも当てはまるから、手引きで禁じられていなくとも、その賃料の全額
が違法となる」としていた。

　また、平成28年４月27日岡山地裁判決も、議員が代表者となっている法
人からの賃借について、「そもそも事務所賃料が発生していること自体に合
理的疑いがある」としている。

　しかし、やはり、前掲平成29年の東京高裁判決のように、具体に会社の
実態を見た上で、会社が実質的に議員又は親族の個人企業であって議員又は
親族所有の事務所と同視できる場合かどうかで判断することが、岡山地裁判
決が述べる理由からも正当であろう。

　この点について、平成29年３月16日札幌地裁判決も、上記東京高裁判決
と同様に、「議員が役員に就任し、又は株式を保有することによって、議員
と当該法人とが実質的に同一の法主体であると評価すべきであるような例外
的事情が認められる場合は別として、議員が役員に就任し、又は株式を保有
する法人が政務調査事務所の賃貸人となっていることの一事をもって、当該
事務所費を政務調査費から支出することが『手引き』等の使途基準に違反す
る違法な支出であると解することはできない」とし、議員と生計を同一にし
ている親族が経営する法人から事務所を賃借している事例について、議員と
当該法人が実質的に同一の法主体であると評価すべき事情は認められないと
した（控訴審の平成30年８月９日札幌高裁判決でも維持）。

　また、平成26年11月27日奈良地裁判決も、「本件条例及び本件規程は、
事務所の貸主が議員の親族等が所有又は経営する会社であったとしても、実
際に賃料が支払われているのであれば、政務調査費の充当を禁じていると解
することはできない（なお、賃料が実際には支払われていないことをうかがわせ
る証拠等の存在は認められない）」とする。

　一方、平成24年10月16日金沢地裁判決は、議員が代表取締役を務める会

329

社から専用事務所を月額65,000円の賃料で借り受け、全額に政務調査費を充当していた事例であるが、「議員が代表者を務める会社から当該事務所を賃借する場合、第三者が賃貸人となる場合に比して、賃料額が適正な価額を超えて恣意的に定められるなど、いわゆる**お手盛りの弊害**等が生じる蓋然性が高いというべきである。そうすると、このような場合には外形的事実が存在するものと認められ、被告において賃料額などの契約内容の合理性等について適切な反証をしない限り、賃借料の支出は、本件使途基準に反した違法な政務調査費の支出にあたるというべきである」と述べた上で、「被告は、賃借料が合理的な額であることの根拠や、当該賃貸人と契約するに至った経緯、上記会社による管理の実態等について何ら具体的な主張立証を行っておらず、適切な反証がなされていない」と述べ、違法としている。

5　第三者や後援会が借主の事務所

前掲平成29年3月16日札幌地裁判決は、**賃貸借契約の当事者（借主）が会派又は議員以外の第三者であった事例**について、「（このような場合は）使途基準に適合する適正な支出であることについて相当程度の疑いが生じ、適切な反証がないときは、使途基準に違反するものと認められる」と述べ、具体的な事例についても、「議員本人が賃料を継続的に支払っていたと主張し、領収書を提出するが、議員が政務調査事務所に関する実質的な賃借人の地位にあることを示す事実関係を反証していない」と認定し、議員は（賃借人ではなく）連帯保証人にすぎないから支出は違法とした。ただし、控訴審では、事務所の改修や賃料の減額に関する賃貸人との交渉を議員又はその職員が行い、議員は対外的にも同事務所を「政務調査室」と（表示）して活動し、賃貸人も議員を賃借人と認識していたことが証言等によって立証され、適法とされた。

次に、平成30年8月2日東京高裁判決は、**後援会が借主であった事例**であるが、「議員がいかなる契約関係に基づいて当該建物を政務調査事務所として使用し、その賃料の支払い義務を負うのかが証拠上明らかでない上に、議員が政務調査活動として使用する部分とそれ以外の部分との按分割合を示

第10節　事務所費

す的確な証拠もない」として、**後援会に支払った賃料に政務調査費を充当し**
た事例と後援会名義で賃貸人に支払われた賃料に政務調査費を充当した事例
について全額違法支出とした。しかし、一方で、証拠等によって、**後援会が**
借主となっている建物が政務調査事務所と後援会事務所を兼ねており、使用
領域（面積）により賃料を按分して政務調査費を充当した事例は適法として
いる。

　また、平成29年12月8日札幌地裁判決でも、**後援会の代表者が賃借人と**
なり、議員との間で当該事務所を政務調査事務所と後援会事務所で共同使用
し、賃料、共益費、電気代及び灯油代を2分の1ずつ負担する旨の覚書を交
わしていた事例について、政務調査費の充当を認めている（按分率は政党活
動も認定され3分の1とされた。）。

6　事務所に関するその他の論点

（1）事務所の要件

　平成29年11月28日岡山地裁判決では、原告が「議会ホームページ等に事
務所として記載されておらず、事務機器もないから政務活動費等を充当でき
る事務所の要件を満たしていない」と主張したが、議員名の表札、応接セッ
ト、会議机等の存在から事務所と認定された。

（2）一部が充当対象外となる事務所

　事務所の一部を倉庫等、通常、政務活動とは関連がないと思われる用途で
使用していたり、転貸し、又はオープンスペースとして利用している場合は、
そのことが政務活動と関連する特別の事情がない限り、その部分を充当対象
外とする必要があるであろう。平成27年10月14日広島地裁判決は、政務調
査活動専用事務所と別棟であるが、一体のものとして報告されていた「**倉庫**」
について、具体的にどのような活動のために使用されているか不明であり、
その部分に相当する賃料への充当は違法とされた。

　また、平成26年11月27日奈良地裁判決は、4軒長屋形式の建物を政務調
査活動専用事務所として賃借し、4室のうち1室を**市民に開放**していたため

第2章 | 政務活動に要する各経費の考え方と留意点

75％相当額に政務調査費を充当していた事例であるが、原審では、そのことが主張されず、「按分しているのは当該事務所を他の用途にも使用していたことを自認するもので、その割合は不明だから、2分の1を超える部分は目的外（違法）である」とされてしまったが、控訴審の平成27年11月12日大阪高裁判決では、当該議員は後援会活動を行う事務所とは別に政務調査活動専用事務所を賃借していることと上記按分の理由を補足説明した結果、「仮に開放部分に政務調査費を充当することが相当でないとしても、開放部分の面積割合は4分の1を超えないので」、充当額の全額が適法とされた。

第11節 事務費

第11節 事務費

1 事務用品購入費

　事務用の消耗品は、政務活動や調査研究活動のほか、後援会活動や政党活動でも通常使用され、汎用性があると認められる品目については、その購入代金に政務活動費等を充当した場合、他の用途にも使用されたと推認されるとか、その可能性（蓋然性）が否定できないと認定されることが多い。もちろん、購入した事務用品をどの用途に使用したかを、その都度、物品出納簿のようなものに記帳すれば、政務活動分も明らかになり、その経費全額に政務活動費を充当することが可能となるが、実務的には、そのような記帳処理は煩瑣であり、実行される例は少ないと思われる。したがって、政務活動費を充当した事務用品の全てが政務活動に使用されたことが推認される特別な事情がある場合は別として、2分の1での按分を要するとする判例が多い。

（1）使用される場所

　しかし、事務用品の使用場所が議会活動と政務活動等を行うための組織である会派の控室だったり、政務活動等の専用事務所であることは、この特別な事情となり、全額充当を認める判例が多い。例えば、平成28年4月27日岡山地裁判決は、「会派で使用する取材用ICレコーダー、コピー用紙、デジタルカメラ、デジタルカメラ用撮影場所特定機器、各種文具（クリアフォルダ、テープのり交換テープ、カットフォルダ、ボックスファイル、ボールペン、テレフォンアーム、ファイル、フラットファイル、クリアファイル、両面テープ、付箋、ブックスタンド、CDケース、CD―R、DVD―R、Zファイル、テープのり、はさみ）であり、いずれも会派がその全額を支出していることが認められるところ、これらは議会活動の基礎となる調査研究活動のために機能するものといえるから、上記各支出を違法であると認めることはできない」とする。

　ただし、汎用性のある物品は、通例として、多用途に使用されることが外形上推認されると判断されているので、議員事務所に関する事務用品費に政

第2章 │ 政務活動に要する各経費の考え方と留意点

務活動費等を全額充当する場合には、政務活動専用事務所で使用するもので
あることを議員の側で主張・立証する必要があるであろう。なお、政務活動
費を議会活動自体のために支出することは当然できないが、そもそも議会活
動に要する経費には、議会事務局によって公費が充当されており、その他の
経費が充てられることはない。

（2）汎用性の有無・程度

　しかし、ある品目の物品の汎用性には、政務活動、後援会活動、政党活動、
私的活動等のいずれでも広く使用される物品、政務活動や後援会活動では使
用されるがその他の活動で使用されることは少ないもの、政務活動での使用
が主と推認されるものなど、程度や範囲があると思われる。平成28年４月
27日岡山地裁判決は、ルーズリーフ、ファイル、ノート等、プロジェクタ
ー、タブレット機器（iPad2）、ICレコーダー、デジタルカメラ、デジタル
カメラ用のSDメモリーカード及びノートパソコンの購入費とコピー機のリ
ース料の全額に政務調査費が充当された事例において、「いずれも会派所属
の各議員個人が使用する事務用品、事務所備品、通信機器等であるが、会派
控室以外の場所で使用するものについては、議会活動の基礎となる調査研究
活動にのみ用いられているという特段の事情が認められない限り、50％で
案分し、その限度で支出を認めるのが相当である」としたが、プロジェクタ
ーだけは市政報告会に使用するためのもので汎用性がないと認定し、全額が
違法ではないとした。

　ところが、控訴審の平成29年３月30日広島高裁岡山支部判決は、これら
の事務用品の全てについて、「通常想定される使途等に照らすと、議員とし
ての調査研究活動と合理的関連性がないということはできないから、その全
額について、使途基準に適合しないということはできない」とした。もちろ
ん、これらの物品が他の活動の用途に使用されることがあるのは否定できな
いとしても、その通常の用途としては、政務活動が主になると判断したもの
であろう。原審とは汎用性の程度の認定が異なったものである。なお、タブ
レットやノートパソコンは携帯用であり、名簿作成や後援会報誌の作成など、
本格的な事務作業には不向きで、調査先でのネット検索や簡易記録の作成用

第11節　事務費

と認定したものではないかと思われる（後述2の（3）の判例（340頁）参照）。

（3）名刺

　名刺も汎用性があるとされ、内規で充当を禁じたり、按分を要するとしている例も多いが、そのような定めがない場合について、平成27年1月20日岡山地裁判決は、調査旅費から支出され、議員が「市政報告、広報用に必要」と主張する名刺の印刷代について、「市政の調査研究を行う際、調査研究の相手方に名刺を渡すことにより、円滑に調査研究を進めることが期待できるが、市政の調査研究活動以外にも用いられる」から50%の限度で按分を要するとした。しかし、控訴審の平成27年12月17日広島高裁岡山支部判決では、「領収書添付用紙によれば出張先で配布する名刺の作成と報告されていることが認められる」として全額を使途基準に適合（ただし、報告された「調査旅費」ではなく「事務費又は雑費」として）するとした。

　ただし、平成23年5月20日仙台高裁判決やいくつかの地裁判決は「政務調査活動以外の議員活動にも使用できる」ことを理由として2分の1で按分を要するとしているので、全て政務活動の際に使用したことが説明できる場合を除き、2分の1で按分しておくことが望ましいといえる。

（4）選挙活動にも使用できる物品

　平成27年10月27日岡山地裁判決は、「スピーカースタンド」と「スーパーメガホン」について、「屋外での市政報告会において必要でないとまでは認められず、事務費として必要性及び合理性を欠くともいえないが、選挙活動にも用いられうるものであり、購入時期（選挙期日の半年前）からして、選挙活動も目的としたものと認められる」と述べ、2分の1で按分すべきとしたが、控訴審の平成28年11月10日広島高裁岡山支部判決は、これらの機器については、「購入時期を踏まえても専ら選挙活動に利用することを目的としていたとまでは認めるに足りない」として、全額充当を認める一方で、後援会事務所開き後に拡声機を修理し、宣伝カーマイクを購入した事例の当該経費については、選挙のための後援会活動が目的であるとして全額を違法とした。

335

第2章 ｜ 政務活動に要する各経費の考え方と留意点

2 備品購入費

事務用物品の中でも、消耗品とは異なり、特別な機能を有し、一定の期間、反復継続的に使用することが可能な（予定されている）備品については、その機能の汎用性の有無や程度（通常、後援会活動や政党活動ではあまり必要とされない類の備品もある。）、その使用可能な期間（耐用年数）、さらにその価格（高額なものも多い。）が問題となる。

（1）備品の汎用性

平成29年11月29日徳島地裁判決は、前掲広島高裁とは異なり、「**ノートパソコン**は汎用性が高い物品であるし、当該事務所で政務活動のみに使用していたことを裏づける的確な証拠がなく、事務所内部の写真（証拠として提出されたもの）によってもパソコンの所在を確認できない」として、購入費の50%を目的外とした。また、平成28年4月27日岡山地裁判決は、**カーナビゲーション**について「その使用目的等が明確ではない」から50%での按分が必要としたが、もともと充当額（1万1,940円）が購入費（3万9,800円）を30%で按分したものだったため、結論的には違法支出ではないとした。なお、控訴審の平成29年3月30日広島高裁岡山支部判決では、「カーナビゲーションの通常想定される使途等に照らすと使途基準に適合しないとはいえない」としたが、これも、汎用性を否定する趣旨とは考えにくく、カーナビゲーションの機能からすると、少なくとも50%以上は政務活動等のために使用されていると認定できることを述べたにすぎないと思われる。充当率は50%が妥当とする趣旨に変わりはないであろう。

一方、標準的な**カメラ**については、前掲平成29年3月30日広島高裁岡山支部判決をはじめ、全額充当を認める例が多い。

次に、**応接用ソファー及びテーブル**の購入費（政務活動費を85%で按分充当）について、平成29年8月30日さいたま地裁判決は、これらは汎用性があり、しかも当該事務所は議員の政治団体事務所及び後援会事務所と住所が同じであるから2分の1で按分を要するとしたが、控訴審の平成30年4月18日東京高裁判決は、まず、政治団体事務所としては活動の実態がないこと、後援

会事務所は別にあることを認定した上で、さらに、会派が要綱で定める「主
に政務活動が行われ、例外的に後援会事務も行う事務所」に関する按分率の
指針に従って85%で充当したものであることを認めて、その全額を適法と
した。^{（注）}

(注) 本件議会では、内規で、「活動が混在する場合は、議員の活動実態に応じて会派が定
    めた割合により按分して充当できる」としていた。

（2）高額な物品と資産形成

　政務活動等のために必要な事務機器、備品等のリース代又は購入費への政
務活動費の充当について、特に、それが高額なものの場合は、議員の資産形
成になり公金の使途として相応しくないのではないかとの疑念が呈されるこ
とがある。

①　減価償却方式

　しかし、購入（所有権の取得）が直ちに資産の形成になるわけではなく、
平成26年3月18日大阪高裁判決は、「市規則に定める使途基準では、備品代、
事務機器購入代及びリース料等の支出が認められており、事務所費にかかる
物品の購入に関して特段の制限が設けられていないことからすれば、各議員
が政務調査費で物品を購入し、当該物品が議員の個人財産となるとしても、
これをもって直ちに使途基準に反するということはできない」と使途基準の
解釈を示した上で、各議員のパソコン、プリンター及び液晶プロジェクター
の購入費用について、「これらは、減価償却法によって計算した当該年度分
の減価償却費を政務調査費で支出しており、これらの事務機器は、その機能
や一般的な用途に照らし、議員の議会活動の基礎となる調査研究活動に用い
られるものといえるから、これらの事務機器が上記各相手方の個人の所有物
になるとしても、これをもって各購入費用全額についての支出が違法となる
とはいえない」としている。ただし、本件では、使用場所である事務所と議
員が届け出た政治団体の住所が同じであったため、政党活動との兼用が認定
され、2分の1を超える額は違法とされた。

第2章 ｜ 政務活動に要する各経費の考え方と留意点

　この事例において、減価償却の方式で政務調査費を充当したことを適法性認定の根拠の一つとしたのは、おそらく、備品の耐用年数は、少なくとも４〜６年程度あるのが通例であるところ、議員の任期は４年であることから、議員が所有権を取得した備品の購入代金に購入時点で政務活動費等を一括充当すると、議員の任期満了後、あるいは議員の身分喪失後も当該備品の（政務活動費等を財源とする）使用価値が議員の手元に残り、不当利得となるおそれがある。しかし、減価償却方式であれば、単年度ごとの会計処理なので、残存価値の不当利得は発生しないという事情が念頭にあったものと思われる。

②　「高額」と評価した判例

　次に、平成27年１月20日岡山地裁判決は、キヤノン・EOS（一眼レフカメラ）代金約11万円の２分の１に政務調査費が充当された事例であるが、調査の結果を記録することを目的としたカメラの代金としては不相当に高額であり、調査研究活動との合理的関連性を欠き全額が違法とされ、平成28年11月10日広島高裁岡山支部判決では、同機種（EOS）用のストロボ購入費について、ストロボ自体は高額ではないが、本体の高級カメラと一体的に評価された結果、やはり調査研究活動との合理的関連性を欠くと認定された。また、平成29年３月30日広島高裁岡山支部判決は、会派で購入されたデジタルカメラ一式（５万2,080円）の全額と、その１か月後に購入した一眼レフカメラ一式（合計15万5,280円）の２分の１の額を政務調査費から支払った事例について、前者のカメラは使途基準に適合し、按分も要しないとしたが、後者の一眼レフカメラについては、「前月に既にデジタルカメラ（その価格等に照らし、政務調査活動に十分な機能を有すると推認される。）を購入し、２台目であることや購入されたデジタルカメラは比較的高額な一眼レフカメラであって、趣味性が強いものと推認されることに照らすと、議員が行う調査研究活動との間に合理的関連性を欠くとの強い疑いがあるが、こうした疑問を払拭するに足りる事情についての主張、立証がない」として、その全額が、使途基準に適合しないとした。

第11節　事務費

③　高額か否かの判断基準

　平成29年広島高裁の事例が最も分かりやすいが、問題とされているのは、通常の５万円のデジタルカメラと15万円の一眼レフカメラの比較である。政務活動用としては５万円のカメラで十分機能するとして購入したのだから、一眼レフとの価格差分は、不必要な機能だと推認されたのである。必要性自体がないから按分率は無関係となる。しかし、政務活動の内容やカメラの用途によっては、より高機能なカメラが必要な場合もあると考えられるので、そのことが主張立証できれば、結論は変わった可能性がある。判決が最後に加えた文言は、このことを示唆している。いずれにしても、高額か否かは、絶対的な金額の高低の問題ではなく、通常、政務活動のために必要と認められる金額と相対的に比較し、その差が大きい場合に「高額」と評価され、その差額が不当な私的利得である「資産形成」となるのである。

　絶対的な金額としては極めて高額である152万円余の会派控室用複合複写機代金の全額に政務調査費が充当された事例がある。平成29年２月２日広島高裁岡山支部判決は、「会派に属する議員によって、会派にかかる政策資料の作成や議会における質問等の際に利用されていたことを認めることができ、他方、会派としての議会活動を離れた政治活動等に使用されていたことを認めるに足りる証拠はない。これら認定の事情に照らすと、本件複合機が高額であること等の事情を考慮しても使途基準に適合しないということはできない。リース契約にしなかったことが相当性を欠くとの原告の主張は傾聴すべき点がないとはいえないが、使途基準に適合しないか否かは、会派の議会活動を離れた活動に関するものか否かという観点や、当該支出の客観的な目的や性質に照らし、調査研究活動との間の合理的関連性を欠くか否かの観点から判断される」とした。

　また、平成27年岡山地裁判決の事例とほぼ同額の10万8,000円のビデオカメラ購入代金の２分の１に議員が政務調査費を充当した事例について、平成29年６月29日宇都宮地裁判決は、ビデオカメラが政務調査撮影用として不必要であるとはいえないし、支出額が不相当であることも証拠上うかがえないとして適法としている。

　さらに、平成30年11月15日宇都宮地裁判決は、議員による40万円程度の

第2章 ｜ 政務活動に要する各経費の考え方と留意点

フルカラーコピー機の一括購入費（50%で按分）について、「政務調査活動に使用する資料等の印刷に必要なものであるから、資産形成につながる物品とは性質を異にし、違法とは認められない」とした。当該物品は、私的な利用が想定しにくいためであろう。

　以上の分析をまとめると、**「高額」か否かは必要性の認定に基づく相対的な評価の問題**であり、議員の身分喪失後等、政務活動を離れた**購入物品の残存価値の私的利用**又は**政務活動用としては必要のない（関連性がない）**私的意図から求めた**機能の価値が不当利得（＝資産形成）**と評価され、返還を要する場合があるということである。資産形成には2つの類型があることになる。

（3）同一種類の備品の複数購入

　平成28年11月10日広島高裁岡山支部判決は、持ち運び用として購入した3台目のパソコンについて、「持ち運びに便利との事情だけでは調査研究活動に関連して用いられるものとは認められない」としたが、要は、必要性の合理的な説明ができるか否かの問題であり、この事案では、別に持ち運び可能なノートパソコンを所持していたことが、説明の説得力を失わせたのではないかと思われる。

3　事務機器等のリース料

　政務活動に必要な機器のリース契約は、資産形成にならないため、リース契約自体の合理性は認められている。通常、争われるのは、リース料の按分の要否である。リース契約の対象となるのは、コピー機やデジタル複合機、パソコン等であるが、これらは汎用性があることから、購入の場合と同様に、兼用事務所で使用されている機器や携帯性のある機器の場合には、政務活動等以外の目的での使用が推認され、按分が必要とする判例が多い。なお、**定額のリース料**については、第1節総論の定額制の経費の按分の箇所（213頁）で紹介したホームページ管理費と同様に、平成29年1月31日仙台地裁判決は、当該機器を「調査研究活動を主目的として使用しようとすれば、調査研

340

究活動以外の目的での利用にかかわらず一定額の支払いをしなければならないといえる」から按分を要しないとしたが、控訴審の平成30年２月８日仙台高裁判決では、２分の１で按分を要すると逆転させた。

また、**再リース料の充当方法**が争われたことがある。再リース契約は、通常５年程度で設定されたリース期間満了後に、同一の機器を引き続き１年更新（ただし解約は随時できる。）でリースする契約で、リース料金は、それまでより大幅に低廉であるが契約期間の当初に一括払いするのが通例である（従って、途中解約しても金額は変わらない。）。平成26年３月18日大阪高裁判決（原審平成25年８月29日奈良地裁判決）は、コピー機、デジタル複合機及びパソコンの再リース契約（契約期間は、ある議員の例では、平成23年１月10日から平成24年１月９日までの１年間）を締結し、契約当初に支払った再リース料に平成22年度分の政務調査費を充当した事例であるが、同判決は、年度を超える部分（再リース料金を12等分し、年度を超える契約期間の月数を乗じた額）については違法とした。会計処理の問題であり、一括充当せずに、２か年度に分割して充当することができた事案である。

なお、珍しい事例として、会派控室に置く**観葉植物のリース代金**があり、平成25年11月18日福岡地裁判決は、「当該観葉植物が政務調査活動に必要ないし有益であったとは認めることができない」から、全額が違法とした（平成22年３月26日熊本地裁判決も同旨）。

4　自動車リース料

（1）自動車リース料と資産の形成

平成26年11月11日金沢地裁判決は、自動車リース料は、（自動車が議員の調査研究活動に使用された比率に応じて）調査研究活動に必要な経費にあたり、政務調査費を充当できるとする（平成24年10月16日金沢地裁判決も同旨）。

また、平成27年５月26日札幌地裁判決（以下、この項で「H27年札幌地裁」という。）は、「車両リース代について、車両の購入は議員の資産形成につながるものであり、その経費に政務調査費を充てることは相当でないことからすると、むしろ、車両の使用はリース車両による方が相当であると解される」

341

とする。

　さらに、平成28年4月27日岡山地裁判決は、自動車であってもそのリース料は自動車の利用料と評価すべきとして政務調査費の按分充当を適法とし、平成29年3月30日広島高裁岡山支部判決も、原告の「実質的には当該議員が使用する自動車のローンの支払と異ならない」との主張を退け、「当該リース契約には、リース期間満了時における残価及びその清算方法についての定めがなく、当該議員が当該残価を支払った時には当該自動車の所有権を取得することができる旨の定めもないと認められること等から、リース料は、リース期間満了時までの間目的物たる自動車を利用することの対価と評価するほかなく、これを自動車のローンの支払と同視することはできない」とする。

　一方、平成29年8月30日さいたま地裁判決は、自動車の利用に関する次の図のような形態の「クレジット契約」について使途基準に適合しないとし、このことは、自動車を販売会社に返却した場合には販売会社は同車を所定の据置額にて引き取る旨の特約があることや、契約書に「この契約は残価設定型で車両を返却した場合には所有権は移転しない」との記載があっても左右されないとした。

●クレジット契約

　しかし、控訴審の平成30年4月18日東京高裁判決は、契約書上は「クレジット契約」と表示されているが、これは、最近盛んになってきた「残価設定型クレジット」と呼ばれる方式であり、実質的には、リース期間満了後にユーザーがリース物件を買い取るか、所有者に返却するかを選択できるタイプのリース契約と同一の内容であって、当該議員は、自動車の返却を選択して所有者に返却し、資産形成にはつながっていないから、使途基準に反しな

第11節　事務費

いと逆転の判断を示した。

　なお、関連する問題として、H27年札幌地裁は、原告の「車両リース契約において、リース期間の終了後又は途中で、車両の所有権が議員側に移転することとされている場合には、それが有償であるか、無償であるかにかかわらず、議員が行う調査研究に係る事務遂行に必要な経費として充当することができない」との主張に対し、リース期間終了後に**政務調査費以外の経費**により当該車両の買取代金を支出する場合、それがリース期間中の使用によって低減した当該車両の客観的価値に見合う金額での買取りならば、政務調査費の支出により私的な資産を形成しているものではなく違法の問題は生じないとした。また、同判決は、「車両リース期間満了後に車両の所有権が移転することを前提とする契約を締結する場合は、事実上の割賦販売と異ならず政務調査費を充当することができない」と内規で定めていても、リース期間終了後に政務調査費以外の経費で当該車両を買い取ることまで禁止されるわけではないとも述べている。一般論であり、リース契約の中に内規で禁じている内容の定めがないことに加えて、リース代金が同種の車両リース代の相場と比較して高額でないことが前提となるであろうが、参考となる判示である（上記内規も、リース契約の形をとった割賦販売（リース代金は当然高額になる）を禁止する趣旨であろう。）。

（2）車両の維持管理経費

　また、H27年札幌地裁は、「車両リース代にリース車両の維持管理費等が含まれている場合には、その費用について、リース車両の使用のため支出する必要があるものであるということができるか否かが問題となる」と指摘した上で、参考となる判断を示している。

　一般的な内規では、「車両の購入費及び維持管理費（車検代、任意保険料、車両諸税、修理代、消耗品費など）には政務活動費等を充当できない」と規定されているが、原告は、「リース代金には、この規定で禁止されている経費が含まれており、その部分は違法」と主張したところ、同判決は、「車両リース契約にかかる登録諸費用、自動車取得税、自動車税、重量税、自動車損害賠償責任保険料、車検代、自動車保険料等は、リース車両にかかる維持管

343

理費としてリース車両の使用のため支出する必要がある経費であるとして原告の主張を退けた。

一方、平成24年10月16日金沢地裁判決は、異なる判断を示している。この事案では、Ｂ市議会事務局が、「自動車リースについては、車検代等の維持管理費用が議員の資産形成につながるものではないこと、当該リース料が維持管理費用を含むものであるか否か等はリース契約の内容によって異なるため、リース車両に係る維持管理費の取扱いに一貫性を持たせること、及びリース料の限度額が設定されているために際限なく充当を許すものではなく、金銭面での制約がこの部分で担保できること」を理由に、リース車両の維持管理費用（車検費用、修繕料）に政務調査費を充当することが可能であると判断し、その旨議員に回答しており、これに従った充当であった。しかし、同判決は、リース車両の維持管理費用が議員の資産形成につながるか否かは、リース期間終了後のリース車両の帰属等に関する契約内容いかんによるから、一律に資産形成につながらないと判断することは相当ではなく、リース車両と議員の自己所有の自動車で異なる取扱いをすべき合理的な根拠は見出し難いとして維持管理費用（この事案では車検代と修理費用）への政務調査費の充当は外形的事実となり、適切な反証がないとして違法と認定している。

ただし、この事案でも、控訴審の平成25年７月３日名古屋高裁金沢支部判決では、原審が「契約内容いかんによる」とした各リース契約の内容をそれぞれ確認し、「当該リース契約は、残存価格を明記せずに、返却時に残存価格を清算しないクローズドエンド方式であること、契約期間満了後は、リース車両の返却が予定されていること」を認定し、このような場合には維持管理費用への政務調査費の充当も適法（充当率は２分の１）とした。

（3）自動車リース料の按分

H27年札幌地裁は、車両リース代の按分割合とガソリン代の按分割合とを異なるものとしている議員があることについて、「いずれも、車両の使用実態という同一の事実関係を重要な事実の基礎とされるものであり、車両リース代でこれだけ按分したので、ガソリン代の按分割合はこれだけにするというように、実質的な牽連関係があり、両者を併せて検討するのが相当

第11節　事務費

である」とする。正当であり、自動車リース料の按分割合については、第2節の交通費の項（225頁）で紹介したガソリン代に関する判例を参考としていただきたい。

（4）政務活動にふさわしい車種

　平成30年3月22日大阪高裁判決は、「リース車の選定に際しては、政務活動にふさわしい車種とし、誤解を受けることがないようにすることが望ましい」と内規で定めている事例で、大排気量（総排気量3.45L）のオープンカー（レクサス）が手引に適合するか疑わしいと述べている。車種が問題とされた珍しい事例である。

（5）リース契約の相手方

　H27年札幌地裁は、自動車のリース（賃貸借）契約で、通常の車両リースを業とする会社ではなく、当該議員が所属する政党の支部、当該議員の後援会、当該議員が役員を務める会社、当該議員が雇用している職員等が賃貸人である事例（政党支部や後援会又は議員の関係会社が通常のリース会社から賃借し、議員に再リースしたり、関係会社や議員が雇用する職員が所有する自動車を賃借している事例のようである。貸主が職員の事例は、民間会社によく見られる借上げ社用車と同じ形態であろう。）について、「車両リース契約の賃貸人及び賃借人の選定は、議員の裁量に委ねられた事項ということができ、原告が指摘する諸事情を考慮しても、当該議員がした車両リース契約の賃貸人及び賃借人の選定が、議員に与えられた裁量権の範囲を逸脱し又はこれを濫用したものであるということはできないし、これらの車両リース代の額が同種の車両リース代の相場と比較して高額であると認めるに足りる証拠もない」とした。特に営利企業ではない関係会社や職員からの賃借は、相場よりも低料金で賃借することが可能であり、このような場合には、当然、資金の還流となる事情もないのであるから、合理性が認められるだろう。

345

第2章 ｜ 政務活動に要する各経費の考え方と留意点

5 携帯電話、固定電話、インターネット回線等使用料

平成28年4月27日岡山地裁判決は、次の判断基準を提示する。

① **会派控室で使用する電話・FAXに係る支出**については、議会活動の基礎となる調査研究活動のために通常必要性を有すると考えられ、会派に属する議員数等に照らし、相当な範囲内のものは、事務費として適法な支出であると認められる。

② **議員事務所で使用する電話・FAX**については、「議員事務所における活動には調査研究活動以外の政治活動等も含まれることが一般的に推認され、この場合、調査研究活動に関する部分のみが正当な支出になるが、同部分とそれ以外の部分とを判然と区別することは事実上不可能であるから、その50％を議会活動の基礎となる調査研究活動に関する電話・FAX料金であるものと推定し、その限度で正当な支出であると認定するのが相当である。

③ **議員の自宅で使用する電話・FAX、携帯電話**については、議会活動の基礎となる調査研究活動のために使用されるものがあることは否定できないが、一般的には私生活上の利用や個人としての政治活動に利用される割合の方が多いと推認されるから、具体的な使用割合を認定できない場合には、全体の33％を議会活動の基礎となる調査研究活動に関する電話・FAX料金であるものと推定し、その限度で正当な支出であると認定するのが相当である。

以上のうち、①については、基本的に政務活動を行う場である会派控室で使用する機器の使用料には、全額政務活動費等が充当できるとする判例が少なくないことは既に見た（216頁）。この判例も表現は異なるが、結果的に全額充当を認めている。また、②は、兼用事務所について同様の判旨を述べる判例は数多いが、専用事務所の場合は、論理的には全額充当が認められるだろう。ただし、本判例の事案では、専用事務所の例はなく、もともと50％で按分されている。

なお、③について、控訴審の平成29年3月30日広島高裁岡山支部判決は、「観念的には、議会活動の基礎となる調査研究活動と合理的関連性を有する

346

利用のほか、**純然たる私的利用や議員個人としての政治活動に関する利用が想定されるが、それがどの程度であるかは、議員ごとに異なり得るものである**から、本来、主張、立証責任を負う原告において、議員ごとの具体的な主張、立証が必要というべきところ、本件においては、こうした主張、立証はない。それにもかかわらず、全ての議員に共通する一律の割合として、純然たる私的利用や議員個人の政治活動に関する利用がより多いと認めることは相当ではないから、議員が自宅で使用する電話等の料金が使途基準に適合しないとされる割合は、ある程度控えめに算定することが相当であり、50%とすることが相当である」として結論を変更しており、妥当である。

なお、**携帯電話**は、特に汎用性があるため、判例上も、2分の1で按分すべきというのが一般的であるが、事務所費で見た併用される活動の数で按分するとの考え方により、平成26年10月24日和歌山地裁判決は、調査研究、後援会、政党支部、政治団体及び私的活動にも使用されていると認定し、5分の1を超える部分を違法とした。しかし、これらの各活動に関する使用頻度を同程度と擬制することには無理があると言わざるを得ない。

6　NHK受信料・ケーブルテレビ利用料

平成25年1月16日大阪地裁判決は、会派控室のNHK受信料について、「報道番組等のテレビ番組を視聴することが政務調査活動に有益であるといえる」から事務費に該当し、全額を適法としている。また、平成29年11月2日仙台地裁判決や平成25年11月18日福岡地裁判決も、会派控室の受信料について、会派活動においても多面性や目的外活動の混在があるとする独自の見解等から一部は違法としているが、基本的には使途基準に適合することを否定していない。

次に**ケーブルテレビ契約料**については、平成30年2月8日仙台高裁判決は、会派控室で利用するものについて、政務調査費の充当は認めつつ、目的外利用もあり得るとして2分の1で按分を要する（同判決は他の経費についても同様の判断を示している。）とし、平成22年3月26日熊本地裁判決は、通常のテレビ放送による市政に関する情報収集手段があることも理由として、「同

第2章 ｜ 政務活動に要する各経費の考え方と留意点

ケーブルテレビの番組内容は娯楽的要素の高いものが多く、議員が行う調査研究活動のための支出としての合理性ないし必要性を欠いていることを疑わせるに足りる客観的事情に該当し、反証もない」として全額を違法としている。

なお、インターネット回線のためのケーブルテレビ料金について、多目的利用がありうるとして2の1で按分すべきとする判例（平成28年1月18日徳島地裁判決）もある。

7　ポイントの取扱い

平成27年10月27日岡山地裁判決は、USBメモリー（16G）の購入費5,280円の2分の1に政務調査費が充当されたが、**購入した議員はポイントカード中のポイントを280円分使用していたと認定された事例**について、「当該店舗のポイントは、購入金額に従って発生し、当該ポイントを所持する者が新たに商品を購入する際にポイント相当額の値引きを受けられるというサービスであると認められ、上記USBメモリーの購入に当たって実際に会派から支出された費用は5,000円で、当該議員がポイントにより上記280円相当分を補填したとみるのが相当である。したがって、会派の調査研究活動のための費用としては、5,000円につき2分の1で按分し、その限度で支出することが許される」とした。

ポイントは一種の値引きであるから、現実に負担していない値引き部分の経費に政務活動費等を充当することは不当利得になるという趣旨であろう。では、逆に、**政務活動費等によって財やサービスを購入することで取得したポイントの取扱い**は、どうなるであろうか。

平成27年4月8日大阪地裁判決は、「原告らは、本件相手方らは、本件各支出に関し、クレジットカードや家電量販店のカード等を利用してポイントを取得するなどし、経済的利益を享受しているから、これについても返還がなされるべきであるなどと主張する。しかし、そのようなポイントの取得によって、茨木市に何らかの損害が生じたということはできないから、仮に本件相手方らに何らかの経済的利益が帰属していたとしても、不当利得の成立

348

は認められない」とした。

　ポイントは、通常、それ自体は、独立し、現実化した経済的価値や交換可能性を有しておらず、直ちに金銭化して当該政務活動費等の充当額を減額できるわけではない。別の財・サービス等の購入や交換によって、はじめて経済的価値が現実化するものであるから、原告が主張するような「返還」にはなじまないと考える。妥当な判決である。

第2章 ｜ 政務活動に要する各経費の考え方と留意点

第12節 人件費

　政務活動費の按分にかかる基本的考え方の箇所（205頁）でも述べたが、議員活動を補助する職員の雇用に要する経費（人件費）については、その職員が政務活動等に専従する場合は、全額政務活動費等から支出できるが、政務活動等以外の活動にも従事している場合は、活動の混在の考え方に従い、按分を要する。

　例えば、平成28年12月27日奈良地裁判決は、原告の「議員活動は多岐にわたり、調査活動とそれ以外の活動が混然一体となっているため、議員に雇用された職員は政務活動以外の活動についても使用されたものといえるから、議員が支出した人件費のうち2分の1を超える部分は違法である」との主張に対し、「議員活動が多岐にわたるものであるからといって、そのことから直ちに人件費のうち2分の1を超える部分が違法であるということはできないところ（政務活動専従の職員を雇用することによって、当該職員の人件費について政務活動費を100％充当することなどは可能である。）、本件全証拠によっても、各議員が人件費を支出した職員らが、その按分率を超えて政務活動以外の活動に従事したことなどを認めるに足りる証拠はない」として、これを採用しなかった。

　また、平成26年11月27日奈良地裁判決は、**人件費の基本的な按分率**について、「政務調査費を人件費等に充当した職員が後援会活動などの調査研究以外の活動に従事していたことが認められる場合は、政務調査活動の従事割合について格別の主張立証がない限り、その活動の少なくとも50％は調査研究活動以外の活動であったと認めるのが相当である」としつつ、「議員にとって政治活動や後援会活動を行うことが重要であるとしても、そのことから当然に政務調査活動のために雇用された職員が政治活動や後援会活動に従事することが推認されるということはできない」とも述べている。

　なお、議員が政務活動の補助職員を雇用する場合、給与等は、他の経費に比べて額が大きいため、政務活動費支出総額に占める人件費の割合も高くなるが、平成28年9月29日金沢地裁判決は、「会派の政務活動費総支出額に占める人件費支出額の割合が約88％であることは、政務活動費支出の違法性

第12節　人件費

を推認させる外形的事実になる」との原告の主張を退け、「人件費支出額の割合が、当該支出が使途基準に適合しないものであることを疑わせる事実とはいえない」と述べている。

1　会派雇用職員と議員雇用職員

　平成28年4月27日岡山地裁判決は、「人件費には、会派が雇用する職員に関するものと、議員が個別に雇用する職員に関するものが含まれるところ、**会派が雇用する職員に関するものについては、特段の事情のない限り、専ら会派控室において議会活動の基礎となる調査研究活動を補助する職員として雇用されているものといえる**から、一般に違法な支出とは認められない」とし、具体の事例についても、会派雇用職員の人件費への全額充当を適法としている。会派に関する各経費でも述べたように、同様の判断を示す判例は数多い。

　他方、同判決は、**議員が個別に雇用する職員については**、「議員は日常的に議会活動の基礎となる調査研究活動以外の政治活動も行っているものであることに鑑みると、専ら上記調査研究活動を補助する職員として雇用されたとか、実際に同調査研究活動の補助しか行っていなかったとは通常考え難い」と述べ、「調査研究活動の補助に関する人件費部分とそれ以外の部分とを判然と区別することは事実上不可能であるから、その50％を議会活動の基礎となる調査研究活動の補助に関する人件費であるものと推定し、その限度で正当な支出であると認定するのが相当である」とする。

　この判旨は、兼用事務所で雇用する職員で、他に政務活動等以外の業務を行う職員がいない場合については、確かに妥当するだろう。しかし、この判例の事案では、政務活動等専用事務所であることや複数の職員が雇用されていたこと自体が主張されておらず、議員が雇用する職員の事例としては、どのような業務に従事したか不明とされたアルバイト職員の賃金全額に政務調査費が充当されたものだけであり、50％は違法とされたが、これを一般的な判断基準とはできない。

　一方、複数の事務所を保有する場合等は、専用事務所も認められているこ

とは事務所費で見たとおりであり、政務活動等専用事務所で雇用される職員については、多くの判例で、専ら政務活動等に従事するものと推認されている。

　また、**一つの事務所内での役割分担**が認められた事例も少なくない。例えば、平成26年9月11日大阪高裁判決（最高裁で確定）は、原告の「議員事務所に勤務する職員の業務は、政務調査活動と他の活動が渾然一体となっており、これに政務調査費を充当することは許されない」旨の主張を採用せず、次のように述べる。

> 　各議員が雇用し、その事務所に勤務する職員らの中には、**政務調査活動に係る業務に専従している者と政務調査活動以外の活動に係る業務にも従事している者**とがおり、各議員は、前者の人件費については政務調査費を全額充当する一方、後者の人件費については各職員の業務中に占める政務調査活動の割合等を勘案し、これを超えない「按分率」で政務調査費を按分充当したり、別途政務調査活動以外の業務に係る報酬を支払い、政務調査活動に係る報酬分について政務調査費を充当している旨主張するところ、**その主張内容に格別不合理な点はない**し、費用の額や按分率が相当でないことを疑わせる証拠もなく、上記費用が本件使途基準に違反する支出であると疑うに足りる一般的、外形的事実の主張立証はない。

2　議員事務所雇用職員の人件費と按分率

　議員事務所で雇用する職員の人件費に政務活動費等を充当する際の按分率は、議員事務所が専用事務所か否かの認定と密接に関連する問題である。

　平成29年4月12日名古屋高裁金沢支部判決は、政務活動事務所で政務活動の補助業務のみに従事していたとされる補助員の人件費への全額充当が争点となった事案である。本件議員は、同じビルの一階にある3部屋のうちの2部屋を賃借し、それぞれ政務調査活動を行う事務所と後援会活動を行う事務所としていたと主張したが、原審は、「これらの事務所は住所が同一であり、機能を分化させた2つの事務所が存在したかどうかは判然としない」と

し、本件議員が提出する平面見取図等も同議員が2つの独立した事務所を設置していたことを直接裏付けるものではないと述べ、2分の1は違法としていた（平成28年10月27日金沢地裁判決）。しかし、本判決は、「3部屋は壁で仕切られ、玄関は別々で、それぞれ利用上独立した構造を有しており、本件議員は、その1室を後援会活動（を行う事務所）とは別に政務活動を行う事務所として賃借していたと認められること等から、（当該職員が）政務活動の補助業務以外の業務に従事していない可能性を否定し得ず、人件費の全額支出も違法とはいえない」とした。人件費の全額充当は一般的、外形的事実になるが、勤務する政務活動事務所とは別の後援会事務所の存在と2つの事務所の構造上の独立性及び契約の独立性の主張立証によって適切に反証されていると評価したのである。

なお、議員が雇用し、議員事務所で勤務する職員の人件費に関する基本的な考え方を提示しているのは、平成28年12月21日東京高裁判決である。議員事務所（本件では「会派支部事務所」と呼ばれている。）で雇用する職員について、次のように述べる。

雇用契約で、職務内容が「政務調査の補助及び関係帳票類等の作成・整理、内外の連絡業務」、「政務調査に係る資料の収集及び作成、政務調査に同行、取りまとめ、要望事項に関する調査等」等の政務調査研究活動の補助業務に限定され、あるいは政務調査活動の補助業務と後援会業務を2分の1ずつの割合で担当する旨が定められており、後者については、その人件費を2分の1の割合で按分充当していると認められ、これに反して（後者では2分の1を超える割合で）、調査研究活動以外の活動に従事していたと認めるに足りる証拠はない。

なお、議員によっては、後援会業務を行う職員を別途雇用し、又は、就業時間外に後援会業務若しくは政治団体業務を行った場合には別途給与を支払うなどしていたことが認められる。

その他に、本件会派の支部事務所における活動につき、調査研究活動以外の役割を兼ねていることを基礎付ける具体的な事実は主張・立証されておらず、そのような事実を認めるに足りる証拠もない。

第2章 ｜ 政務活動に要する各経費の考え方と留意点

　そうすると、本件マニュアルでは、調査研究活動の補助業務に従事する実態により政務調査費を充当できるとして、人件費の按分方法や人件費への充当限度額を具体的に定めており、本件会派支部事務所で雇用されていた職員のうち、政務調査研究活動の補助業務のみに従事していた者は、本件マニュアルにおける調査研究業務専任者にあたるから、その人件費を全額充当することは本件マニュアルに従ったものであり、2分の1の割合で政務調査活動の補助業務を担当していた者の人件費に2分の1の割合で政務調査費を充当することも、本件マニュアルに従ったものであると認めるのが相当である。

　よって、本件会派の支部事務所の人件費に政務調査費を充当したことが違法であるとはいえない。

3　常勤職員と非常勤（臨時）職員

　常勤職員については、その業務内容は通常幅広いものとなるから、勤務場所が政務活動等専用事務所であるとか、後援会活動の補助業務等は他の職員が担当している等の事情がない限り、政務活動等以外の業務にも従事していると、多くの判例で推認されていることは、これまで見てきたとおりである。一方、非常勤や臨時雇用の職員については、従事させる業務内容がある程度特定されており、その業務内容にふさわしい能力等を有する者が相応の賃金で雇用されていると考えられるから、雇用目的の業務（それが政務活動等であることが前提であるが）に専従していることが認定されやすい。

　例えば、平成29年1月31日仙台地裁判決は、会派で雇用する常勤職員については、多くの判例とは異なり按分を要するとしているが、非常勤の職員については、「非常勤職員は、会派に所属する議員自身で負担できない業務量が発生した場合に、必要に応じて雇用されるものであるから、調査研究活動の補助業務をさせる目的で雇用した非常勤職員について、当該業務自体に他の目的が併存することや他の目的の活動の繁忙期に雇用されたことなど、調査研究活動への専従性を欠くことを窺わせる外形的事実の指摘がない限り、その人件費支出の一部が調査研究活動との合理的関連性を欠くと推認することは困難である」として、全額充当を認めている。

第12節　人件費

　また、平成28年４月27日岡山地裁判決も、会派や議員が雇用するアルバイト職員に対する賃金の全額を政務調査費から支出したことについて、「職員の行った市政報告紙の作成・発送補助作業等の対価としての賃金であり、議会活動の基礎となる調査研究活動の補助のための経費であると認められる」として、適法としている。

　さらに、平成28年９月29日金沢地裁判決も、「契約書その他の資料から、当該人件費が専ら政務活動の補助としての特定の業務の対価として支払われていることが明らかであるなど特段の事情が認められるときは、当該業務に対する人件費を按分せずに２分の１を超えて全額政務活動費から支出することは、当該支出が本件使途基準に適合しないものであることを疑わせる外形的事実には該当しない」と述べ、政務活動報告書の記載から、１日ないし半日の自動車の運転及び政務活動補助という特定の業務に対して１回毎に支払われたものと認定した人件費を全額政務活動費から支出した事例も適法としている。**雇用の目的、時期、従事した業務内容と賃金の額等が整合**していれば、他の活動への従事時間が混在することを推認することは困難である。

4　雇用契約等の記載に関する認定例

　雇用契約書等の記載から、政務活動等に専従する職員であるか、他の活動も兼務する職員であるかを判断する基準の参考判例である。

　会派控室で雇用する職員の雇用契約の事例であるが、平成28年12月21日東京高裁判決は、「雇用契約で『政務調査の補助および関係書類の作成、整理、内外の連絡業務』等と記載されていることから政務調査研究活動の補助業務に限定されていると認められる」としている。なお、この事例では、監査委員による調査でも、会派控え室が政党活動、後援会活動および選挙活動などの拠点として使用されている実態はないことが確認されていることも判断の根拠とされている。

　次に、**議員事務所に常勤で勤務する職員の事例**であるが、平成30年５月24日東京高裁判決は、雇用契約書の職務内容に「**一般事務**」が含まれていたことから、政務調査専従職員ではないと認定し、給与は２分の１で按分す

355

第2章 ｜ 政務活動に要する各経費の考え方と留意点

る必要があるとした。

　また、平成29年6月29日宇都宮地裁判決も、さまざまな参考事例を提供している。

　そのうちの一つとして、職務内容が「政務調査に係る調査補助及び関係書類の作成」と記載され、出勤簿兼領収書に具体の調査研究に関連する事項として「制度融資について」「医療問題について」等と記載されているものは、調査専従職員と推認され、「調査書類の整理」との記載についても政務調査に係る関係資料の整理であると合理的に推認されるとし、当該職員の給与は使途基準に適合するとした。

　一方、職務内容が「資料収集、整理、県議調査業務の補助業務」と記載されていたものは、政務調査専従職員であるかは不明であるとし、出勤簿兼領収書に「資料作成」等の事項しか記載されていないものや「要望箇所現地調査」「現地調査・補佐」等と記載されていたものは、政務調査専従職員とは推認されないとした。ただし、資料整理等の中には政務調査と関連する資料も含まれることが推認されるとして2分の1に限り違法としている。

5　業務内容及び勤務実績に関する認定例

　平成28年4月13日福井地裁判決は、政務調査活動の補助業務の内容について、「当該職員は、案内状等の整理、電話や来客への対応、スケジュール管理等の業務も行っており、**一般的な事務職員としての機能を果たしていた**側面を否定することはできないが、**こうした業務も、議員の議会活動の基礎となる情報の収集管理に資するものであり、調査研究活動を補助する側面がある**というべきであるから、直ちに調査研究活動と無関係の業務ということはできない」とした。また、「仮に、整理した案内状等や対応した電話又は来客の中に、**結果として調査研究活動と無関係なものが含まれていたとしても、調査研究活動にとって有益なものであるか否かは、対応した結果を踏まえて議員が判断することによって初めて判明するのが通常と考えられること**からすると、そのことから直ちに政務調査補助業務とは無関係の業務に従事していたとはいえず、本件使途基準に反する外形的事実の存在を認めること

もできない」と補助職員の業務の評価について、重要な見方を提示した。しかし、一方で、収支報告書等の「勤務実績報告書」の記載が「各種報告書取りまとめ事務」などといった抽象的なものと「送迎業務」だけであり、かつ、１か月の勤務時間のうち毎月２分の１が政務調査補助業務に充てられたことになっていた事例については、「（勤務実績報告書には）単に『送迎』とだけ記載されているが、送迎業務は、その実質は移動の手段にすぎず、その目的地での活動内容との関係で政務調査補助業務としての性格を帯びるにすぎないし、勤務実績表では具体的な送迎業務の内容をうかがい知ることができない」から、勤務実態を正確に反映していない可能性が否定できないとして、送迎業務従事時間の多くを対象外と認定している。

　この事例は、一般的な按分率である２分の１で按分していたが、具体的な業務内容の評価によって、それを超えて違法支出が認定された事例であるが、業務内容の記載の抽象性は特に問題とされていない支出もあることから、勤務実績表に記載した政務調査活動への従事時間を機械的に按分率の２分の１に合わせた時間数としていたことが、むしろその信用性を失わせたのではないかと思われる。**勤務実績表に基づく従事時間で按分する場合**に念頭に置くべき判例である。

　また、平成24年10月16日金沢地裁判決は、時給800円で雇用し、「現地調査の補助業務、調査研究活動資料の作成・整理の補助業務及び**政務調査費出納簿作成**の補助業務」に従事した職員について、専ら調査研究活動に従事していたものといえるとしている。

6　親族の雇用

　親族を政務活動等の補助職員として、常勤、非常勤に関わらず雇用することについては、通常、どの議会でも慎重な配慮を求め、また、多くの議会が一定の範囲の親族の雇用を禁じている。この問題の嚆矢となる判例は、おそらく、平成19年12月20日仙台高裁判決であろう。同判決は、妻にアルバイト料として月額５万円（年額60万円）を政務調査費から支給した事例について、議員の「事務員を雇用することが困難であったため、フレックスタイム

で職務を遂行することができ、かつ低額な人件費で対応できる妻を雇用したものであるから政務調査活動に資するというべきである」との主張を退け、「しかし、政務調査活動の補助職員に家族を雇用するというのはお手盛りの危険を伴うものであり、納税者の立場からすればいくら職務に応じた妥当なものであると説明されても容易に納得できるものではないし、そもそも妥当な支出であったか否かを検証することが困難といわざるを得ないことにかんがみれば、政務調査費からそのような支出をすること自体相当ではないというべきである」として、全額を違法と判断した。

　しかし、この判例は、一般的、抽象的な「お手盛り」の危険性を指摘するだけで、事実に基づいた判断とはいえず、「検証困難」な理由も示していない。同様に「お手盛り」の危険があるとされる「議員が代表者である会社からの事務所の賃貸」について、例えば、平成26年11月27日仙台地裁判決が、一般的にお手盛りの危険はあるとしながらも、「上記事務所の賃料は、近隣の貸事務所の賃料と比較して不当に高いものであったと認めるに足りず、現実にお手盛りがされた事実を認めるに足りる証拠はない」として賃料の支出を適法としたのと同様に、「お手盛り」か否かを標準的な賃金の金額との比較で判断されるべきであったと思われる。もっとも、その後、この判例と同様の判断を示す判例はなく、実際に人件費について「お手盛り」が認定された事例もおそらくないであろう。むしろ、近時の判例は、親族雇用について、お手盛りの危険性とともに、むしろそれよりも「雇用実態」の有無を重視しており、平成28年9月29日大阪地裁判決は、「**当該被雇用者が親族等であるからといって、その人件費に政務調査費を支出することが直ちに違法になるとはいえない**が、その親族等が調査研究活動を補助する職員としての**実態を有するかどうかについては、慎重な認定が必要**であり、これが認められない場合には、その人件費への政務調査費の支出は違法となる」と正しく述べている。

　このように、親族雇用の禁止は、法令の解釈から導かれる原理ではなく、自主規制の問題である。この**自主的禁止の趣旨**について、平成28年3月24日金沢地裁判決は、「人件費」支出の運用基準で、「配偶者、親族の雇用に対する経費は不可（調査研究活動に対する専門的知識があり、社会通念上妥当な雇

第12節　人件費

用形態を有する場合は除く)」と親族雇用を禁止していた事例であるが、「議員の親族に対して人件費を支出する場合、配偶者や親族という密接な人的関係から実態のない契約を締結したり、実態に見合わない不適切な人件費が支出されるおそれが客観的に認められるため、**県議会の自主的運用基準**として、政務調査費を充当することを原則的に禁止したものと解される」と述べている。したがって、自主規制である親族雇用の禁止については、その実態とともに内規の定め方が重要となり、禁止の範囲を決することになるので、できるだけ明確に範囲を規定することが望ましい。ただし、その際も、前掲平成19年仙台高裁判決の議員の主張は無視されるべきものではなく、議員活動の実情を見ると、その補助者の勤務条件や勤務環境の特殊性から人材の確保が困難な場合も少なくないため、一定の条件の下では、親族の雇用も合理性を持つことを考慮すべきと考える。

　なお、「親族」の範囲が特に明記されていなかった場合の判例として、前掲平成28年3月24日金沢地裁判決は、まず、生計を同一にしていない二男の妻を雇用していた事例について、上記の趣旨を述べた上で、「生計を同一にしていない親族も通常の第三者とは異なる密接な関係にあるから運用基準は同様に禁じている」との解釈により使途基準違反とし、次に、弟に対し自動車運転業務を委託していた事例では、「運転業務」は、運用基準が要件とする「専門的知識」を要する業務ではないから使途基準に反するとした。

　また、平成28年3月11日東京地裁判決は、「家族」の雇用を使途禁止事項としていた議会の事案で、「家族」は、生計を同じくする親族に限られるとの会派の主張が認められず、「本件使途基準が家族の雇用を禁止した趣旨は、家族は議員と密接な関係にあるがゆえに勤務実態や支出実態を欠いたものとなる危険があり、また、お手盛りとなる危険があることを勘案したものと解されるから、生計を同じくする親族に限定する理由は見あたらない。したがって、少なくとも議員の両親、配偶者及び子の人的経費にかかる支出であれば、家族の雇用にあたるというべきである」としている。

7 関連会社の社員の雇用等

　平成29年11月29日徳島地裁判決は、議員が代表者である会社と結んだ雇用契約に基づき同社から給与を受け取っている社員を、その通常業務時間中に当該議員の調査研究補助、原稿作成補助業務等に従事させ、同社員の業務の2分の1は政務調査活動補助であったとして、その割合相当額を政務調査費から同社に支払っていた事例について、外形的事実の存在を認定し、全額が「人件費」に該当しないとした。

　一方、平成28年6月22日山口地裁判決は、議員の父親が会長、兄が社長、議員も役員という関連会社の従業員をその地位を保有させたまま秘書として雇用（兼職）し、同社での活動と議員秘書としての活動はほぼ同程度と想定し同人の給与の5割を議員が負担し、同関連会社に支払う旨の覚書を締結していた事例である。議員は覚書により同関連会社に支払った人件費の7割（給与総額の35%）に政務調査費を充当していた。同判決は、使途基準等には補助職員の勤務形態について、常勤のほかパート、アルバイトも想定するとともに兼業を禁止する定めはないとし、「調査研究活動、あるいは、その補助に従事させる実態があることが明らかにできる場合には、補助職員が他の職を兼務しているからといって、その費用が政務調査費の人件費として認められないとまでいうことができない」とした。議員との雇用契約に代わる覚書の存在と関連会社とはいえ、議員が代表者ではないことが徳島地裁の判例との違いであろう。なお、当該事例について、判決は、充当率「7割」の客観的根拠がないとして、充当額の2分の1を超える部分は違法としている（控訴審平成29年3月29日広島高裁判決も維持）。

8 第三者会社への人件費の支出

（1）派遣会社又は第三者会社からの派遣職員

　平成28年9月29日金沢地裁判決は、労働者派遣事業法に基づく労働者派遣事業をその目的の一つとする会社と議員が、政務活動に係る調査、研究補助及び付帯する業務に従事する職員1名を1か月につき15万円で派遣する

ことを内容とする労働者派遣契約を締結し、派遣費用として議員が同会社に
支払った合計180万円の全額を政務活動費（人件費）から支出していた事例
である。同判決は、「議員が、職員を継続的に雇用し、その人件費の２分の
１を超えて全額政務活動費から支出している場合、２分の１を超える部分に
ついて本件使途基準に適合しないものであることを疑わせる外形的事実があ
る」としつつ、この派遣契約の事例については、「上記労働者派遣契約に基
づき、専ら政務活動に係る調査、研究補助及び付帯する業務を行っており、
これに対する費用として当該職員の人件費をその２分の１を超えて政務活動
費から支出したことが本件使途基準に違反しないことについては、反証がさ
れているといえる」と述べ、適法とした。第三者との契約で業務内容が特定
され、かつ、その内容が政務活動に該当すると認められたもので、原告の
「議員と派遣会社が作成した契約書等は、契約当事者自身が作成したものに
すぎず、勤務実態を裏付ける客観的な書証ではない」との主張は、採用され
なかった。^(注)

　しかし、一方で、同判決は、M建設（議員との関係は特に問題とされていな
い）との間で、M建設の従業員に議員の政務調査研究補助業務を行わせ、１
か月につき、当該従業員にM建設が支払う賃金月額の約２分の１にあたる
10万円の負担金を議員がM建設に対して支払うという内容の合意をし、合
計120万円の全額を政務活動費（人件費）から支払っていた事例については、
その名称から建設業を標榜する会社であることがうかがわれる会社から政務
活動を補助する従業員の提供を受けて、その賃金の半分を政務活動費から負
担するという形態は、政務活動の補助業務を行う職員を確保するための手段
としては相当に特殊であるといわざるを得ず、あえてこのような特殊な手段
により職員を確保する必要があるとは考え難い」から外形的事実にあたると
した。

(注) 本件議員の本件派遣契約は、平成28年３月24日金沢地裁判決でも争われ、同議員が
　　同派遣会社の役員であることが外形的事実になるとしたものの、派遣事業を行う会
　　社との契約があるから、やはり、使途基準に適合すると認められている。
　　　なお、本件に係る議会では、内規で、政務調査費を充当できる人件費は、１か月15
　　万円を上限とすることが定められていた。

第2章 ｜ 政務活動に要する各経費の考え方と留意点

（2）業務委託契約による人件費の支出

　先に人件費の性質を有する委託経費が「委託費」として支出された事例について、いくつか判例を見たところである（238頁～）が、ここでは、委託する業務の内容が調査研究以外の業務を含み、より幅広いこと等から、「人件費」として支出された事例を見ることとする。

　平成28年9月29日金沢地裁判決及び控訴審の平成29年3月1日名古屋高裁金沢支部判決は、議員が第三者会社であるA社と「事務所運営にかかる業務」及びその附帯業務の委託契約を締結し、業務委託料として月額20万円をA社に支払い、A社の担当者が「秘書」の肩書で当該業務に従事していた事案である。当該議員は、その2分の1（年額120万円）を人件費として政務活動費から支出していた。原告は、「秘書の給与は人件費にあたらない」「第三者が雇用する職員の経費の負担金は使途基準の人件費にあたらない」等と主張したが、判決は、「議員は、業務委託の一環としてA社から政務活動補助業務に従事する職員の提供を受け、当該政務活動補助の労務に対する対価も含めて業務委託料を支払っていたといえるから、これを按分した2分の1について政務活動費を人件費として支出することは使途基準に適合しないとはいえない」とした。なお、同判決は、「A社が労働者派遣業を目的に掲げていないこと及び当該秘書は同議員が代表者である政党支部の事務担当者であり、政治活動等の業務にも従事していたとうかがわれることも、この認定の妨げにはならない」としている。業務従事の根拠が派遣契約ではなく業務委託契約であるし、既に2分の1で按分されていたのであるから当然である。

9　社会保険料等

　平成27年6月24日宇都宮地裁判決は、調査研究活動補助事務員を雇用し、事業主として社会保険料を負担し、労働保険料を納付した事例について、そのうち事業主負担分は、調査研究活動を行うために支出したものと推認されるとした。

　また、平成28年4月27日岡山地裁判決も、「会派が雇用する職員に関する

第12節 人件費

社会保険料及び労働保険料の事業者負担分、給料、雇用保険料自己負担分差引額であり、いずれも会派がその全額を支出したことが認められるところ、これらは議員の行う調査研究活動のための支出として合理性を欠くものということはできないから、同各支出を違法であると認めることはできない」とする（控訴審平成29年3月30日広島高裁岡山支部判決でも維持。平成26年3月26日大阪地裁判決も同旨）。

これらは、いずれも会派雇用の事務員に関する事例であったが、議員が雇用する場合も、その業務内容による按分率の問題は別として、基本的には同じと考えられる。

なお、平成27年1月20日岡山地裁判決は、会派雇用事務員の労働保険料を事務員の負担分を含めて全て政務調査費から支出していた事例で、「当該事務員の負担分については、当該会派に負担義務はないから、政務調査費として支出することが許されない」としている。

ところで、議員が雇用する補助職員については、種々の事情から、実態として、社会保険未加入や所得税等の源泉徴収がされていない事例も多いと考えられる。しかし、平成27年6月24日宇都宮地裁判決は、「源泉徴収の有無及び職員名が（黒塗りで）明らかにされていないことは、人件費の支出が使途基準に適合する支出か否かの判断とは別の問題である」としている。

10 選挙前・期間中の人件費

平成27年10月27日岡山地裁判決は、平成23年4月に実施された市議会議員選挙の約半年前から平成23年3月まで雇用されたアルバイトの賃金について、議員が「政務調査活動、市民相談及び後援会活動補助のため」に雇用したと報告し、2分の1で按分していた事例では、同議員が前年度はアルバイトを使用していなかったことに加えて雇用期間が選挙前であったことから「選挙準備に従事した可能性は否定できない」としつつ、「後援会の仕事もあるとして按分しているから、専ら選挙準備活動のみに従事したと認めることはできない」と述べ、2分の1の充当を認めている。しかし、同判決及び同一議会に関する平成28年11月10日広島高裁岡山支部判決は、同様（**選挙前**

363

第2章 ｜ 政務活動に要する各経費の考え方と留意点

の半年間雇用したアルバイト給与）の事例で、「アルバイト給与」とのみ報告
し、具体的なアルバイトの使用実態が明らかにされていないことから、「ア
ルバイトは選挙準備活動のために使用されたものである合理的疑いは否定で
きない」として、全額が目的外支出であるとしている。選挙前の臨時職員の
雇用については、特に配慮が必要であり、単に2分の1で按分するだけでは
なく、従事させる業務を明確にしておく必要があるということである。

　次は、**選挙期間中の人件費等の取扱い**について参考となる事例である。政
務調査活動に専従する職員を2名雇用し、それぞれ月額8万3,000円の給与
を支払っていた議員が、平成23年3月は、22日以降の10日間、同年4月に
行われた奈良県議会議員選挙の選挙活動の準備を手伝わせたため、この分を
差し引いた21日分の給与に政務調査費を充当することとした。具体的には、
平成23年3月分の職員2名分の給与である16万6,000円のうち、その31分
の21に当たる11万2,451円（円未満切り捨て）よりも少ない額の11万2,450
円につき、同年4月分の政務調査費を充当したのであるが、平成26年11月
27日奈良地裁判決は、「政務調査活動以外の活動（選挙活動の準備活動）にも
従事していたことを議員も認めており、その従事割合等について的確な立証
がなされたということはできない」として、50％を超える部分は違法とし
たが、控訴審の平成27年11月12日大阪高裁判決では、被告側が従事割合に
関する証拠を新たに提出し、全額が目的外支出ではないと認定された。

364

さいごに

　最後に、特に本書後半の判例分析を通して、政務活動費のあるべき姿を再度確認していただきたい。また、ここに政務活動費充当に際しての留意点をまとめたので、参考にしていただきたい。

① 政務活動費は使うことが目的ではなく議員活動（政務活動）の成果を上げるための手段であること

　改めて言うまでもないが、政務活動費はまず使うことありきではなく、まずどのような議員活動を行うかがあり、それを支える経費として政務活動費があるのである。

　政務活動費を充てることができる経費の範囲について、全国議長会が作成した条例（例）では、「政務活動費は、会派及び議員が実施する調査研究、研修、広聴広報、要請陳情、住民相談、各種会議への参加等（都道府）県政の課題及び（都道府）県民の意思を把握し、（都道府）県政に反映させる活動その他の住民福祉の増進を図るために必要な活動（次項において「政務活動」という。）に要する経費に対して交付する」としている。

　議員活動は本会議における質問や委員会審査などの議会活動の前提となる活動であり、住民意見の掌握や行政問題に対する解決策の模索など、さまざまな活動が想定される。

　そのような議員活動を支援するために政務活動費があるのであり、議員活動により支出された経費のあくまで一部に充当されるのが政務活動費である。議員活動の総量は政務活動費を上限とするものでないことをもう一度確認する必要がある。

　なお、後払いにすべきという指摘があるが、議員活動への支援という制度趣旨からすれば、前渡し精算することが適当と考える。

② 政務活動費の充当は実費弁償に徹すること

　議員活動は命じられて行うものではない。自らの考えに基づき自発的に行うものである。そのような観点からは、出張命令等によって行動する職員とは経費に対する考え方を異にしなければならない。

　つまり、旅費などについて定額的な支給方法を原則とするのではなく、実費弁償、実際にかかった経費に充当することに徹するべきである。なお、場合によっては、個々に領収書をとることも不可能な場合もあるので、定額的な充当

365

をせざるを得ない場合もあるかもしれない。しかしそれはあくまで例外とすべきである。

③　政務活動費は元々清算払いであること

　政務活動費の交付は、旅費が前渡金として概算払い（仮払い）されているのと同じ考え方である。もらいきりではなく、余りが出れば清算しなければならない。

　政務活動費は非課税とはされておらず、雑所得として課税対象となる。しかしながら、政務活動費の目的に沿って全額が充当されれば、課税所得が発生しないのであり、残額が出れば課税対象となる。だが税金を払えばとりきりになるのではなく、最終的には清算することが義務付けられているのである。

　つまり、政務活動費については公金を預かっているという意識が必要である。

④　収支報告書は会計報告書というだけではなく、活動報告でもあること

　①で政務活動費は議員活動の一部に充当されると書いたが、収支報告書上も支出が収入を上回る形で提出されるのが本来的な形ではないだろうか。会計報告としての性格を重んじるばかり、収支見合いとしている例が多いようであるが、議員がこれだけ活動しているということを示すためには、支出が上回っていることが地方自治法の想定する姿ではないか。

　議会三団体は、議員の法的位置付けの明確化、つまり議員は議会活動だけではなく普段における議員活動を行うことが議員の職務であることを法律上明確にすべきであると要請しているが、そのような観点からも、収支報告書をはじめとする政務活動費の使用状況を明らかにすることは、議員の活動実態を世に知らしめる絶好の機会である。

　そのような意識をもって収支報告や活動報告を作成することが必要ではないだろうか。

　ただし、透明性の向上で懸念されるのは、議員は政治家であることがあまり考慮されていないことである。政治活動の自由は、ひいては住民福祉の向上のためにあるのであり、透明性の向上と政治活動の自由の線引きは慎重に検討されるべき課題である。

⑤　返金ありきではないこと

　政務活動費は使うことありき、ではないが、また返金ありきでもない。当然余りが出れば返金することが必要であるが、①で述べたように、まずは議員活動を積極的に行うことが大前提であり、収支がどうなるかはあくまで結果である。

最近、団体別に返金率を競わせるような報道がなされているが、それは議員に活動するな、と強いているのと同じである。

⑥　事務局を信頼し、事務局の助言に耳を傾けること

　政務活動費をどのような経費に充当するかは当事者の判断であり、責任を負うのも本人である。経費の適正使用の証明は自己の責任において行わなければならない。その判断の補佐をするのが議会事務局である。議会事務局の職員は少ない人数のなかで、収支報告書を精査しており、その事務は丁度4月末の大型連休に重なるにもかかわらず、不適正使用によって議員や会派が責任を追及されることのないよう目を皿のようにしているのである。議員や会派は、議会事務局職員のアドバイスには謙虚に耳を傾けるべきである。両者の信頼関係がなによりも大事である。

　今後、議員のなり手不足は深刻な問題となる。議会制民主主義を維持し発展させるためには、それを支える議員の活動基盤を整備することが必要である。政務活動費に変わる前の政務調査費制度は平成12年に議員立法による地方自治法改正で実現したが、財政改革の流れのなかで、議員に交付される政務調査費が誕生したのは画期的なことであった。それは議員活動を支援することによって地域をより良いものにしたいという思いが通じたからであると考える。

　そのようにして実現した政務活動費制度の存続そのものが脅かされることのないよう、制度誕生までの長い歴史や意義を少しでも理解していただいた上で、大事に使っていただきたい。

　さらに言わせていただければ、不正使用など政務活動費をめぐる混乱は、議員の位置付けが明確ではないことにも起因していると考える。これまで述べてきたように、議員については専門職という理解よりも、名誉職的な役割と考えられ、定例会や臨時会でのみ活動していると捉えられている。そこから、議員、特に町村の議員はボランティアでいいとの発想や、議員報酬は高すぎる、議員は多すぎる、政務活動費は不要であるなどの主張がなされることとなる。

　この原因には、よく言われるように議員や議会の「顔が見えない」、つまり何をやっているのかわからない、ということが挙げられるところであり、議員や議会にも責任はあるといえる。

　しかしながら、地方自治の世界において議会制民主主義が政治体制として選択されている以上、議会をいかに機能させるかが第一命題となる。そのためには、議員が住民の信頼を得て活動できる基盤を整備しなければならない。

まずは、議員の職責職務を地方自治法にしっかり書き込み、議員としてなすべきことを議員自らが自覚するとともに、住民に理解していただいた上で、議員として何をすべきか改めて考えていただきたい。政務活動費の意義をそのような思考過程の中で再確認していただきたいのである。それは、議員の位置付けが法律に明記されなくても必要な作業である。

　個人的には、今後、議会は「生産性」を高めるべきと考えている。このことは、はかにも提唱されている方がいることではあるが、それぞれの団体の抱える問題に速やかに対応し、解決策を見出し、政策の妥当性をさまざまな広報手段を使って住民に投げかけ、住民意思を議会審議にフィードバックしていく。その結果として「100ドル」節約するという成果を出すことが「顔が見える」議会になる道ではないだろうか。

　議会が生産性を高める前提としての、住民意思の吸収、さらに新しい時代に対応するための調査研究のために使われるのが政務活動費である。

　少子高齢化が進む中で、これからは住民負担を求めることも多くなるであろう。それを決めるのは議会であるが、住民に、「あの議会が決めたのだから、それに従おう」と思わせるような信頼ある議会になっていただきたい。そのためには政務活動費の適正使用が大前提となる。

資料

1 関係通知

◆ **地方自治法の一部を改正する法律の施行について（抄）**
（平成12年5月31日自治行第31号、各県知事宛 事務次官通知）

地方自治法の一部を改正する法律（平成12年法律第89号。以下「改正法」という。）が平成12年5月24日に成立し、同年5月31日公布されました。

今回の改正は、地方分権の進展に対応した普通地方公共団体の議会（以下「議会」という。）の活性化に資するという観点から、議会が国会に対し意見書を提出することができることとするとともに、議会における会派又は議員に対し、条例により政務調査費を公布することができることとし、併せて、議会における人口段階別の常任委員会数の制限を廃止するなどの措置を講じるものであり、衆議院地方行政委員会委員長の提案により成立したものです。

改正法は、公布の日から施行されることになりますが、条例による政務調査費の交付に関する事項にあっては、平成13年4月1日から施行することとされています。

つきましては、改正内容は下記のとおりですので、その取り扱いに遺漏のないよう配慮されるとともに、貴都道府県内の市区町村に対してもこの旨周知願います。

記

1 議会は、意見書を関係行政庁に加え、国会にも提出することができるものとすること。（第99条関係）
2 普通地方公共団体は、条例の定めるところにより、議会の議員の調査研究に資するため必要な経費の一部として、議会における会派又は議員に対し、政務調査費を交付することができるものとすること。この場合において、当該政務調査費の交付の対象、額及び交付の方法は、条例で定めなければならないものとすること。
　また、政務調査費の交付を受けた議会における会派又は議員は条例の定めるところにより、当該政務調査費に係わる収入及び支出の報告書を議会の議長に提出するものとすること。（第100条関係）
3 議会における人口段階別の常任委員会数の制限を廃止するものとすること。（第109条関係）

◆ **地方自治法の一部を改正する法律の施行について（抄）**
（平成12年5月31日自治行第32号、各県総務部長、議会事務局長宛 行政課長通知）

平成12年5月31日に公布された地方自治法の一部を改正する法律（平成12年法律第89号）の施行については、平成12年5月31日付け自治行第32号により自治事務次官から通知されたところですが、下記の施行又は運用上の留意事項について遺漏のないよう配慮されるとともに、貴都道府県内の市区町村に対してもこの旨周知願います。

記

1 国会に対する議会の意見書の提出に関する事項
　国会への意見書の具体的提出方法については、衆議院事務局及び参議院事務局からの要請を踏まえた上で、別途、全国都道府県議会議長会、全国市議会議長会、全国町村議会議長会から、普通地方公共団体（以下「団体」という。）及び特別区の議会の各議長あて通知される予定であるので留意すること。
2 条例による政務調査費の交付に関する事項
（1）今回の政務調査費の法制化では、政務調査費を交付するか否かは各団体の判断に委ねられたところであるが、その制度化にあたっては、各団体における議員の調査研究活動の実態や議会運営の方法等を勘案の上、政務調査費の交付の必要性やその交付対象について十分検討されたいこと。
（2）政務調査費については、情報公開を促進し、その使途の透明性を確保することも重要であるとされていることから、条例の制定にあたっては、例えば、政務調査費に係る収入及び支出の報告書等の書類を情報公開や閲覧の対象とすることを検討するなど透明性の確保に十分意を用いること。
（3）政務調査費の額を条例で定めるにあたっては、例えば、昭和39年5月28日付け自治給第208号自治事務次官通知（特別職の報酬等について）にいう特別職報酬等審議会等の

第三者機関の意見をあらかじめ聞くなど、住民の批判を招くことがないよう配慮すること。
（4）従来、都道府県等において政務調査費と同様の趣旨で支給されていた「県政調査費」等のいわゆる会派交付金については、平成13年4月1日の施行日以降へ条例の根拠が必要となること。
3　常任委員会の数の制限の廃止に関する事項
　常任委員会に係る条例の制定又は改廃にあたっては、常任委員会制度が広汎かつ多岐にわたり専門化、技術化している団体の事務を合理的、能率的に調査又は審議するために設けられたものであることに十分配慮し、濫設等の批判を招くことがないよう留意すること。

◆　地方自治法の一部を改正する法律の公布及び施行について（抄）

（平成24年9月5日総行行第118号、総行市第134号、各知事・議長宛　総務大臣通知）

　地方自治法の一部を改正する法律（平成24年法律第72号。以下「改正法」という。）は、平成24年9月5日に公布され、下記第6に掲げる日から施行することとされました。
　貴職におかれては、下記事項に留意の上、その円滑な施行に向け、格別の配慮をされるとともに、各都道府県知事におかれては、貴都道府県内の市町村長及び市町村議会議長に対してもこの旨周知願います。
　なお、改正法の施行に伴い、地方自治法施行令（昭和22年政令第16号。以下「施行令」という。）についても、改正法の関係規定の施行の日（改正法の公布の日から起算して6月を超えない範囲内において政令で定める日）までに所要の改正を行うこととしており、施行令に係る留意事項については、別途通知する予定です。
　なお、本通知は、地方自治法（昭和22年法律第67号。以下「法」という。）第245条の4第1項に基づく技術的な助言であることを申し添えます。

記

第1　議会制度の見直しに関する事項
1　議会の会期制度
（1）普通地方公共団体の議会は、条例で定めるところにより、定例会及び臨時会とせず、毎年、条例で定める日から翌年の当該日の前日までを会期とすることができるものとされたこと。（法第102条の2第1項関係）
（2）（1）の議会は、条例で、定期的に会議を開く日（以下「定例日」という。）を定めなければならないものとされたこと。（法第102条の2第6項関係）
（3）普通地方公共団体の長は、（1）の議会の議長に対し、会議に付議すべき事件を示して定例日以外の日において会議を開くことを請求することができるものとされたこと。（法第102条の2第7項関係）
（4）（1）の議会の議長は、当該普通地方公共団体の長等に議場への出席を求めるに当たっては、当該普通地方公共団体の執行機関の事務に支障を及ぼすことのないよう配慮しなければならないものとされたこと。（法第121条第2項関係）
　　本改正の趣旨を踏まえ、（1）の議会においては、その審議の充実及び活性化を図るとともに、本会議や委員会の開催により執行機関や職員の事務処理に支障を及ぼしたり、費用負担が著しく増加することのないよう、適切に運用されたいこと。
2　議会の招集手続
（1）議長による臨時会の招集請求のあった日から20日以内に普通地方公共団体の長が臨時会を招集しないときは、議長は、臨時会を招集することができるものとされたこと。（法第101条第5項関係）
（2）議員定数の4分の1以上の者による臨時会の招集請求のあった日から20日以内に普通地方公共団体の長が臨時会を招集しないときは、議長は、当該請求をした者の申出に基づき、臨時会を招集しなければならないものとされたこと。（法第101条第6項関係）
3　議会運営
（1）委員会の委員の選任等については、条例で定めるものとされたこと。（法第109条第9項関係）
（2）普通地方公共団体の議会は、会議において、予算その他重要な議案、請願等について公聴会を開き、真に利害関係を有する者又は学識経験を有する者等から意見を聴くことができるものとされたこと。（法第115条の2第1項関係）
（3）普通地方公共団体の議会は、会議において、当該普通地方公共団体の事務に関する調査又は審査のため必要があると認めるときは、参考人の出頭を求め、その意見を聴くことができるものとされたこと。（法第115条の2第2項関係）

371

（4）普通地方公共団体の長等が、議会の議長から審議に必要な説明のために議場への出席を求められた場合において、出席すべき日時に議場に出席できないことについて正当な理由がある場合、その旨を議長に届け出ることにより出席することを要しないものとされたこと。（法第121条関係）

4　議会の調査権

普通地方公共団体の議会が当該普通地方公共団体の事務に関する調査を行うため選挙人その他の関係人の出頭及び証言並びに記録の提出を請求することができる場合を、特に必要があると認めるときに限るものとされたこと。（法第100条第1項関係）

普通地方公共団体の議会が当該普通地方公共団体の事務に関する調査において選挙人等の出頭等を求めることができるのは、公益上の必要性と選挙人等の負担等を総合的に勘案し、公益が上回る場合であると考えられる。各議会においては、これまで以上に説明責任を果たすことが求められることを踏まえ、適切に運用されたいこと。

5　政務活動費

（1）政務調査費の名称を「政務活動費」に、交付の目的を「議会の議員の調査研究その他の活動に資するため」に改め、政務活動費を充てることができる経費の範囲について、条例で定めなければならないものとされたこと。（法第100条第14項関係）

（2）議長は、政務活動費については、その使途の透明性の確保に努めるものとされたこと。（法第100条第16項関係）

本改正の趣旨を踏まえ、政務活動費を充てることができる経費の範囲を条例で定める際には住民の理解が十分得られるよう配慮するとともに、政務活動費の使途の適正性を確保するためにその透明性を高めることなどにより、適切に運用されたいこと。

第2　議会と長との関係に関する制度の見直しに関する事項

1　再議制度

（1）条例の制定若しくは改廃又は予算に関する議決について異議があるときの再議について、その対象を拡大するものとされたこと。（法第176条第1項関係）

（2）（1）により再議に付された場合の議会の議決のうち条例の制定若しくは改廃又は予算に関するものについては、出席議員の3分の

2以上の者の同意がなければならないものとされたこと。（法第176条第3項関係）

（3）収入又は支出に関し執行することができない議決に係る再議を廃止するものとされたこと。（改正前の地方自治法（以下「旧法」という。）第177条第1項関係）

2　専決処分の制度

（1）専決処分の対象から副知事又は副市町村長の選任の同意を除外するものとされたこと。（法第179条第1項関係）

（2）条例の制定若しくは改廃又は予算に関する専決処分について承認を求める議案が否決されたときは、普通地方公共団体の長は、速やかに、当該処置に関して必要と認める措置を講ずるとともに、その旨を議会に報告しなければならないものとされたこと。（法第179条第4項関係）

3　条例の公布に関する制度

普通地方公共団体の長は、議長から条例の送付を受けたときは、再議その他の措置を講じた場合を除き、その日から20日以内にこれを公布しなければならないものとされたこと。（法第16条第2項関係）

◆　政務活動費に係る対応について

（平成28年9月30日総行行第198号、総行経第22号、各知事・議長宛　自治行政局長通知）

政務活動費については、その制度制定の経緯並びに「地方自治法の一部を改正する法律の施行について」（平成12年5月31日付け自治行第32号自治省行政局行政課長通知）及び「地方自治法の一部を改正する法律の公布及び施行について」（平成24年9月5日付け総行行第118号・総行市第134号総務大臣通知）の趣旨を十分踏まえて、その使途の透明性の確保をはじめとする適正な制度運用に努めてこられたものと考えますが、今般、政務活動費の不正受給事案が相次いで明らかとなる事態となっています。

政務活動費は、地方自治法（昭和22年法律第67号）第100条第14項の規定により、その交付の対象、額、交付方法及びその充当できる経費の範囲を条例で定めることとされており、また、同条第16項の規定では、議長に使途の透明性の確保に関する努力が明記されるなど、住民への説明責任の徹底や使途の透明性の向上を図るための不断の取組が議会に求められています。各議会におかれては、こうした制度趣旨を踏まえ、政務活動費の適正な取扱いについて、

更なる取組をお願いいたします。

　また、政務活動費の不正受給に関連して、情報公開制度における開示請求者に関する個人情報等について、みだりに第三者に提供する不適切な運用と考えられる事案が相次いで判明している状況にあります。

　開示請求者の情報が公になれば、開示請求の萎縮や情報公開制度への信頼性の低下につながるおそれもあることから、情報公開制度の適正な運用確保のため、開示請求者の個人情報等は当該情報を知る必要のない者にまで情報提供、共有することがないよう、留意する必要があります。また、個人情報保護の観点からも、開示請求者の個人情報の適正な管理が要請されています。

　改めて、これら開示請求者に関する個人情報等の取扱いを含めた情報公開制度の運用にあたり、情報公開条例、個人情報保護条例等関係法令の規定に則って、適切な取扱いを徹底されますようお願いいたします。

　各都道府県知事におかれましては、貴都道府県内の市区町村（指定都市を除く。）の長及び議会の議長に対しても、本通知の周知をよろしくお願いします。

　なお、地域の元気創造プラットフォームにおける調査・照会システムを通じて、各市区町村に対して、本通知についての情報提供を行っていること、及び本通知は地方自治法第245条の4第1項に基づく技術的な助言であることを申し添えます。

2　平成24年地方自治法改正関連国会質疑

◆　第180回国会　衆議院総務委員会会
議録（抄）第15号（平成24年8月7日）
○　武正公一 委員長　これより会議を開きま
す。

内閣提出、地方自治法の一部を改正する法
律案を議題といたします。

この際、本案に対し、逢坂誠二君外五名か
ら、民主党・無所属クラブ、自由民主党・無
所属の会、国民の生活が第一・きづな及び公
明党の四派共同提案による修正案が提出され
ております。

提出者より趣旨の説明を求めます。橘慶一
郎君。
○　橘慶一郎 委員　おはようございます。

ただいま議題となりました修正案につきま
して、提出者を代表いたしまして、その提出
の趣旨及び内容について御説明を申し上げます。

本修正案は、各会派間の修正協議の結果を
踏まえ、本案による改正に加え、百条調査に
係る関係人の出頭及び証言並びに記録の提出
の請求の要件の明確化、政務調査費の名称の
変更等、普通地方公共団体の長及び委員長等
の議場出席についての配慮規定の追加等の改
正を行おうとするものであり、その内容は次
のとおりであります。

第一に、普通地方公共団体の議会が当該普
通地方公共団体の事務に関する調査を行うた
め関係人の出頭及び証言並びに記録の提出を
請求することができる場合を、特に必要があ
ると認めるときに限るものとすることとして
おります。

第二に、政務調査費の名称を政務活動費に、
交付の名目を議会の議員の調査研究その他の
活動に資するために改めるとともに、政務活
動費を充てることができる経費の範囲につい
て、条例で定めなければならないものとする
こととしております。また、議長は、政務活
動費については、その使途の透明性の確保に
努めるものとする規定を追加することとして
おります。

第三に、会期を通年とした普通地方公共団
体の議会の議長は、当該普通地方公共団体の
長及び委員長等に議場への出席を求めるに当
たっては、当該普通地方公共団体の執行機関

の事務に支障を及ぼすことのないよう配慮し
なければならないものとする規定を追加する
こととしております。

第四に、その他所要の規定の整備を行うこ
ととしております。

以上が、本修正案の趣旨及び内容でありま
す。何とぞ委員各位の御賛同をお願い申し上
げます。
○　武正委員長　これにて趣旨の説明は終わり
ました。（略）
○　武正委員長　これより原案及び修正案を一
括して質疑を行います。

質疑の申し出がありますので、順次これを
許します。笠原多見子さん。
○　笠原多見子 委員　国民の生活が第一の笠
原多見子でございます。（略）次に、修正案
に盛り込まれました、政務調査費の名称の変
更についてお尋ねいたします。

名称を変更することにより、今住民の方々
から議員に向けられております無駄の排除、
活動費の妥当性、透明性の確保につながるの
でしょうか。提案者の橘委員、よろしくお願
いいたします。
○　橘（慶）委員　お答え申し上げます。

これまで、政務調査費につきましては、条
文上、交付目的は調査研究に資するものに限
定されていたわけですが、今回の修正により
まして、今後は、地方議員の活動である限
り、その他の活動についても使途を拡大し、
具体的に充てることができる経費の内容につ
いては条例で定めるという形にしたわけであ
ります。これに伴いまして、名称については
政務活動費という名称に変更することとして
おります。

そこで、笠原委員御指摘の、まず無駄の排
除や活動費の妥当性といった問題であります
が、これは、政務活動費として具体的に充て
ることができる経費の範囲を条例で定めると
いう形にいたしますので、この条例を定める
際にそれぞれ地方議会において審議をされ
る、その審議の過程において、また住民の皆
さんが監視をなさる、こういった形によりま
して、この政務活動費の無駄の排除あるいは
活動費の妥当性ということについて担保され

るものと考えるわけであります。

また、政務活動費が調査研究以外の活動にも充てることができるようになることに伴いまして、笠原委員御指摘のとおり、その透明性を確保することが従来に増して重要となると考えております。

このため、現行の規定における、議長に対する個々の議員の収入、支出の報告書の提出に加えて、当該議会の議長におかれて政務活動費の使途の透明性の確保に努めるよう義務を課す規定を追加させていただいて透明性を確保する、こういう形の改正を提案しているものでございます。よろしくお願いいたします。

○　**笠原委員**　橘委員、御丁寧な説明、ありがとうございました。

政務調査費というのは、各自治体において、その使途においてさまざまな指摘がなされているところでございます。議員活動と政治活動の違いを述べるような大変な難しさがあります。各自治体によって形式等も違いがあると思います。

私が県議時代には、当選当初は会派ごとにまとめておりましたけれども、途中から個人に行くようになりました。議長に報告して、１万円以上の支出については領収書の添付が必要とされました。調査研究費、資料購入費、事務所費、人件費など九項目について、別々に分けて書き込むようになっておりまして、改選を迎えるごとに厳格化されていった気がします。

私は、個人的に１円以上の領収書を添付しまして、議長提出前に議会事務局の方にチェックをしていただきまして、それが妥当であるかどうか、そういう判断をしていただきました。間違った支出がないということを確認した上で提出させていただいておりましたけれども、面倒だったのは、電気料金を後援会、政治団体それから政党支部と３つの分野に分けて３分の１ずつにしていたわけですね、物によっては２分の１。そういったことで政務調査費と政治団体を分けた記憶と、また、年度の開始が違うわけです。そして締めも違うので大変難しかった、ややこしかったという記憶があります。

私自身で政務調査費の収支報告書を作成していて感じたことは、これは議員個人の見識の違いがあらわれるというふうに思って書いておりました。

これからますます政務調査費を含めた議会の支出に住民の厳しい目が向けられていく中で、政務調査費のあり方について、総務大臣に御見識をお伺いしたいと思います。簡単に、よろしくお願いいたします。

○　**川端達夫 国務大臣**　今回の実施は、議員活動が幅広くあるということで、調査費ではなくて、名称を変更して、幅広くいろいろ活動できるようにしようという趣旨だというふうに思います。

同時に、やはり公費でありますので、それが透明化されるということが非常に大事であるということで、議長への報告義務と同時に、何に使うかを議会で条例で決めるということを法定しましたということは、議会の中でけんけんがくがく有権者の前で御議論いただいて決めていただくということは、大変意味のあることだというふうに思っております。（略）

○　**西博義 委員**　公明党の西博義でございます。（略）政務活動費についてお伺いします。

今回、政務調査費を政務活動費という名称に変更して、調査研究以外の議員活動に充てられるようにする修正案が提案されております。

経費の範囲については条例で定めると、先ほどからも議論がございました。この内容について、どのような経費が対象となるのか、どういう考え方に基づくのかということを、アウトラインを示していただきたい。また逆に、議員活動で対象とならないというものの考え方についても、もしございましたら提案者から御答弁をお願いしたいと思います。

○　**稲津久 委員**　お答えいたします。

これまで政務調査費については、条文上、交付目的は調査研究に資するもの、このように限定をしておりましたが、今後は、議員の活動である限り、その他の活動にも使途を拡大するとともに、具体的に充てることができる経費の範囲について条例で定めることとしております。

例えば、従来、調査研究の活動と認められていなかったいわゆる議員としての補助金の要請あるいは陳情活動等のための旅費、交通費、それから議員として地域で行う市民相談、意見交換会や会派単位の会議に要する経費のうち調査研究活動と認められていなかったといったものについても、条例で対象とすることができるようになると考えられます。

375

どのような経費の範囲を条例で定めるかにつきましては、これは各議会において適切に御判断をしていくべきものであると考えております。

ただし、あくまで議会の議員の調査研究その他の活動に資するための経費の一部を交付するものであるということから、議会の議員としての活動に含まない政党活動、選挙活動、後援会活動それから私人としての活動のための経費などは条例によっても対象にすることができない、このようにしております。

また、本会議や委員会への出席、全員協議会への出席、議員派遣等の議会活動は、従来どおり、費用弁償の対象となるために政務活動の対象とはならない、このように考えているところでございます。

以上でございます。

○ 西委員　それぞれの地方で条例によって決めるということになっております。今アウトラインといいますか、全てではありませんけれども、方向性は大体お述べいただきました。

もちろん、住民の皆さんの監視も十分行き届いているこんな時代ですから、それは議会においても真剣な議論が必要かと思いますが、今まで、政務調査費の時代でも、地方別で見ますと、議会別で見ますと、若干範囲が曖昧であったという嫌いがあります。今回、このような形にするにおいて、やはりきちっとした範囲ということをそれぞれの議会で決めていただいて、そして透明性を十分発揮していただくということが前提ではないかと思います。

議員として活動していく、議会の中で活動していくために必要な経費、これは政務活動費として使っていただくことは当然のことだと思いますけれども、逸脱することのないように、これからきちっとした対応を、それこそ、それぞれの自治体の独自性を発揮していただいて執行をしていただきたいということをお願い申し上げます。（略）

○ 柿澤未途 委員　みんなの党の柿澤未途でございます。

きょう提出をされました地方自治法改正案の修正案で、政務調査費の政務活動費への名称変更というのが提案をされているわけです。

この政務調査費というのは、いろいろな形

でたびたびマスコミを騒がせてきた、こういうものだというふうに思います。

調査研究に使わなければならないとされているこの政務調査費を高級店での飲食代に充てたとか、それでバイクを買ったとか、調査研究目的だからということで本を買って、その代金を、領収書を添付するというのは認められるだろうということで、いろいろ地方議員の方々も御苦労されて、そうなっていたんですけれども、ある日、この本につけられているISBNコードからどんな本を買ったのかということが突きとめられてしまって、大変いかがわしい本を買っていたということがわかってしまったとか、オンブズマン等の情報公開請求でそうした実態が次々に明るみに出て、マスコミ等でも大々的に報じられて、政務調査費の返還を迫られる、こういうケースが相次いでまいりました。

この政務調査費について、政務活動費というふうに名前を変えた上で、調査研究のほかに、その他の活動にもその使途を広げる、こういうことになっているわけですけれども、これは、事実上地方議員の第二の議員報酬になっているとか、こういう使われ方をしてきて、非常にいわば物議を醸してきた、こういう批判をされているような現状を、かえって国がお墨つきを与えて、法律にそういう形で位置づけられたんだからいいんだという、いわば不適正な使い方を是認する、こういうための法改正だ、そのように言われかねない部分があると思いますけれども、そうした疑問についてどのように払拭をするのか、ぜひお伺いをしたいと思います。

○ 逢坂誠二 委員　お答えをいたします。

これまで政務調査費につきましては、条文上、交付目的は調査研究に資するものに限定されていたわけですが、今回の修正によりまして、今後は、議員の活動である限り、その他の活動にも使途を拡大し、具体的に充てることのできる経費については条例で定めるということとしたわけであります。これに伴って、名称につきましても政務活動費に変更することとしたわけでございます。

そして、政務活動費として具体的に充てることができる経費の範囲、これを条例で定めるというところが非常に重要なポイントでございまして、その条例の制定に関する議会の審議、その審議の過程に対する住民の監視等

により、不適切な支出や無駄な支出は防止、是正することができるというふうに考えております。

　また、さらに、政務活動費が調査研究以外の活動にも充てることができるようになることに伴いまして、その透明性の確保が従来にも増して重要になると考えられることから、現行の規定における議長に対する収入、支出の報告書の提出、これに加えて、政務活動費の使途の透明性の確保に努める義務を議長に課す規定を追加し、透明性をより一層確保することとしております。

　以上のような観点から、修正案提案者としては、委員御指摘のような、政務活動費が地方議員の第二の給与になるのではないかといった懸念については、それは当たらないのではないかと考えているところでございます。

　以上です。

○　**柿澤委員**　るる御説明、御答弁をいただきました。

　これは、言葉は悪いですけれども、これまでの政務調査費の取り扱いにおいて、地方議員の方々の中に不適切な処理があった、このことは事実だと思います。

　その一方で、調査研究に使途を限定していることで、事実上、議員活動に必要な経費にも政務調査費をなかなか支出できない、こういう問題があったことも、私自身、地方議員を経験した者として知っているつもりであります。

　特に、地方議員経験者、東京以外の方は驚かれると思うんですけれども、皆さん、都議会の政務調査費というのは、議員一人当たり60万円なんです。私がいた当時は、地元における個人事務所の維持費や、また議員個人が雇う職員の人件費、こういうものには充てることができなかった。しかし、この1月60万の政務調査費を調査研究という限定的に捉えられるものに全て充てるというのは至難のわざでありまして、私は、そういう意味では、調査研究に附帯をした、こうした活動に使途を拡大するというのはあってもいいというふうに思っております。

　しかし、例えば飲食代はどうか。例えば、調査研究に資するための会合で、最低限、コーヒーを出した、弁当を出したという話まで私はいけないとは思いませんけれども、しかし、領収書を堂々と添付して、高級料理店やクラブやスナックでの飲食代を政務調査費で払おう、こんなことが今まで行われてきたわけです。

　こういう使い方も、政務活動費とすることで、条例で決めてしまえばできるようになるということであれば、これは先ほど申し上げたような、市民の批判の強い政務調査費のあり方を、名前を変えた上で逆に堂々と認めてしまう、こういうことになってしまうのではないかと思います。この点、どういう運用を行うことを想定されているんですか。修正案提出者にお伺いします。

○　**皆吉稲生委員**　お答えいたします。

　委員御指摘のように、政務活動費の名称変更後も、あくまで議会の議員の調査研究その他の活動に資するための経費の一部を交付するものであるということでございます。そうしたことから、議員としての活動に当たるものに限られ、飲食代が使途として認められるかどうかは一概には言えないと承知をいたしております。

　なお、飲食代につきましては、例えば、従来の裁判例において、会議室を借りるなど賃借にかえて少人数の会議を喫茶店で行うなど、喫茶代金は研修会等に要する費用に当たるとして、政務調査費の使途として認められているところでございます。ところが、委員御指摘いただきましたように、バーやクラブなどの飲食費は、社会通念上、会合を行うのに適切な場所とは言えないために、政務調査費の使途として認められていないと承知をいたしております。

　以上です。

○　**柿澤委員**　本当に、ここの部分は条例の決め方によってかなり大きく変わり得るところだと思うんです。

　条例で使途を決める、それと十分な透明化、情報公開をしていくということで、住民監視によって適正化を図っていくんだということだと思いますけれども、後ほど住民投票に関して少し質問をさせていただきますが、そもそも地方議会において住民自治の精神にのっとったガバナンスがちゃんときいているのかどうか。このことが今地方議会あるいは地方行政全般において一つの問題になっているところでありますので、ここはやはりきちんと、ある意味では使途を拡大していく法改正を提案した者として、しっかりとチェックを

377

今後もしていかなければならないのではないかというふうに思います。

平成20年の地方自治法改正で、地方議員への報酬を、他の行政委員会の委員への報酬と別に切り離して、議員報酬として位置づける法改正が行われました。そのときに、議会活動と議員活動があって、その周りにまた政治活動というのがあって、それらが重なり合っているんだ、こういう同心円状のイメージが示されています。つまり、要するに、議会での本当に狭義での議会活動というのと、議員が選挙区内、地域内で行う活動というのは密接不可分の関係である、そういうことから、ある種実費弁済色の強かった報酬というところから、議員報酬はまた別のものなんだよ、こういうことになったというふうに理解をしています。

これはこれで、活動自体として、私は議員をやっている以上、理解するんです。しかし、これも、重なり合って一体不可分だからということで、政務活動費はその他の活動にも充てられるということになった、そして議会活動、議員活動、政治活動というのは一体不可分の関係であるということになると、例えば政務活動費としていただいたお金を議員個人の政治団体にそっくり移しかえて使ってしまう、こんなことも行為として、条例でそれもいいということであれば認められるべきだということになってしまうのか。こうなると、法律で調査研究その他の活動というふうに定めて、条例でその範囲を限定するという意味がなくなってしまうように思うんです。

今申し上げた具体例、政務活動費を議員個人の政治団体あるいは政党に入れちゃうケースもあるかもしれない、こういうふうにして、事実上使途限定を外したお金として使えるようになってしまう、こういうことを条例で定めればやってもいいということなんでしょうか。お伺いをしたいと思います。

○ **皆吉委員** お答えいたします。

政務活動費は、繰り返しますけれども、あくまでも議員の調査研究その他の活動に資するための経費の一部を交付するものでございます。そうしたことから、議員としての活動に含まれない政党活動、選挙活動、後援会活動、私人としてのプライベートな活動のための経費などは条例によって対象にすることができないものと心得ております。

したがって、議員個人の政治団体等に移しかえる行為は、議会の議員としての活動に含まれないものと承知をいたします。したがって、条例によってもそのことを対象とすることができないと承知をするところでございます。

以上でございます。

○ **柿澤委員** この点は、今の御答弁によって大変クリアになったのではないかと思います。

これも余計なことですけれども、私も、議員をやっていて地方議員もやっていてという経歴ですからわかりますけれども、こういう誘惑に必ず駆られると思うんですよね。だから、そういう意味では、ここの部分を事前にしっかりと見解を示しておくことというのは、私は非常に大切なことだったのではないかというふうに思います。御答弁をいただいて、ありがとうございました。

政務調査費については、事実上何でも使えるのなら議員報酬と同じだということになって、ならばこれは議員個人の所得として課税すべきだ、こういう話になる。税金のかからない第二の議員報酬だ、こんなふうに言われるゆえんがここにあるわけです。

政務活動費の使途が、これはまた条例で定められるとしても、例えばその条例の定めっぷりが、使途拡大によって、もう何でもありだという非常に広義な定め方をした場合、これは議員報酬とどこが違うのか、そこに課税しないのはどうだという話になりかねないというふうに思います。この点をチェックするのは一体誰なのかなというふうに思うんですけれども、少なくとも、その人が受け取っているお金が課税所得とみなせるかどうかということは、これは国税庁の税務調査の一つの対象になるんだというふうに思います。

政務活動費の使途が条例で定められるとしても、その条例の定め方が余りにも使途を広くとっていて、例えば議員個人の生活費に充てられる、そのようにみなされるようなケースがある場合は、税務署は場合によっては税務調査しなきゃいけない、こういうことになるのではないかというふうに思います。こうしたケースに対してどう対応するのか、お伺いをしたいと思います。

○ **西村善嗣 政府参考人（国税庁課税部長）** お答え申し上げます。

まず、政務調査費の課税上の取り扱いにつきまして御説明いたします。

一般論として申し上げれば、地方公共団体の議会の議員が地方公共団体から現行の地方自治法に基づいて政務調査費を受領した場合には、所得税の課税上、雑所得の収入金額となります。雑所得の金額は、１年間の総収入金額から必要経費の総額を差し引いて計算をいたします。この総収入から政治活動のための支出を含む必要経費の総額を差し引いた残額があれば、それは課税の対象となり、残額がない場合には課税関係は生じないということになります。

国税当局におきましては、納税者の適正公平な課税を実現するという観点から、提出されました申告書等を分析するとともに、法定調書のほか、税務職員が独自に課税上有効な各種資料情報の収集に努め、課税上問題があると認められる場合には税務調査を行うなどして、適正公平な課税の実現に努めているところでございます。

今先生からお話のありました政務活動費でございますが、法改正後のことでありますので確たることは申し上げられないものの、税務上の雑所得の必要経費となります政治活動のための支出につきましては、支出の態様、目的など個々の実態に即して税法等に基づき適正に判断してまいりたいと思っております。

○ **柿澤委員** 抑止効果の高い御答弁をいただいたと思います。（略）

○ **武正公一　委員長** これより原案及び修正案を一括して討論に入ります。

討論の申し出がありますので、順次これを許します。塩川鉄也君。

○ **塩川鉄也　委員** 私は、日本共産党を代表して、地方自治法改正案並びに修正案に対する反対討論を行います。

（略）また、政務調査費の名称を政務活動費に改め、調査研究その他の活動へと使途の制限を取り払うことに、国民の理解は得られません。政務調査費をめぐる一番の課題は、使途の全面公開を徹底し、住民の信頼を得ることであります。（略）

○ **武正委員長** 次に、重野安正君。

○ **重野安正　委員** 私は、社会民主党・市民連合を代表して、政府提出の地方自治法の一部を改正する法律案について反対、修正案につ

いても反対の立場で討論を行います。（略）

また、修正案については、政務調査費の政務活動費への改正や透明性の確保等については賛成でありますが、他方で、百条調査に係る関係人の出頭及び証言並びに記録の提出の請求要件の明確化は、執行機関への監視機能としての百条調査を消極化することへの懸念があり、賛同できません。（略）

○ **武正委員長** この際、ただいま議決いたしました法律案に対し、皆吉稲生君外三名から、民主党・無所属クラブ、自由民主党・無所属の会、国民の生活が第一・きづな及び公明党の四派共同提案による附帯決議を付すべしとの動議が提出されております。

提出者から趣旨の説明を求めます。皆吉稲生君。

○ **皆吉委員** ただいま議題となりました附帯決議案につきまして、提出者を代表して、その趣旨を御説明申し上げます。

案文の朗読により趣旨の説明にかえさせていただきます。

地方自治法の一部を改正する法律案に対する附帯決議（案）

政府は、本法施行に当たり、次の事項に十分配慮すべきである。

一　本法による改正事項のうちには、地方側から意見が寄せられたものも多いことを踏まえ、改正内容の周知と適切な助言に努めるとともに、適宜その運用状況を把握し、必要に応じ、制度の見直し等適切な対応を図ること。

二　議会に付与された極めて強力な権限である、いわゆる百条調査権については、その運用状況を踏まえ、引き続き、その在り方について総合的な検討を行うこと。

三　政務調査費制度の見直しについては、議員活動の活性化を図るためにこれを行うものであることを踏まえ、その運用につき国民の批判を招くことのないよう、改正趣旨の周知徹底と併せ、使途の透明性の向上が図られるよう、特段の配慮を行うこと。

四　通年会期方式については、これを選択する場合、長等の執行機関や職員の事務処理に及ぼす影響に配慮する必要があるものとされていることを踏まえ、適正な運用が図られるよう、改正趣旨の周知徹底を図ること。

五　第三十次地方制度調査会の地方自治法改

正案に関する意見を踏まえ本法による改正から除外された、地方税等に関する事項の条例制定・改廃請求の対象化及び大規模な公の施設の設置に係る住民投票制度の導入について検討を行う場合には、同意見に示された考え方を踏まえるとともに、国と地方の協議の場等を通じて地方側と十分な協議を行うこと。

六　地方議会の議員に求められる役割及び在り方等を踏まえ、その位置付け等を法律上明らかにすることについて検討すること。

以上でございます。

何とぞ委員各位の御賛同をよろしくお願いいたします。

○**武正委員長**　以上で趣旨の説明は終わりました。

採決いたします。

本動議に賛成の諸君の起立を求めます。

　　　　　〔賛成者起立〕

○**武正委員長**　起立多数。よって、本動議のとおり附帯決議を付することに決しました。

この際、総務大臣から発言を求められておりますので、これを許します。川端総務大臣。

○**川端国務大臣**　ただいま御決議のありました事項につきましては、その趣旨を十分に尊重してまいりたいと存じます。

○**武正委員長**　お諮りいたします。

ただいま議決いたしました法律案に関する委員会報告書の作成につきましては、委員長に御一任願いたいと存じますが、御異議ありませんか。

　　　　　〔「異議なし」と呼ぶ者あり〕

○**武正委員長**　御異議なしと認めます。よって、そのように決しました。

◆　**第180回国会　参議院総務委員会会議録（抄）第15号（平成24年8月28日）**

○**委員長（草川昭三君）**　ありがとうございました。

この際、本案の衆議院における修正部分について、修正案提出者衆議院議員橘慶一郎君から説明を聴取いたします。橘慶一郎君。

○**衆議院議員（橘慶一郎君）**　ただいま議題となりました地方自治法の一部を改正する法律案の衆議院における修正部分につきまして、趣旨及び内容を御説明申し上げます。

この修正は、各会派間の修正協議の結果を踏まえ、本案による改正に加え、百条調査に係る関係人の出頭及び証言並びに記録の提出の請求の要件の明確化、政務調査費の名称の変更等、普通地方公共団体の長及び委員長等の議場出席についての配慮規定の追加等の改正を行うものであり、その内容は次のとおりであります。

第一に、普通地方公共団体の議会が当該普通地方公共団体の事務に関する調査を行うため関係人の出頭及び証言並びに記録の提出を請求することができる場合を、特に必要があると認めるときに限るものとすることとしております。

第二に、政務調査費の名称を政務活動費に、交付の名目を議会の議員の調査研究その他の活動に資するために改めるとともに、政務活動費を充てることができる経費の範囲について、条例で定めなければならないものとすることとしております。また、議長は、政務活動費については、その使途の透明性の確保に努めるものとする規定を追加することとしております。

第三に、会期を通年とした普通地方公共団体の議会の議長は、当該普通地方公共団体の長及び委員長等に議場への出席を求めるに当たっては、当該普通地方公共団体の執行機関の事務に支障を及ぼすことのないよう配慮しなければならないものとする規定を追加することとしております。

第四に、その他所要の規定の整備を行うこととしております。

以上が本法律案の衆議院における修正部分の趣旨及び内容であります。

何とぞ、御審議の上、御賛同くださいますようお願いを申し上げます。（略）

○**委員長（草川昭三君）**　ありがとうございました。

以上で両案の趣旨説明及び衆議院における修正部分の説明の聴取は終わりました。

これより両案について質疑に入ります。

質疑のある方は順次御発言をお願いします。（略）

○**礒崎陽輔君**　ありがとうございました。

じゃ、地方自治法の修正案の方でちょっとお伺いをいたしたいと思います。

今回、地方自治法の改正案で、地方議会において交付されている政務調査費を政務活動費ということに変更する改正が行われておりますが、この改正なぜしなきゃならぬのか、

端的にお答えください。

○ 衆議院議員（橘慶一郎君）　お答え申し上げます。

　これまで政務調査費につきましては、条文上、交付目的は調査研究に資するものに限定されていたわけでありますが、議員活動の活性化を図るため、「その他の活動」という文言を追加することによりまして議会の議員としての活動である限り使途を拡大できるものとし、これに伴いまして政務調査費という名称を政務活動費に改めたというのが今回の修正案の趣旨でございまして、例えば、従来、調査研究活動と認められていなかった議員としての補助金の要請、陳情活動等のための旅費、交通費、あるいは議員として地域で行う市民相談、意見交換会や会派単位の会議に要する経費のうち、調査研究活動と認められていなかったものといったものについても条例で対象とすることができるようになると、こういう趣旨での改正ということでございます。

○ 礒崎陽輔君　大体そうだと思うんですけれども、私は、経緯考えたら、これは、地方自治法に政務調査費という言葉を入れたときの立法意思はもうちょっと広かったと私は思うんですよ。それは確かに調査だから調査なんですけど、調査といってもいろんな調査のやり方があるんで。ところが、いろんな議論を経て、判例の積み重ねもあって、非常にやっぱり最高裁判所が狭く解した。狭く解して悪いと言っているんじゃありません、これは三権分立でありますから、それは尊重しなければなりません。立法意思があるにしても、一旦法律ができれば、それはその文言解釈で最高裁判所が判断するのが当然でありまして、悪いと言っているわけじゃありませんけれども、ただ、立法経緯を考えれば非常にちょっと狭く扱われたなという感じがする。

　そこで、今回はもう少し使い勝手を良くしようということだと思うんですけれど、新聞を見ますと、オンブズマンの皆さんが、何かこれをやると政務調査費の支出に歯止めが掛からなくなるというような御批判をなさっておるようなんですが、これについてどう思われますか。

○ 衆議院議員（橘慶一郎君）　確かに、礒崎委員御指摘のような御批判というのが出ているということは承知をしておるわけでありま

す。

　しかしまた、今回の修正案においては、議員の活動である限りその他の活動にも使途を拡大できるものとする一方で、政務活動費を充てることができる具体的な経費の範囲については条例で定めるということにしておりますので、この条例の制定に関する議会における審議、あるいはその審議の過程における住民の方々の監視等によりまして、その無駄の排除や活動費の正当性を担保できるものと考えております。また、地方議会の議長にも、政務活動費について、その使途の透明性の確保に努めるものという努力規定も追加することをしておるわけでございます。

　あくまで議会の議員の調査研究その他の活動に資するための経費の一部を交付するという形になるわけでありまして、議会の議員としての活動に含まれない政党活動あるいは選挙活動、後援会活動、また私人としての活動のための経費と、こういったものは条例によりましても対象にすることができないということでありまして、支出に歯止めが掛からなくなるという批判は当たらないものと考えております。条例で範囲をしっかり決めること、そしてまた透明性に努めること、こういったことで担保されているものと考えております。

○ 礒崎陽輔君　そうなんですね。私のところにもオンブズマンの皆さんから抗議文書来ているんですけれども、条例で決めるようにしたということはほとんど書いてくれていないんですね。だから、確かに政務調査費を政務活動費にしただけだったら私はちょっと適切な法改正じゃないと思いますけれども、その代わり具体的に何に使われるかということをきちっと条例で決めるんだということなんですね。そこのところはまず理解を得なきゃならぬと思います。

　私は、今までのオンブズマンの皆さんの活動にも敬意を表したいと思います。もちろん不正は絶対許しちゃいけない、このために一生懸命オンブズマンの皆さんも頑張った、それは立派な市民活動だと私は思います。

　ただ、もう一つ考えなければならないのは、一つはさっきの使い勝手の問題もありますけれども、予測可能性が立たない法律というのは良くないんですね。私の大分県でもいろんな事件がありましたけれど、議会の中のルー

ルでは正しかったんです。議会の中のルール
では正しかったんですけれど、オンブズマン
の皆さんから訴えられて、裁判所がそれはや
っぱりおかしいという判断だった。それが、
その判断がおかしいとは言っておるんではあ
りませんけれど、議員の立場から見れば、何
が適法で何が違法か、これが分からないとい
うような法律はやはりおかしいんだと私は思
うわけですね。

だから、今回の改正によって少し、調査費
ではもう既に判例ができていますから、この
ままじゃ最高裁判所の判例も変わりませんか
ら、それを調査費を活動費という名前に変え
てもらって、しかしながら具体的に何に使え
るかというのは議会が条例で決めるんだと。
今の地方議会見れば、住民の関心は極めて強
いです。そんな変な条例ができるわけありま
せんし、それから、額が増えるという改正で
はありませんよね。それは今の額の範囲内
で、今はどんどん減らそうという方にむしろ
地方は動いておるわけでありまして、その範
囲内で何に使えるかということをきちっと条
例に定めて、議員も安心して使える、これは
いい、これは駄目だということが住民の前にも
明確になる、そういう改正だと私は思ってお
りますので、御尽力に感謝を申し上げたいと
思います。(略)

○ 木庭健太郎君　最後に、地方自治法の修正
部分についてちょっとお伺いしたいんです
が、修正案提案者の方に一つお伺いしておき
たいのは、今回、修正協議において、結局残
される課題として、その他に、今回いろいろ
あった中のほかにどのような課題があった
か、どのような論点があったかということに
ついて、これは修正案提案者に伺っておきた
い。

と申しますのは、私ども公明党は、昨年一
月に地方議会改革への提言を取りまとめたと
きに、特にその中で指摘させていただいたの
は地方議員の在り方の問題なんです。

公選職である地方議員の役割や責務という
のを踏まえて見ると、これでいろいろ変わっ
ていく部分もあるわけですが、そうすると、
やっぱりこの地方議員の法的位置付けという
のは今極めて曖昧で、やはりそこをきちんと
明確にしてあげることがいろんな意味での物
事を進めていく一番大事な点じゃないかと思
いまして、この地方議員の法的位置付けの明

確化というものは検討することが必要ではな
いかなという提言をいたしておったものです
から、この点について修正案提出者にお聞き
すると同時に、この地方議員の法的位置付け
の明確化という問題について、これについて
総務大臣ももし見解があればこれをお伺いし
て、私は質問を終わりたいと思います。

○ 衆議院議員（稲津久君）　お答えいたします。
修正案提出者としては、地方自治法に関す
る課題について、今回の修正協議におきまし
て取り組んできたものと考えております。

ただいまの残される課題としてそのほかに
どのような論点があったのかという御質問で
ございますけれども、全国の都道府県議会の
議長会から、地方議員の公選職としての位置
付けを明確にすることを求めております。こ
の点が論点であると、このように考えており
ます。

今議員からも御指摘がありましたけれども、
私ども公明党といたしましても、この修正協
議の中におきましても、地方議員の役割、責
務、これらのことを明確にすることによりま
して、今回のこの政務活動費等の意義をはっ
きりさせるために地方議員の位置付けを法定
化すべきと、このように考えているところで
ございます。

以上でございます。

○ 国務大臣（川端達夫君）　住民に身近な行政
をしっかり果たすということでの、最近の条
項の中でいえば、議会機能の更なる強化、充
実ということで、議員に求められる役割も増
大するというのが基本的な状況だというふう
に思っています。

そういう中で、御党からも御提言をいただ
いております。それから、今お触れいただき
ましたが、全国都道府県議会議長会からも、
議員の位置付け、その職責、職務について法
律で明らかにすべきという意見が出されてお
ります。

いろんな論点としては、公選職と位置付け
ることで公務の範囲をどう考えるのか、常勤
かどうか、特別職かどうか、兼業をどうする
か、あるいは議員が会派や議員個人の活動を
行うということと政治活動との区別をどうす
るのか、費用の問題、公務災害の問題、会期
外の議員活動についての規制をどうするのか
等々、論点はたくさんあります。しかし、今
回こういうふうに議会等の在り方を含めて地

382

方自治法の改正も行われました。新たな議会運営の実態がスタートするということでありますので、この実態を踏まえながら引き続きしっかりと検討してまいりたいというふうに思っております。(略)

○ **山下芳生君** (略)

残りの時間で、地方自治法改定案について伺います。

政務調査費について川端総務大臣に、まず、政務調査費の使途についてはやはり住民の納得と理解が得られるものじゃなければならないと思います。市民オンブズマンが調べただけでも、住民監査請求で勧告まで行われた件数は84件、9億4910万円、住民訴訟は70件を超えており、うち47件は判決で支出の一部が違法と認定されております。

こういう政務調査費の運用の現状について、大臣の認識を伺いたいと思います。

○ **国務大臣(川端達夫君)** 現行制度では、政務調査費は、議会における会派又は議員に対して、その調査研究に資するために必要な経費の一部として交付されております。

今回の修正では、議会活動の自由度を高めるために、政務調査費を政務活動費へと位置付けを見直すことによって調査研究活動以外の議員活動又は会派活動にも充てることができることを明確にするというものと承知しておりますが、今委員御指摘のように、政務調査費については、その運用をめぐって住民監査請求あるいは訴訟が提起されており、説明責任の徹底及び情報公開による透明性の向上を図っていくことが重要であるというふうに認識をしております。第28次の地方制度調査会の答申においても、住民への説明責任を果たす観点から、その使途の透明性を高めていくべきであると提言されていたところであり、今回の修正案に、議長に対する使途の透明性の確保に関する努力義務が明記されたことについては、これに資するものと認識をしております。

また、移行に当たっては、政務活動費を充てることができる経費の範囲は条例で定めることとされておりますので、各地方自治体において政務活動費の在り方を含め議会の支出について改めて議論が行われることが期待されているということで、その動向を注視してまいりたいと思っております。

○ **山下芳生君** 今各地で政務調査費の公開が

行われております。8月6日、東京都の政務調査費の領収書の公開が行われました。新聞各紙は、自己物件にも事務所賃料、子供だましとか、政調費疑問の支出、雑誌購読、議連参加費、領収書黒塗りもとか、疑問符付く支出も、新年会はしご、人件費は黒塗りなどと報道されております。

法案は、政務調査費の使途に対する住民の信頼が損なわれているときに、合理的な説明も国民的な議論もないまま突然衆議院の委員会の四会派修正でその使途を広げたものであります。

提案者の方に伺いますが、このような現状の下で政務調査費の使途を拡大することに住民の理解と納得が得られると考えておられるんでしょうか。

○ **衆議院議員(逢坂誠二君)** 私の経験も踏まえて若干申し上げますと、地方議会の議員の皆様は様々な活動をしております。当然、その活動にはある一定の経費が掛かるということでありますが、その活動の経費に対して、それは一切合財御自身の収入で賄うべきだという考え方もある一方で、ある一定のもの、幾ばくかについては公費で賄ってもよいだろうという考え方もあるのだと思っています。今の日本の仕組みの中では、その議員の活動の経費のある一定部分について幾ばくかは公費で賄っていいだろうという、そういう自治体の判断があれば賄ってもいいだろうというのが今の仕組みだと思っております。

それで政務調査費というものがあるんだと思っていますが、その際に大事になるのは、私、二つだと思っていまして、一つはやはり透明性の確保、きちんと説明責任ができるということだと思います。それと、もう一点重要なのは、全国の自治体議員の皆さんの活動というのは随分実は差があります。大都市の議員の皆さんと小規模自治体の議員も違いますし、農山漁村と例えば製造業の多いような地域ともまたこれ違っていると思いますので、それぞれの地域で議員の活動の内容について議論をみんながして、そうして納得の得られるそういう公費負担の在り方というものを模索していくということが私は大事だと思っています。

その意味におきまして、今回の法案では、透明性を高めるという手だてをもう一段階加えました。それから、条例で決めるという、

383

地域で議論をいただくということも加えさせ
ていただいた。そして、国の大きな政務調査
費に関する方向感も改めて見直させていただ
いたという意味で、この法案を出発点にして
更に地域で御議論を深めていくことが私は大
切だと思っております。(略)
○ 委員長（草川昭三君） 他に御発言もないよ
うですから、両案に対する質疑は終局したも
のと認めます。
　これより両案について討論に入ります。
　御意見のある方は賛否を明らかにしてお述
べ願います。
○ 山下芳生君　私は、日本共産党を代表して、
地方自治法改正案、大都市地域における特別
区設置法案に対する反対討論を行います。(略)
　また、政務調査費の使途への批判がある中
で、国民的な議論のないまま使途を広げるこ
とは国民の理解を得られません。政務調査費
をめぐる一番の課題は、使途の全面公開を徹
底し、住民の信頼を得ることであります。(略)
○ 委員長（草川昭三君） 多数と認めます。
　よって、本案は多数をもって原案どおり可
決すべきものと決定をいたしました。
　この際、片山さつき君から発言を求められ
ておりますので、これを許します。片山さつ
き君。
○ 片山さつき君　私は、ただいま可決されま
した地方自治法の一部を改正する法律案に対
し、民主党・新緑風会、自由民主党・たちあ
がれ日本・無所属の会、公明党、国民の生活
が第一、みんなの党及びみどりの風の各派共
同提案による附帯決議案を提出いたします。
　以下、案文を朗読いたします。
　地方自治法の一部を改正する法律案に対す
る附帯決議（案）
　政府は、本法施行に当たり、次の事項につ
いてその実現に努めるべきである。
一、本法による改正事項には地方側から意見
　が寄せられたものも多いことを踏まえ、
　改正内容の周知と適切な助言に努めると
　ともに、適宜その運用状況を把握し、必
　要に応じ、制度の見直し等適切な対応を
　図ること。
二、いわゆる百条調査権は、議会に付与され
　た極めて強力な権限であることから、そ
　の運用状況について必要な調査を行い、
　その状況を踏まえ、百条調査権の在り方
　について総合的な検討を行うこと。

三、政務調査費制度の見直しについては、議
　員活動の活性化を図るためにこれを行う
　ものであることを踏まえ、その運用につ
　き国民の批判を招くことのないよう、改
　正趣旨の周知徹底と併せ、使途の透明性
　の向上が図られるよう、特段の配慮を行
　うこと。
四、通年会期制を導入することによって長等
　の執行機関や職員の円滑な事務処理に支
　障を及ぼすことを防ぐため、通年会期制
　を選択する地方公共団体において、本会
　議や委員会の開催等により執行機関や職
　員に過度の負担が生じることのないよう
　議会運営に十分配慮することについて、
　周知徹底を図ること。
五、第30次地方制度調査会の地方自治法改
　正案に関する意見を踏まえ本法による改
　正から除外された、地方税等に関する事
　項の条例制定・改廃請求の対象化及び大
　規模な公の施設の設置に係る住民投票制
　度の導入について検討を行う場合には、
　同意見に示された考え方を踏まえるとと
　もに、国と地方の協議の場等を通じて地
　方側と十分な協議を行うこと。
六、地方議会の議員に求められる役割及び在
　り方等を踏まえ、その位置付け等を法律
　上明らかにすることについて検討するこ
　と。
　右決議する。
　以上でございます。
　何とぞ委員各位の御賛同をお願い申し上げ
ます。
○ 委員長（草川昭三君） ただいま片山さつき
君から提出をされました附帯決議案を議題と
し、採決を行います。
　本附帯決議案に賛成の方の挙手を願います。
　　　　　　　　　　　　　〔賛成者挙手〕
○ 委員長（草川昭三君） 多数と認めます。
　よって、片山さつき君提出の附帯決議案は
多数をもって本委員会の決議とすることに決
定をいたしました。
　ただいまの決議に対し、川端総務大臣から
発言を求められておりますので、この際、こ
れを許します。川端総務大臣。
○ 国務大臣（川端達夫君） ただいま御決議の
ありました事項につきましては、その御趣旨
を十分に尊重してまいりたいと存じます。

3 判例索引

●昭和52年
昭和52年2月24日最高裁判所第一小法廷判決／昭和49年（あ）1709号　　　203

●昭和53年
昭和53年6月23日最高裁判所第三小法廷判決／昭和52年（行ツ）84号　　　185

●昭和59年
昭和59年3月7日神戸地方裁判所判決／昭和57年（行ウ）第24号　　　43,44
昭和59年12月21日最高裁判所第二小法廷判決／昭和58年（オ）934号　　　190

●昭和62年
昭和62年2月20日最高裁判所第二小法廷／昭和57年（行ツ）164号　　　185

●平成2年
平成2年12月21日横浜地方裁判所判決／平成元年（行ウ）第22号　　　43,45,104
平成2年12月21日千葉地方裁判所判決／平成元年（行ウ）第10号　　　45

●平成5年
平成5年5月28日徳島地方裁判所判決／昭和63年（行ウ）第12号　　　44,104

●平成9年
平成9年7月11日千葉地方裁判所判決／平成7年（行ウ）第33号　　　39,44,56

●平成14年
平成14年7月2日最高裁判所第三小法廷判決／平成10年（行ヒ）51号　　　185

●平成16年
平成16年1月30日徳島地方裁判所判決／平成14年（行ウ）第7号　　　43,44

●平成17年
平成17年11月10日最高裁判所第一小法廷決定／平成17年（行フ）2号
＜一審＞平成16年9月17日仙台地裁
＜控訴審＞平成16年11月24日仙台高裁　　　158

●平成18年
平成18年10月20日青森地方裁判所判決／平成17年（行ウ）4号　弘前市　　　265
＜控訴審＞平成19年4月26日仙台高裁

●平成 19 年

平成 19 年 5 月 25 日青森地方裁判所判決／平成 17 年（行ウ）7 号　弘前市　　237,253
<控訴審>平成 19 年 12 月 20 日仙台高裁

平成 19 年 12 月 20 日仙台高等裁判所判決／平成 19 年（行コ）15 号　弘前市　　237,357
<一審>平成 19 年 5 月 25 日青森地裁

●平成 20 年

平成 20 年 3 月 24 日仙台地方裁判所判決／平成 18 年（行ウ）4 号　仙台市
<控訴審>平成 20 年 11 月 11 日仙台高裁　　　　　　　　　　　　　　　　　　　296

平成 20 年 5 月 16 日函館地方裁判所判決／平成 18 年（行ウ）1 号　函館市
<控訴審>平成 21 年 2 月 27 日札幌高裁　　　　　　　　　　　　　　　　　　　296

平成 20 年 9 月 5 日東京地方裁判所判決／平成 19 年（行ウ）462 号　墨田区
<控訴審>平成 21 年 5 月 27 日東京高裁　　　　　　　　　　　　　　　　　　　159

平成 20 年 12 月 1 日仙台地方裁判所判決／平成 19 年（行ウ）17 号　宮城県
<和解>平成 21 年 3 月 23 日仙台高裁　　　　　　　　　　　　　　　　　　　　230

●平成 21 年

平成 21 年 2 月 17 日岡山地方裁判所判決／平成 19 年（行ウ）31 号　倉敷市　　255

平成 21 年 3 月 26 日名古屋地方裁判所判決／平成 20 年（行ウ）32 号　名古屋市
<控訴審>平成 21 年 9 月 17 日名古屋高裁　　　　　　　　　　　　　　　　　　160

平成 21 年 5 月 27 日東京高等裁判所判決／平成 20 年（行コ）333 号 墨田区
<一審>平成 20 年 9 月 5 日東京地裁　　　　　　　　　　　　　　　　　284,286

●平成 22 年

平成 22 年 2 月 23 日最高裁判所第三小法廷判決／平成 21 行ヒ）234 号　函館市
<一審>平成 20 年 5 月 16 日函館地裁
<控訴審>平成 21 年 2 月 27 日札幌高裁　　　　　　　　　　　　　　　　　　　169

平成 22 年 3 月 23 日最高裁判所第三小法廷判決／平成 21 年（行ヒ）214 号　かすみが
うら市
<一審>平成 20 年 11 月 4 日水戸地裁
<控訴審>平成 21 年 3 月 26 日東京高裁　　　　　　　　　　　　　　166,167,175

平成 22 年 3 月 26 日熊本地方裁判所判決／平成 19 年（行ウ）11 号　熊本市　　251,347

平成 22 年 6 月 9 日横浜地方裁判所判決／平成 19 年（行ウ）45 号　横浜市
<控訴審>平成 22 年 11 月 5 日東京高裁　　　　　　　　　　　　　　　　　　　289

平成 22 年 8 月 25 日大阪地方裁判所判決／平成 20 年（ワ）14353 号　大阪府　　183

平成 22 年 11 月 5 日東京高等裁判所判決／平成 22 年（行コ）242 号　横浜市
<一審>平成 22 年 6 月 9 日横浜地裁　　　　　　　　　　　　　　　　　　　　282

平成 22 年 11 月 19 日盛岡地方裁判所判決／平成 18 年（行ウ）11 号　岩手県
<控訴審>平成 23 年 9 月 30 日仙台高裁判決　　　　　　　　　　　　　　264,268

●平成 23 年

平成 23 年 1 月 19 日宇都宮地方裁判所判決／平成 20 年（行ウ）13 号　小山市（栃木県）　218,238

平成 23 年 2 月 24 日大分地方裁判所判決／平成 19 年（行ウ）9 号　大分県　　171,252

＜控訴審＞平成 24 年 1 月 31 日福岡高裁

平成 23 年 3 月 8 日釧路地方裁判所判決／平成 20 年（行ウ）1 号　釧路市
＜控訴審＞平成 23 年 11 月 25 日札幌高裁　　　　　　　　　　　　　　　237,254

平成 23 年 3 月 23 日名古屋地方裁判所判決／平成 18 年（行ウ）80 号　名古屋市
＜控訴審＞平成 25 年 1 月 31 日名古屋高裁　　　　　　　　　　　　　　286,300

平成 23 年 4 月 6 日大阪地方裁判所判決／平成 20 年（ワ）14355 号　大阪府　　318

平成 23 年 5 月 20 日仙台高等裁判所判決／平成 22 年（行コ）8 号　弘前市
＜一審＞平成 22 年 3 月 26 日青森地裁　　　　　　　　　　　　　250,296,335

平成 23 年 8 月 31 日東京地方裁判所判決／平成 22 年（行ウ）24 号　目黒区
＜控訴審＞平成 24 年 10 月 31 日東京高裁　　　　　　　　　　　　　　　175

平成 23 年 9 月 8 日福岡高等裁判所判決／平成 22 年（行コ）37 号　福岡市　180,196

平成 23 年 9 月 28 日前橋地方裁判所判決／平成 21 年（ワ）1001 号　前橋市
＜控訴審＞平成 26 年 6 月 18 日東京高裁　　　　　　　　　　　　　　　302

平成 23 年 12 月 9 日徳島地方裁判所判決／平成 19 年（行ウ）17 号　徳島市
＜控訴審＞平成 24 年 10 月 18 日高松高裁　　　　　　　　　　　　　　　249

●平成 24 年

平成 24 年 10 月 16 日金沢地方裁判所判決／平成 23 年（行ウ）1 号　金沢市
＜控訴審＞平成 25 年 7 月 3 日名古屋高裁金沢支部　　　321,327,329,341,344,357

●平成 25 年

平成 25 年 1 月 16 日大阪地方裁判所判決／平成 19 年（行ウ）135 号　大阪府
　　　　　　　　　　　　　　　　　　　　　　　　　　　　183,298,347

平成 25 年 1 月 25 日最高裁判所第二小法廷判決／平成 22 年（行ヒ）42 号　目黒区
＜一審＞平成 20 年 11 月 28 日東京地裁
＜控訴審＞平成 21 年 9 月 29 日東京高裁
＜差し戻し控訴審＞平成 25 年 6 月 20 日東京高裁　　　　　　161,202,212

平成 25 年 1 月 31 日名古屋高等裁判所判決／平成 23 年（行コ）35 号　名古屋市
＜一審＞平成 23 年 3 月 23 日名古屋地裁　　　　　　　　　　192,212,286

平成 25 年 2 月 20 日宇都宮地方裁判所判決／平成 23 年（行ウ）13 号 栃木県
＜控訴審＞平成 25 年 9 月 27 日東京高裁　　　　　　　　　　　　　　　289

平成 25 年 4 月 24 日東京地方裁判所判決／平成 24 年（行ウ）524 号　青梅市　　240

平成 25 年 6 月 19 日横浜地方裁判所判決／平成 20 年（行ウ）19 号　神奈川県 184,224

平成 25 年 7 月 3 日名古屋高等裁判所金沢支部判決／平成 24 年（行コ）16 号　金沢市
＜一審＞平成 24 年 10 月 16 日金沢地裁
＜上告審＞平成 27 年 1 月 15 日最高裁一小　　　　　　　　　　　　　　344

平成 25 年 7 月 31 日福井地方裁判所判決／平成 22 年（行ウ）16 号 福井県
＜控訴審＞平成 26 年 5 月 28 日名古屋高裁　　　　　　　　　　　　　　236

平成 25 年 8 月 29 日奈良地方裁判所判決／平成 24 年（行ウ）5 号 橿原市（奈良県）
＜控訴審＞平成 26 年 3 月 18 日大阪高裁　　　　　　　　　　　315,316,341

平成 25 年 10 月 16 日神戸地方裁判所判決／平成 24 年（行ウ）15 号　西宮市　175

平成 25 年 11 月 18 日福岡地方裁判所判決／平成 19 年（行ウ）70 号　福岡市
　　　　　　　　　　　　　　231,242,244,303,305,341,347

●平成26年

平成26年3月18日大阪高等裁判所判決／平成25年（行コ）149号 橿原市
<一審>平成25年8月29日奈良地裁　　　　　　　　　　　　　　315,316,337,341

平成26年3月26日大阪地方裁判所判決／平成22年（行ウ）27号・平成22年（行ウ）
77号 大阪市
<控訴審>平成26年9月11日大阪高裁　　　　　　　　　　　247,259,263,285,363

平成26年3月26日横浜地方裁判所判決／平成24年（行ウ）66号 横浜市　　265

平成26年3月31日金沢地方裁判所判決／平成21年（行ウ）5号 石川県津幡町
<控訴審>平成27年9月16日名古屋高裁金沢支部　　　　　　　　　　　　　163

平成26年5月28日名古屋高等裁判所金沢支部判決／平成25年（行コ）6号 福井県
<一審>平成25年7月31日福井地裁
<上告>平成27年1月22日最高裁一小　　　　　　　　　　　　　　　　　236

平成26年6月18日東京高等裁判所判決／平成23年（ネ）7301号　前橋市
<一審>平成23年9月28日前橋地裁　　　　　　　　　　　　　　　　　　302

平成26年9月11日大阪高等裁判所判決／平成26年（行コ）79号・平成26年（行コ）
123号　大阪市
<一審>平成26年3月26日大阪地裁
<上告>平成27年9月24日最高裁一小　　　　　　　　　　　　248,259,273,352

平成26年10月16日金沢地方裁判所判決／平成25年（行ウ）6号　石川県　　268

平成26年10月16日金沢地方裁判所判決／平成24年（行ウ）4号　石川県　238,239

平成26年10月24日和歌山地方裁判所判決／平成23年（行ウ）7号　和歌山県
<控訴審>平成27年7月30日大阪高裁　　　　　　　　　　　194,267,321,324,347

平成26年11月11日金沢地方裁判所判決／平成25年（行ウ）5号　金沢市
<控訴審>平成27年5月20日名古屋高裁金沢支部　　　　　　　　309,320,321,341

平成26年11月27日仙台地方裁判所判決／平成22年（行ウ）13号 仙台市
<控訴審>平成28年6月22日仙台高裁　　　　　　　　　　　　　　312,313,358

平成26年11月27日奈良地方裁判所判決／平成25年（行ウ）15号　奈良県
<控訴審>平成27年11月12日大阪高裁　　　　　　　　269,277,329,331,350,364

平成26年12月18日奈良地方裁判所判決／平成25年（行ウ）11号　橿原市　　315

●平成27年

平成27年1月20日岡山地方裁判所判決／平成23年（行ウ）21号　岡山市
<控訴審>平成27年12月17日広島高裁岡山支部　198,227,258,260,291,295,305,335,338,363

平成27年2月26日東京地方裁判所判決／平成26年（行ウ）209号 杉並区
<控訴審>平成27年9月17日東京高裁　　　　　　　　　　　　　　　　　196

平成27年4月8日大阪地方裁判所判決／平成24年（行ウ）129号　茨木市
　　　　　　　　　　　　　　　　　　　　　　　　　　175,235,271,272,348

平成27年5月15日福岡地方裁判所判決／平成24（行ウ）86号　北九州市　　271

平成27年5月20日名古屋高等裁判所金沢支部判決／平成26年（行コ）11号　金沢市
<一審>平成26年11月11日金沢地裁　　　　　　　　　　　　　　　　　309

平成27年5月26日札幌地方裁判所判決／平成21年（行ウ）36号 北海道
<控訴審>平成28年3月22日札幌高裁　　　　　　　　　218,226,227,228,270,341

平成 27 年 6 月 11 日広島高等裁判所岡山支部判決／平成 26 年（行コ）12 号　倉敷市
<一審>平成 26 年 10 月 29 日岡山地裁　　　　　　　　　　　　　　　　　　246,249
平成 27 年 6 月 24 日宇都宮地方裁判所判決／平成 22 年（行ウ）8 号　栃木県
<控訴審>平成 30 年 8 月 2 日東京高裁　　　　255,306,311-314,316,318,325,362,363
平成 27 年 7 月 29 日岡山地方裁判所判決／平成 25 年（行ウ）4 号　倉敷市　　　　246
平成 27 年 7 月 30 日大阪高等裁判所判決／平成 26 年（行コ）182 号　和歌山県
<一審>平成 26 年 10 月 24 日和歌山地裁　　　　　　　　　　　　　　　　　267,324
平成 27 年 8 月 11 日長崎地方裁判所判決／平成 24 年（行ウ）12 号　長崎市　　　231
平成 27 年 9 月 2 日名古屋高等裁判所金沢支部判決／平成 27 年（行コ）4 号　金沢市
<一審>平成 27 年 3 月 26 日金沢地裁　　　　　　　　　　　　　　　　　　　　207
平成 27 年 9 月 17 日東京高等裁判所判決／平成 27 年（行コ）110 号　杉並区
　　　　　　　　　　　　　　　　　　　　　　　　　　　　　　　　　　　　196
平成 27 年 10 月 14 日広島地方裁判所判決／平成 25 年（行ウ）34 号　広島市
<控訴審>平成 28 年 3 月 25 日広島高裁　　　　　　　　　　　　　　　　　　　331
平成 27 年 10 月 27 日岡山地方裁判所判決／平成 24 年（行ウ）15 号　岡山市
<控訴審>平成 28 年 11 月 10 日広島高裁岡山支部
　　　　　　　　175,198,214,237,255,257,258,264,272,282,290,326,335,348,363
平成 27 年 11 月 12 日大阪高等裁判所判決／平成 26 年（行コ）192 号 奈良県
<一審>平成 26 年 11 月 27 日奈良地裁　　　　　　　　　　　　　　　　　　277,332
平成 27 年 11 月 26 日福岡地方裁判所判決／平成 23 年（行ウ）29 号　福岡県　211,288
平成 27 年 12 月 17 日広島高等裁判所岡山支部判決／平成 27 年（行コ）4 号　岡山市
<一審>平成 27 年 1 月 20 日岡山地裁　　　　　　　　　　　　227,260,294,335

●平成 28 年

平成 28 年 1 月 18 日徳島地方裁判所判決／平成 25 年（行ウ）3 号　徳島県
<控訴審>平成 28 年 9 月 20 日高松高裁　　　　　　　　　　　　　　291,292,348
平成 28 年 2 月 4 日京都地方裁判所判決／平成 23 年（行ウ）31 号　京都市
　　　　　　　　　　　　　　　　　　　　　　　　　　　282,310,322,326
☆平成 28 年 2 月 10 日福井地方裁判所判決／平成 27 年（行ウ）1 号　福井市
<控訴審>平成 28 年 6 月 1 日名古屋高裁金沢支部　　　　　　　　　　　　　　223
平成 28 年 3 月 11 日東京地方裁判所判決／平成 25 年（行ウ）677 号　千代田区
　　　　　　　　　　　　　　　　　　　　　197,263,273,291,303,359
平成 28 年 3 月 17 日宇都宮地方裁判所判決／平成 26 年（行ウ）2 号　栃木県
<控訴審>平成 28 年 9 月 27 日東京高裁　　　　171,276,283,285,286,289,316,317,319
平成 28 年 3 月 22 日札幌高等裁判所判決／平成 27 年（行コ）11 号　北海道
<一審>平成 27 年 5 月 26 日札幌地裁
<上告>平成 28 年 12 月 21 日最高裁二小　　　　　　　　　212,216,218,270
☆平成 28 年 3 月 22 日東京地方裁判所判決／平成 26 年（行ウ）582 号　中野区
　　　　　　　　　　　　　　　　　　　　　　　　　　　　　　　　165,262
平成 28 年 3 月 24 日金沢地方裁判所判決／平成 26 年（行ウ）4 号 石川県
　　　　　　　　　　　　　　　　　　　　　　　　　302,358,359,361
平成 28 年 3 月 25 日長野地方裁判所判決／平成 24 年（行ウ）3 号　長野県
<控訴審>平成 28 年 12 月 21 日東京高裁　　　　　　　219,256,278,297,315

平成 28 年 4 月 13 日福井地方裁判所判決／平成 25 年（行ウ）2 号 福井県　　　　356
平成 28 年 4 月 22 日新潟地方裁判所判決／平成 25 年（行ウ）7 号 新潟県
＜控訴審＞平成 29 年 4 月 26 日東京高裁　　　　　　　　　　　　　196,257,329
平成 28 年 4 月 27 日岡山地方裁判所判決／平成 25 年（行ウ）12 号　岡山市
＜控訴審＞平成 29 年 3 月 30 日広島高裁　243,260,264,273,291,294,300,305,306,310,312,
　　　　　　　　　　　　　315,317,329,333,334,336,342,346,351,355,362
☆平成 28 年 5 月 17 日山形地方裁判所判決／平成 23 年（行ウ）2 号　山形県
＜控訴審＞平成 29 年 4 月 21 日仙台高裁　　　　　　　　234,250,265,301,305
☆平成 28 年 6 月 1 日名古屋高等裁判所金沢支部判決／平成 28 年（行コ）4 号　福井市
＜一審＞平成 28 年 2 月 10 日福井地裁　政務活動費　　　　　　　　　　　222
平成 28 年 6 月 22 日仙台高等裁判所判決／平成 27 年（行コ）2 号・9 号　仙台市
＜一審＞平成 26 年 11 月 27 日仙台地裁＜上告＞平成 29 年 2 月 23 日最高裁一小　　215,219,230
平成 28 年 6 月 22 日山口地方裁判所判決／平成 26 年（行ウ）7 号　山口県
＜控訴審＞平成 29 年 3 月 29 日広島高裁　　　　　　　　　　　　　　290,360
平成 28 年 6 月 28 日最高裁判所第三小法廷判決／平成 25 年（行ヒ）562 号 京都府
＜一審＞平成 25 年 3 月 28 日京都地裁
＜控訴審＞平成 25 年 9 月 26 日大阪高裁　　　　　　　　　　　　　　　167
平成 28 年 9 月 20 日高松高等裁判所判決／平成 28 年（行コ）12 号　徳島県
＜一審＞平成 28 年 1 月 18 日徳島地裁　　　　　　　　　　　　　　　　291
平成 28 年 9 月 27 日東京高等裁判所判決／平成 28 年（行コ）154 号 栃木県
＜一審＞平成 28 年 3 月 17 日宇都宮地裁　　　　　　　　　　　　280,318
☆平成 28 年 9 月 29 日金沢地方裁判所判決／平成 27 年（行ウ）2 号 石川県
＜控訴審＞平成 29 年 3 月 1 日名古屋高裁　　　　　　196,235,350,355,360,362
平成 28 年 9 月 29 日大阪地方裁判所判決／平成 26 年（行ウ）81 号・平成 26 年（行ウ）
116 号　茨木市　　　　　　　　　　　283,284,309,310,358
☆平成 28 年 10 月 26 日岡山地方裁判所判決／平成 27 年（行ウ）3 号　津山市
　　　　　　　　　165,222,225,245,271,275,287,292,315
☆平成 28 年 10 月 27 日金沢地方裁判所判決／平成 27 年（行ウ）6 号　金沢市— 321,353
平成 28 年 11 月 10 日広島高等裁判所岡山支部判決／平成 27 年（行コ）11 号　岡山市
＜一審＞平成 27 年 10 月 27 日岡山地裁
　　　　217,228,237,256,268,272,290,293,295,298,309,315,317,335,338,340,363
平成 28 年 11 月 29 日甲府地方裁判所判決／平成 26 年（行ウ）4 号　山梨県
＜控訴審＞平成 29 年 4 月 26 日東京高裁　　　　　　　　　　249,252,259
平成 28 年 12 月 21 日東京高等裁判所判決／平成 28 年（行コ）167 号　長野県
＜一審＞平成 28 年 3 月 25 日長野地裁
＜上告＞平成 29 年 7 月 7 日最高裁二小　210,245,248,256,278,297,308,309,315,318,353,355
☆平成 28 年 12 月 27 日奈良地方裁判所判決／平成 27 年（行ウ）15 号　奈良県
＜控訴審＞平成 30 年 3 月 27 日大阪高裁　　　　232,260,264,267,282,322,350

●平成 29 年

平成 29 年 1 月 31 日仙台地方裁判所判決／平成 25 年（行ウ）11 号　仙台市
＜控訴審＞平成 30 年 2 月 8 日仙台高裁
　　　　　163,176,205,208,213,215,219,232,283,287,288,292,304,306,340,354

平成 29 年 2 月 2 日広島高等裁判所岡山支部判決／平成 28（行コ）6 号　倉敷市
<一審>岡山地裁平成 26 年（行ウ）1 号（判決年月日不明）　　　　　　　　218,339

☆平成 29 年 3 月 1 日名古屋高等裁判所金沢支部判決／平成 28 年（行コ）11 号　石川県
<一審>平成 28 年 9 月 29 日金沢地裁　　　　　　　　　　　　　　　　305,362

平成 29 年 3 月 16 日札幌地方裁判所判決／平成 24 年（行ウ）6 号　札幌市
<控訴審>平成 30 年 8 月 9 日札幌高裁　　　　　　　224,269,323,327,329,330

平成 29 年 3 月 29 日広島高等裁判所判決／平成 28 年（行コ）22 号　山口県
<一審>平成 28 年 6 月 22 日山口地裁　　　　　　　　　　　　　　　　　　221

平成 29 年 3 月 30 日広島高等裁判所岡山支部判決／平成 28 年（行コ）2 号　岡山市
<一審>平成 28 年 4 月 27 日岡山地裁
　　　　　　213,216,232,273,285,308,312,317,334,336,342,346,363

☆平成 29 年 4 月 12 日仙台地方裁判所判決／平成 27 年（行ウ）6 号　宮城県
<控訴審>平成 29 年 12 月 14 日仙台高裁　　　　　　　　　　　168,301,352

☆平成 29 年 4 月 12 日名古屋高等裁判所金沢支部判決／平成 28 年（行コ）13 号　金沢市
<一審>平成 28 年 10 月 27 日金沢地裁　　　　　　　　　　　　　　　　　321

平成 29 年 4 月 21 日仙台高等裁判所判決／平成 28 年（行コ）12 号・20 号　山形県
<一審>平成 28 年 5 月 17 日山形地裁　　　　　　　　　　　　　　　　　301

☆平成 29 年 4 月 25 日神戸地方裁判所判決／平成 26 年（行ウ）57 号　兵庫県
　　　　　　　　　　　　　　　　　　　　　　　　　　170,173,243

平成 29 年 4 月 26 日東京高等裁判所判決／平成 29 年（行コ）14 号　山梨県
<一審>平成 28 年 11 月 29 日甲府地裁　　　　　　　　　　　　　259,328

平成 29 年 4 月 26 日東京高等裁判所判決／平成 28 年（行コ）213 号　新潟県
<一審>平成 28 年 4 月 22 日新潟地裁　　　　　　　　　　　　　　　　327

平成 29 年 5 月 26 日大阪高等裁判所判決／平成 28 年（行コ）199 号（※差戻控訴審）
京都府
<一審>平成 25 年 3 月 28 日京都地裁
<控訴審>平成 25 年 9 月 26 日大阪高裁
<上告>平成 28 年 6 月 28 日最高裁（三小）判決（破棄差戻）　　　　　　220

平成 29 年 6 月 29 日宇都宮地方裁判所判決／平成 23 年（行ウ）8 号　栃木県
<控訴審>平成 30 年 5 月 24 日東京高裁
　　　　　226,229,230,234,252,283,293,306,311-314,339,356

☆平成 29 年 7 月 10 日東京高等裁判所判決／平成 28 年（行コ）325 号　神奈川県
<一審>平成 28 年 8 月 3 日横浜地裁
<上告>平成 30 年 11 月 16 日最高裁（二小）判決　　　　　　　　　　196

☆平成 29 年 8 月 30 日さいたま地方裁判所判決／平成 27 年（行ウ）12 号　埼玉県
<控訴審>平成 30 年 4 月 18 日東京高裁　　　　　165,172,231,284,336,342

平成 29 年 11 月 2 日仙台地方裁判所判決／平成 26 年（行ウ）2 号　仙台市
<控訴審>平成 30 年 10 月 24 日仙台高裁　　　　　　　174,209,226,347

☆平成 29 年 11 月 28 日岡山地方裁判所判決／平成 27 年（行ウ）16 号　岡山市
　　　　　　　　　　　　　　　　　　　204,235,293,295,331

平成 29 年 11 月 29 日徳島地方裁判所判決／平成 26 年（行ウ）14 号　徳島県
　　　　　　　　　　　　　　　　　　　291,293,336,360

平成 29 年 12 月 8 日札幌地方裁判所判決／平成 24 年（行ウ）3 号　北海道
　　　　　　　　　　　　　　　　　　　324,326,331

●平成 30 年

平成 30 年 2 月 8 日仙台高等裁判所判決／平成 29 年（行コ）5 号・13 号　　仙台市
<一審>平成 29 年 1 月 31 日仙台地裁　　　　　　　　　　　　　　213,230,341,347

平成 30 年 3 月 16 日鳥取地方裁判所判決／平成 26 年（行ウ）7 号　鳥取県
　　　　　　　　　　　　　　　　　　　　　　　182,192,197,223,288

☆平成 30 年 3 月 22 日大阪高等裁判所判決／平成 29 年（行コ）125 号　兵庫県
<一審>平成 29 年 4 月 25 日神戸地裁　　　　　　　　　　　　　　170,173,345

☆平成 30 年 3 月 27 日大阪高等裁判所判決／平成 29 年（行コ）31・172 号　奈良県
<一審>平成 28 年 12 月 27 日奈良地裁　　　　　232,281,282,283,284,322

☆平成 30 年 4 月 11 日神戸地方裁判所判決／平成 29 年（行ウ）9 号　尼崎市　281,282

☆平成 30 年 4 月 18 日東京高等裁判所判決／平成 29 年（行コ）302 号　埼玉県
<一審>平成 29 年 8 月 30 日さいたま地裁　　　　　　　　　172,284,336,342

平成 30 年 5 月 24 日東京高等裁判所判決／平成 29 年（行コ）229 号　　栃木県
<一審>平成 29 年 6 月 29 日宇都宮地裁　　　　　　　229,234,272,311-314,355

平成 30 年 8 月 2 日東京高等裁判所判決／平成 27 年（行コ）256 号　　栃木県
<一審>平成 27 年 6 月 24 日宇都宮地方裁判所　　　　　　311,316,318,330

平成 30 年 8 月 9 日札幌高等裁判所判決／平成 29 年（行コ）8 号　札幌市
<一審>平成 29 年 3 月 16 日札幌地方裁判所　　　　　　　　　　　　　　329

平成 30 年 11 月 15 日宇都宮地方裁判所判決／平成 24 年（行ウ）15 号　栃木県
　　　　　　　　　　　　　　　　　　　　　　　311-314,317,339

☆平成 30 年 11 月 16 日最高裁判所第二小法廷判決／平成 29 年（行ヒ）404 号　神奈
川県
<一審>平成 28 年 8 月 3 日横浜地裁
<控訴審>平成 29 年 7 月 10 日東京高裁　　　　　　　　　　　　　　　　197

平成 30 年 11 月 27 日広島高等裁判所松江支部判決／平成 30 年（行コ）1 号　鳥取県
<一審>平成 30 年 3 月 16 日鳥取地裁　　　　　　　　　　　　　　　　　198

●平成 31 年

☆平成 31 年 1 月 21 日金沢地方裁判所判決／平成 28 年（行ウ）5 号　金沢市　　276

※「☆」は政務活動費の判例。

　なお、最初の政務活動費に関する判例は、著者が確認できた範囲では、おそらく、平成 28 年 10 月 26 日岡
山地裁判決であろう。以降、次第に政務活動費に関する判例も蓄積しつつあるが、今のところ、政務調査費に
関する判例との顕著な相違点や傾向の変化は見いだせない。

4 事項索引

あ

IC カード —————————— 231
IC レコーダー —————————333,334
宛名シール——————————— 290
アルバイト職員————— 351,355,360,363
按分 139,205,213,215,286,340,344,350
按分率——— 221,225,288,323,352,357
意見広告———————————— 275
維持管理経費（車両）————————— 343
維持管理費（事務所）—————————— 320
維持費（備品）——————————133,137
委託（費）————————————
129,131,132,134,135,136,238,257,269,
362
一眼レフカメラ—————————— 338
一般財団法人—————————— 265
一般的事実————————————— 191
イベント参加費—————————— 268
印刷費——— 129,131,132,134,135,136
飲食店—————————————— 303
飲食費——————————————300,303
飲食を伴う会議—————————— 300
インターネット————— 292,346,348
運転手———————————————— 305
運転代行———————————————— 305
SNS ———————————————— 292
SD メモリーカード ———————— 334
NHK 受信料 ———————————— 347
応接用ソファー——————————— 336

オープンスペース————————— 331
音響代———————————————— 294

か

カーナビゲーション————————— 336
海外視察調査————— 168,236,256
海外旅行傷害保険金————————— 257
会議————————— 132,298,300
会議費————————— 131,136,298
外形的事実————————————— 191
解散————————————————— 174
会場費————— 130,131,134,136
回数券————————————————— 231
ガイド————————————————— 257
会派—————————————169,224
会派運営費交付金————————— 220
会派運営費補助制度————————— 167
会派活動————————— 200,215,218
会派雇用職員—————————— 351
会派主催の会議—————————— 298
会派の会合—————————— 303
会費——————130,134,264,267,268
外部監査人・監査基準——————183,299
拡声機————————————————— 335
学費—————————————————— 272
掛け売り（掛け買い）方式————— 227
ガソリン（燃料）代—————————
————— 134,225,227,230,235,308
過年度に関する資料購入費————— 319
カメラ——————333,334,336,338,339

借上会場	322	研究研修費	261,303
観光	249,251	原稿料	132,136
監査	183	研修（会）	130,271,272,273
監査請求期間制限	184	研修費	130,134,271
観葉植物	341	県政便りのはがき	292
管理運営費	137	県政報告会	275
関連会社	328,360	県政報告書	275,288
議員活動	200	現地調査	245
議員雇用職員	351	公益的団体	263
議員でない者	227	後援会	288,295,330
議員派遣	168	後援会活動	203
議員連盟会費	267	高額な物品	337
議会開催日の昼食代金	304	交歓会	265
議会活動	200,219,248	交際費	252
議会内での飲食費	303	広辞苑	316

講師料（謝礼・謝金）
130,131,134,136,271

季刊誌	313		
機材借上費	130,131,134,136	高速道路使用料	305
喫茶店	303,322	広聴広報費	130,135,261,275
切手	172,242	広聴（費）	131,275
規程（例）	126	広聴用（返信用）はがき	292

交通費
129,130,132,134,135,136,225,230,304

キャンセル料	237		
給料	133,138	光熱水費	322
共同研修	273	広報活動	279
業務委託契約	362	広報紙（誌）	131,275,288,290
共用機器	206	広報費	275
共用（兼用）事務所	206,320	公務災害補償	152
クレジットカード	348	国際交流協会	264
クレジット契約	342	国政	283
経済雑誌	312	国内視察調査	254
携帯電話	346	固定電話	346
警友会	265		
ケーブルテレビ利用料、契約料	347		
月刊誌	311,313	コピー機	334,340

コピー用紙―――――333	写真現像―――――306
懇親会―――――265,303	社団法人―――――265
懇親旅行会―――――303	車両諸税―――――343
懇談会―――――301	ジャンボタクシー―――――233
さ	週刊誌―――――311
再リース料―――――341	集合写真―――――282
雑誌購読料―――――132,136,174	住宅地図―――――315
参加費―――130,132,134,136,268,272	住民監査請求―――――181,183
賛助会員年会費―――――265	住民訴訟―――――187
残暑見舞い―――――291	修理代―――――343
司会料―――――294	重量税―――――343
式典参加費―――――268	授業料―――――134
視察（現地）調査―――――245,254,258	祝賀会―――――303
視察段取り料―――――257	宿泊費（料）―――――
辞書―――――316	129,130,131,132,134,135,136,233,235,
市政報告書―――――275,288	272
市政報告会―――――275,294	宿泊研修会―――――303
施設利用料―――――271	主張立証責任―――――190,194
自動車―――――341	常勤職員―――――354,360
自動車取得税―――――343	証拠書類の不提出―――――193
自動車税―――――343	消耗品費―――――133,137,343
自動車損害賠償責任保険料―――――343	条例（例）―――――59,97
自動車保険料―――――343	職員―――――207,351,352,354
自動車リース料―――――341	職員録―――――317
事務機器購入代―――――337	食事代―――――294
事務所―――――327,328,330,331	食卓料―――――236
事務所雇用職員―――――352	食糧費―――――302
事務所費―――――137,320	書籍―――――132,136,318
事務費―――――133,137,333	暑中見舞い―――――291
事務用品購入費―――――133,137,333	資料購入費―――――132,136,308,319
社会保険料―――――133,138,362	資料作成費―――――132,306
車検代―――――343	人件費―133,138,239,305,350,362,363
車種―――――345	親族―――――327,357

新年会	303	地図ソフト	315
新聞	275,308	チャージ代金	231
新聞購読料	132,136,319	茶菓子代	294
新聞デジタルデータサービス	174	駐車場借上料	322
スーパーメガホン	335	駐車料金	268
ストロボ	338	昼食代	236,304
スピーカースタンド	335	町会費	264
政治活動	202,204	調査研究費	129,134,239,245,253,261
政治活動の自由	121	町政報告書	288
政党活動	203,283	賃金	133,138
政党紙	309	賃借料	137,321
青年会議所	262	陳情活動	297
製本代	132,136	追録	317
政務活動(市政・県政)報告会	275,291,294	手当	133,138
政務活動費	93	定額（制）	213,230,235,340
政務調査費	50,56	定期券	231
選挙活動	203,283,335	提出期限	180
選挙期間中	363	テーブル	336
選挙前	290,363	デジタルカメラ（用撮影場所特定機器）	
宣伝カーマイク	335		333,334,338
専用機器	206	デジタル複合機	340
専用事務所	206,320	鉄道賃（電車代）	230,234
総会	303	電子辞書	316
倉庫	331	電車代（鉄道賃）	230,234
た		添乗員	257
隊友会	265	添乗サービス料	257
タクシー	231,232,233,304	添乗渡航費	257
タクシーチケット	231	電話	346
多数回の視察	255	電話代行サービス	174
タブレット機器	334	同行	255
単価（ガソリン代）	230	特別会費	263
団体会費	260,264	都道府県政調査交付金	38,56
地下鉄代	305		

な

内規違反	192
日当	233,235,272
任意保険料	343
任期	174,175
年会費	262,263,264,265
年賀状	291
年鑑	316
年度区分	171
燃料（ガソリン）代	134,225,227,230,235,308
ノートパソコン	334,336,340

は

パート	360
はがき	243,290,291
派遣職員	360
バス代	230,305
パソコン	334,336,337,340
払い戻し手数料	237
反証	178
ビジネスクラス	256
非常勤（臨時）職員	354
ビデオカメラ	339
備品購入費	133,137,336,337
FAX	346
封筒	290
複数の車両	227
不当利得返還債務	180
プリペイドカード	227,231
プリンター	337
フルカラーコピー機	340
プロジェクター	334,337
プロバイダー料	174

文書通信費	129,130,131,132,133,134,135,136,137,242
返還額	196
ポイントカード	348
法人運営費	262
忘年会	303
法令集	317
ホームページ	131,135,275,292,340
保険	133,254,257,343,362
補助参加（人）	189
ホテル	234,303

ま

土産代	252
民事訴訟	198
名刺	335
名簿	317

や

USB メモリー	348
友好交流	258
夕食代	236
有料データベース利用料	132,136
要請陳情等活動費	131,135,296

ら

ライオンズクラブ	263
リース	337,340,341
旅行傷害保険金	254,257
旅費	272
倫理法人会	265
労働保険料	362

編著者紹介

内田　一夫（うちだ　かずお）

元全国都道府県議会議長会事務局次長

1955年生まれ。1979年3月学習院大学大学院法学研究科修士課程修了。
1979年4月全国都道府県議会議長会事務局入局。議事調査部副部長、調査二部副部長、調査一部副部長を経て、2008年4月議事調査部長、2017年4月事務局次長（議事調査部長事務取扱）。2018年3月退職。全国で議員や議会事務局職員向けの研修を行っている。2018年11月より日本速記協会理事。
著書に『注解地方議会先例集』（共著、加除式）、『議会人の危機管理Q＆A』（共著、加除式）。

安武　弘光（やすたけ　ひろみつ）

福岡県議会事務局法務監

1955年生まれ。中央大学法学部法律学科卒。
福岡県庁入庁後、人事委員会、総務部、建築都市部、議会事務局等に所属。総務部では、法制係の主査及び係長として、法制執務、訟務事務等に従事。多くの訴訟で県の指定代理人を務める。その後も、都市計画法の運用、議員提案政策条例の立案補助、政務調査費（政務活動費）の審査等、主に法務事務を担当し、議会事務局理事で退職。同法務監で再任用され、現在に至る。

(2019年3月現在)

判例から学ぶ　**政務活動費の実務**
―制度の基本から適正運用まで

令和元年5月20日　第1刷発行

編著者　内田　一夫
発　行　株式会社 **ぎょうせい**

〒136-8575　東京都江東区新木場1-18-11
電話　編集　03-6892-6508
営業　03-6892-6666
フリーコール　0120-953-431
URL:https://gyosei.jp

〈検印省略〉

印刷　ぎょうせいデジタル株式会社　　　　　　　　©2019 Printed in Japan
＊乱丁・落丁本は、お取り替えいたします。
＊禁無断転載・複製

ISBN978-4-324-10633-4
5108507-00-000
〔略号：政務活動費〕